《中国卫生年鉴》

(1983-2009卷)目录

《中国卫生年鉴》编辑委员会　编

中国卫生科教音像出版社

出 版 说 明

《中国卫生年鉴》自1983年创刊至2009年，已连续出版27卷。是由卫生部主办，先后有国家计划生育委员会、中国红十字会、全国爱国卫生运动委员会、国家发展和改革委员会、国家中医药管理局、国家食品药品监督管理局、解放军总后勤部卫生部、国家工业和信息化部、人力资源和社会保障部、国家质量监督检验检疫总局等相关部门参与共同编写，综合反映我国医药卫生工作各方面情况、进展、成就的资料工具书。对于记述我国医药卫生行业发挥了重要作用，同时也为医药卫生行业工作者以及社会各界提供了权威、翔实、全面的事实资料。

随着社会发展，信息传播方式也逐渐发生改变，尤其是进入网络信息时代以来，全球以网络和电子信息为中心的信息技术和信息传媒迅猛发展。年鉴作为传递信息的一个重要载体，有必要同时开发年鉴的电子版，以更大限度地发挥年鉴信息的作用。为此，中国卫生年鉴办公室经过长时间整理，将《中国卫生年鉴》1983卷至2009卷编辑加工成电子版，制作成合辑，使年鉴信息真正成为医药卫生行业的“活字典”，快速便捷的为医药卫生行业工作者以及社会各界提供有价值的信息。

《中国卫生年鉴》(1983—2009卷)合辑光盘配有书籍目录，在保留了各卷书籍目录原有格式的基础上，将27卷年鉴的目录进行整理和排版，格式清晰，提高检索和查阅的效率。

《中国卫生年鉴》合辑，是对中国卫生事业发展的忠实写照，记述着中国卫生事业的发展历程，同时也融入编委会成员们孜孜不倦的辛勤付出。27年来，编委会成员给予年鉴编辑出版工作大力的支持和帮助，各相关部门和单位的领导同志和撰稿人员也为年鉴的编撰付出了辛勤劳动，在《中国卫生年鉴》合辑出版之际，谨向他们表示衷心的感谢。

《中国卫生年鉴》办公室

2009年10月

总 目 录

1983 卷目录 …… 1
1984 卷目录 …… 9
1985 卷目录 …… 17
1986 卷目录 …… 27
1987 卷目录 …… 37
1988 卷目录 …… 48
1989 卷目录 …… 59
1990 卷目录 …… 71
1991 卷目录 …… 81
1992 卷目录 …… 92
1993 卷目录 …… 104
1994 卷目录 …… 115
1995 卷目录 …… 125
1996 卷目录 …… 135
1997 卷目录 …… 147
1998 卷目录 …… 160
1999 卷目录 …… 172
2000 卷目录 …… 184
2001 卷目录 …… 198
2002 卷目录 …… 213
2003 卷目录 …… 227
2004 卷目录 …… 243
2005 卷目录 …… 258
2006 卷目录 …… 276
2007 卷目录 …… 300
2008 卷目录 …… 322
2009 卷目录 …… 345

1983卷

目 录

编辑说明 《中国卫生年鉴》编辑办公室

前言 崔月犁

全国行政区划、医院床位数和专业卫生技术人员数

图片选辑

卫生组织概况

我国卫生事业胜利发展的回顾 钱信忠

1979—1981年全国卫生厅局长会议

把卫生部门的工作着重点转移到医药卫生现代化建设上来(摘要)——钱信忠同志在全国卫生局长会议上的报告(1979年3月22日)

钱信忠同志在全国卫生局长会议上的小结(摘要)(1979年4月2日)

钱信忠同志在全国卫生局长会议上的讲话(摘要)(1979年12月19日)

钱信忠同志在全国卫生局长会议上的总结讲话(摘要)(1980年1月5日)

钱信忠同志在全国卫生厅局长会议上的讲话(摘要)(1981年1月16日)

贯彻调整方针,加强卫生事业建设(摘要)——钱信忠同志在全国卫生厅局长会议上的总结(1981年1月24日)

卫生统计

卫生基本情况统计

1982年全国卫生机构专业卫生技术人员数

1982年全国医院、疗养院(所)机构、床位数

全国卫生机构、床位数

全国卫生机构专业卫生技术人员数

全国城市、农村医院床位数及专业卫生技术人员数

全国平均每千人口医院床位数及专业卫生技术人员数

全国城市、农村医院床位数及专业卫生技术人员数比重

全国分科西医师人数

全国县及县以上医院分科床位数

全国县医院机构、床位、人员数

全国农村公社卫生院机构、床位、人员数

全国中医机构、床位、人员数

1982年全国分科中医师人数及中医医院床位数

全国医学科学研究机构、人员数

全国工业及其他部门卫生机构、床位、人员数

全国妇幼卫生机构、床位、人员数

全国民族自治地方卫生机构、床位、人员数

全国农村不脱产卫生人员数及实行合作医疗大队数

1982年各地区卫生机构、床位数

1982年各地区卫生机构专业卫生技术人员数

医院工作统计

1982年全国医院门、急诊诊疗人次及入院人数

全国县及县以上医院病床使用情况

全国卫生部门城市医院住院病人前十位疾病构成
1982年各地区卫生部门县及县以上医院病床使用情况
人口自然变动及死亡原因统计
全国人口出生率、死亡率、自然增长率
部分市、县婴儿死亡率
部分市婴儿、新生儿、产妇死亡率
部分市前十位主要疾病死亡专率及死亡原因构成
部分县前十位主要疾病死亡专率及死亡原因构成
部分地区人口平均期望寿命
我国几项主要卫生统计指标与世界部分国家之对比
节育手术、新法接生统计
1971—1982年全国节育手术情况
全国新法接生百分比
青少年身体发育情况统计
城乡男、女青少年儿童身体发育情况
医学教育统计
全国高、中等医药院、校数及在校学生人数
全国中医学院数及在校学生人数
全国高、中等医药院、校及西医离职学习中医班毕业人数

公共卫生与疾病防治

公共卫生与疾病防治综述
卫生防疫站建设和管理
概况
召开全国卫生防疫工作会议
加强三分之一试点县卫生防疫站建设
建立六个卫生防疫人员培训基地
召开全国卫生防疫站工作会议
创办公共卫生与疾病控制杂志
传染病防治
鼠疫
霍乱、副霍乱
流行性脑脊髓膜炎
流行性出血热
病毒性肝炎
血吸虫病
消灭了血吸虫病的梅村公社
疟疾
丝虫病
黑热病
结核病
结核病流行病学抽样调查
麻风病
地方病防治
克山病
大骨节病
永寿县大骨节病科学考察成果
地方性甲状腺肿
地方性氟中毒
常见病防治
癌症防治研究
眼病
牙病
头癣病
计划免疫
概况
冷链
全国计划免疫工作会议
国境卫生检疫
卫生检疫简介
机构建设
国境口岸传染病监测试行办法
国境口岸卫生监督办法
修订国境卫生检疫收费办法
卫生检疫、食品卫生检验人员制服供应办法
编写出版《国境卫生检疫管理》
成立国境卫生检疫咨询委员会
劳动卫生监督与职业病防治
概况
五种职业中毒的大规模普查
恢复职业中毒和职业病的报告制度
尘肺病因学讨论会
工业车间噪声危害的调查
环境卫生监督

概况
海洋污染对居民健康影响的调查
参加全球大气监测工作
水质污染的卫生监测
大气污染与人体健康关系的调查研究
学校卫生监督
概况
召开全国学校体育、卫生工作经验交流会议
青少年儿童身体形态、机能与素质的调查研究
做好学生近视眼的防治和监测工作
全国学生近视眼防治工作经验交流会议
保护学生视力工作实施办法(试行)
食品卫生监督
营养卫生
概况
第二次全国营养调查
佝偻病防治
婴幼儿营养
中国营养学会委员会扩大会议
中国儿童发展中心召开专家委员会会议
放射医学与放射卫生防护
概况
整顿加强放射卫生监督工作
环境放射水平调查的技术质量控制
放射病临床与实验治疗
核医学简介
卫生标准
概况
全国卫生标准技术委员会成立
颁发卫生标准管理办法
1982 年度审批发布的五个国家标准

爱国卫生运动

爱国卫生运动三十年
在"全民文明礼貌月"活动中深入开展爱国卫生运动
哈尔滨城市卫生现场会
全国农村爱国卫生运动晋城现场会
农村水改工作有了新进展
农村粪便卫生管理
除四害
制定法规、监督管理和检查评比
城市卫生先进典型内蒙古赤峰市
连云镇发动群众搞卫生成绩显著
水东镇又重新挂上了红旗
广东省佛山市爱国卫生运动 1982 年抓了十件大事
三明市在美化环境方面迈出了步伐
北国小江南——全国卫生模范村东四义
青岛市高温沼气发酵处理城市粪便

中医药学

中医事业发展概况
中医医院
中医药队伍
继承老中医学术经验
中医教育事业
全国中医医院和高等中医教育工作会议
调整和加强高等中医教育工作
全国高等中医药教材编审委员会
国际针灸班
医史文献研究
中医古籍整理出版概况
单方、验方、秘方
草医草药
中西医结合工作
中西医结合科技成果
发展中的民族医药事业
西藏自治区继承和发展藏医藏药
蒙医药
维吾尔医学
傣医学

计划生育

中国的计划生育
党中央、国务院关于计划生育工作的指示
全国计划生育工作会议
计划生育宣传教育
全国千分之一人口生育率抽样调查

计划生育科研
我国和联合国人口活动基金组织在计划生育领域中的合作
衡阳六中坚持生理卫生教育及人口教育
什邡县——农村计划生育工作的先进典型

妇幼卫生

妇幼卫生工作概况
妇女保健
新法接生和科学接生
围产保健和孕产妇系统管理
妇女病防治
妇女劳动保护
城乡产科质量标准和要求
儿童保健
儿童保健机构和队伍的发展
儿童生长发育调查
托幼机构的保教工作
散居儿童保健
儿童疾病防治
计划生育技术
计划生育技术政策
计划生育技术工作内容
计划生育技术工作成就
节育技术和方法

医政管理

我国医疗事业的发展
医院工作条例、医院工作制度与医院工作人员职责
全国城市医院门、急诊管理学术交流会
中国医学科学院肿瘤研究所和肿瘤医院建成
辽宁省的文明医院
医学伦理道德研究
卫生部临床检验中心正式成立
统一医院职业服装标准和要求
护理工作不断加强与提高
评选优秀护士
评选“护士之歌”活动
城市基层医疗卫生机构在发展
我国康复医学事业的进展
广东从化温泉康复中心
中山医学院成立物理医学与康复医学教研室
疗养院
“三分之一县”卫生事业的整顿与建设
县医院的建设
公社(乡)卫生院管理体制和管理方法的几点改革
农村生产大队卫生机构的建设与发展
农村中多种形式的医疗制度
由赤脚医生到乡村医生
掖县国际初级卫生保健区间讨论会
城市支援农村
建立四个初级卫生保健合作中心
少数民族卫生事业的发展
中国红十字会

医学教育

医学教育概况
高等医学教育
高等医学教育概述
专业设置
教学计划
教学大纲
教材建设
电化教育
师资培养
教学基地
学生思想政治工作
医学专业毕业生业务统一考试
中等医学教育
中等医学教育概述
学校布局和专业设置
学制和培养目标
教学计划
教材建设
全国中等医学教育工作座谈会
初等医学教育

进修医学教育
进修医学教育概述
卫生技术人员进修教育
卫生行政管理人员培训
复训补课教育
医科夜大学及函授教育
进修基地建设
进修教材建设
研究生教育
研究生教育概况
专业设置
培养目标
培养计划
1978 年以来研究生培养工作
学位工作
国务院学位委员会和学科评议组
卫生部学位工作
国务院公布首批学位授予单位名单

医学科学技术

医学科学技术工作概况
医学科技管理学习班
医药卫生科技成果
卫生部 1978—1979 年医药卫生科技成果奖励项目
1978—1979 年医药卫生科技成果选介
卫生部 1980 年医药卫生科技成果奖励项目
1980 年医药卫生科技成果选介
卫生部 1981 年医药卫生科技成果奖励项目
1981 年医药卫生科技成果选介
获国家自然科学奖励项目
与其他部门作者合作获得的自然科学奖励项目
国家科委发明评选委员会批准的医药卫生发明项目
部分医药卫生发明内容简介
卫生部医学科学咨询机构和研究机构
卫生部医学科学委员会
中国医学科学院
中医研究院
全国医学科学研究机构
重要科技会议
全国肿瘤防治研究工作会议
全国医药卫生科学大会
全国针灸针麻学术讨论会
医药卫生对外科技合作经验交流会
医学情报与期刊
医学情报工作
中国医学百科全书
医学科技期刊
学术团体
中华医学会
中华全国中医学会
中国中西医结合研究会
中国药学会
中华护理学会
中国生理科学会
中国解剖学会
中国防痨协会
中国生物医学工程学会

药政管理

药政管理综述
召开全国药政工作会议
整顿药品品种和淘汰 127 种药品
胡耀邦同志对中药管理工作的批示
第一期全国药政处长进修班
中国药典与药品标准
新药的审批管理
药品质量的监测系统
药品质量监督
麻醉药品管理
医疗用毒药和限制性剧药的管理
医院药剂工作
医院药学与药剂教学、科研专题讨论会
制定国家基本药物
药品宣传管理
生物制品事业发展概况
生物制品规程
生物制品的质量检定

卫生部药品生物制品检定所
北京医学院临床药理研究所
全国药理学术会议
天津市药品检验所

药品和医疗器械

药品和医疗器械的生产经营综述
中药的生产和经营
概况
家庭捕养蛇
鄞县浙贝母
国际中草药讲习班在京举行
中药在意大利草药博览会上
全国药用植物栽培和动物饲养学术会议
全国中药炮制、中药制剂学术会议
全国海洋药物学术会议
化学医药工业
概况
积极研制计划生育用药
医药工业装备不断进步
医药工业科研工作的新成果
加强化学医药职工培训
全国医药工业公司经理会议
整顿带来生机
今日的西安制药厂
中瑞就合资经营华瑞制药有限公司签订合同
全国工业药剂学学术会议
医疗器械工业
概况
上海一批医疗器械科研成果、新产品通过鉴定
头部CT研制成功
加强技术服务推动生产发展
上海医疗器械研究所建所十周年
引进国外先进技术,加速发展我国纤维光学内窥镜生产
全国医疗器械展览交易会在武汉举行
扩大医疗器械产品出口
中国医疗器械参加世界第三十五届医院设施贸易展览会
苏州眼科器械进入美国市场
医药商业
概况
积极满足医疗单位需要
加强农村医药供应
做好急救特需药品的供应
工商协作推广医药新产品
逐步改进医疗器械经营
化学试剂和玻璃仪器的供应
避孕药具和地方病用药的供应
医药商品的价格管理
附录
荣获国家发明奖的医药项目(1978—1981)
国家医药管理局优秀科技成果奖(1978—1981)
荣获国家质量奖优质医药产品(1979—1982)

计划财务管理

卫生事业计划财务工作
卫生事业基本建设
加强卫生事业经济管理
开展卫生经济研究
公费医疗的管理
调整干部和职工的医疗收费标准
卫生统计报表的内容和指标
卫生统计制度和统计方法
世界卫生组织在我国举办农村初级卫生保健情报与统计区间讨论会

卫生宣传与出版工作

卫生宣传
1982年的卫生宣传工作
卫生宣传教育机构的发展
卫生宣传协作区
健康报
卫生宣传品日益丰富
卫生宣传教育与“五讲四美”活动相结合
广播电台和电视台的卫生节目

发挥电影在普及卫生知识中的作用
卫生科普宣传的多种形式
卫生宣传人员培训
调查研究和宣传效果评价
卫生出版工作
医药卫生出版工作概况
人民卫生出版社
上海科学技术出版社
1977—1981 年度全国获奖优秀医药卫生科技图书

国 际 交 往

简要回顾
我国与外国卫生代表团的互访
我国与其他国家卫生部之间的合作协定
中法医学日
中日血液学、免疫学研究中心
中日友好医院
中国医疗卫生服务公司
中国医学论坛报
中国医疗队
与世界卫生组织的往来
世界卫生组织在中国的合作中心
世界卫生组织在我国举办讲习班
与联合国开发计划署的往来
与联合国儿童基金会的往来
与世界银行的往来

卫 生 法 规

中华人民共和国食品卫生法(试行)
中华人民共和国国境卫生检疫条例
中华人民共和国国境口岸卫生监督办法
药政管理条例(试行)
麻醉药品管理条例
国务院关于加强医药管理的决定
全国医院工作条例
中华人民共和国环境保护法(试行)
卫生法规摘编
　卫生防疫类
　医政类
　药政管理类
　中医类
　妇幼卫生类
　医学科技教育类
　计划财务类
　人事管理类
建国以来主要卫生法规目录

卫 生 论 坛

我们要在中医事业上有所作为　崔月犁
中国农村的基层卫生工作　崔月犁
实行计划生育是我国的一项基本国策　钱信忠
把卫生事业建设重点放在现有医疗机构上　《人民日报》评论员
采取多种途径加快卫生事业建设　卫生部办公厅政策研究室
从人口状况的改变看我国卫生事业的发展　顾杏元
讲究优生学　提高人口质量　雷强　温应乾　廖田平
改进医学教育　加速人才培养　张孝骞
医学科学在科技与经济、社会协调发展中的几个问题　周敏君
谈我国医学科学现代化问题　吴英恺
要重视中医古籍的整理出版工作　魏福凯
积极发展藏医藏药事业　为创造祖国的新医药学贡献力量　班玛旦增
中西医结合和医学科学现代化　季钟朴　陈维养
不是亲人胜似亲人　《人民日报》社论
城市医院要开展出诊和家庭病床　丁有和等
按照县医院的特点办县医院　张侃
从中青年医务人员中培养医院管理人才　陈公白
关于康复医学的发展情况和建议　陈仲武
关于首都卫生队伍结构的几个问题　王昊
开展卫生经济学的研究工作　司更生
要重视卫生领域的经济问题　孙光德

浅谈医学道德的规范与修养 卢培琪
关于医院管理改革问题的意见 卫策
为消灭麻风病而奋斗 马海德 叶干运

卫生工作纪事

1982年
1949年—1981年

附 录

全国高等医药院校名录
首批博士学位授予单位及其学科、专业和指导教师名单
首批硕士学位授予单位及其学科、专业名单
全国中等医药学校名录
卫生部直属和省、市、自治区级独立医学科研机构名录
卫生防疫站名录
国境口岸卫生检疫所名录
食品卫生检验所名录
卫生部门职业病防治机构名录
化学制药厂选录
中成药制药厂选录
医疗器械及医用设备厂选录

1984卷

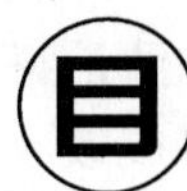

目录

图片选辑

1983年全国卫生厅局长会议

沿着十二大指引的方向开创卫生工作新局面（摘要）　王伟

崔月犁同志在全国卫生厅（局）长会议闭幕时的讲话（摘要）

卫生统计

卫生基本情况统计

1983年全国卫生机构专业卫生人员数

1983年全国医院、疗养院（所）机构、床位数

全国卫生机构、床位数

全国卫生机构专业卫生人员数

全国城市、农村医院床位数及卫生技术人员数

全国平均每千人口医院床位数及卫生技术人员数

全国城市、农村医院床位数及卫生技术人员数比重

全国分科西医师人数

全国县及县以上医院分科床位数

全国县医院机构、床位、人员数

全国农村公社卫生院机构、床位、人员数

全国中医机构、床位、人员数

1983年全国分科中医师人数及中医医院床位数

全国医学科学研究机构、人员数

全国工业及其他部门卫生机构、床位、人员数

全国妇幼卫生机构、床位、人员数

全国民族自治地方卫生机构、床位、人员数

全国农村生产大队卫生组织情况

1983年各地区卫生机构、床位数

1983年各地区卫生机构专业卫生人员数

1983年各地区平均每千人口医院床位数和专业卫生技术人员数

医院工作统计

1983年全国医院门、急诊诊疗人次及入院人数

全国县及县以上医院病床使用情况

全国卫生部门城市医院住院病人前十位疾病构成

1983年各地区卫生部门县及县以上医院病床使用情况

人口自然变动及死亡原因统计

全国人口出生率、死亡率、自然增长率

部分市、县婴儿死亡率

部分市婴儿、新生儿、产妇死亡率

部分市前十位主要疾病死亡专率及死亡原因构成

部分县前十位主要疾病死亡专率及死亡原因构成

人口平均期望寿命

节育手术、新法接生统计

1971～1983年全国节育手术情况

全国新法接生百分比

青少年身体发育情况统计

城乡男、女青少年儿童身体发育情况

医学教育统计
全国高、中等医药院、校数及在校学生人数
全国中医学院数及在校学生人数
全国高、中等医药院、校及西医离职学习中医班毕业人数
附录:我国几项主要卫生统计指标与世界部分国家之对比

人民健康水平

我国人民的健康水平 刘美亭 饶克勤
我国人民的平均寿命 顾杏元
我国居民的死亡原因 周有尚
我国人民的营养状况 陈学存 葛可佑
我国儿童青少年生长发育与体质调查研究 薛冠华

公共卫生与疾病防治

概况
卫生防疫站建设和管理
召开全国卫生防疫工作会议
制定卫生防疫站规章制度
中国预防医学中心
卫生防疫人员培训工作
三分之一试点县卫生防疫站协作组会议
全国先进卫生防疫站
湖北省襄阳地区卫生防疫站
广东省江门市卫生防疫站
山东省邹县卫生防疫站
北京市通县卫生防疫站
传染病防治
鼠疫监测网基本形成
流行性脑脊髓膜炎防治学术会议
十八个县(市)完全消灭血吸虫病
中共中央调整中央血吸虫病防治领导小组
抗氯喹恶性疟调查
丝虫病防治科研有很大进展
山东省实现全省基本消灭丝虫病
工矿企业结核病防治工作座谈会
全国结核病流调点三年防治效果考核
山东省结核病防治成绩显著
延边朝鲜族自治州肺结核病防治工作
重庆市工矿企业结核病防治工作新进展
地方病管理
中共中央调整中央地方病防治领导小组
克山病发病和死亡降至历史最低水平
地方性甲状腺肿防治科研进展
防治大骨节病有成效
改水改灶防治地方性氟中毒
我国饮水氟最高容许浓度研究
常见病防治
心血管病防治研究
计划免疫
计划免疫工作有新进展
计划免疫——冷链
国境卫生检疫
国境卫生检疫工作进展
纪念中国卫生检疫工作一百一十周年
劳动卫生监督
建立劳动卫生职业病防治中心
职业肿瘤调查
劳动卫生标准审议会议
环境卫生监督
全国环境卫生工作会议
全国环境卫生调查研究成果汇报会
学校卫生监督
全国学生口腔疾病调研防治工作
建立北京儿童青少年卫生研究所
全国学生体质健康调查研究工作会议
食品卫生监督
贯彻执行《食品卫生法》
卫生部食品卫生监督检验所
进口食品卫生检验所
全国进口食品卫生监督检验座谈会
第四次全国食品添加剂标准化技术委员会年会
放射医学
环境放射水平和医疗照射调查进展迅速
辐照食品卫生标准审议会
全国放射免疫质量控制会议
铁路卫生

铁路客车卫生

爱国卫生运动

1983年爱国卫生运动
中央爱国卫生运动委员会第六次委员会扩大会议纪要
中共中央爱国卫生运动委员会组成人员名单
第二个文明礼貌月中的爱国卫生运动
卫生检查评比与表彰奖励活动
农村改水将有计划地进行
河北易县农村供水工程
开展全民性灭鼠活动
稻田灭蚊方法取得进展
业务技术干部培训
卫生模范村又谱新篇章
太阳村
水东镇爱国卫生运动简介
莆洪村卫生水平不断提高
固安县南五星大队三年建成文明卫生村
安乐大队卫生村发展新貌
坚持两个文明一起抓,建设优美的海港山城
崇庆县城关乡白碾村第六村民小组军民共建文明村

计划生育

全国计划生育宣传月
算账对比,提高计划生育自觉性
计划生育宣传教育工作网
举办优生展览,普及优生知识
上海市卢湾区开展婚前体检促进优生优育
全国计划生育工作荣成现场会议
计划生育干部培训基地
我国少数民族的计划生育工作
我国避孕药具生产供应情况
各地评选了一批计划生育先进集体和先进个人
计划生育科研机构建设
计划生育科研进展
计划生育科研管理工作
国家计划生育委员会科学技术研究所
人口情报资料工作的进展
人口和计划生育领域的多边国际合作
中日两国在计划生育领域中的合作
参加人口和计划生育国际会议
我国与外国人口和计划生育代表团的互访
与国外计划生育民间组织的往来

妇幼卫生

概况
围产保健工作的进展
妊娠中毒症及产后出血科研协作组第二次扩大会议
开展农村儿童保健试点工作
小儿佝偻病的防治
小儿缺铁性贫血及腹泻的防治
福建省组织全省托幼机构进行卫生保健工作检查评比
上海市加快保教队伍的业务建设
“六一”儿童节期间开展儿童保健活动
妇幼卫生示范县
全国计划生育技术经验交流会
卫生部颁发《计划生育技术人员考核标准(试行)》
卫生部提出了《关于做好当前计划生育技术工作的意见》
提高人口素质,开展优生工作

中医药学

贯彻衡阳会议精神,中医工作出现新局面
中医是人类最丰富的宝藏之一
辽宁省采取措施发展中医事业
中医医疗
中医医院的建设与发展
附:1. 中医病历书写格式与要求(试行)
2. 中药调剂室工作制度(试行)
3. 中药煎熬操作规程(试行)
4. 中药库管理制度(试行)
全国中医院急症工作座谈会
卫生部发出加强中医专科建设的通知

全国第一期中医医院院长学习班
李时珍医院
中医教育
高等中医教育在改革中前进
附:1. 高等医药院校中医专业教学计划
2. 高等医药院校中药专业教学计划
3. 高等医药院校针灸专业教学计划(试行草案)
高等中医院校普通课、西医课教材编审会议
中医在职进修教育
中医夜大学和函授教育
湖南省实行中医专科定向培养
《中医教育》杂志创刊
中医、中西医结合科研工作
中医古籍整理出版工作
中医、中西医结合科研工作
纪念李时珍逝世三百九十周年学术讨论会
头针
民族医药学
发扬民族医药学

医 政 管 理

医政管理工作概况
城乡医疗卫生改革
全国农村基层卫生组织工作座谈会
改革公社卫生院补助费使用办法
农村公社卫生院实行多种形式的责任制
部分地区进行扩大集体所有制医疗单位自主权的试点
大队(村)卫生机构的改革
农村合作医疗制度的改革
中共黑龙江省委领导重视和关心农村基层卫生组织的改革
部分地区实行农村卫生技术人员岗位补贴制度
首都医院改革取得初步经验
中山医学院附属肿瘤医院实行不脱产秘书制
黑龙江省医院坚持改革初获成效
哈医大一院实行“技术、经济责任制”
北京、天津等地加强城市基层医疗卫生组织的建设和改革
上海推行集体企业职工医疗保险
发挥个体开业医务人员的补充作用
医院精神文明建设
全国医院精神文明建设经验交流会在大连召开
大连市第一医院重点治“差”,保持文明先进
丹东市二院文明办院
“三分之一”县卫生事业整顿建设
第一批“三分之一”县的检查、验收
吉林、湖北等省加强中心卫生院的建设
黑龙江省全面整顿农村生长大队卫生机构
“三分之一”试点县医院南方协作组会议在监利县召开
卫生部举办培训班为“三分之一”县卫生事业建设培养人才
少数民族地区卫生事业建设
全国少数民族卫生工作会议
上海对口支援宁夏卫生建设取得成效
苏浙鲁沪京津六省、直辖市同新疆达成对口支援协议
延边朝鲜族自治州医疗卫生工作取得显著成绩
城市支援农村
卫生部发布《关于组织城市医疗卫生机构支援农村卫生事业建设若干问题的意见》
四川等省、直辖市组织城市医疗卫生机构支援农村卫生事业建设
天津市组织城市医疗机构支援县医院建设
四川医学院附属医院积极支援犍为县医院
康复医疗
我国康复医学的新进展
中国红十字会活动
中国红十字会组织的发展
中国红十字会三届三次理事会
钱信忠会长在中国红十字会三届三次理事会上的工作报告
卫生救护训练
献血与输血

社会福利和社会救济
红十字青少年
国际往来与救济工作
对外救济和接受外援
《中国红十字》杂志
查人转信等工作
中国红十字会颁发荣誉会员奖章、证书的暂行办法
中国红十字会接受社会捐助条例
中国红十字会会费缴纳、使用、管理条例

医 学 教 育

1983年的医学教育
高等医学教育
1983年工作概况
卫生部属高等医学院校工作会议
继续试行医学专业毕业生业务统一考试
高等法医学教育
培养少数民族高级医药卫生人才
黑龙江省牡丹江医学专科学校走为农村办学的道路
中等医学教育
1983年工作概况
护理教育
中等医学教材建设
贵州、广西、云南重视发展少数民族中等医学教育
全国中等医学教育管理讲习班
北京市部属卫生学校调查
进修医学教育
1983年工作概况
卫生技术人员和卫生管理人员培训的新进展
重新审定认可卫生部进修医学教育基地
发展卫生干部培训基地
医学研究生教育和学位工作
1983年工作概况
建立临床医学硕士、博士学位研究生制度
审批第二批博士、硕士学位授予单位
附:1. 1983～1984学年全国高等医药院校招生、毕业人数
2. 1983～1984学年全国中等卫生学校招生、毕业生数
3. 第二批博士学位授予单位及其学科、专业和指导教师名单
4. 第二批硕士学位授予单位及其学科、专业名单

医学科学技术

1983年工作概况
1986～2000年全国医学科学技术发展规划的编制
医学科学研究管理改革
卫生部1982年医药卫生科技成果奖励项目
1982年医药卫生科技成果选介
国家科委发明评选委员会1983年批准的医药卫生发明项目
部分医药卫生发明内容简介
医药卫生科技成果推广学习班
通过世界卫生组织渠道选派出国进修生工作进展
全国医药卫生出国留学人员管理工作经验交流会
医学实验动物工作
附:1. 各学会召开的学术会议(1983年)
2. 中外学术团体交流活动(1983年)

药 政 管 理

1983年药政管理工作新进展
全国临床药学工作座谈会
临床药学研究工作取得进展
我国观察员参加联合国麻醉药品会议
联合国麻醉药品机构代表团访问我国
对精神药物进出口实行准许证制度
卫生部举行新闻发布会宣布对精神药物进出口实行准许证制度
卫生部与世界卫生组织联合举办精神药物讲习班
卫生部举办临床药理进修班
卫生部组建十四个药品临床药理基地

上海第一医学院抗菌素临床药理研究室开展新药临床评价工作
1983年新药审批情况
卫生部发出对中外合资制药企业管理通知
卫生部发出做好药品抽验检查工作通知
对抗菌素类药品进行调查抽验
加强药品标准化工作
北京市药品检验所
吉林省形成了三级药检机构网
县药品检验所大有作为
大连市药品检验所抓好业务建设，搞好药品质量监督
让人民用上安全有效药品
沔阳县药品检验所把好药品质量关
加强中药管理，发挥中医用药特长
生物制品生产、科研情况
卫生部上海生物制品研究所
卫生部兰州生物制品研究所落实知识分子政策成效显著
乙型肝炎血源疫苗的研制
用遗传工程研制乙型肝炎疫苗

药品和医疗器械

1983年医药工作取得新成绩
制定、部署开创医药工作新局面的任务、步骤、政策和措施
医药工商企业的全面整顿
国务院批转《关于中药工作问题的报告》
提高中药饮片质量
加强中药市场管理
中药资源普查
砂仁生产
医药工业节约能源工作
化学医药工业概况
奖励技术管理先进企业
医疗器械工业概况
全国医疗器械展览交易会
前进中的山东新华医疗器械厂
医药商品购销额全面上升
积极安排供应儿童用药
搞好灾疫情急救用药供应
三类医药小商品采取价格放开措施
全国医药商业统计工作质量检查
上海市的医药事业
附：1983年荣获国家质量奖的医药产品

计划财务管理

卫生计划财务工作概况
推广电子计算机在医疗卫生工作上的应用
逐步扩大高等医学院校招生人数
切实改善中年知识分子的医疗保健条件
举办全国医疗器械、仪器设备质量展览会
公费医疗管理的改革
调整不合理的医疗收费标准
吉林省医疗项目成本核算与科室核算试点情况
卫生系统专门人才现状调查和需求预测
统一全国医院会计科目
撰写中专卫生财会教材
加强口腔医学教育的建设
上海第一医学院兴建了一座我国最大的医学教学科研楼

卫生宣传与出版工作

卫生宣传

卫生宣传教育工作概况
积极编印数量多质量好的卫生科普丛书
发展中的我国卫生科普报刊
全国卫生美术摄影展览在北京举行
加强吸烟有害健康的宣传和研究

卫生出版工作

卫生出版概况
1983年39家出版社医药卫生新书出版情况
1983年全国新交邮局发行的医学期刊一览表
1982年度全国优秀科技图书评选工作及获奖医药卫生书目
1983年度全国部分重点医学图书介绍

国际合作与交流

1983年工作概况

我国与外国重要卫生代表团的互访
我国与世界卫生组织的合作和往来
我国卫生部与联合国开发计划署合作情况
扩大国际合作,建立农村卫生示范县
我国卫生部与联合国儿童基金会合作情况
我国卫生部与世界银行合作情况
四十六个县基本完成世界银行贷款项目准备
第二次全国援外医疗队工作会议
专文:万里行医,广交友谊
中国和加拿大合作培训流行病学人员
与澳大利亚发展援助局的合作
中德医学周
中国针灸、按摩医生在阿根廷
附:1. WHO 在华召开的国际会议(1983 年)
2. WHO 聘请专家来华协助举办的训练班、讲习班(1983 年)
3. 通过 WHO 派出的考察组(1983 年)
4. 出国参加重要国际会议(双边)情况表(1983 年)

省、自治区、直辖市卫生工作概况

北京市
天津市
河北省
山西省
内蒙古自治区
辽宁省
吉林省
黑龙江省
上海市
江苏省
浙江省
安徽省
福建省
江西省
山东省
河南省
湖北省
湖南省
广东省
广西壮族自治区
四川省
贵州省
云南省
西藏自治区
陕西省
甘肃省
青海省
宁夏回族自治区
新疆维吾尔自治区

法规和文件

国务院批转国家医药管理局关于中药工作问题报告的通知
全国中医医院工作条例(试行)
全国卫生防疫站工作条例
计划生育技术管理工作条例(试行)
全国医院、卫生院卫生防疫工作管理办法(试行)
改水防治地方性氟中毒暂行办法
实施《中华人民共和国国境口岸卫生监督办法》的若干规定
职业病报告办法
医院污水排放标准
计划生育技术人员技术考核标准
关于制止任意安排和接受大批非专业人员到医疗卫生机构工作的通知
关于经济发达省市对口支援边远少数民族地区卫生事业建设的实施方案
关于继承、发扬民族医药学的意见
关于加强中医、中西医结合科研工作的意见
关于培养临床医学硕士和博士学位研究生的试行办法
中华人民共和国卫生部附设性医学科学研究机构管理暂行办法
医学科学技术档案管理办法
卫生系统实验动物管理暂行条例
麻醉药品国内运输管理办法

关于对精神药物实行进出口准许证规定的通知
关于对中外合资制药企业有关管理的通知

卫 生 论 坛

从实际出发,发展我国的卫生事业　崔月犁
马克思、恩格斯论卫生工作　印石
城乡兼顾,预防为主,在改革中把八亿农民的卫生防病工作做好　崔月犁
发展我国医学教育的历史经验　朱潮
提高队伍素质,调整人才结构　浙江省卫生厅
我国医师进修教育及其展望　陈宪松　赵书贵
论卫生技术管理人才的知识结构　彭庆星
医学科研课题的选择与确立　王林
开展医院科学研究的几个重要环节　济南市第二人民医院
在改革中巩固和发展农村基层卫生组织　陆忠
认真做好城市支援农村的工作　张自宽
关于发展城市卫生事业基本方针的刍议　王昊
首都医院在改革中前进　陈敏章
浅谈医疗收费标准及收费制度的改革　冯培焰　王松年
试论医务人员之间的道德准则　陆纪春
振兴中药事业　谭云鹤
开展临床药学工作,提高医疗质量　江冰
要重视老年保健与社会福利　塞冬　敖拉哈
积极参加控制吸烟的活动,为保护人民健康而努力　翁心植

卫生工作纪事

卫生界人物

建国以来历届卫生部部长、副部长、顾问名单
1983年各省、自治区、直辖市卫生厅局长名单
中国科学院学部委员名单(医药卫生界)
卫生部1983年表彰的全国卫生战线先进集体、先进工作者
1983年评选的卫生系统全国儿童少年先进集体和先进工作者
马海德同志在华工作50周年卫生部等单位组织隆重庆祝活动
1983年全国表彰的先进模范人物事迹
华山抢险救人英雄集体
“人民的好医生”王德理
“人民的好医生”周礼荣
1983年国际奖获得者
钱信忠获联合国人口奖
马海德博士获“达米恩·杜顿麻风协会”1982年度奖章
王琇瑛获“南丁格尔”奖章
1983年逝世的我国医药卫生界人物
妇产科专家林巧稚逝世(1901～1983)
药学家孟目的逝世(1897～1983)
病理学家杨述祖逝世(1903～1983)
微生物学家、免疫学家谢毓晋逝世(1913～1983)
我国近代妇幼卫生事业的先驱者杨崇瑞逝世(1891～1983)

1985卷

目录

编辑说明
图片选辑

特载——建国三十五年来的卫生工作

人民卫生事业的巨大发展　中华人民共和国卫生部
我国的计划生育工作　中华人民共和国国家计划生育委员会
当代中国的医药事业　国家医药管理局
当代中国的卫生事业　黄树则

卫 生 统 计

卫生基本情况统计

1984年全国卫生机构、床位、人员数和构成
1984年全国卫生机构专业卫生人员数和构成
1984年全国医院、疗养院(所)机构、床位数
全国卫生机构专业卫生技术人员的构成
全国卫生机构、床位数
全国卫生机构专业卫生人员数
全国城市、农村医院床位数及卫生技术人员数
全国城市、农村医院床位数及卫生技术人员数比重
全国平均每千人口医院床位数及卫生技术人员数
全国分科西医师人数
全国县医院机构、床位、人员数
全国农村乡(公社)卫生院机构、床位、人员数
全国中医机构、床位、人员数
全国医学科学研究机构、人员数
全国工业及其他部门卫生机构、床位、人员数
全国卫生防疫机构、人员数
全国妇幼卫生机构、床位、人员数
全国民族自治地方卫生机构、床位、人员数
全国农村生产大队(村)卫生组织情况
1984年全国农村生产大队(村)卫生组织情况
1984年各地区卫生机构、床位数
1984年各地区卫生机构专业卫生人员数
1984年各地区平均每千人口医院床位数和专业卫生技术人员数
百万人口以上城市每千人口医院床位数和专业卫生技术人员数

医院工作统计

1984年全国医院诊疗人次及入院人数
全国县及县以上医院病床使用情况
全国卫生部门城市医院住院病人前十位疾病构成
全国卫生部门县医院住院病人前十位疾病构成
1984年各地区卫生部门县及县以上医院病床使用情况
1984年各地区工业及其他部门县及县以上医院病床使用情况
1984年全国家庭病床工作情况

1984年各地区家庭病床工作情况
人口自然变动及死亡原因统计
全国人口出生率、死亡率、自然增长率
部分市、县婴儿死亡率
部分市婴儿、新生儿、产妇死亡率
部分市前十位主要疾病死亡专率及死亡原因构成
部分县前十位主要疾病死亡专率及死亡原因构成
传染病发病及死亡统计
1984年全国传染病发病及死亡情况
节育手术、新法接生统计
1971～1984年全国节育手术情况
全国新法接生百分比
医学教育统计
全国高、中等医药院、校数及在校学生人数
全国中医学院数及在校学生人数
全国中医学院(系)毕业人数
全国高、中等医药院、校及西医离职学习中医班毕业人数
卫生经费
全国各个时期的卫生事业费
全国各个时期的卫生基本建设投资
附：
1. 1984年全国行政区划
2. 全国人口数
3. 全国人口按年龄分组
香港地区统计资料
医院病床数
专业医务人员数
生命统计
死因统计
台湾省统计资料
医院诊所统计表
历年法定、报告传染病患者及死亡数统计表
1982年十大死亡原因统计表

公共卫生与疾病防治

1984年卫生防疫工作进展
卫生防疫组织管理
卫生部表彰从事卫生防疫工作三十年工龄者
全国卫生防疫人员培训基地工作
全国卫生防疫人员培训基地暂行管理办法
卫生部卫生防疫司简政放权，十项任务移交中国预防医学中心
卫生防疫工作改革初见成效
二省二市二县卫生防疫改革座谈会
农村卫生防疫工作的改革
全国三分之一试点县卫生防疫站协作组第四次经验交流会
传染病防治
鼠疫
流行性出血热
病毒性肝炎
狂犬病
血吸虫病防治工作的进展
血防科研成果
1984年丝虫病防治成绩显著
1983年全国疟疾疫情分析讨论会
1984年苏、鲁、豫、皖、鄂五省疟疾发病再度下降
海南岛疟疾防治工作三十年
卫生部发布《疟疾防治管理办法》
全国结核病防治工作会议
颁发全国结核病防治工作暂行条例和印发防治手册
全国黑热病防治研究会第三次会议
地方病防治
胡耀邦、邓小平、赵紫阳、陈云同志为地方病防治工作题词和写信
克山病
综合防治大骨节病
大骨节病生态化学环境调查
10个省、直辖市基本控制地甲病
生活用煤烟尘污染型氟中毒流行概况基本查清
计划免疫
概况
试行预防接种证制度

制订计划免疫工作考核办法补充规定
预防接种收取劳务费
继续加强冷链建设
国境卫生检疫
新建和恢复卫生检疫机构
召开湛江港无鼠害港现场会
修改国境卫生检疫法规
部分卫生检疫所、站调查考核工作
举办卫生检疫人员培训班
劳动卫生监督与职业病防治
卫生部召开全国职业肿瘤调查总结会议
颁发《职业病诊断管理办法》
卫生部下发《第六个五年计划期间劳动卫生与职业病诊断标准研制任务补充计划》
整顿加强职业病统计报告工作
环境卫生监督
城市环境卫生工作取得成绩
全国卫生标准技术委员会环境卫生标准分委员会第二次会议
卫生部下发《关于加强对医院污水消毒处理工作的通知》
学校卫生监督
全国学校卫生工作座谈会暨学生口腔疾病调查总结会议
全国学生口腔疾病流行病学调查
卫生部要求各地积极开展口腔疾病防治和镶牙业务
常见病防治
成立全国防盲指导组
食品卫生监督
《食品卫生法》实施一年
全国食品卫生监督员统一着装规定
颁布国家食品卫生标准
第五次全国食品添加剂标准化委员会会议
放射医学与放射卫生防护
关于切实加强放射卫生防护管理工作的通知
全国首次完成环境天然放射性外照射水平调查
医用诊断X线工作剂量与效应关系调查完成第一阶段工作
加强对透视节育环的X线卫生防护管理
卫生部要求进一步做好X线卫生防护工作
我国颁发第一个核电站放射卫生防护标准
我国首次颁发辐照食品卫生标准
放射卫生防护基本标准颁布实施

爱国卫生运动

关于全国爱国卫生运动工作经验交流会的报告
附:全国爱国卫生运动工作经验交流会受奖单位名单
控制吸烟活动的进展
全国50万人吸烟情况抽样调查
颁发《除四害技术措施方案》
全国除四害消毒站工作座谈会
杀虫药械研制工作进展
白纹伊蚊、埃及伊蚊综合防制
特殊行业的蝇类防制
蟑螂防制研究
灭鼠科研向纵深发展
全国灭鼠工作经验交流会议
全国鼠情监测网工作方案
农村改水工作进展
中国农村改水技术培训中心建立
全国《粪便无害化卫生标准》
沼气卫生科研工作
农村住宅卫生标准研究
农村集镇环境卫生建设专题研究

计划生育

中共中央关于计划生育工作的指示(摘要)
全国省、自治区、直辖市计划生育委员会主任会议
对各地贯彻《中央指示》的情况调查
抓好计划生育试点工作
计划生育“百村”调查
全国计划生育宣传教育工作会议
计划生育干部培训工作
附:全国计划生育干部培训规划要点

全国人口发展区域规划
1983年初婚、生育、死亡抽样调查
1983年与1984年的计划生育统计
优生科学研究的进展
避孕药具生产、供应管理的体制改革
全国计划生育信访工作会议
附:计划生育有关政策问答(摘要)
参加人口和计划生育国际会议
1984年我国与外国人口和计划生育代表团的互访
计划生育专门人才的现状调查和需求预测
中国计划生育协会
计划生育工作的标兵——谭玉玲、崔培华、陈世菊

妇幼卫生

1984年工作概况
全国妇幼卫生工作改革座谈会
表彰从事妇幼保健工作30年的专业干部
创建文明妇幼保健单位
陕西省合阳县成立"母子保健会"
北京市顺义县对孕产妇实行系统管理
孕产妇死亡调查座谈会
产后出血防治
预防产科尿瘘试点经验
母乳喂养情况和进展
儿童保健工作进展
我国婴儿死亡率逐年下降
纪念世界卫生日
托儿所四种人员培训教材出版发行
婴幼儿家庭教育和妇女保健科教片的摄制
进一步做好计划生育技术指导工作
卫生部修订《节育手术常规》
卫生部制定《婚前保健门诊工作常规》和《产前诊断常规》
四川省新生儿出生缺陷监测

中国医药学

1984年中医工作进展
党和国家领导同志为振兴中医题词

中医医疗

中医医院改革
全国中医医院专科建设座谈会
多种形式办医行医
全国第二期中医医院院长学习班
卫生部发布《全国中医医院医疗设备标准(试行草案)》
江苏省加强中医专科建设
卫生部直属单位"创建文明中医院"检查评比工作

中医教育

高等中医教育的成就
高等中医教育改革座谈会
中医研究生的培养
中医教育的对外交流
加强中医进修教育基地建设
高等中医函授教材的编写
上海中医学院改革初见成效
前进中的广州中医学院

民族医药学

全国民族医药工作会议
民族医学教育
建设民族医药人才培训基地

中医、中西医结合科研工作

中医古籍整理出版情况
中医诊断规范的研究
中医领域应用电子计算机概况
青蒿素栓剂鉴定及青蒿酯的开发研究
气功疗法及科研概况
中西医结合研究进展
第二届全国针灸针麻学术讨论会
中医研究院1984年科研进展

医政管理

1984年医政工作概述

城市医疗工作

全国家庭病床有较大发展
创建文明医院活动广泛开展
深圳牙科医疗中心改革创新路
大有可为的医院联合体

吉林省医院搞好成本核算促进医院改革
武汉市组织大医院带小医院
民办的广州市益寿医院
台州地区医院重视技术建设
部属在京医院对口检查评比
全国输血工作座谈会
血站 HLA 分型协作组成立
农村医疗工作
农村卫生改革进一步发展
县医院继续进行改革
第二批“三分之一县”卫生事业整顿建设工作陆续开始
“三分之一县”医院管理协作组南方片第四次会议
社会集资发展农村卫生事业
黑龙江、吉林、湖北、山东、江苏整顿村级卫生组织
部分农村卫生院办企副业促进卫生事业发展
广汉县改革村卫生机构的做法
农村集镇医疗设施建设设想学术讨论会
恢复和建立卫生工作者协会
乡村医生考核发证工作
护理工作
卫生部批准建立全国护理中心
试行“责任制护理”初见成效
首都医院改革护理领导体制
康复、老年医疗工作
康复医学取得进展
全国第一届康复医学学术讨论会
中国残疾人福利基金会成立
中国肢体伤残康复研究中心
加强老年卫生工作
上海市的老年病防治工作
我国人口老化现状
民族卫生工作
崔月犁率学习调查组赴西藏并主持召开卫生系统支援西藏三方协商会议
卫生部发出《关于进一步做好对口支援西藏卫生事业建设的几点意见》
红十字会工作
中国红十字会的八十年

医 学 教 育

一年医学教育评述
高等医学教育
公共卫生教育研讨会
口腔医学教育研讨会
高等护理教育
1984 年高等医学院校医学专业应届毕业生业务统一考试
高等医学教育的简政放权
中等医学教育
中等医学教育一年工作回顾
部属中等医药学校调查及专业调整
中等医药学校毕业生业务统考
全国中等医药学校及专业设置变更情况
新版教材编审出版进展情况
进修医学教育
进修医学教育概况
东北三省首次举行县级卫生管理干部管理业务统考
卫生部卫生管理干部专修科实行招生统一考试
哈尔滨医科大学卫生管理干部专修科第一届学生毕业
卫生部举办全国卫生事业管理科学讲习班
举办管理学基础课程师资研修班
医学研究生教育和学位工作
医学研究生教育调查和改革
学位授予工作和改革
附：1. 1984 年全国 117 所高等医药院校(系)分专业招生、毕业人数
2. 1984～1985 学年全国中等医药学校招生、毕业生数
3. 1984 年全国高等医药院校名录
4. 1984 年全国中等医药学校名录

医学科学技术

一年来的医学科学研究工作

卫生部发布《医药卫生科学研究招标指南》
卫生部发布《医药卫生科研基金制试行条例》
“六五”期间医药卫生科研攻关课题的进展
装备重点实验室
医学实验动物工作的发展
中国预防医学中心完成1984年五项任务
附设性医学科学研究机构概况
附:1. 卫生部直属单位的附设性科研机构
2. 各省、自治区、直辖市一级的附设性医学科研机构名录
卫生部1983年医药卫生科技成果奖励项目
1983年医药卫生科技成果选介
国家科委发明评选委员会1984年批准的医疗卫生发明项目
发明项目选介
医药卫生科技成果推广学习班
中国医学百科全书工作会议
学术团体活动
中华医学会1984年工作概况
中华医学会举办“走向世界——医药卫生科学技术新进展”讲座
中华医学会召开第19届全国会员代表大会
中华全国中医学会1984年工作概况
中国中西医结合研究会1984年工作概况
中国药学会1984年工作概况
中华护理学会1984年工作概况
中国生理科学会1984年工作概况
中国解剖学会1984年工作概况
中国防痨协会1984年工作概况
中国生物医学工程学会1984年工作概况
附:1. 各学会召开的学术会议(1984年)
2. 中外学术团体交流活动(1984年)

药 政 管 理

药政管理工作进入法制化新阶段
开展临床药学试点工作
《国家基本药物》简介
加强药品检验机构的仪器装备
山东省的药品检验工作
江苏省建湖县药品检验所
《中国药典》1985年版定稿
查处十八种中药材伪品
加强对医院研究、使用中药注射剂的管理
附:医院中药注射剂(水针)临床前质量控制要求(试行)
开展中药饮片检查评比
加强对进口药材的质量监督管理
加强对安钠咖、强痛定的管理
我国向联合国提供麻醉药品和精神药物统计数字
1984年全国新药审批情况
上海第一医学院成立临床药理研究联合委员会
中山医学院积极开展抗癌药的临床药理工作
药品生产质量管理规范讲习班
全国右旋糖酐讨论会
培训临床药理研究骨干
生物制品生产的发展
限制进口血液制品,防止AIDS病传入我国

药品和医疗器械

1984年医药工作综述
医药企业全面整顿
国家医药管理局参加第二次全国工业普查的准备和试点
制药装备的技术进步
医药包装的技术引进工作
中药生产经营
中药生产经营在改革中前进
中药饮片质量继续改善
胡庆余堂制药厂建厂110周年
养鳖专业户的兴起
兰山县的中药资源普查
罐组逆流提取工艺在中药行业中的应用
化学医药工业
化学医药生产的新进展
医药工业的技术改造
中国大塚制药有限公司投产

国家医药管理局北京药物制剂研究所建立
医疗器械工业
加强医疗器械行业管理
联营生产医用 X 线机
中国医疗器械工业制冷设备厂经济联合体
医用器械及材料标准化技术委员会成立
CX—851B 型超声实时显象仪的研制
中国针灸器械展览会
引进塑料输血袋生产技术
医药商业
医药市场繁荣活跃
抓紧解决药品和医疗器械紧缺问题
医药商品价格管理的初步改革
组建医药贸易中心
加强医药商情调研
《中国工商企业名录医药专册》出版
国家医药管理局等四单位联合发布集体和个体经营医药商品管理办法
附:1. 1984 年化学药品各类产品产量
2. 1984 年医疗器械各类产品产量
3. 1984 年制药机械各类产品产量
4. 1984 年荣获国家质量奖的医药产品
5. 1984 年全国医药优秀质量管理小组名单
6. 1984 年全国医药优秀质量管理工作者名单
7. 1984 年国家医药管理局质量管理奖企业名单
8. 1984 年国家医药管理局优秀质量管理小组名单

计划财务管理

1984 年的计划财务工作
卫生事业“七五”计划和 1985 年计划
18 所重点扩建医院完成选址定点工作
筹建北京针灸学院
医院经费分配和管理办法的改革
中日友好医院实行新的收费办法
卫生部所属企业实行了利改税
卫生计划财务工作座谈会
卫生部门应用电子计算机情况
医用计算机软件班
卫生统计汇总程序
中国卫生统计学会成立
卫生财务教材出版
中国卫生经济研究会活动概况
邀请经济学专家研讨卫生经济理论问题
卫生计划和预算学术讨论会
经济核算成本与效益学术讨论会
第二次全国农村卫生经济学术讨论会

卫生宣传与出版工作

卫生宣传
1984 年卫生宣传教育工作概况
举办全国卫生科普宣传栏展览和全国卫生科教电影片、电视片评比活动
设置卫生宣传教育专业和编写《健康教育学》
中国卫生宣传教育协会成立
加强卫生科教电影片电视片的摄制工作
卫生出版工作
卫生出版概况
1984 年 75 家出版社医药卫生新书出版情况
1983 年度全国获奖医药卫生图书
《当代中国的卫生事业》简介
1984 年全国主要医药卫生报纸一览表
1984 年全国主要医药卫生期刊一览表
1984 年全国医药卫生新书书目

国际合作与交流

概述
1984 年中国医疗队概况
我国与外国重要卫生代表团的互访
中日友好医院正式开院
中丹医学生物学进修生培训中心奠基
中澳合作共建农村饮水工程
中国卫生部外事局和日本文部省学术振兴会签订 10 年合作协议
中英签订第二个卫生合作谅解备忘录
中国医学代表团访问拉美四国

第五次中法医学日
慕尼黑中国医学周
北京国际整形外科学术会议
中国麻风病代表团出席第12届国际麻风病大会
我国与世界卫生组织的合作与往来
世界银行贷款发展卫生事业
世界银行卫生贷款项目设备采购的进展
世界银行卫生贷款项目国内配套资金管理
世界银行贷款卫生项目中的医学教育部分执行情况
我国与国际麻醉品管制机构的合作
我国与联合国儿童基金会合作情况
我国与联合国人口活动基金第一周期合作项目执行结束
我国和联合国开发计划署饮水和卫生十年活动合作项目简介
我国参加FAO/WHO食品法规委员会
附表1　1984年WHO在中国召开的国际会议及国际性讲习班
附表2　1984年WHO在中国举办的讲习班和培训班简表
附表3　1984年通过WHO、UNICEF派出的考察组
附表4　1984年出国参加重要国际会议情况表

省、自治区、直辖市卫生工作

北京市
　改革中的房山县中医医院
天津市
河北省
　国家、集体、个人一齐上，实行多形式办医
山西省
内蒙古自治区
　乌兰察布盟医院与北京阜外医院协作成效显著
辽宁省
　改革出活力——沈阳市卫生改革概况
吉林省
黑龙江省
上海市
　积极开展文明医院的建设活动
江苏省
浙江省
安徽省
　积极改革、严格管理、阔步前进——记安徽省蚌埠市第三人民医院
福建省
江西省
山东省
　山东省掖县村村建立起卫生室
河南省
　河南城乡兴办家庭病床成效显著
湖北省
　湖北省农村村(大队)卫生组织整顿工作
湖南省
广东省
广西壮族自治区
　广西计划免疫——冷链系统基本建成
四川省
　四川省的振兴中医工作
贵州省
　贵州省基本消灭丝虫病
云南省
　“瘴疠之区”换新颜
西藏自治区
陕西省
　陕西省1984年地方性氟中毒防治情况
甘肃省
青海省
宁夏回族自治区
新疆维吾尔自治区
　培养各族高级医药卫生人才的摇篮——新疆医学院

法规和文件

中华人民共和国药品管理法
附件1　卫生部副部长谭云鹤向全国人大常委会六届六次会议作关于药政法草案的

说明
附件2 全国人大法律委员会副主任委员沈鸿在全国人大常委会六届七次会议上作关于药政法草案审议结果的报告
附件3 卫生部、最高人民法院、最高人民检察院、司法部、公安部、国家经委、国家工商行政管理局关于认真学习、宣传、贯彻《药品管理法》的通知
附件4 《人民日报》评论员文章
中华人民共和国出口食品卫生管理办法(试行)
家庭病床暂行工作条例(试行)
国务院办公厅转发卫生部关于加强药品管理,制止滥用麻醉药品、精神药品的报告的通知
国务院办公厅转发卫生部、国家民族事务委员会关于加强全国民族医药工作的几点意见的通知
1984年主要卫生规章目录

重要会议报告

崔月犁同志在全国卫生厅局长会议上的讲话(摘要)
谭云鹤同志在全国卫生厅局长会议上的总结讲话(摘要)
崔月犁同志在全国卫生厅局长会议闭幕会上的讲话(摘要)
廖汉生同志在全国爱国卫生运动工作经验交流会上的讲话(摘要)
王伟同志在部分省、自治区、直辖市试点县工作情况交流会上的讲话(摘要)

卫 生 论 坛

国内外医学进展 黄家驷
重视和发展我国的中医药 振中
光明的前景广阔的道路 吴咸中等
对中医学术"独立发展"的看法 王玉川
狠抓改革、努力提高 林士笑
家庭病床是具有中国特色的社会主义医疗的一种好形式 天津市卫生局
社会化的医院和医院的社会化 金德初
红十字活动在社会主义精神文明建设中的地位和作用 《中国红十字》评论员
"卫生经济理论研讨会"综述 蔡仁华
卫生费用的上升及其原因 顾杏元
重视对健康投资经济效益的研究 《卫生经济》特邀评论员

卫生工作纪事

卫生界人物

卫生部系统
卫生部部长、副部长
卫生部顾问
中国红十字会总会会长、副会长、秘书长
中华医学会会长、副会长、秘书长
中华全国中医学会会长、副会长、秘书长
中国中西医结合研究会理事长、副理事长、秘书长
中华护理学会理事长、副理事长、秘书长
中国防痨协会理事长、副理事长、秘书长
中国生理科学会理事长、副理事长、秘书长
中国生物医学工程学会理事长、副理事长、秘书长
中国药学会理事长、副理事长、秘书长
中国解剖学会理事长、副理事长、秘书长
卫生部(机关)司局长、主任
卫生部直属单位正职行政领导各省、自治区、直辖市卫生厅(局)长、爱国卫生运动委员会主任
卫生系统第六届全国人民代表大会代表
卫生系统第六届全国政协委员
中国科学院学部委员(医药卫生界)
获得国际奖章、奖金的专家
在医药卫生工作中做出突出贡献的中青年科技工作者
1984年全国表彰的先进模范人物
1984年逝世的医药卫生界人物
国家计划生育委员会系统
国家计划生育委员会主任、副主任

国家计划生育委员会顾问
国家计划生育委员会(机关)司局长
各省、自治区、直辖市计划生育委员会主任
国家医药管理局系统
国家医药管理局局长、副局长
国家医药管理局司局长、主任、经理
国家医药管理局直属单位正职行政领导
省、自治区、直辖市医药管理局(总公司)局长(经理)
第六届全国人民代表大会代表
第六届全国政治协商会议委员
国家发明奖获得者
在医药工作中做出突出贡献的中青年科技工作者
民族医药专家

附　　录

世界各国的卫生状况
非洲一些国家的人口数、出生率、死亡率及自然增长率
美洲一些国家的人口数、出生率、死亡率及自然增长率
亚洲一些国家及地区的人口数、出生率、死亡率及自然增长率
欧洲一些国家的人口数、出生率、死亡率及自然增长率
大洋洲一些国家的人口数、出生率、死亡率及自然增长率
非洲一些国家的婴儿死亡率及出生时预期寿命
美洲一些国家的婴儿死亡率及出生时预期寿命
亚洲一些国家及地区的婴儿死亡率及出生时预期寿命
欧洲一些国家的婴儿死亡率及出生时预期寿命
大洋洲一些国家的婴儿死亡率及出生时预期寿命
欧洲、美洲及西太平洋地区一些国家的前五位主要死因
国际管制的精神药物清单
1984年诺贝尔生理、医学奖获得者

索　　引

1986 卷

目录

编辑说明
图片选辑

特载

中华人民共和国国民经济和社会发展第七个五年计划(摘要)(1986～1990)
邓小平同志在中国共产党全国代表会议上的讲话(摘录)
中央书记处、国务院对中医、中西医结合工作的意见

工作进展

1985 年卫生工作改革综述

公共卫生与疾病防治

1985 年卫生防病工作进展
卫生防疫组织管理
卫生防疫改革试点
卫生防疫站区域协作
开展创建文明防疫站活动及其考核工作
全国卫生防疫站管理研究会成立
卫生防病管理体制调查研究
卫生防疫人员培训
附表 1　1985 年全国卫生防疫人员培训基地举办的培训班
附表 2　1985 年中国预防医学中心举办的培训班
计划免疫
冷链装备覆盖面积不断扩大
全国计划免疫工作会议
传染病防治
鼠疫
卫生部医学科学委员会腹泻病专题委员会成立
流行性出血热
全国少数民族地区结核病防治工作座谈会
内蒙哲里木盟全面开展结核病防治工作
中国麻风防治协会、中国麻风福利基金会、中国麻风病防治研究中心成立
艾滋病监测
寄生虫病防治
血吸虫病防治工作 30 周年
上海、广东消灭了血吸虫病
血吸虫病防治科研成果
颁发《流动人口疟疾管理暂行办法》
苏、鲁、豫、皖、鄂五省疟疾发病数降至历史最低水平
卫生部首次对基本消灭疟疾的地区进行考核
江苏省防蚊灭蚊抗疟综合试点成绩显著
江苏省疟疾镜检站工作居全国领先地位
广西全区基本消灭丝虫病
地方病防治
中共中央地方病防治领导小组会议
中共中央地方病防治领导小组表彰防治地方病先进集体和先进工作者

地方病防治宣传工作
《中华人民共和国地方病与环境图集》完稿
克山病病情持续稳定下降
克山病重病区开展病情监测工作
我国又有4个省、自治区基本控制地甲病
全国食盐加碘防治地甲病对口检查
全国地方性氟中毒防治工作经验交流会议
湖北省鄂西州改灶防氟取得成果
其他疾病防治
防盲工作
全国肿瘤防治工作经验交流会
精神病防治
12地区精神疾病流行学抽样调查
推广运城地区牙病防治工作经验
国境卫生检疫
新建国境卫生检疫机构
国境口岸卫生检疫服装改革
对外开放口岸灭鼠成绩显著
对部分进出境人员开展健康体检和签发国际旅行健康证明书
进口废钢船卫生管理
恢复进出境交通工具卫生检疫签证收费
进口微生物菌(毒)种、培养物的管理
上海卫生检疫所
劳动卫生与职业病防治
发布《关于加强乡镇企业职业病防治工作的通知》
全国防尘防毒工作会议
1984～1985年全国劳动卫生职业病防治干部培训
国家职业病诊断组尘肺病小组成立
环境卫生监督
成立卫生部医院污水消毒处理咨询委员会
游泳场所卫生管理条例
学校卫生监督
学生口腔卫生保健工作
学生视力监测
学校卫生监测、监督和考核工作
学生营养监测和改善工作
学校卫生的宣传教育
学生体质、健康调查研究
学校卫生标准的研制
食品卫生监督
颁发一批新的食品卫生标准和管理办法
地方食品卫生法规
进口食品卫生监督
抓违犯《食品卫生法》大案要案处理
全国贯彻《食品卫生法》经验交流会
放射医学与放射卫生防护
全国放射卫生防护工作会议
放射卫生防护机构的发展
发布《放射工作人员个人剂量监测规定》和《放射工作人员个人剂量监测方法》
转发《山东省诊断X线被检查者卫生防护暂行管理办法》
我国天然环境电离辐射剂量的调查与评价
关于肿瘤放射治疗剂量学的若干规定
核电站环境放射卫生监测及公众健康状况调查规范
辐照食品卫生安全评价研究
卫生标准
卫生标准业务管理
1985年颁布的国家卫生标准(93个)

爱国卫生运动

中央爱国卫生运动委员会第七次委员会扩大会议纪要
中小城市文明卫生建设出现新局面
全国除四害、农村环境卫生科研获奖项目
农村粪便卫生管理进展情况
一些地区的农村改水进展较快
农村生活用水量的调查及用水量标准建议值的制定
沼气厕所的卫生监测
处理沼气池渣的几种办法
三种不同形式沼气池的效果
创建无鼠害单位活动取得新进展
1985年全国家鼠鼠情监测情况
苏云金杆菌以色列变种制剂的推广应用

计 划 生 育

国家计生委主任王伟在第四次全国人口科学讨论会上的讲话(摘要)
在试点工作中完善计划生育政策的经验
天津市农村一孩专业户情况初步调查
沙洲县在社会主义精神文明建设活动中抓好计划生育工作
对流动人口的计划生育管理
辽宁省金县“三个服务”的经验
黑龙江省完善生育政策百万人口典型调查
“六五”期间计划生育科研成果
附件 1 “六五”计划生育科技攻关成果简介(21 项)
附件 2 全国计划生育委级科技进步成果获奖项目
加强宏观管理制定“七五”科研规划
国家计划生育科技专题委员会成立
计划生育干部培训概况
附件:南京计划生育管理干部学院计划生育管理专业教学计划
业务对口培训班
评选计划生育优秀宣传品
编写《计划生育科普丛书》
计划生育对外宣传工作
《健康报·计划生育版》获全球人口新闻报道优胜奖
联合国人口活动基金有关计划生育项目工作的开展
参加国际会议
我国与外国人口和计划生育代表团的互访

妇 幼 卫 生

综述
“六五”妇幼卫生工作完成情况
全国少数民族地区妇幼卫生工作会议
全心全意为草原妇女儿童保健服务的哲里木盟妇幼保健站
专文:少数民族地区妇幼卫生工作的历史和现状
从事有毒有害作业女工现况调查小结
《全国城乡孕产期保健质量标准和要求》正式下发实行
附件 全国城乡孕产期保健质量标准和要求
印发《关于综合医院妇产科编制的补充意见》
附件 《关于综合医院妇产科编制的补充意见》
四川省继续进行出生缺陷动态监测
10 省 9 市 0～7 岁正常儿童体格发育调查
托幼机构保健人员函授培训班
卫生部颁发《托儿所、幼儿园卫生保健制度》
附件 《托儿所、幼儿园卫生保健制度》
计划生育技术管理工作
婚前保健工作的进展

中国医药学

1985 年中医工作概况
全国中医工作和全国中西医结合工作会议
卫生部副部长胡熙明在全国中医工作会议上的报告(摘要)
卫生部副部长胡熙明在全国中西医结合工作会议上的报告(摘要)
崔月犁部长在全国中医工作和全国中西医结合工作会议闭幕式上的讲话
《中医法》起草领导小组成立
《中医法》座谈会
中医医疗
全国省级中医医院对口检查
中医急症工作进展
中医药学徒出师人员专业技术职务聘任工作
民族医药工作进展
中医教育
中医教育工作概况
高等中医院校教育改革经验交流会
5 所中医学院教学工作检查
全国高等教育中医专业自学考试在 5 省、市进行试点

高等中医院校首届传统保健体育运动会
改革中等中医教育
附1:1985年全国中等中医药学校名单
附2:中医士专业教学计划
附3:中药士专业教学计划
附4:针灸医士专业教学计划
附5:中医护士专业教学计划
中等中医教材编写工作
第一期中医专业人员英语培训班结业
中医、中西医结合科研工作
中医、中西医结合研究机构的发展
中医、中西医结合科研课题试行招标
第一期中医科研管理干部讲习班
中医科技情报网的建立
中医药科技成果评审
部分中医药科技成果简介
中国中医研究院成立30周年纪念活动
中国中医研究院30年
医圣张仲景塑像在中国中医研究院建成
天津南开医院开展中西医结合工作25周年

医 政 管 理

1985年医政工作综述
医疗立法调研起草工作
城市医疗工作
家庭病床达到91万张
中小城市卫生事业迅速发展
沿海开放城市卫生工作改革座谈会
临床检验质量控制开展情况
临床营养工作座谈会
开展医院用药信息管理
计算机在医院应用初见成效
院际心血管外科协作
康复医疗工作
康复医学有新进展
全国残疾人抽样调查领导小组成立
农村医疗工作
“赤脚医生”更改名称
全国农村卫生服务抽样调查
进行农村健康保险制度试点
黑龙江省实行城市医院技术骨干到农村服务制度
苏州市百万农民享受乡村企业劳保医疗
农村卫生事业管理学术讨论会
农村医疗保险制度学术讨论会
第三次农村卫生经济学术讨论会
民族卫生工作
经济发达省市对口支援边远少数民族地区卫生事业建设取得显著效果
卫生部帮助海南行政区制订海南卫生事业发展规划
为少数民族地区培训卫生管理和专业人才

医 学 教 育

医学教育综述
高等医学教育
1985年高等医学教育概况
1985年高等医学院校新增设专业情况
9所高等医学院校增开法医学专业课程
8所高等医学院校新开设护理专业
卫生部部属8所高等医学院校更改校名
高等医药院校的图书馆工作
高等医药院校电化教育工作
5所高等医学院校军训试点工作
国家医学考试中心成立
专文:上海医科大学农村卫生教学基地
中等医学教育
1985年中等医学教育工作概况
部属卫生学校改革招生制度
加强中等医学教育短缺专业的建设
制定《中等医药学校主要教学仪器设备装备标准》
佛山卫生学校
重庆药剂学校
医学进修教育
医学进修教育工作概况
9所高等院校卫生干部专修科参加卫生部统一招生考试
继续举办全国卫生事业管理科学讲习班
医学研究生教育和学位工作

医学研究生工作概况
临床医学研究生教育及学位制度的改革
中、美联合举办"社会医学与卫生事业管理"研究生班
国家公费选派出国留学生情况
通过世界卫生组织渠道选派出国进修生情况
试办医学门类博士后科研流动站
国务院学位委员会通过第二届学科评议组成员名单(医学评议组)
卫生部调整部分学位评定委员会
附1. 1985～1986学年全国高等医药院校招生、毕业人数
附2. 1985～1986学年全国中等医药学校招生、毕业人数
附3. 全国中等医药学校1985年、1984年分专业招生情况对比分析表

医学科学技术

医学科学研究工作综述
全国医药卫生科技工作会议
卫生部对医药卫生科技体制改革的几点意见
卫生部完成"六五"国家科技攻关任务
卫生部医药卫生科研课题招标
中国预防医学中心召开科学基金部分课题同行专家评议会
医学博士学科点专项科研基金评定
国家投资装备医学重点实验室
上海市医学实验动物管理工作
1985年国家级医药卫生科学技术进步奖获奖项目
1985年国家级医药卫生科学技术进步奖项目选介
1985年国家科委发明评选委员会批准的医药卫生发明项目
1985年国家科委发明评选委员会批准的医药卫生发明项目选介
卫生部1985年批准的医药卫生科技成果奖励项目
卫生部1985年批准的医药卫生科技成果奖甲级成果选介
卫生部1985年批准的医药卫生科技成果奖乙级成果选介
抗人HLA-DC单克隆抗体产品与技术进入国际市场
获得首批中华人民共和国专利证书的有关医药卫生项目
卫生部交易团参加首届全国科技成果交易会
"1985年日本筑波国际科技博览会"中国医药卫生参展项目
中国医学科学院药物研究所建立科研生产联合体
中国预防医学中心召开科技现场工作经验交流会

药政管理

综述
全国贯彻实施药品管理法会议
卫生部颁布《新药审批办法》
附件:《关于国外厂商申请在我国进行新药临床试验研究的规定》(试行)
卫生部成立药品审评委员会
附件1　卫生部药品审评委员会委员名单
附件2　卫生部药品审评委员会章程
1985年新药审批情况
我国加入麻醉品公约和精神药物公约
查处晋江假药案
全国药品质量情报工作会议
临床药理基地工作会议
医院基本用药试点工作
装备药品检验所仪器设备
陕西省合阳县药品检验所
中国医学科学院药用植物资源开发研究所
加强进口药品管理
加强药品广告管理
卫生部决定对血站制备血液制品核发"制剂许可证"
卫生部发布《新生物制品审批办法》

严禁Ⅷ因子制剂等血液制品进口
1985年生物制品生产超额完成国家计划
扩大生物制品研究所企业自主权
中丹医学生物学进修生培训中心建成
血源性乙肝疫苗批量投产

药品和医疗器械

1985年医药工作综述
全国医药管理局长会议
医药企业整顿任务完成与医药工业企业的初步改革
医药对外经济技术交流
医药科研工作
高等药学教育的进展
叶桔泉从医执教70年
中药生产经营
继续进行全国性中药资源普查
国家医药管理局颁发老药工荣誉证书
围栏护管甘草
组建中药信息网络
杭州中药二厂应用微电脑技术促进企业管理现代化
化学医药工业
化学医药生产提前完成六五计划指标
化学药品出口达历史最好水平
医疗器械工业
1985年的医疗器械工业
联合军工力量,共同开发医疗器械
举办首届全国医疗器械技术交易市场
中国上海医疗器械行业技术开发中心成立
上海医疗器械工业
医药商业
医药商品供应概况
积极组织医药商品的收购、进口和供应
发展经济联合,协调产销关系
制订医药商品质量管理规范
电子计算机在医药商业企业中的应用
附表1 1985年医药工业生产总值及产量
附表2 1985年六大类医药商品购进、销售情况
附表3 国家发明奖获奖医药项目
附表4 国家级科学技术进步奖获奖医药项目
附表5 国家医药管理局1983～1984年科技进步奖项目
附表6 1985年荣获国家质量奖的医药产品(包括重评项目)
附表7 1985年医药系统全国优秀质量管理小组

计划财务管理

1985年计划财务工作综述
卫生事业“六五”计划胜利完成
编制卫生事业“七五”计划
卫生事业现状抽样定点调查方案设计及预调查
在京部分直属单位仪器设备检查
对大型医疗仪器设备试行有偿占用制度
卫生系统房屋建筑调查
医疗成本调查
调整部分医疗收费标准
改革涉外医疗收费管理办法
试行科研课题基金管理
卫生部部分直属单位实行第二步利改税
全国卫生计划财务工作座谈会
建立全国卫生统计年报资料数据库
修改卫生统计报表制度
卫生部直属单位基建财会培训班
卫生统计年报计算机技术培训班
中国卫生经济学会召开第2届年会

卫生宣传与出版工作

卫生宣传
1985年全国卫生宣传教育工作概况
卫生报刊研究会的成立和卫生报刊的发展
中国健康教育研究会成立
中国卫生记者协会成立
健康报出版《传统医药》和《公共卫生》两个专版
卫生科教电影片和电视片的摄制工作有较

大发展
推广朝阳市在农村放映卫生科教影片的经验
第一期卫生美术大专班开学
河北职工医学院举办卫生宣传教育骨干人员进修班
卫生出版工作
卫生出版概况
1985 年 77 家出版社医药卫生新书出版情况
1985 年全国增加的医药卫生报纸一览表
1985 年全国增加的医药卫生期刊一览表
人民卫生出版社开展对外合作出版
中国医学百科全书工作会议
《卫生工作通讯》复刊
1985 年全国医药卫生新书书目

国际合作与交流

1985 年工作概况
中国医疗队
我国与外国部级卫生代表团的互访
表 1　1985 年我国卫生部负责人出访情况
表 2　1985 年外国卫生部负责人访华情况
美国奥比斯眼科飞机医院访华
我国与澳大利亚合作进行口腔材料研究
第六次中法医学日
我国与世界卫生组织的合作往来
陈敏章副部长率团参加第 38 届世界卫生大会
中国代表团参加世界卫生组织西太平洋区第 36 届委员会议
中国与世界卫生组织合作规划会议在北京举行
世界卫生组织上海卫生教育合作中心成立
世界卫生组织“传统医学在初级卫生保健中作用研讨会”在中国举行
世界银行第一个卫生贷款项目的执行进展
世界银行第二个卫生贷款项目完成项目评估
46 个农村卫生贷款县超额完成年计划
中国预防医学中心世界银行卫生贷款项目Ⅰ执行情况
世界银行中国农村供水贷款项目开始执行
与联合国儿童基金会合作情况
我国和联合国儿童基金会合作执行儿童急救和儿科医师培训项目
我国与联合国人口活动基金建立第二周期技术合作项目
中国卫生部医疗卫生国际交流中心与国外民间组织、团体的合作与往来
中美儿科学术讨论会
中美老年病学术讨论会
中日医学交流会
亚太区社会文化精神医学研讨会在北京、南京召开
国际肿瘤学术会议
中国国际消毒会议在京举行
中国第一届国际妇产科学术会议在京召开
首届中、日、法免疫变态反应会议在京、沪召开
中国第一届国际牙科学术讨论会在京召开
1985 年 IPCS/WHO 在京召开大骨节病会议
中国第一届国际麻风学术交流会在广州召开
附表 1　1985 年 WHO 在中国召开的国际会议及国际性讲习班
附表 2　1985 年 WHO 在中国举办的讲习班
附表 3　1985 年派出的部分考察组
附表 4　1985 年中国参加重要国际会议情况表
附表 5　1985 年在中国召开的重要国际会议

省、自治区、直辖市卫生工作

北京市
缓解群众看病难住院难的一条新途径——北京妇产医院与通县妇幼保健院联合办公院的作法

天津市
河北省
山西省
内蒙古自治区
辽宁省
吉林省
黑龙江省
上海市
实行《上海市医疗事故处理暂行规定》概况
江苏省
浙江省
安徽省
福建省
江西省
山东省
把改水防氟作为造福人民的大事来抓——山东省开展地方性氟中毒防治工作的经验
河南省
湖北省
湖南省
广东省
广东省三水县建立县级预防保健机构联合体的探索初见成效
广西壮族自治区
广西壮族自治区基本消灭丝虫病
四川省
贵州省
贵州省凯里、贵定等十二市、县基本消灭疟疾
云南省
西藏自治区
陕西省
甘肃省
甘肃省地方病防治工作
青海省
宁夏回族自治区
新疆维吾尔自治区
新疆被列为世界长寿地区

医药卫生学术团体和群众团体

学(协)会工作
中华医学会 1985 年工作概况
中华医学会成立 70 周年
中华全国中医学会 1985 年工作概况
中国中西医结合研究会 1985 年工作概况
中国药学会 1985 年工作概况
中华护理学会 1985 年工作概况
中国生理学会 1985 年工作概况
中国解剖学会 1985 年工作概况
中国生物医学工程学会 1985 年工作概况
中国病理生理学会 1985 年工作概况
中国营养学会 1985 年工作概况
中国药理学会 1985 年工作概况
中国针灸学会第二次全国会员代表大会暨科研座谈会
中国防痨协会 1985 年工作概况
中国麻风防治协会
中国心理卫生协会
中国抗癌协会
中国卫生经济学会
附 1 各学会召开的学术会议(1985 年)
附 2 中外学术团体交流活动(1985 年)
全国性学会、协会、研究会所属二级组织

卫生界人物

干部任免
1985 年卫生部机关及部属单位干部任免
1985 年国家计划生育委员会委领导干部变动情况
1985 年各省、自治区、直辖市卫生厅(局)长、爱国卫生运动委员会主任变动人员名单
医药卫生学术团体和群众团体负责人
中国生理学会理事长、副理事长、秘书长
中国病理生理学会理事长、副理事长、秘书长
中国营养学会理事长、副理事长、秘书长

中国药理学会理事长、副理事长、秘书长
中国针灸学会会长、副会长、秘书长
中国麻风防治协会理事长、副理事长、秘书长
中国心理卫生协会理事长、副理事长、秘书长
中国抗癌协会理事长、副理事长、秘书长
中国康复医学研究会理事长、副理事长、秘书长
中国卫生经济学会会长、副会长、秘书长
中国卫生统计学会会长、副会长、秘书长
中国卫生宣传教育协会主席、副主席、秘书长
全国表彰的先进人物
"人民的好医生"潘恩良
"模范共产党员"方圻
获全国新长征突击手称号者
"五一劳动奖章"获得者
209名医务工作者荣获边陲优秀儿女奖章
获国际奖章和学术名衔的人物
1985年南丁格尔奖获得者
陈中伟教授当选国际显微重建外科学会主席
逝世人物

文件和法规

国务院批转卫生部关于卫生工作改革若干政策问题报告的通知
关于开展卫生改革中需要划清的几条政策界限
流动人口疟疾管理暂行办法
游泳场所卫生管理条例
新药审批办法
新生物制品审批办法
关于加强进口药品监督管理的通知
药品广告管理办法
医疗器械产品质量管理办法
卫生部部属高等医学院校人员编制原则(试行)
卫生部部属医学科学研究机构人员编制原则(试行)
关于对六十年代以前的中医药学徒出师人员实行专业技术职务聘任的办法
医疗卫生事业单位工作人员工资制度改革实施方案
关于护士工龄津贴的若干规定
1985年主要卫生规章目录

重要会议报告

崔月犁同志在全国卫生厅局长会议上的讲话
陈敏章同志在全国卫生厅局长会议上的总结讲话
廖汉生同志在中央爱国卫生运动委员会第七次委员会扩大会议上的讲话
万里同志在中央爱国卫生运动委员会第七次委员会扩大会议上的讲话
齐谋甲同志在全国医药局长(总经理)会议上的讲话

卫生工作纪事

卫生统计

卫生基本情况统计
1985年全国卫生机构、床位、人员数和构成
1985年全国卫生机构专业卫生人员数和构成
1985年全国医院、疗养院(所)机构、床位数
全国卫生机构专业卫生技术人员的构成
全国卫生机构、床位数
全国卫生机构专业卫生人员数
全国市、县医院床位数及卫生技术人员数
全国平均每千人口医院床位数及卫生技术人员数
全国按床位数分组的县及县以上医院数
全国按床位数分组的乡卫生院和其他医院
全国分科西医师人数

全国县及县以上医院分科床位数
全国县医院机构、床位、人员数
全国农村乡卫生院机构、床位、人员数
全国医学科学研究机构、人员数
全国中医机构、床位、人员数
1985年全国分科中医师人数及中医医院床位数
全国卫生防疫机构、人员数
全国妇幼卫生机构、床位、人员数
全国民族自治地方卫生机构、床位、人员数
全国农村村级卫生组织情况
1985年全国农村村级卫生组织情况
1985年各地区卫生机构、床位数
1985年各地区卫生机构专业卫生人员数
1985年各地区平均每千人口医院床位数和专业卫生技术人员数
各省省会所在市及百万人口以上城市每千人口医院床位数和专业卫生技术人员数
医院工作统计
1985年全国医院诊疗人次及入院人数
全国县及县以上医院病床使用情况
全国卫生部门城市医院住院病人前十位疾病构成
全国卫生部门县医院住院病人前十位疾病构成
1985年各地区卫生部门县及县以上医院病床使用情况
1985年各地区工业及其他部门县及县以上医院病床使用情况
1985年全国家庭病床工作情况
1985年各地区家庭病床工作情况
人口自然变动及死亡原因统计
全国人口出生率、死亡率、自然增长率
部分市、县婴儿死亡率
部分市婴儿、新生儿、产妇死亡率
部分市前十位主要疾病死亡专率及死亡原因构成
部分县前十位主要疾病死亡专率及死亡原因构成
全国人口平均期望寿命
1931～1981年分年龄组的期望寿命
传染病发病及死亡统计
1985年全国传染病发病及死亡人数
节育手术、新法接生统计
1971～1985年全国节育手术情况
全国新法接生百分比
医学教育统计
全国高、中等医药院、校数及在校学生人数
全国中医学院数及在校学生人数
全国高、中等医药院、校及西医离职学习中医班毕业人数
附1　我国几项人口、卫生统计指标与世界部分国家比较
附2　我国医院病床使用及每万人口入院人数与世界部分国家比较
附3　1985年全国行政区划
香港地区统计资料
医院病床数
医疗专业人员
人口生死统计数字
死因统计
台湾省统计资料
医院诊所统计表
1983～1984年法定报告传染病患者及死亡数统计表
1984年十大死亡原因统计表

附　　录

附录一、世界一些国家的卫生状况
1. 一些国家的孕晚期胎儿和婴儿死亡率
2. 一些国家平均寿命、存活人数及每千人口预期死因和人数
3. 世界各地城乡供水和环境卫生普及率(1970～1983年)
附录二、1985年诺贝尔生理、医学奖获得者
内容索引
更正

1987 卷

目录

编辑说明
图片选辑

特　载

中共中央关于社会主义精神文明建设指导方针的决议

重要会议报告

崔月犁同志在全国卫生厅局长会议上的讲话(摘要)
陈敏章同志在全国卫生厅局长会议上的总结讲话(摘要)
胡熙明同志在全国卫生厅局长会议上的讲话(摘要)

文件和法规

卫生事业第七个五年计划(草案)
中华人民共和国国境卫生检疫法
国务院关于中医中药问题的指示
国务院关于成立国家中医管理局的通知
中央职称改革工作领导小组关于转发卫生部《卫生技术人员职务试行条例》和《实施意见》的通知
附件1　卫生技术人员职务试行条例
附件2　关于《卫生技术人员职务试行条例》的实施意见
关于业余医疗卫生服务收入提成的暂行规定
国务院办公厅转发城乡建设环境保护部、中央爱国卫生运动委员会关于处理城市垃圾改善环境卫生面貌报告的通知
全国环境卫生监测站工作条例
1986年主要卫生规章目录

工作进展

1986年卫生改革进展
全国卫生工作改革汇报会
1986年卫生立法工作进展

公共卫生与疾病防治

1986年卫生防疫工作综述
卫生防疫组织管理
卫生防疫事业"七五"发展规划
卫生防疫体制改革进展
城市卫生工作综合调查
农村卫生工作综合调查
全国卫生防疫站管理研究会
卫生防疫站跨区协作
卫生防疫人员培训
附表1　1986年全国卫生防疫人员培训基地举办的培训班
附表2　1986年中国预防医学科学院举办的各类培训班
第一期全国卫生防疫事业管理科学讲习班

卫生防疫站文明建设与考评
计划免疫
全国儿童计划免疫协调小组成立
确定全国儿童预防接种宣传日
颁发儿童免疫新程序
传染病防治
国务院召开全国卫生防病工作会议
鼠疫防治
中国腹泻病控制讨论会
预防艾滋病
预防狂犬病工作检查
全国结核病防治工作对口检查
结核病防治专业人员培训
全国少数民族地区结核病防治工作经验交流会
病毒性肝炎防治
性病防治
地方病防治
1986 年地方病防治工作概况
中共中央地方病防治领导小组、血吸虫病防治领导小组及其办事机构撤销，卫生部成立地方病防治局
全国地方病防治工作会议
中国地方病防治研究中心成立
卫生部发布《1986～1990 年全国地方病防治工作规划》
云南省楚雄彝族自治州克山病综合考察取得成绩
陕西省永寿县大骨节病综合防治试验工作成绩显著
内蒙古自治区基本控制地方性甲状腺肿
寄生虫病防治
1986 年血吸虫病防治工作进展
全国寄生虫病防治工作座谈会
丝虫病防治
上海市基本消灭疟疾
全国疟疾专题委员会全体会议
1986 年黑热病防治研究工作的主要进展
福建省消灭血吸虫病
其他疾病防治
儿童智能障碍讲习班
全国第二次精神卫生工作会议
国境卫生检疫
《中华人民共和国国境卫生检疫法》颁布实施
国境口岸新设 10 个卫生检疫所(站)
我国第一个无鼠害机场
卫生检疫技术人员培训
劳动卫生与职业病防治
全国乡镇企业劳动卫生环境保护管理会议
乡镇企业职业危害调查
卫生、劳动部门实行劳动卫生监察分工
全国劳动卫生职业病防治院(所)工作会议
尘肺 X 线诊断标准片的发行
我国复制发行国际尘肺 X 线影像分类标准片
环境卫生监督
第二次全国环境卫生工作会议
卫生部消毒专家咨询组成立
学校卫生监督
全国学生体质健康调查研究
首届全国学生营养与课间加餐研讨会
全国学校卫生工作考核
食品卫生监督
贯彻《食品卫生法》基本情况
违反《食品卫生法》案例研讨会
发出《关于开展全国食品质量检查的通知》
颁发《进口寄售食品卫生注册暂行规定》
发布《加强酒类食品卫生监督管理的规定》
营养卫生
全国营养调查
营养监测和改善工作
中国营养人才培训工作讨论会
放射医学与放射卫生防护
全国放射卫生防护工作检查
卫生部医用射线卫生防护专家咨询委员会成立
发布《放射性同位素及射线事故管理规定》
发布《关于进一步加强放射卫生防护管理严防事故的通报》

对苏联切尔诺贝利核电站事故的污染监测
《油(气)田测井用封闭型放射源使用管理办法》发布实施
《辐照食品卫生管理暂行规定》颁发实施
全国放射工作人员个人剂量监测情况
我国钴-60 治疗机输出剂量测量比对情况
卫生标准
全国卫生标准技术委员会第 2 届第 1 次全体会议
1986 年颁布的国家卫生标准(19 个)

爱国卫生运动

中央爱国卫生运动委员会主任廖汉生 1986 年 11 月 1 日在全国农村改水工作会议上的讲话(摘要)
1986 年爱国卫生运动形势综述
全国城乡灭鼠成绩显著
应用诺毕速灭松(Sumithion/Neo-pynamin)防制蟑螂、臭虫试验
颁发《关于加强开放城市和旅游风景区卫生工作的意见》
“农村饮用水成套设备”列入国家“星火计划”
中央爱国卫生运动委员会召开全国农村改水工作会议
举办垃圾粪便无害化处理讲座、学习班
城镇爱国卫生运动经验交流会
爱国卫生运动第七个五年计划
制订《蚊香卫生监督暂行规定》

计 划 生 育

国务院副总理万里在全国计划生育先进集体、先进个人表彰大会上的讲话(1986 年 3 月 1 日)
国家计划生育委员会主任王伟 1986 年 10 月 22 日在全国计划生育社会主义精神文明建设经验交流会上的讲话(摘要)
国务院召开全国计划生育工作会议
表彰计划生育红旗单位、先进集体和个人
基层计划生育工作在发展
开展计划生育政策评估活动
黑山县完善计划生育政策
组织“七五”计划生育科技攻关
计划生育精神文明建设
人口学专业高等教育自学考试
培养计划生育管理信息系统技术人员
避孕药具的生产与发放
编写出版《人口知识丛书》、《计划生育手册》、《母子保健手册》

妇 幼 卫 生

1986 年妇幼卫生工作概况
制定妇幼卫生“七五”发展计划
妇女保健
全国城市围产保健工作经验交流会
围产保健的高危管理
建立全国妇儿保健中心
培训少数民族地区妇幼保健站(所)长
我国宫颈癌防治进展
颁发《各级妇幼保健机构编制标准(试行)》
颁发《妇幼卫生工作条例》
颁发《女职工保健工作暂行规定(试行草案)》(摘要)
颁发《妇产科专科医院组织编制原则(试行草案)》
儿童保健
9 市 0～7 岁儿童体格发育 6 项指标调查
培养少数民族地区儿童保健人员
制订了《城乡儿童保健工作要求》
颁发《小儿四病防治方案》
计划生育技术指导
建立计划生育技术指导中心
计划生育技术工作机构、人员抽样调查
加强婚前保健工作的科学管理
下发《关于婚前健康检查问题的通知》
优生工作进展
金寨县实行少生、优生、优育管理

中医事业管理

1986 年中医工作概况

国家中医管理局及部分省中医管理局成立
中医、中西医结合事业“七五”发展规划
全国中医药学术发展战略研讨会
中医医疗
全国县级中医医院工作会议
印发《关于加强县级中医医院建设的意见》
颁发《全国中医医院组织机构及人员编制标准(试行)》
颁发《全国中医医院工作制度与工作人员职责(试行)》
中医急症和中药剂型研制工作进展
中药煎药机开始推广使用
7所中医学院附属医院进行扩建
中医医院管理干部培训及考核
中医教育
中医教育工作概述
修订中医类本科专业目录
中医院校积极探索中医基础学科建设
北京、广州、上海、成都中医学院庆祝建院30周年
中医、中西医结合研究生教育的改革
审批中医、中西医结合第三批学位授予单位
外国进修生中医教材出版
中等中医教材编写工作进展
民族医学教育发展情况
中医、中西医结合科研工作
中医科研课题招标工作
中医科研人员的培训
中医科研机构基本情况调查
中医领域电子计算机应用情况
中医药图书情报工作的进展
1986年度全国中医药重大科技成果评审工作
1986年度中医药重大科技成果甲级成果简介
附件 1986年度全国中医药重大科技成果获奖项目

医政管理

医政工作“七五”发展规划要点
1986年医政工作综述
首次大规模城市医疗卫生服务调查
创建文明医院活动继续深入
卫生部、公安部发出《关于维护医院秩序的联合通告》
卫生部制订《综合医院医疗器械装备试行标准》
医院内感染管理工作
医院管理计算机软件开发
医疗协作联合体迅速发展
广泛开展业余医疗卫生服务
临床检验工作进展
全国首届护理工作会议
6万名护士获卫生部颁发的“荣誉证书”和“证章”
老年卫生工作
康复医学的进展
工矿卫生工作在改革中前进
急诊医学已初步形成独立学科
输血工作
北京市开展了无偿献血日活动
少数民族地区卫生工作考察
专文:上海市郊农村医疗服务的现状与预测
湖北、四川、河南3省坚持进行重点县卫生事业整顿建设
河南省加强中心卫生院建设
山东省开展列甲级卫生室活动
全国农村卫生改革和建设学术讨论会
中国农村卫生协会成立
健康保险事业的进展

医学教育

1986年医学教育工作概况
高等医学教育
1986年高等医学教育概况
医学门类本科专业目录修订
高等医学检验专业教育的发展
高等医学专科教育
高等护理教育
医学英语教学改革

制定高等医学院校评估标准
高等医学院校医学生统考
在医学教育中加强预防战略教育的问题
高中等医药院校教材出版情况
中等医学教育
1986 年中等医学教育工作概况
“六五”期间中等医学教育的发展
加强中等卫生学校师资培训
中等卫生学校卫生统计专业师资进修班
卫生部委托部分中等卫生学校跨省招生
中等医学教育工作座谈会
华夏基金会资助部分中等卫生学校
农村护理队伍现状及教育情况调查
大连市卫生学校
北京协和医院护士学校
医学进修教育
1986 年医学进修教育工作概况
医学毕业后教育和继续教育研讨会
卫生部部属高等医学院校成人招生工作及举办卫生事业管理科学讲习班简况
医学成人教育抽样调查
黑龙江、江苏卫技人员情况谓查
浙江医科大学、杭州市卫生局联合颁发《关于实行医学继续教育学分制的暂行规定》
华东、中南区县卫生机构“六长”业务统考
医学研究生教育和学位工作
1986 年医学研究生招生及毕业
硕士生部分入学考试科目统一命题
推荐优秀学生免试和扩大在职人员报考研究生
重点高等医学院校试办研究生院
改进和加强临床医学研究生教育
公费出国进修人员和研究生选拔
医学门类第 3 批博士和硕士学位授予工作
附件 1　1986～1987 学年全国高等医药院校招生、毕业人数
附件 2　1986～1987 学年全国中等医药学校招生、毕业人数
附件 3　第 3 批医学硕士学位授予单位及其学科、专业名单
附件 4　第 3 批医学博士学位授予单位及其学科、专业和指导教师名单

医学科学研究

1986 年医学科学研究工作概况
卫生部承担的部分“六五”国家科技攻关课题受到奖励和表彰
“七五”医学科技攻关项目招标评审工作
“七五”国家科技攻关项目中第 63-01 课题的落实
“七五”国家科技攻关生物技术项目中淋巴细胞杂交瘤技术及单克隆抗体应用研究课题的落实
“七五”国家科技攻关项目中优生课题的落实
1984～1986 年卫生系统装备的重点实验室及其研究方向
全国卫生系统及高等医学院校科技普查
中国预防医学中心改名
营养与食品卫生研究所、环境卫生与卫生工程研究所、劳动卫生与职业病研究所成立
全国医药卫生科技成果管理讲座
第 1 次全国中青年医学学术交流会
卫生部 1986 年度批准的医药卫生科技成果奖励项目
卫生部 1986 年批准的医药卫生科技成果奖励项目甲级成果介绍
卫生部 1986 年批准的医药卫生科技成果奖励项目乙级成果选介

药政管理

药品监督管理工作进展
卫生部发布药品质量抽验结果公报
新药的审批及品种简介(西药)
卫生部举办全国新药审批研讨班
中药新药审批工作向规范化发展
卫生部发出《新药(新生物制品)审批工作程序》的通知
卫生部建立第二批临床药理基地
药品生产企业、经营企业、医院制剂室实行

“许可证”制度
卫生部召开第五届药典委员会会议
全国麻醉药品管理工作会议
颁发《晚期癌症病人申领麻醉药品供应卡的暂行规定》
卫生部决定停止生产安眠酮
对安钠咖、强痛定、复方樟脑酊、氨酚待因片等精神药品的管理规定
对放射性药品生产经营企(事)业进行检查验收和发证
加强医疗用毒性药品管理
对进口药品加强管理工作
进口药材管理工作
中成药的再评价工作
麝香资源保护和市场管理
1986 年生物制品生产发展情况

药品和医疗器械

1986 年医药工作综述
医药工业企业“上等级”工作
制药机械工业的发展
研制新型药用包装材料和容器
中国药科大学在南京成立
高等药学教育研究协作组成立
中药生产经营
促进中药工作“三年大见成效”
加强小药材生产收购
10 大城市中药市场供应明显好转
中药饮片厂的技术改造
全国重点中成药厂厂长扩大会议
中药科研成就与进展
中药职工在职培训
化学医药工业
化学医药工业生产
化学药品质量稳定提高
紧缺药品的促产收购
医疗器械工业
1986 年医疗器械工业生产
医疗器械产品质量管理
上海经济区医疗器械生产企业横向联合
全国医疗器械新产品展览会
医药商业
1986 年医药市场
《医药商品质量管理规范》实施情况普查
医药商品价格管理
上海医药站实行经理负责制
首次优秀医药商情材料评选活动
附表 1　1986 年化学药品原料药产量
附表 2　1986 年医疗器械主要产品产量
附表 3　国家医药管理局 1986 年评定的科学技术进步奖项目
附表 4　1986 年荣获国家质量奖的医药产品

计划财务管理与审计

1986 年计划财务管理与审计工作综述
全国卫生事业现状抽样定点调查全面完成
“老少边穷”地区卫生事业发展调查
18 所国家重点医院建设进展
“三部”联合颁发《关于业余医疗卫生服务收入提成的暂行规定》
修订《医院疾病分类》和《病伤死亡原因分类》
卫生部检查部直属单位大型精密仪器设备使用管理情况
国务院电子振兴领导小组下属医疗电子设备专业小组成立
组织参加全国计算机应用展览会
卫生部成立推广应用计算机领导小组
卫生事业发展战略讨论会
CT 应用研讨会
医用仪器设备管理和设备维修培训班
科研经费管理渠道变更
审计工作概况
部直属单位审计工作座谈会
部直属单位审计工作暂行规定

健康教育与卫生出版

健康教育
1986 年健康教育工作综述
健康教育专业人才的培养
中国健康教育研究所成立

小学健康教育逐步展开
医院健康教育
卫生科普报刊的发展和其他多种文字宣传品的出版发行
戒烟宣传活动
卫生电影、电视片“白鹤奖”评奖活动
附件 1 全国卫生电影电视片“白鹤奖”获奖影视片名单
附件 2 全国卫生电影电视片放映先进单位名单
卫生、优生优育科教电影展览周

卫生出版

卫生出版概况
1986 年 107 家出版社医药卫生新书出版情况
1986 年全国主要医药卫生报纸一览表
1986 年全国主要医药卫生期刊一览表
《健康报》为加强 10 亿人民的健康服务做好宣传报道
全国医药卫生期刊工作会议
《中国农村医学》杂志召开第二届编委会会议
医药卫生年鉴工作座谈会
附表 医药卫生年鉴出版情况一览表
《中华医学信息导报》创刊
《卫生工作通讯》报道和发行工作
中国医药科技出版社成立
中华医学音像出版社成立
1986 年全国医药卫生新书书目

国际合作与交流

1986 年工作概况
中国医疗队
我国与外国重要卫生代表团的互访
附表 1 1986 年我国卫生部负责人出访情况
附表 2 1986 年外国卫生部负责人访华情况
附表 3 1986 年我国卫生部与外国卫生部以及民间组织签订双边卫生合作协议、计划等情况
1986 年我国与外国人口和计划生育代表团的互访
中丹医学生物学合作计划协定在京签字
笹川医学奖学金协议书在京签字
崔月犁部长率团参加第 39 届世界卫生大会
中国代表团参加世界卫生组织西太平洋区第 37 届委员会会议
我国参加联合国麻醉药品委员会第 9 届特别会议
我国代表团参加联合国第 1 届区域间麻醉药品法执行机构负责官员会议
“人人享有卫生保健领导干部研讨会”在京举行
中国 21 世纪医学教育国际研讨会
“世界卫生组织区域间初级卫生保健讲习班”在内蒙古举办
世界银行贷款医学教育项目出国进修计划的执行情况
中国专家参加世界卫生组织专家咨询团
我国和世界银行合作进行卫生部门考察——卫生部门的长远问题与对策的研究
中国的世界卫生组织合作中心主任会议
附件 我国的世界卫生组织合作中心
第二批世界银行贷款农村卫生项目开始实施
世界银行中国农村供水贷款项目取得进展
德意志联邦共和国政府为中国农村供水人员培训提供无偿援助
世界粮食计划署为中国农村改水提供粮食援助
与联合国人口活动基金合作项目——加强围产保健/计划生育技术服务工作的进展
与联合国儿童基金会合作项目——妇幼卫生示范县和培训中心等项目工作的进展
第 1 届中德医学学术年会在武汉举行
中日在京召开第 1 届中国传统医学讲演会
中日在京举办国际中医舌诊知识进修班
国际癌症讨论会在京举行
美国赛克勒基金会代表团访问中国
美国友好人士捐赠医学书刊
华夏基金会对中国卫生科研和教育事业的资助情况

《中国医学通讯》合作出版举行签字仪式
中国红十字会国际交往与对外援助
附表4 1986年与世界卫生组织合作在中国举办的讲习班、训练班
附表5 在我国召开的国际性学术会议

省、自治区、直辖市卫生工作

北京市
天津市
开展社会非传染性疾病防治研究工作
河北省
山西省
内蒙古自治区
内蒙古自治区创建无鼠害城镇
辽宁省
吉林省
黑龙江省
上海市
改革救护工作
江苏省
切实加强药品审评工作
从常熟、宜兴两市、县的调查看当前农村中医工作存在的问题
浙江省
浙江省实行中等医学教育护士专业自学专试办法
浙江省小学普遍开设卫生课
安徽省
宁国县农村卫生改革取得进展
福建省
江西省
江西革命老区卫生事业有了新发展
山东省
招远县医疗卫生体系巩固健全
河南省
1986年地方病防治工作
湖北省
湖南省
湖南省创办31所县中等卫生职业技术学校
地方政府要为保障人民健康多办实事
广东省
广西壮族自治区
广西壮族自治区已成为麻风病低流行区
四川省
贵州省
云南省
西藏自治区
发展中的藏医藏药事业
陕西省
组织城市卫生工作队支援贫困山区
甘肃省
甘肃省徽县全面推行孕产妇和7周岁儿童保健保险制度
青海省
在改革中发展卫生职工教育
宁夏回族自治区
新疆维吾尔自治区
新疆结核病防治工作打开了新局面

学术团体和群众团体工作

中华医学会
中华全国中医学会
中国中西医结合研究会
中国药学会
中华护理学会
中国生理学会
中国生理学会成立60周年
中国解剖学会
中国生物医学工程学会
中国病理生理学会
中国营养学会
中国药理学会
中国针灸学会
中国防痨协会
中国麻风防治协会
中国康复医学研究会
中国卫生经济学会

中国卫生统计学会
中国卫生宣传教育协会
中国红十字会
　中国红十字会训练中心
　下发《试设红十字募捐箱的暂行规定》的通知
　附件　试设红十字募捐箱的暂行规定
　下发《关于在学校中积极开展红十字青少年活动的通知》
附表1　各学会召开的学术会议(1986)
附表2　中外学术团体交流活动(1986)

卫生界人物

卫生部系统
卫生部部长、副部长、顾问
卫生部(机关)司(局)长、主任
卫生部直属单位行政正职领导
各省、自治区、直辖市卫生厅(局)长
国家计划生育委员会系统
国家计划生育委员会主任、副主任
国家计划生育委员会(机关)司(局)长、主任
国家计划生育委员会直属单位行政正职领导
各省、自治区、直辖市计划生育委员会主任
中央爱国卫生运动委员会系统
中央爱国卫生运动委员会主任、副主任、办公室主任
各省、自治区、直辖市爱国卫生运动委员会主任
国家医药管理局系统
国家医药管理局局长、副局长
国家医药管理局(机关)司(局)长、主任
国家医药管理局直属单位行政正职领导
各省、自治区、直辖市医药管理局(总公司)局长(经理)
国家中医管理局系统
国家中医管理局局长、副局长
国家中医管理局直属单位行政正职领导
学术团体和群众团体
中华医学会会长、秘书长
中华护理学会理事长、秘书长
中国生理学会理事长、秘书长
中国解剖学会理事长、秘书长
中国生物医学工程学会理事长、秘书长
中国病理生理学会理事长、秘书长
中国营养学会理事长、秘书长
中国药理学会理事长、秘书长
中国防痨学会会长、秘书长
中国麻风防治协会理事长、秘书长
中国心理卫生协会理事长、秘书长
中国抗癌协会理事长、秘书长
中华全国中医学会会长、秘书长
中国针灸学会会长、秘书长
中国中西医结合研究会理事长、秘书长
中国药学会理事长、秘书长
中国计划生育协会会长、秘书长
中国农村卫生协会会长、秘书长
中国康复医学研究会理事长、秘书长
中国卫生经济学会会长、秘书长
中国卫生统计学会会长、秘书长
中国卫生宣传教育协会主席、秘书长
中国红十字会总会会长、秘书长
全国表彰的先进人物
全国卫生系统先进模范汇报团
医学院校20名教师获“人民教师奖章”
荣获1986年“五一”劳动奖章的医疗卫生工作者
全国医药系统劳动模范、先进集体
获得国际奖章的人物
马海德获德科芒德尔国家勋章及1986年艾伯特——腊斯克医学奖
陈耀真获“特殊贡献奖”
吴桓兴获“王冠勋章”
史兆岐、周林获尤里卡世界发明勋章
1986年逝世的医药卫生界人物

卫生工作纪事

1986年大事记

卫生统计

卫生基本情况统计

1986年全国卫生机构、床位、人员数和构成

1986年全国卫生机构专业卫生人员数和构成

1986年全国医院、疗养院(所)机构、床位数

全国市、县医院床位数及专业卫生技术人员数

全国市、县平均每千人口医院床位数及专业卫生技术人员数

全国县医院机构、床位、人员数

全国农村乡卫生院机构、床位、人员数

全国卫生机构专业卫生人员数

全国医学科学研究机构、人员数

全国工业及其他部门卫生机构、床位、人员数

全国卫生防疫机构、人员数

全国妇幼卫生机构、床位、人员数

全国民族自治地方卫生机构、床位、人员数

全国农村村级卫生组织情况

1986年全国农村村级卫生组织情况

全国中医机构、床位、人员数

1986年各地区卫生机构、床位数

1986年各地区卫生机构专业卫生人员数

1986年各地区平均每千人口医院床位数和专业卫生技术人员数

1986年各省省会所在市及百万人口以上城市每千人口医院床位数和专业卫生技术人员数

医院工作统计

1986年全国医院诊疗人次及入院人数

全国县及县以上医院病床使用情况

1986年全国卫生部门城市医院和县医院住院病人前十位疾病构成

1986年各地区卫生部门县及县以上医院病床使用情况

1986年各地区工业及其他部门县及县以上医院病床使用情况

1986年全国家庭病床工作情况

1986年各地区家庭病床工作情况

人口自然变动及死亡原因统计

全国人口出生率,死亡率、自然增长率

部分市、县婴儿死亡率

部分市婴儿、新生儿、产妇死亡率

1986年部分市、县前十位主要疾病死亡专率及死亡原因构成

全国人口平均期望寿命

农村改水基本情况统计

全国农村改水工作基本情况

全国农村地区改水工作进展情况

青少年身体发育情况统计

城市7岁以下儿童身体发育情况

农村7岁以下儿童身体发育情况

传染病发病及死亡统计

1986年全国传染病发病死亡人数统计表

医学教育统计

全国高、中等医药院、校数及在校学生人数

全国中医学院数及在校学生人数

全国高、中等医药院、校毕业人数

卫生经费

全国各个时期的卫生事业费

附录:全国行政区划、人口统计

1986年全国行政区划

1986年底全国按人口分组的市、县数

全国人口数

香港地区统计资料

医院病床数

医疗专业人员

人口生死统计

死因统计

附　录

附录一　医院疾病分类和病伤死亡原因分类

表1　医院疾病分类类目表

表2　病伤死亡原因类目表

附录二　1985年全国农村卫生服务调查资料

表 1　调查人口的性别年龄结构
表 2　调查人口的医疗保健制度(构成比%)
表 3　主要慢性病患病率
表 4　两周内主要疾病患病率
表 5　两周内门诊就诊情况
表 6　1984 年住院情况
附录三　1986 年城市卫生服务调查资料
表 1　城市居民卫生服务调查人口数
表 2　城市居民的医疗制度
表 3　城市居民常见病患病率
表 4　城市居民慢性病患病率
表 5　城市居民两周门(急)诊服务利用率
表 6　城市居民 1985 年住院服务利用率
附录四　1985 年全国卫生事业抽样定点调查资料
表 1　几种卫生人员与人口的比例
表 2　各类卫生人员的比例及服务人口数、床位数
表 3　卫技人员中各类卫生专业人员的构成百分比
表 4　乡、街道级卫生机构仪器设备配置情况
表 5　县级各类卫生机构仪器设备情况
附录五　全国部分省、自治区、直辖市卫生服务调查指标与世界卫生组织 12 个地区指标的比较
附录六　澳门地区医疗卫生情况
附录七　世界一些国家和地区的卫生状况
表 1　世界卫生组织会员国婴儿死亡率、出生期望寿命及出生儿体重≥2 500 克的百分比
表 2　一些国家或地区的人口期望寿命、存活人数和每千人口的死因及死亡数字
附录八　1986 年诺贝尔生理、医学奖获得者

编辑说明图片选辑

重要会议报告

卫生部部长崔月犁在全国卫生厅局长会议上的总结讲话(摘要)
卫生部副部长胡熙明在全国卫生厅局长会议上的讲话(摘要)
国家医药管理局局长齐谋甲在全国医药管理局长(总公司经理)会议上的讲话(摘要)

文件和法规

公共场所卫生管理条例
《公共场所卫生管理条例》实施细则(摘要)
入境卫生检疫须知(摘要)
消毒管理办法(摘要)
全国预防艾滋病规划(1988～1991 年)(摘要)
全国乙型肝炎血源疫苗免疫接种试行办法
乡镇企业劳动卫生管理办法
职业病范围和职业病患者处理办法的规定
附件　职业病名单
中华人民共和国尘肺病防治条例
国务院关于加强放射性同位素和射线装置放射防护管理工作的通知
食品广告管理办法(试行)
关于加强学生视力保护、全面开展学校卫生保健工作的通知(摘要)
印发《关于中国学生体质、健康状况调查研究结果和加强学校体育卫生工作的意见》的通知
关于下发《散居儿童卫生保健管理制度》的通知
全国城市围产保健管理办法(试行草案)(摘要)
无偿志愿献血奖励办法(试行)
国务院关于发布《医疗事故处理办法》的通知
关于加强精神卫生工作的意见(摘要)
关于推广使用一次性塑料注射器、输液、输血管、针的通知(摘要)
麻醉药品管理办法
地区性民间习用药材管理办法(试行)(摘要)
关于下达《中药保健药品的管理规定》的通知(摘要)
中药保健药品的管理规定(摘要)
关于新药保护及技术转让的规定(摘要)
关于对进口药品实行“许可证”的通知(摘要)
中华人民共和国卫生部关于核发《进口药品许可证》的规定(摘要)
药品监督员工作条例(摘要)
野生药材资源保护管理条例
附件　国家重点保护野生药材物种名录
无鼠害市、县(区)单位考核、鉴定、命名试行

办法(摘要)
关于选拔奖励有突出贡献的专家的通知
关于中医药和中西医结合人员技术职务聘任工作若干问题的意见(摘要)
关于进一步提高中医临床疗效的意见(摘要)
关于加强中医专款管理的意见(摘要)
关于发布《中等卫生学校与医院联合办学培养护士的暂行规定》的通知
附件　中等卫生学校与医院联合办学培养护士的暂行规定
关于高级会计专业职务评审工作的通知
国务院批转中央爱国卫生运动委员会关于落实"七五"期间农村改水工作报告的通知
印发《关于重点解决机场和旅游点厕所问题的意见》的通知
1987年主要卫生规章目录

卫生发展战略与政策研究

卫生部门加强社会主义精神文明建设的九点意见
"七五"时期卫生改革提要
1987年卫生工作要点
1987年中医工作要点

工作进展

九年来的卫生改革
1987年的卫生改革
1987年卫生立法工作
卫生部政策与管理研究专家委员会成立

初级卫生保健

卫生部部长陈敏章谈初级卫生保健
中国农村初级卫生保健
传统医药在初级卫生保健中的作用
初级卫生保健合作中心和农村卫生示范县工作
村级办医形式的调查
农村健康保险与各种医疗保健制度试行情况
吉林省四平市城镇以医院为中心扩大预防保健工作
河北省实行儿童计划免疫保偿制
安徽省初级卫生保健工作
黑龙江省举办初级卫生保健讲习班
黑龙江、安徽、湖北、江苏等省开展初级卫生保健试点工作
上海县初级卫生保健
山西省运城地区在农民中开展健康教育
《健康报》开展初级卫生保健系列宣传

公共卫生与疾病防治

1987年卫生防疫工作
1987年地方病防治工作
卫生防疫组织管理
全国卫生防疫工作会议
1987年城乡基层卫生防疫工作改革
全国县(区)级卫生防疫站基本情况调查
全面加强县(区)级卫生防疫站建设
卫生防疫目标管理
卫生防疫人员培训
发布《关于继续表彰从事卫生防疫工作30年工龄者的通知》
建立全国省级卫生防疫站微机远程通讯网
计划免疫
全国计划免疫冷链项目加速进行
开展计划免疫省级审评
颁发《计划免疫技术管理规程》(试行)
发布《实现计划免疫第一个85%目标紧急行动方案》
传染病防治
流行性出血热的防治
流行性出血热早期诊断试剂会检
预防艾滋病工作
钩端螺旋体病流行的调查
狂犬病调查
结核病防治工作

鼠疫
建立全国鼠疫、布氏菌病防治基地
控制性病
麻风病防治
颁发《全国麻风防治"七五"规划》
"纸坊病"病因
地方病防治
地方病防治工作改革
完善地方病统计工作
第三届全国控制碘缺乏病学术交流会议
三峡地区开展煤烟污染型氟中毒防治试点
内蒙古自治区地方性氟中毒重病区防氟改水任务基本完成
用碘酸钾代替碘化钾加工碘盐
寄生虫病防治
全国血吸虫病防治工作会议
发布《1987～1990年全国血吸虫病防治规划》
全国湖区血防对策研讨会
湖南省血吸虫病防治工作
四川省灭蚊抗疟成效
苏、豫、皖三省恶性疟防治工作取得成效
1986年疟疾发病仍呈下降趋势
河南省、广东省实现全省范围内基本消灭丝虫病
开展全国人体寄生虫分布调查
其他疾病防治
防盲
慢性非传染性疾病防治
国境卫生检疫
成立"卫生检疫总所"
全国贯彻《中华人民共和国国境卫生检疫法》
新建国境卫生检疫机构
艾滋病监测
烟台港、大连港荣获"国家卫生港"称号
国境卫生检疫干部培训
劳动卫生与职业病防治
1987年全国职业病和劳动卫生情况
环境卫生监督
公共场所卫生监督监测要点
全国贯彻执行《公共场所卫生管理条例》
学校卫生监督
学生近视眼情况及防治工作
首次全国学校卫生工作考核
食品卫生监督
1987年执行食品卫生法基本情况
颁发《食品卫生监督员守则》和《食品卫生监督员着装风纪要求》
颁发《食品新资源卫生管理办法》
发布《食品卫生示范县工作指标》
颁发《禁止食品加药卫生管理办法》
颁发《食品卫生检验单位管理办法》
1987年发生的重大食品违法案件
设立中华人民共和国南宁食品卫生检验所
放射医学与放射卫生防护
全国贯彻国务院《关于加强放射性同位素和射线装置放射防护管理工作的通知》
全国医用诊断X线卫生防护取得成效
核电站应急卫生防护医疗技术准备工作研讨会
《建筑材料放射卫生防护标准》执行1年
重视放射事故的发生
卫生标准
卫生标准研制工作
1987年颁发的国家卫生标准(42个)

爱国卫生运动

1987年爱国卫生运动
1987年全国农村改水工作
全国生活饮用水水质和水性疾病调查
卫生先进单位和地区建设
18个集镇农贸市场环境卫生建设调查
1987年全国灭鼠工作
鼠密度监测
中国农村给排水技术服务中心成立

计 划 生 育

"世界50亿人口日"活动
全国计划生育试点县(市)进行出生缺陷监

测调查
避孕药具的生产与管理
"七五"计划生育科技攻关
计划生育科技国际双边合作
普及优生、优育、优教知识
河南省内黄县计划生育宣传技术站的工作
全国计划生育科研机构一览表

妇幼卫生

1987年妇幼卫生工作综述
遵化县实行母子保健保偿责任制
山东省烟台市全面推行妇幼保健程序化管理
妇女保健
建立围产保健管理信息网
围产保健高危管理讲习班
妊娠高血压综合征、产后出血科研专题总结及防治
乡镇企业女工保健现状调查
组织妇女保健讲学团赴少数民族地区讲学
儿童保健
全国婴儿死亡情况抽样定点词查
10省农村7岁以下儿童体格发育调查
培训儿童保健队伍
拍摄《婴幼儿保健》电视片
计划生育技术指导与优生
计划生育技术指导工作研讨会
北京市探讨计划生育手术的规范化管理
庆安县实行"两站"合并
组织起草《优生优育保护法》
确定北京、上海、湖南、四川为中国遗传医学和出生缺陷监测中心
全国29个省、自治区、直辖市开展出生缺陷监测

中医事业管理

1987年中医工作
发展中的民族医药
全国中医药人员技术职务聘任工作
中医医疗
有突出疗效的中医临床成果
全国中医专科医院建设
中医急症工作
4省农村中医工作调查
中医教育
中医教育概况
高等中医专科教育发展概况
国家教育委员会颁布新修订的中医药类本科专业目录
全国高等中医院校教育改革
高等中医本科教育质量调查
中等中医教育在改革中发展
北京市社会力量办中医教育
中医研究生教育概况
中医、中西医结合科研工作
全国中医科研战略研讨会
中医科研计划课题管理
1987年度全国中医药重大科技成果奖励项目简介
附件　国家中医管理局1987年度全国中医药重大科学技术成果奖励项目
1987年度全国中医药重大科技成果甲级授奖项目简介

医政管理

医政工作
颁发《无偿志愿献血奖励办法》(试行稿)
急诊工作
医护人员在重大事故的医疗抢救中做出贡献
提高医疗质量,深化文明医院建设
医院改革
工矿企业卫生调查
江苏省扬州市检验事业的发展
乡村医生培训被纳入中等教育系列
以录像手段培养乡村医生
村级卫生组织巩固发展
乡(镇)卫生院领导体制改革
农村医疗保健制度的改革
举办全国县卫生局长卫生管理学培训班

举办县医院预防院内感染进修班
山西省大同市卫生局加强医院消毒供应室管理
高等教育护理专业自学考试在北京试行
康复医学事业的进展
全国社区康复试点工作研讨会
第一次全国残疾人抽样调查
残疾儿童抽样调查
少数民族卫生事业在改革中发展
民族医药事业的进展

医 学 教 育

1987 年医学教育工作
卫生部成立医学教育专家委员会
高等医学教育
1987 年高等医学教育
发展医学专科教育
临床类医学专业的预防医学教育
高等医学院校的康复医学教育
视听教育工作
高中等医药院校教材工作情况
附 1 全国高等学校优秀教材特等奖书目
附 2 全国高等学校优秀教材优秀奖书目
中国医学科学院、中国协和医科大学隆重举行庆祝活动
中等医学教育
1987 年中等医学教育工作
颁发《中等卫生学校与医院联合办学培养护士的暂行规定》
中等卫生学校的增设及更改校名
湖南省发展县中等卫生职业技术教育
举办全国中专师资培训班
首届委托代培班中专学生毕业
编写放射技工专业推荐教材
华夏基金会第 2 次资助国内中等卫生学校口腔专业
加强农村卫生技术队伍的建设
中国预防医学科学院卫生学校在京成立
1949～1986 年全国中等卫生学校招生数、毕业生数、在校生数
医学进修教育
1987 年医学进修教育工作
1987 年医学成人教育招生情况
毕生后继续教育试点进展
派医学讲学团赴青海讲学
《健康报》振兴中医刊授学院首届学员学习期满
医学研究生教育和学位工作
1987 年医学研究生教育
修订医学研究生学科专业目录
医学研究生教育现状调查
建立培养医学博士(临床医学)研究生试点基地
附 培养医学博士(临床医学)研究生试点学科名单
1987 年国家公派出国留学生情况
卫生部新增加的出国进修渠道
世界卫生组织奖学金选拔工作
附件 1987～1988 学年全国中等医药学校招生、毕业人数

医学科学研究

1987 年医学科学研究工作
卫生部成立医学科学技术专家咨询委员会
卫生部建立青年科学研究基金
附 卫生部青年科学研究基金暂行条例
召开全国医药卫生科研处长会议
国家计委在卫生系统建立国家级病毒基因工程实验室
卫生部两个国家工业性实验基地
全国医学实验动物工作调查
全国肿瘤防治研究
心血管病防治
专家研讨冠心病的防治
第 2 次全国中青年医学学术交流会
国家科委发明评选委员会 1987 年批准的医药卫生发明项目
国家科委发明评选委员会 1987 年批准的医药卫生发明项目选介
1987 年国家级医疗卫生科学技术进步奖获

奖项目
1987年国家级医疗卫生科学技术进步奖项目选介
卫生部1987年批准的科学技术进步奖
卫生部1987年批准的科学技术进步奖奖励项目选介
卫生部组织科技成果推广应用软科学研究

药政管理

1987年药品监督管理工作
1987年药品抽验工作
新药审评工作进展
各级医疗单位普遍推行《基本用药目录》
国务院批准成立麻醉药品管理和禁毒工作协调会议
加强麻醉药品管理工作
麻醉药品、精神药品生产、供应、使用情况调查
精神药品的进出口管理
关于药物不良反应的监测
开展对细菌耐药性的监测工作
新型放射性药品——高活度^{99}Mo—^{99m}TC发生器首批投产
生物制品"七五"发展规划
1987年生物制品生产超额完成国家计划
卫生部组织查处一起假人工牛黄案

药品和医疗器械

1987年医药工作
医药工业企业上等级工作
制药机械的新进展
医药行业的技术改造
国际制药工业装备展览会
医药包装技术管理培训班
普通高等学校药学本科专业目录修订
中药生产经营
中药材生产收购概况
全国振兴中药技术竞赛
中国药材公司正式注册登记
化学医药工业
化学医药工业生产
深入推行《药品生产管理规范》
中外合资化学制药工业企业
医疗器械工业
1987年医疗器械生产情况
开展技贸结合的引进工作
加速医疗器械工业发展
医药商业
全国医药市场综述
黑龙江省工厂爆炸及森林火灾中的急救药械供应
建立医药商品质量信息季报制度
中国医药公司正式注册登记

计划财务管理与审计

1987年计划财务管理与审计工作
制订《卫生事业单位固定资产管理办法(试行)》
编制全国医用商品价格指数
制订《卫生事业单位仪器设备管理办法》
制订《县医院基本建设管理和设计要点(试行稿)
全国公费医疗管理工作经验交流会
1987年卫生统计工作检查
加强CT的引进管理
乙型肝炎疫苗车间建成投产
中国医科院协和医院扩建工程开工
成立VAX计算机工作组
卫生经济学高级干部研讨班
全国医院财务管理讲习班
举办国际疾病分类讲习班
卫生系统计算机应用及技术经验交流会
重点医院基本建设进展
卫生部组织编写《乡、村卫生统计工作手册》
1987年卫生部门内部审计工作概况
卫生部直属单位第2次审计工作座谈会
卫生部直属单位1987年基本建设统计资料

健康教育与卫生出版

健康教育

1987 年全国健康教育工作
健康教育机构和队伍在改革中巩固发展
重视农村健康教育
大面积开展小学健康教育
在横向联合中发展多种形式的健康教育活动
医院健康教育从门诊向病房和地段发展
视听教育手段在健康教育领域的运用
卫生科普报刊在整顿中不断提高质量扩大发行
中国获“健康为人人、人人要健康”国际摄影大奖赛最高奖
卫生出版
卫生出版概况
1987 年 132 家出版社医药卫生新书出版情况
《汉英医学大词典》出版
高、中等医药院校教材工作
附 1　全国高等学校优秀教材特等奖书目(医药卫生部分)
附 2　全国高等学校优秀教材优秀奖书目(医药卫生部分)
编写《乡村卫生统计工作手册》
11 部重点中医古籍整理研究工作
《中国卫生年鉴》英文版首次编辑出版
《中国计划生育报》出版
《癫狂梦醒——精神疾病漫话》等书获奖
《健康报》面向全社会
拍摄《婴幼儿保健》电视片
1987 年全国医药卫生新书书目

国际合作与交流

1987 年工作
1987 年中国医疗队工作
中国与外国重要卫生代表团互访
表 1　1987 年中国卫生部负责人出访情况
表 2　1987 年外国卫生部负责人访华情况
首届笹川医学奖学金进修生赴日
波兰医学周在京、穗举行
卫生部护理中心与日本东邦大学医疗短期大学护理合作备忘录在京签订
国际针灸培训中心增加新班次
卫生部副部长胡熙明率团参加第 40 届世界卫生大会
第 38 届世界卫生组织西太区委员会会议在北京召开
中国——世界卫生组织合作规划第 9 次会议
世界卫生组织传统医学合作中心主任会议在中国举行
世界卫生组织再次确认中国传统医学合作中心
世界卫生组织急性呼吸道感染流行病学和保健组织研究合作中心建立
世界针灸学会联合会成立大会暨第 1 届世界针灸学术大会
中国首次派员参加国际农村基层卫生年会
参加“通过计划生育使妇女和儿童更健康”国际会议
参加“孕产妇安全”国际会议
老年人脑血管病研究进展讲习班
中国代表团首次参加联合国原子辐射效应科学委员会
1987 年中法心血管学术交流会
第 2 届中国传统医学讲演会
北京中医学院引进外资加强学院的基本建设
世界银行贷款农村卫生项目Ⅰ中期总结
世界银行贷款卫生项目第 2 次国际招标
世界银行考察中国农村供水贷款项目
澳大利亚政府援助贵州省农村改水事业

军队卫生工作

1987 年军队卫生工作
基层卫生单位整顿建设
除害灭病工作
医院改革开放取得明显成效
支援革命老区卫生建设
全军医学科学技术大会
全军医药卫生科学技术研究取得成绩
表 1　1987 年全军医药卫生科技成果获国

家发明奖项目
表2　1987年全军医药卫生科技成果获国家科学技术进步奖项目
表3　1987年全军医药卫生科技成果获军队科学技术进步奖项目
药材工作的改革和建设
军队肉品兽医卫生检验
1987年军队计划生育工作

省、自治区、直辖市卫生工作

北京市
发展医疗横向联合　方便群众看病治疗
天津市
开设家庭病床见成效
河北省
山西省
霍县防盲治盲工作
临汾、运城地区创办中医专科医院
内蒙古自治区
内蒙古自治区氟病重病区防氟改水任务基本完成
辽宁省
改革公费医疗管理　保护职工身体健康
吉林省
全行业管理是深化卫生改革的有效途径
黑龙江省
1987年大兴安岭特大森林火灾抢救伤员纪实
上海市
江苏省
苏南卫生改革调查
明确工作重点　实行目标管理
浙江省
改革医院补助办法
余杭县25万农民参加医疗保险
247所乡卫生院试行租赁承包制
安徽省
人民解放军支援安徽老区防病治病
福建省
在改革中做好扶贫卫生工作
福建省卫生改革调查
江西省
改革和发展医学专科教育　培养农村实用人才
山东省
实行承包经营　增强自我发展能力
河南省
推行计划免疫保偿制度
改革公费医疗管理
湖北省
湖南省
重视中医药事业的建设
辰溪县认真抓好农村村级卫生组织的整顿建设
广东省
广西壮族自治区
民族医药获新生
四川省
四川省出生缺陷监测情况
贵州省
农村饮水改良成效显著
赤水县旺隆区实行集体卫生人员退休养老基金制
云南省
昆明市卫生改革调查
西藏自治区
加速在职卫生人员培养　提高本民族卫生队伍的素质
陕西省
加强医学教育改革　为基层培养卫生人才
甘肃省
青海省
宁夏回族自治区
新疆维吾尔自治区
地方性克汀病综合研究取得进展

台、港、澳卫生工作

台湾省

香港地区
澳门地区

学术团体和群众团体工作

中华医学会
中华全国中医学会
中国中西医结合研究会
中国药学会
中华护理学会
中国生理学会
中国解剖学会
中国生物医学工程学会
中国病理生理学会
中国营养学会
中国药理学会
中国针灸学会
中国防痨协会
中国麻风防治协会
中国心理卫生协会
中华预防医学会在京成立
中国农村卫生协会
中国康复医学研究会
中国卫生经济学会
中国卫生统计学会
中国卫生宣传教育协会
表1　各学会召开的学术会议(1987)
表2　各学会中外学术交流活动(1987)

中国红十字会

中国红十字会1987年工作
中国红十字会的国际交往与对外援助

卫生界人物

卫生部部长陈敏章在卫生部知识分子工作会议上的讲话(摘要)
卫生部部长陈敏章在卫生系统职称改革工作会议上的讲话(摘要)
卫生部系统
卫生部部长、副部长、顾问
卫生部(机关)正、副司(局)长、主任
卫生部直属单位行政正、副职领导
各省、自治区、直辖市正、副卫生厅(局)长
各计划单列市卫生局长
国家计划生育委员会系统
国家计划生育委员会主任、副主任
国家计划生育委员会(机关)正、副司(局)长、主任
国家计划生育委员会直属单位行政正职领导
各省、自治区、直辖市计划生育委员会主任
各计划单列市计划生育委员会主任
中央爱国卫生运动委员会系统
中央爱国卫生运动委员会主任、副主任、办公室主任
各省、自治区、直辖市爱国卫生运动委员会主任
各计划单列市爱国卫生运动委员会主任
国家医药管理局系统
国家医药管理局局长、副局长
国家医药管理局(机关)司长、主任
国家医药管理局直属单位行政正职领导
各省、自治区、直辖市医药管理局(总公司)局长(经理)
各计划单列市医药管理局(总公司)局长(经理)
国家中医管理局系统
国家中医管理局局长、副局长
国家中医管理局(机关)司长、主任
国家中医管理局直属单位行政正、副职领导
各省、自治区、直辖市中医管理局局长
各计划单列市中医管理局局长
军队系统
中国人民解放军总后勤部卫生部部长、副部长
中国人民解放军总后勤部卫生部(机关)正、副处长
中国人民解放军总后勤部直属医疗卫生单

位行政正、副职领导
各大军区、各军兵种后勤卫生部正、副部长
学术团体和群众团体
中华医学会会长、副会长、秘书长
中华护理学会理事长、副理事长、秘书长
中国生理学会理事长、副理事长、秘书长
中国解剖学会理事长、副理事长、秘书长
中国生物医学工程学会理事长、副理事长、秘书长
中国病理生理学会理事长、副理事长、秘书长
中国营养学会理事长、副理事长、秘书长
中国药理学会理事长、副理事长、秘书长
中国防痨协会会长、副会长、秘书长
中国麻风防治协会理事长、副理事长、秘书长
中国心理卫生协会理事长、副理事长、秘书长
中国抗癌协会理事长、副理事长、秘书长
中华全国中医学会会长、副会长、秘书长
中国针灸学会会长、副会长、秘书长
中国中西医结合研究会理事长、副理事长、秘书长
中国药学会理事长、副理事长、秘书长
中国计划生育协会会长、副会长,秘书长
中国康复医学研究会理事长、副理事长、秘书长
中国农村卫生协会会长、副会长、秘书长、顾问
中华预防医学会会长、副会长、秘书长
中国卫生经济学会会长、副会长、秘书长
中国卫生统计学会会长、副会长、秘书长
中国卫生宣传教育协会主席、副主席、秘书长
中国红十字会
中国红十字会会长、副会长、秘书长
全国表彰的先进人物
李国桥荣获“全国劳动模范”称号
王贤才获“医学翻译工作特别奖”
“白求恩式的援外医疗队员”刘芳仪
“国家级有突出贡献的专家”强巴赤列
著名儿科专家褚福棠荣获“热爱儿童奖章”
荣获1987年“五一”劳动奖章(状)的医药卫生工作者和先进集体
在医药卫生工作中作出突出贡献的中青年科技工作者
一、1988年国家科委批准的国家级有突出贡献的科学技术专家(61人)
二、1987年卫生部批准的部级有突出贡献的科学技术专家(31人)
获国际奖章和学术名衔的人物
曾育麟获国际金奖
胡熙明获法国荣誉纪念章
1987年南丁格尔奖获得者
刘猷枋、屠呦呦同获1987年度“阿尔伯特·爱因斯坦”世界科学奖
1987年逝世的医药卫生界人物

卫生工作纪事

1987年大事记

卫生统计

卫生基本情况统计
1987年全国卫生机构、床位、人员数和构成
1987年全国卫生机构专业卫生人员数和构成
1987年全国医院、疗养院(所)机构、床位数
全国市、县医院床位数及专业卫生技术人员数
全国平均每千人口医院床位数及专业卫生技术人员数
全国县医院机构、床位、人员数
全国农村乡卫生院机构、床位、人员数
全国卫生机构专业卫生人员数
全国医学科学研究机构、人员数
全国工业及其他部门卫生机构、床位、人员数
全国卫生防疫机构、人员数

全国妇幼卫生机构、床位、人员数
全国民族自治地方卫生机构、床位、人员数
全国农村村级卫生组织情况
1987年全国农村村级卫生组织情况
全国中医机构、床位、人员数
1987年各地区卫生机构、床位数
1987年各地区卫生机构专业卫生人员数
1987年各地区平均每千人口医院床位数和专业卫生技术人员数
1987年各省省会所在市及百万人口以上城市每千人口医院床位数和专业卫生技术人员数
医疗服务统计
1987年全国医院诊疗人次及入院人数
1987年全国医院病床使用情况
1987年全国卫生部门医院住院病人前十位疾病构成
1987年各地区卫生部门县及县以上医院病床使用情况
1987年各地区工业及其他部门县及县以上医院病床使用情况
1987年各地区农村乡卫生院病床使用情况
1987年全国家庭病床工作情况
1987年各地区家庭病床工作情况
人口自然变动及死亡原因统计
全国人口出生率、死亡率、自然增长率
部分市、县婴儿死亡率
部分市婴儿、新生儿、产妇死亡率
1987年部分市、县前十位主要疾病死亡专率及死亡原因构成
传染病发病死亡和计划免疫统计
1987年全国传染病发病及死亡情况
1986年各地区四种疫苗接种率(%)
农村改水基本情况统计
全国农村改水工作基本情况
全国农村地区改水工作进展情况
医学教育统计
全国高、中等医药院、校数及在校学生人数
全国中医学院数及在校学生人数
全国高、中等医药院、校毕业人数
节育手术、新法接生统计
1971～1987年全国节育手术情况
全国新法接生百分比
卫生经费
全国各个时期的卫生事业费

附　录

一、全国行政区划、人口统计
1987年全国行政区划
全国人口数
中国几项人口、卫生统计指标与世界部分国家比较
二、世界部分国家与地区卫生状况统计
基本人口指标
基本健康指标
基本卫生指标
卫生保健普及情况
主要疾病标准化死亡率
医师数、床位数
三、发达国家医院建筑管理与设计
四、1987年诺贝尔生理学或医学奖获得者
索引
更正

1989 卷

编辑说明

图片选辑

重要会议报告

卫生部部长陈敏章在全国卫生厅局长会议上的讲话(摘要)

卫生部副部长何界生在全国卫生厅局长会议上的总结讲话(摘要)

全国爱国卫生运动委员会主任李铁映在全国爱国卫生运动委员会第八次委员会扩大会议上的讲话(摘要)

全国爱国卫生运动委员会副主任陈敏章在全国爱国卫生运动委员会第八次委员会扩大会议上的工作报告(摘要)

国家计划生育委员会主任彭珮云在全国计划生育委员会主任会议闭幕时的讲话(摘要)

国家医药管理局局长齐谋甲在全国医药管理局长(总公司经理)会议上的报告(摘要)

卫生部副部长兼国家中医管理局局长胡熙明在全国中医工作厅局长会议上的报告(摘要)

陈敏章部长在全国中医工作厅局长会议上的讲话(摘要)

文件和法规

关于全面深入贯彻预防为主方针进一步加强预防保健工作的若干意见

艾滋病监测管理的若干规定

全国卫生防疫防治机构收费暂行办法

农村农药中毒卫生管理办法(试行)(摘要)

关于进一步加强地方病防治工作的几点意见

附:国务院有关部委地方病防治工作职责

妇幼保健专业机构各级管理人员和技术人员职责(摘要)

妇幼保健人员技术职务任职条件实施细则(摘要)

各级妇幼保健单位仪器设备标准(摘要)

关于整顿血液制品生产管理的通知(摘要)

1988～2000 年中医事业发展战略规划(摘要)

医师、中医师个体开业暂行管理办法

国家中医管理局青年中医科学研究基金暂行条例(摘要)

国家中医管理局中医药科学技术进步奖励管理办法(试行)(摘要)

卫生部留成外汇管理办法(摘要)

灭蚊、蝇、臭虫、蟑螂考核鉴定标准及办法(摘要)

巩固无鼠害成果工作方案(试行稿)(摘要)

医疗用毒性药品管理办法

精神药品管理办法

1988 年主要卫生法规与文件目录

卫生发展战略与政策研究

江西省人民政府关于城市医院改革若干政策的暂行规定

河北省人民政府关于深化卫生工作改革的决定
河南省人民政府关于深化卫生改革若干政策的通知
湖南省人民政府关于加快和深化医疗卫生单位改革的通知
中共山东省委、省人民政府关于深化卫生改革促进卫生事业发展的意见
卫生部长陈敏章谈卫生改革中的几个问题
卫生改革几个政策问题
改革中的自我约束机制
医疗卫生事业单位的承包制
医疗卫生机构几种补偿模式的比较
医院发展中的潜在问题及其对策
医疗综合收费制的作用与医疗收费的发展目标

工作进展

1988年的卫生改革
召开全国卫生改革报告会
举行第二期卫生立法讲习班

初级卫生保健

初级卫生保健合作中心、农村卫生示范县工作进展
北京市召开农村初级卫生保健工作会议
卫生部制订初级卫生保健最低限标准
附1 1990年“初级卫生保健合作中心”和“农村卫生示范县”初级卫生保健最低限标准(试行稿)(摘要)
附2 1988年至1990年“初级卫生保健合作中心”和“农村卫生示范县”工作评价指标(试行稿)(摘要)
附3 农村三级卫生情报信息工作方案(试行稿)
中国农村医疗保健制度比较研究

公共卫生与疾病防治

1988年卫生防疫工作
1988年卫生监督工作和传染病疫情
1988年地方病防治工作

卫生防疫组织管理

全国省级卫生防疫站现状调查
计划单列市卫生防疫站现状调查
全国省级卫生防疫站和劳动卫生职业病防治机构工作考核
全国卫生防疫人员培训
加强县、区级卫生防疫站建设
计算机远程通讯联网开始用于全国疫情报告

计划免疫

颁发《1988～1995年全国消灭脊髓灰质炎规划》
颁发《全国计划免疫工作审评方案》
卫生部计划免疫技术咨询委员会成立
加强少数民族边远地区计划免疫工作

传染病防治

上海市甲型肝炎的流行与防治
新疆肠道传染病的流行与防治
艾滋病监测
“世界艾滋病日”活动
中国防治艾滋病研究基金会成立
全国性病防治工作会议
全国腹泻病防治技术指导委员会成立
颁发《登革热防治方案》
全国第二次结核病流行病学抽样调查
卫生部组派麻风防治医疗队赴西藏
庆祝首届中国麻风护士节
修订《全国麻风病防治管理条例》和7个技术方案
全国麻风联合化疗情况
鼠疫防治
全国流行性出血热地理流行病学调查
全国消毒工作会议
颁发《消毒药剂与消毒器械审批程序》
卫生部化妆品安全性评审组成立

地方病防治

地方病防治机构现状
地方病病情分析

贵州省地方性甲状腺肿防治效果评估
开展新生儿先天性甲状腺功能低下筛查工作
广东省基本控制地方性甲状腺肿病
中澳科技合作碘缺乏病项目进展
克山病防治
大骨节病防治
颁发《布鲁氏菌病防治工作标准》
地方性氟中毒防治
寄生虫病防治
血吸虫病防治
大山区血吸虫病防治对策
湖北、福建两省基本消灭丝虫病
1988年疟疾疫情
1988年黑热病主要动态
国境卫生检疫
中华人民共和国卫生检疫总所成立
全国卫生检疫体制改革会议
颁发《入境、出境集装箱卫生管理规定》
颁发《进口废旧物品卫生检疫管理规定》
国境卫生检疫学会成立
劳动卫生与职业病防治
修订并颁发《职业病报告办法》
学校卫生监督
全国学校体育卫生工作会议
食品卫生监督
食品卫生示范县工作
更改全国食品卫生监督检验人员制服
将营养监测纳入国家统计调查项目
放射医学与放射卫生防护
颁发《放射工作人员健康管理规定》
颁发《射线防护器材防护质量管理规定》
全国放射工作人员个人剂量监测工作讨论会
表彰长期从事核试验场外监测防护人员
全国放射卫生防护管理学习研讨会
大剂量电离辐射和非电离辐射(激光)生物效应国际会
卫生部"七五"期间辐照食品卫生安全评价专家小组成立
广东省天然放射性高本底地区研究
卫生标准
1988年颁发的国家卫生标准(98个)

爱国卫生运动

全国爱国卫生运动委员会举行第8次委员会扩大会议
第2届全国除"四害"、农村环境卫生(部委级)科学技术进步奖授奖
全国巩固无鼠害成果经验交流会议
北京等8城市、企业通过无鼠害市、企业考核鉴定
交通系统创建卫生港活动
汕头港为"无鼠害港"
南京、上海首批实现灭臭虫达标
城镇沼气化粪池处理粪便
全国村镇规划卫生标准研制工作
联合国开发计划署/世界银行无偿援助的深层手动泵项目
欧洲经济共同体援助我国进行农村供水研究
澳大利亚政府援助的宁谷镇水厂建成通水

计划生育

全国生育节育抽样调查
国家计划生育委员会人口专家委员会成立
避孕药具的生产与供应
李鹏总理就"亚洲30亿人口日"发表的广播电视讲话
"亚洲30亿人口日"
各地计划生育服务站工作
人口和计划生育基础知识教育
节育技术师资培训
1988年海南省人口、计划生育情况

妇幼卫生

1988年妇幼卫生工作
试办妇幼卫生本科专业
妇幼卫生宣传教育工作进展
盘石县、双阳县妇幼保健工作实行全员管理

全国妇幼卫生处长管理学习班
全国妇幼保健院(所)长管理科学讲习班
妇女保健
6省、市乡镇企业女工接触有毒有害作业情况调查
全国农村孕产妇保健管理经验交流会
举办孕产妇免疫接种学习班
儿童保健
确立3个全国儿童保健中心
全国0～14岁儿童智力低下流行病学调查
5省、自治区、直辖市儿童保健工作调查
全国儿童保健工作经验交流会
新生儿散发性克汀病筛查研讨会
全国儿童眼保健师资培训班
首届全国儿童保健院(所)长培训班
儿童心理卫生培训班
小儿生长监测方法学习班
计划生育技术指导
《优生优育保护法(草案)》的可行性典型调查
现场推广山东省优生咨询工作经验
军民共建计划生育优生遗传门诊
公布全国出生缺陷监测结果
召开全国计划生育技术经验交流会

中医事业管理

全国中医工作厅局长会议
国家中医药管理局成立
中西医结合工作30年
首都集会纪念中医学家蒲辅周诞辰100周年
中国中医研究院图书馆新馆建成使用
中医医疗
发布《关于加快和深化中医医院改革的若干意见》
发布《关于各地成立中医医疗事故技术鉴定委员会的通知》
评选第二批有突出疗效的中医临床成果
中医教育
1988年中医教育工作
全国中医教育工作会议
中医专科教育发展研究
中等中医教育机构改革
首次全国中等中医护理教育研讨会
全国高等教育自学考试中医专业试点总结会
全国高等中医院校成人教育研究会成立
西藏藏医药教育
中医对外教育工作
中医、中西医结合科研工作
中医药传统科研方法研讨会
国家中医药管理局1988年度科技进步奖评审情况
附 国家中医药管理局1988年度中医药科技进步奖奖励项目
1988年度全国中医药科技进步一等授奖项目简介
中药生产经营
“中药三年大见成效”工作
中药对外经济技术合作
中药工业GMP实施细则制定并推行实施
中药工业企业上等级工作
中药饮片包装机械的研制

医 政 管 理

医政工作
1988年医院改革
实施“区域卫生发展规划”
医院分级管理和医院评审制度
1988年防盲工作
急诊医疗服务
乡(镇)卫生院建设逐步正规化
1988年康复医学工作
城市老年人医疗服务
1988年社区康复工作
山西省眼科医院实行全程服务
内蒙古自治区拨专款加强农村基层组织建设
首届高等护理专业教育本科生毕业
颁发《建立健全医院感染管理组织的暂行办

法》
四部委发布《关于严禁废弃的一次性医疗器具流入市场的紧急通知》
发布《医院消毒供应室验收标准(试行)》

医学教育

1988年医学教育工作
高等医学教育
1988年高等医学教育
试行7年制高等医学教育
全国高等医学教育工作会议
医学视听教育
高等医学院校医学专业业务统考
九江医学专科学校教改情况
1988年高、中等医药教材编审出版情况
全国高等医药院校(本科)专业布点情况
中等医学教育
1988年中等医学教育工作
制定中等卫生学校经费标准、加强师资队伍建设、加强教学及实习基地建设等文件
全国中等医学教育工作会议
全国中等卫生学校情况调查
安徽、福建医学教育情况调查
1988年中等卫生学校跨省招生座谈会
举办全国医学辅助教育教学、评估和研究讲习班
1988年全国中等医药学校名录
医学成人教育
1988年医学成人教育工作
1988年全国住院医师培训试点情况
高等医学教育试行《专业证书》教育
卫生部委托举办乡村医生函授学院
1988年医药卫生教师本科班招生情况
1988年部属院校成人学历教育情况
医学研究生教育和学位工作
1988年医学研究生教育和学位工作
医学研究生教育及学位授予质量检查与评价
评选高等医学院校重点学科
1988年研究生医学综合考试
1988年笹川良一医学奖学金考试
附件1　1988～1989学年全国高等医药院校招生、毕业人数
附件2　1988～1989学年全国中等医药学校招生、毕业人数

医学科学研究

1988年医药卫生科技研究工作
卫生部科研基金第2次招标
“七五”国家科技攻关项目执行情况的检查与调整
编制《医药卫生与计划生育中长期科技发展纲要》
第2届全国医学实验动物工作会议
分子肿瘤学实验室通过国家验收
我国乙型肝炎基因工程疫苗首次安全性临床观察试验获得成功
人γ型基因工程干扰素在我国研制成功
中国大陆首例试管婴儿诞生
鼻咽癌10年防治研究
中国医学科学院药物研究所成立30周年
中国医学科学院药用植物资源开发研究所实行分层承包合同管理
中国MEDLARS中心的建立及工作概况
增设核医学专家咨询委员会
中华国际医学交流基金会
国家科委发明评选委员会1988年批准的医药卫生发明项目
国家科委发明评选委员会1988年批准的医药卫生发明项目选介
1988年获国家自然科学奖奖励项目
卫生部1988年批准的医药卫生科学技术进步奖奖励项目选介
卫生部1988年批准的医药卫生科学技术进步奖
1988年全国除四害、农村环境卫生科学技术进步奖(部委级)
1988年全军医药卫生科技成果获国家发明奖项目
1988年全军医药卫生科技成果获国家科学

技术进步奖项目
1988年全军医药卫生科技成果获军队科学技术进步奖项目

药政管理

1988年药政管理工作
卫生部核发进口药品许可证
药物依赖性治疗康复中心建立
颁布《关于国外药品在中国注册及临床试验的规定》
颁发《关于新药审批管理的若干补充规定》
下发15类药品临床研究指导原则(试行)
颁布《药品生产质量管理规范》
《精神药品管理办法》发布施行
发布降低部分药品含糖比例的通知
开展中成药整顿工作
中成药医学审议原则
下发第2批新药(中药)临床研究指导原则
卫生部成立生物制品标准化委员会
1988年生物制品生产及管理情况
国家级生物制品监督员开展检查监督工作
乙型肝炎血源疫苗的研制和应用
卫生部批准“引流熊胆”试生产
鲎试剂在热原检测中的应用
卫生部举行新药审批新闻发布会
表1 卫生部临床药理基地名单
表2 1988年西药新药审批品种名单
表3 1988年中药新药审批品种名单

药品和医疗器械

1988年医药工作
医药企业上等级工作
制药机械工业的10年
国家医药管理局决定加快淘汰直颈安瓿
医药行业加速对外开放步伐
化学医药工业
1988年化学医药工业生产情况
医药工业深化改革
中外合资化学制药企业
医疗器械工业
1988年医疗器械工业生产情况
生产许可证的发放工作
科技成果鉴定试行技术评估
JD_{21}型颅脑CT装置研制成功
医药商业
1988年医药市场概况
急救药械供应工作
医药商业系统质量管理小组成果发表会
附录1 1988年获国家优质产品奖的医药产品
附录2 1988年国家医药管理局优质产品
附录3 获国家发明奖的医药项目
附录4 获国家级科学技术进步奖的医药项目
附录5 1988年度国家医药管理局科技进步奖获奖项目

计划财务管理与审计

1988年计划财务管理工作
改革与管理
研究深化卫生计财改革工作
制订颁发《医院财务管理办法》、《医院会计制度(试行)》
颁发《综合医院建筑设计规范》
1988年基本建设投资计划全面完成
清理固定资产在建项目
开展税收、财务、物价大检查
采用计算机汇总卫生事业费决算报表
医疗制度改革
医疗制度改革研讨小组成立
医疗制度研究
全国公费医疗联审互查
仪器设备管理
部分大型医用设备继续实行进口许可证制度和制订装备规划
试编医疗仪器设备分类与代码
编制医用仪器设备计算机管理软件
CT的引进及使用管理
医用仪器设备管理和设备维修培训班
卫生统计与信息

卫生部成立卫生统计信息中心
成立全国国际疾病分类死因统计协作组
卫生人力研究初步完成
编制完成全国卫生单位名称代码编制规划（草案）
农村中医医疗服务调查计算机程序编制及数据处理
卫生部机关计算机管理网络安装调试完成
举办全国卫生统计讲习班
审计
审计工作概况
国家审计署派驻卫生部审计局
开展定期审计

健康教育与卫生出版

健康教育
1988年健康教育
第一个“世界无烟日”
召开中国健康教育研究会第3次理事会暨第2届理论研讨会
山西省农民健康教育现场会
健康教育专业人才培养
四川省南充地区开展卫生科教电影放映活动
我国首次派团参加世界健康教育大会
我国作品在国际卫生摄影展中获奖
卫生出版
卫生出版概况
第4届全国优秀科技图书医科获奖书目
《中国本草图录》正式出版发行
《中国优生画刊》创刊
中等中医教材的编审与出版
《中国药典(英文版)》首次出版发行
高、中等医药教材编审出版情况
对外合作出版
优秀视听教材获奖名单
《中国医药》创刊
《中国寄生虫病防治杂志》创刊
中国中医研究院图书馆简介
人民卫生出版社成立35周年
1988年全国142家出版社出版医药卫生类图书统计
1988年全国主要医药卫生报纸一览表
1988年全国主要医药卫生期刊一览表
1988年全国医药卫生新书书目

国际合作与交流

1988年工作
中国医疗队
派出预防医学专家组赴赤道几内亚提供技术咨询
中国与外国重要卫生代表团互访
表1　1988年中国卫生部负责人出访情况
表2　1988年外国卫生部负责人访华情况
表3　1988年中国与外国签订双边卫生合作协定、计划
中国与比利时王国政府签署关于麻风防治与康复合作项目协议书
中意第1届卫生合作讨论会在北京举行
笹川医学奖学金项目执行简况
加中儿童健康基金会
陈敏章部长率团参加第41届世界卫生大会
中国代表团参加世界卫生组织西太平洋区第39届委员会会议
中国参加联合国《禁止非法贩运麻醉药品和精神药物公约》会议并签署公约
第4届亚洲农村医学暨初级卫生保健学术会议
传染病控制会议
中国卫生政策与卫生发展管理程序研讨会
中国已有53个世界卫生组织合作中心
附表　我国的世界卫生组织合作中心学科领域
1988年世界卫生组织在华举办的讲习班和研讨会
世界银行贷款卫生Ⅰ工作情况
综合性区域卫生发展项目即将实施——世界银行第3个卫生贷款项目完成评估
与联合国人口活动基金合作项目——加强区县级围产保健/计划生育技术服务工作

建立扩展项目
与联合国儿童基金会合作项目——妇幼卫生示范县项目扩展 65 县
出席第 13 届国际麻风会议
国际药剂及保健品生产技术和设备展览

军队卫生工作

1988 年军队卫生工作
伤病员收治体制改革试点
总后勤部卫生部专家组成立
颁发《中国人民解放军药品制剂规范》
总后卫生部下发《动物性食品兽医卫生检验实验室技术操作规程(试行)》
国家卫生部批准军产药品可换发地方批准文号
国家卫生部批准总后卫生部药品检验所为口岸药检所
军队医院的重点科室建设
军队高等医学院校参加全国重点学科评选
全军医院医疗护理质量检查
召开全军干部医疗保健工作座谈会
全军中青年优秀医学论文评选
1988 年军队医学科技成果获奖情况
1988 年军队中医工作
全军改水工作试点
军队肝炎防治工作
全军计划生育工作
军队后勤卫生物资编码工作完成

省、自治区、直辖市卫生工作

北京市
天津市
河北省
　河北省整顿医疗秩序初见成效
山西省
　长治市 13 个县(区)全部推行初级卫生保健
内蒙古自治区
　赤峰市全面推行计划免疫保偿制
辽宁省
　改革中的卫生预防事业
吉林省
黑龙江省
上海市
　设立上海卫生发展战略研究课题
　上海市暴发甲型肝炎大流行及其教训
江苏省
　江苏省政府制订政策加强农村卫生技术队伍建设
浙江省
　浙江实行医院升降级制度
安徽省
　多形式多渠道培养卫生技术人才
福建省
　突破论资排辈旧观念,破格提拔一批人才
　侨胞集资办医
　卫生工作为外向型经济服务
江西省
　改革预防保健管理体制把防保工作落实到基层
山东省
　山东在全国率先达到基本消灭疟疾标准
河南省
　为发展中医事业办实事
湖北省
　分批进行1/8重点县(市)卫生事业整顿建设
湖南省
　改革农村预防保健制度全面落实预防保健工作
广东省
　医院实行“以副补主、以工助医”
广西壮族自治区
　广西民族卫生事业在前进
海南省
四川省
　实行效益工资改革分配制度
贵州省
云南省

西藏自治区
西藏卫生工作考察
发展中的西藏妇幼卫生事业
陕西省
甘肃省
甘肃省制定禁止痴呆傻人生育的规定
青海省
青海省藏蒙医药事业发展
宁夏回族自治区
新疆维吾尔自治区

台、港、澳卫生工作

台湾省
台湾公共卫生概况
香港地区

学术团体和群众团体工作

中华医学会
中国中西医结合研究会
中国药学会
中华护理学会
中国生理学会
中国解剖学会
中国生物医学工程学会
中国针灸学会
中国防痨协会
中华预防医学会
中国农村卫生协会
中国输血协会成立
中国卫生经济学会
中国卫生统计学会
表1 各团体召开的学术会议(1988年)
表2 各团体中外(地区)学术交流活动(1988年)

中国红十字会

中国红十字会的国内工作
中国红十字会的国际交往

人事与干部

各部、委、办定职责、定机构设置、定人员编制

卫生部“三定”方案获批准
国家计划生育委员会“三定”方案获批准
全国爱国卫生运动委员会办公室“三定”方案获批准
全国爱国卫生运动委员会机构设置
国家医药管理局“三定”方案获批准
国家中医药管理局“三定”方案获批准
卫生部机构设置(“三定”前,即1988年11月25日前)
卫生部机构设置(“三定”后,即1988年11月25日后)
国家计划生育委员会机构设置
国家医药管理局机构设置
国家中医药管理局机构设置
中国人民解放军总后勤部卫生部机构设置

卫生界人物

卫生部系统
卫生部部长、副部长、顾问
卫生部(机关)正、副司(局)长、主任
卫生部直属单位行政正、副职领导
各省、自治区、直辖市正、副卫生厅(局)长
各计划单列市卫生局长
国家计划生育委员会系统
国家计划生育委员会主任、副主任
国家计划生育委员会(机关)正、副司长、主任
国家计划生育委员会直属单位行政正职领导
各省、自治区、直辖市计划生育委员会主任
各计划单列市计划生育委员会主任
全国爱国卫生运动委员会系统
全国爱国卫生运动委员会主任、副主任、办

公室主任
各省、自治区、直辖市爱国卫生运动委员会主任
各计划单列市爱国卫生运动委员会主任
国家医药管理局系统
国家医药管理局局长、副局长
国家医药管理局(机关)司长、主任
国家医药管理局直属单位行政正职领导
各省、自治区、直辖市医药管理局(总公司)局长(经理)
国家中医管理局系统
国家中医管理局局长、副局长
国家中医管理局(机关)司长、主任
国家中医管理局直属单位行政正、副职领导
各省、自治区、直辖市中医管理局局长
各计划单列市中医管理局局长
军队卫生系统
中国人民解放军总后勤部卫生部部长、副部长
中国人民解放军总后勤部卫生部(机关)正、副处长
中国人民解放军总后勤部直属医疗卫生单位行政正、副职领导
各大军区、各军兵种后勤部卫生部正、副部长
学术团体与群众团体
中华医学会会长、副会长、秘书长
中华护理学会理事长、副理事长、秘书长
中国生理学会理事长、副理事长、秘书长
中国解剖学会理事长、副理事长、秘书长
中国生物医学工程学会理事长、副理事长、秘书长
中国病理生理学会理事长、副理事长、秘书长
中国营养学会理事长、副理事长、秘书长
中国药理学会理事长、副理事长、秘书长
中国防痨协会会长、副会长、秘书长
中国麻风防治协会理事长、副理事长、秘书长
中国心理卫生协会理事长、副理事长、秘书长
中国抗癌协会理事长、副理事长、秘书长
中华全国中医学会会长、副会长、秘书长
中国针灸学会会长、副会长、秘书长
中国中西医结合研究会理事长、副理事长、秘书长
中国药学会理事长、副理事长、秘书长
中国计划生育协会会长、副会长、秘书长
中国康复医学研究会理事长、副理事长、秘书长
中国农村卫生协会会长、副会长、秘书长、顾问
中国输血协会理事长、副理事长、秘书长
中华预防医学会会长、副会长、秘书长
中国卫生经济学会会长、副会长、秘书长
中国卫生统计学会会长、副会长、秘书长
中国卫生宣传教育协会主席、副主席、秘书长
中国人口福利基金会会长、副会长、秘书长
中国人口学会会长、副会长、秘书长
中国红十字会
中国红十字会会长、副会长、秘书长
全国表彰的先进人物
首届中国科学技术协会青年科技奖
荣获 1988 年“五一”劳动奖章的医药卫生工作者
在医药卫生工作中作出突出贡献的中青年科技工作者
1. 1988 年国家人事部批准的国家级有突出贡献的科学、技术、管理专家(59 人)
2. 卫生部 1988 年批准的部级有突出贡献的科学技术专家(55 人)
3. 国家中医药管理局 1988 年批准的部级有突出贡献的中青年科技、管理专家(7 人)
卫生部表彰 756 名模范护士
获国际奖章和学术名衔的人物
毛守白教授被授予法国佩皮尼昂大学名誉博士
1988 年逝世的医药卫生界人物

人 事 工 作

卫生部直属单位科技干部基本情况

改革卫生部直属院校毕业生分配工作

卫生工作纪事

1988年大事记

卫生统计

卫生基本情况统计
1988年全国卫生机构、床位、人员数和构成
1988年全国卫生机构专业卫生技术人员数和构成
1988年全国医院、疗养院(所)机构、床位数
全国卫生机构、床位数
全国卫生机构专业卫生技术人员数
全国市、县医院床位数及专业卫生技术人员数
全国平均每千人口医院床位数及专业卫生技术人员数
全国县医院机构、床位、人员数
全国卫生部门县及县以上医院床位与人员、医护之比
全国农村乡卫生院机构、床位、人员数
全国中医机构、床位、人员数
全国医学科学研究机构、人员数
全国工业及其他部门卫生机构、床位、人员数
全国卫生防疫机构、人员数
全国妇幼卫生机构、床位、人员数
全国民族自治地方卫生机构、床位、人员数
1988年全国民族医医院机构、床位、人员数
全国农村村级卫生组织情况
1988年全国农村村级卫生组织情况
1988年全国卫生部门按隶属关系分县及县以上医院机构、床位、人员数
1988年全国专业卫生技术人员中获得中级及以上技术职务的人数
1988年各地区卫生机构、床位数
1988年各地区平均每千人口医院床位数和专业卫生技术人员数
1988年各省省会所在市及百万人口以上城市每千人口医院床位数和专业卫生技术人员数
医疗服务统计
1988年全国医院诊疗人次及入院人数
1988年全国医院病床使用情况
全国卫生部门城市医院住院病人前10位疾病构成
全国卫生部门县医院住院病人前10位疾病构成
1988年全国卫生部门医院住院病人前10位疾病构成
1988年各地区县及县以上医院病床使用情况
1988年各地区卫生部门县及县以上医院病床使用情况
1988年各地区工业及其他部门县及县以上医院病床使用情况
1988年各地区农村乡卫生院病床使用情况
1988年全国家庭病床工作情况
1988年各地区家庭病床工作情况
人口自然变动及死亡原因统计
全国人口出生率、死亡率、自然增长率
部分市、县婴儿死亡率
1988年部分市前10位主要疾病死亡专率及死亡原因构成
1988年部分县前10位主要疾病死亡专率及死亡原因构成
1988年部分市、县恶性肿瘤死亡率
传染病发病和死亡及计划免疫统计
1988年全国传染病报告发病及死亡情况
全国传染病报告发病及死亡情况
全国1岁儿童计划免疫疫情发病与接种情况
1988年各地区四种疫苗接种率
农村改水基本情况统计
全国农村改水工作情况
各地区农村改水工作进展情况
节育手术、新法接生统计
1971～1988年全国节育手术情况
全国新法接生、住院分娩百分比

营养及青少年身体发育情况统计
1982 年全国居民营养素摄入量表
全国居民营养情况
青少年、儿童身体发育情况
城市男性
城市女性
农村男性
农村女性
医学教育统计
全国高、中等医药院、校数及在校学生数
卫生经费
全国各个时期的卫生事业费
1987 年各地区卫生事业费

附　录

一、全国人口统计
1988 年市、县、县辖镇个数及人口数
全国人口数
全国人口按年龄分组
二、中国几项卫生统计指标与世界部分国家比较
营养和卫生指标
医师数、医院病床数
三、世界部分国家与地区卫生状况统计
基本人口指标
基本健康指标
基本卫生指标
基本营养指标
卫生保健普及情况
部分国家医师数、床位数
基本经济指标
基本教育指标
主要疾病标准化死亡率
基本健康指标预测
人口预测
四、1988 年诺贝尔生理学或医学奖获得者
索引

编辑说明
图片选辑

重要会议报告

中共中央政治局委员、国务委员李铁映在全国卫生厅局长会议上的讲话(摘要)
卫生部部长陈敏章在全国卫生厅局长会议上的总结讲话(摘要)
国家计划生育委员会主任彭珮云在全国计划生育委员会主任会议上的报告(摘要)
国家医药管理局局长齐谋甲在全国医药管理局长会议上的报告(摘要)
卫生部副部长兼国家中医药局局长胡熙明在全国中医药工作会议上的报告(摘要)
国务院关于听取卫生部医院改革血防工作等问题汇报的会议纪要
中共中央政治局委员、国务委员李铁映对医药工作的讲话
国务院关于解决中医药有关问题的会议纪要

政策法规

1989年主要卫生法规文件目录
中华人民共和国传染病防治法
放射性药品管理办法
放射性同位素与射线装置放射防护条例
国务院批转国家教委等部门关于深化改革鼓励教育科研卫生单位增加社会服务意见的通知
附1 关于高等学校开展社会服务有关问题的意见
附2 关于深化改革科研单位事业费拨款和收益分配制度的意见
附3 关于扩大医疗卫生服务有关问题的意见
国务院关于加强爱国卫生工作的决定
中华人民共和国国境卫生检疫法实施细则
化妆品卫生监督条例
中华人民共和国药品管理法实施办法

工作进展

卫生工作
爱国卫生工作
医药工作
中医药工作
1989年卫生事业计划要点
卫生改革综述
卫生法制建设
卫生部政策与管理研究专家委员会1989年课题研究

初级卫生保健

初级卫生保健工作
全国初级卫生保健合作中心试点县工作会议

哈尔滨市道外区城市初级卫生保健初见成效
上海市卫生局完成《上海郊县全面实施初级卫生保健对策》的软课题研究

公共卫生与疾病防治

卫生防疫工作
卫生监督工作
卫生部发布 1989 年卫生监督工作情况通报
国境卫生检疫工作
地方病防治工作
地方病防治工作改革
组织管理
加强基层卫生防疫机构建设
基层预防保健组织改革
全国卫生防疫人员培养培训工作会议
卫生防疫人员《专业证书》教育
全国卫生防疫人员学历现状
国境卫生检疫机构概况
国境卫生检疫单位财务管理办法
防治地方病人才培训
计划免疫
以省为单位儿童免疫接种率达 85%
联合国儿童基金会向卫生部卫生防疫司颁发联合国儿童生存银质奖章
计划免疫保偿制及现状
全国计划免疫技术指导中心成立
1985～1989 年计划免疫冷链合作项目结束
乙型肝炎疫苗推广使用现状
开展消灭脊髓灰质炎活动
传染病防治
公布《中华人民共和国传染病防治法》
1989 年全国传染病疫情通报
性病防治
艾滋病预防与控制
鼠疫防治
锡乌张鼠疫联防 30 年
建立全国鼠疫、布鲁氏菌病监测点
西藏昌都地区炭疽病暴发流行和控制
地方病防治
建立全国克山病、大骨节病和碘缺乏病监测点
全国布鲁氏菌病防治工作会议
宁夏、陕西布鲁氏菌病防治达到控制标准
基本查清煤烟污染型地方性氟中毒
贵州省基本控制地方性甲状腺肿
寄生虫病防治
全国血吸虫病防治现状及对策
部分地区发生成批血吸虫病急性感染
国务院联合调查组考察血吸虫病防治工作
国务院召开湖区 5 省省长血吸虫病防治工作会议
晚期血吸虫病治疗工作
广西壮族自治区达到消灭血吸虫病标准
疟疾防治
卫生部颁布新的疟疾防治技术方案
浙江、江苏两省基本消灭丝虫病
包虫病防治
黑热病疫情
国境卫生检疫
发布《中华人民共和国国境卫生检疫法实施细则》
全国空港国境卫生检疫工作会议
出、入境人员传染病监测
命名卫生港、无鼠害港
首次对飞机蒸熏除虫成功
劳动卫生与职业病防治
劳动卫生与职业病防治工作
环境卫生监督
化妆品卫生监督
颁布《化妆品审批工作程序》
颁布《化妆品卫生监督条例》
首次批准 3 种特殊用途化妆品
放射医学与放射卫生防护
国务院发布《放射性同位素与射线装置放射防护条例》
卫生部成立放射卫生防护监督监测所
卫生部成立国家稀土开发应用卫生评价中心
放射工作人员个人剂量监测结果

学校卫生监督
1988年学生健康监测
中国学生营养促进会成立
食品卫生监督
全国首批食品卫生示范县通过考核验收
颁发《食品生产经营人员食品卫生知识培训管理办法》
卫生标准
颁布卫生标准体系表
1989年颁发的国家卫生标准(109个)

爱国卫生运动

全国开展第一个"爱国卫生月"活动
下发"关于加强工交企业爱国卫生工作的意见"
全国大中型工交企业爱国卫生工作
下发《关于开展全国工交企业卫生先进单位检查、评比、命名活动的通知》
下发《关于开展创建国家卫生城市活动的通知》
除"四害"工作
"全国生活饮用水水质与水性疾病调查"获国家级科学技术进步一等奖
农村改水事业
江苏省扬州市明确农村改水工作中有关政策

计划生育

中国"十一亿人口日"
避孕药具的生产与发放
全国生育节育抽样调查结果
计划生育技术培训

妇幼卫生

妇幼卫生工作
妇女保健
省级妇幼保健院(所)现状调查
妇幼卫生专家咨询委员会成立
30个省开展孕产妇死亡监测
孕产妇死亡社会因素调查
全国妇幼卫生合作项目工作会议在西安召开
贯彻《女职工劳动保护规定》研讨班
江苏省南通市实行女职工生养基金统筹办法
儿童保健
纪念"国际儿童年"10周年
儿童急性呼吸道感染防治工作
与联合国人口基金第2周期合作项目完成
计划生育技术指导
湖南、上海、北京中国遗传医学中心为基层培训优生遗传专业人才
开展节育技术人员考核发证工作
哈尔滨实行计划生育技术行业管理

中医事业管理

全国中医药工作会议
中医医疗
农村中医工作
中医医疗环境和秩序治理整顿工作
中医医院分级管理工作
中西医结合医院工作
印发《全国中西医结合医院建设检查标准(试行)》
中医急症工作
全国民族医医院工作会议
中医教育
中医药教育工作
《高等中医院校办学水平评估方案(试行)》发布实行
制订中医学专业(本科)主要课程基本要求
国家中医药考试中心、国际针灸考试中心成立
高等教育中医专业自学考试在全国逐步展开
山西中医学院成立
中等中医药学校建设
西藏大学藏医学院和新疆维医专科学校成立
制定中药高级工培训教学计划和教学大纲

中医药、中西药结合科研工作
国家中医药管理局科研基金课题招标工作
全国中医药科技基本情况调查
全国中医药科技优势论证会
1989年度国家中医药管理局中医药科技进步奖评审情况
1989年度国家中医药管理局中医药科技进步奖奖励项目简介
中药生产经营
中药产销情况
中药行业国家优质产品评选
1989年国家中医药管理局局级先进中药企业评选
1988年度国家节约能源二级企业
全国中药优秀质量管理小组评比
附 1989年国家中医药管理局优秀质量管理(QC)小组名单
国家中医药管理局中药工业企业质量管理奖评选
国家中医药管理局优质产品评选
附 1989年国家中医药管理局优质产品名单
17家中药工业企业晋升为国家二级企业
"常用中药材品种整理及质量研究"前期44个分题通过验收
贯彻实施《野生药材资源保护管理条例》
全国中药工作调查

医 政 管 理

医政工作
第二次全国医政工作会议
治理整顿医疗秩序
卫生部颁发关于清理整顿医疗机构和医务人员业余服务的有关规定
医院改革
医院分级管理工作
医院评审试点
开展医院工作方针再教育
建立医务人员岗前教育制度
急诊工作
医院治安保卫工作情况调查
精神卫生工作
精神疾病司法鉴定工作
首届"爱牙日"
全国牙病防治指导组、顾问组成立
牙病防治工作
肿瘤防治
心、脑血管病防治
全国残疾人3项康复工作
院内感染管理工作
消毒供应室验收情况
东北3省对口支援西藏阿里地区协商会议

医 学 教 育

医学教育工作
高等医学教育
1989年高等医学教育概况
开展高等医学院校教学医院认可工作的调查研究
部属高等医学院校临床教学质量的检查评估
高等医学教育管理与教学软课题招标
部属高等医学院校工作会议
医学视听教材建设
高、中等医药学专业教材编审出版情况
中等医学教育
中等医学教育工作
召开全国卫生厅(局)教育处长会议
中等卫生学校毕业生分配情况调查
护士专业教学改革试点
加强对"老少边穷"地区中等卫生学校短缺专业的资助
医学成人教育
医学成人教育工作
开展继续医学教育工作
中国乡村医生培训中心成立
全国医学成人高等学历教育招生情况调查
教师本科班改革入学考试科目
《成人高教入学统考成绩与在校学习成绩的相关性研究》的课题研究
跨省、区举办"专业证书"教学班
医学研究生教育与学位工作

医学研究生教育与学位工作
建立卫生部学位委员会
临床医学博士生培养质量的检查与评价
培养应用型公共卫生高层次人才
开展医学门类第4批学位授权学科的审核
开展建立医学职业学位的研究
附件1 1989～1990学年全国高等医药院校招生、在校、毕业人数
附件2 1989～1990学年全国中等医药卫生学校招生、毕业人数

医学科学研究

医药卫生科技研究工作
制定医药生物技术中长期发展纲要
制定医药卫生与计划生育中长期发展纲要
1989年高等医学院校博士点科研基金招标
病毒基因工程国家重点实验室建成验收
国家“七五”基因工程干扰素重点工业性试验项目通过验收
卫生部又装备两个部级重点实验室
卫生部主持的“七五”国家重点科技攻关项目受到表彰、奖励
颁发《医学实验动物管理实施细则》
建立中国兴奋剂检测中心
国家科委发明评选委员会医药卫生评审小组1989年批准的医药卫生发明项目
1989年国家级医药卫生科学技术进步奖获奖项目
卫生部1989年批准的医药卫生科学技术进步奖
卫生部1989年批准的医药卫生科学技术进步奖奖励项目选介
医学科学技术讲授团赴宁夏、湖南推广科技成果
卫生部召开首届外语培训中心主任会议
卫生部部属单位出国留学管理工作会议
国际生育调节研究新进展学术研讨会

药 政 管 理

药品监督管理工作
第七届全国人大常委会批准我国签署《联合国禁止非法贩运麻醉药品和精神药物公约》
“反对麻醉品滥用和非法贩运国际日”
发布贯彻执行《精神药品管理办法》的有关通知
发布《放射性药品管理办法》
卫生部药品监督办公室成立
卫生部颁布170种中成药部颁标准
卫生部颁发“胆红素”,“人工牛黄”质量标准
卫生部成立第二届药品审评委员会
卫生部下达《药品卫生标准补充规定和说明》
药品标准工作
各地中成药批准生产情况
生物制品生产超额完成生产计划
药品不良反应监察
全国血液制品整顿验收工作

药品和医疗器械

扶持治疗药品生产
调整部分医药商品价格
9部委联合发文解决抗癌药生产经营中的问题
1989年医药企业和医药产品获奖名单
1989年医药科研成果获奖名单
国家医药管理局生物技术专家委员会成立
医药企业升级工作
医药系统国家级企业
化学医药工业
化学医药生产
中国医药工业公司职能转变
西安杨森制药有限公司建成投产
医疗器械工业
医疗器械生产
下发《关于加强人工晶体研制、生产、经营管理的通知》
医药商业
医药市场
清理整顿公司

计划财务管理与审计

计划财务管理工作
全国18所重点医院建设部分竣工
颁发《公费医疗管理办法》
《医院会计制度(试行)》全面贯彻实施
制定部属单位10个财务管理办法
开展卫生事业综合效益评价
部分卫生专项经费实行项目管理
部分省、市卫生厅(局)计财处长会
改革部属单位卫生事业费分配办法
全国医疗卫生机构房屋调查
进口机电设备普查完成
卫生专项补助经费使用效益调查
进口旧CT实测抽样调查
职工医疗制度改革试点调查
国内现有MRI使用情况抽样调查
制定1989～1990年MRI引进、装备计划
1989年税收、财务、物价大检查
医院会计核算计算机软件编制完成并推广应用
卫生部直属单位试行医用设备计算机管理软件
医用仪器设备、医疗器械(商品、物资)分类与代码
中国卫生经济研究所成立
《中国医院建筑选编》(1949～1989)出版发行
审计工作
《卫生系统内部审计工作规定》发布实施
卫生统计信息工作
全国卫生统计工作会议
全国卫生部门医院社会效益和经济效益若干问题的调查研究
医院改革调查
综合性区域卫生发展项目中的管理统计信息系统

健康教育与卫生出版

健康教育
卫生部发出关于加强健康教育工作的几点意见
“人口与健康”科教电影汇映活动在京开幕
第3届全国卫生美术摄影展在京展出
电视艺术教学参考片《伤寒论》拍摄完毕
1989年世界卫生日“大家谈健康”活动
开展第2个“世界无烟草日”活动
联合国儿童基金会健康教育合作项目完成
卫生出版
卫生出版概况
《健康报》宣传报道要点
成立北京医科大学、中国协和医科大学联合出版社
人民卫生出版社胶印厂通过国家正式验收
《中国中医药报》创刊
整理汇编《建国40年卫生统计资料》
《建国四十年中医药科技成就》一书出版发行
《中华本草》编委会召开第1次会议
编审《全国中医病案书写规范及要求(试行)》
1989年度全国各出版社出版医药卫生类图书统计表
1989年度全国医药卫生新书书目

国际合作与交流

外事工作
召开全国卫生外事工作会议
中国医疗队工作
中国与外国重要卫生代表团互访
表1　1989年中国卫生部负责人出访情况
表2　1989年外国卫生部负责人访华情况
马海德纪念活动在京举行
中苏在京签订卫生和医学科学领域合作会谈纪要
中美医药卫生科技合作10年回顾讨论会
民主德国医学周在北京、武汉举行
中医药项目参加莫斯科“中国科技日”活动
国际奥比斯眼科飞机医院访华
陈敏章部长率团参加第42届世界卫生大会
参加世界卫生组织西太平洋区委员会第40届会议

出席世界卫生组织第83届执委会
中国/世界卫生组织第11次合作规划会议在京召开
1989年世界卫生组织在华举办的讲习班
国际卫生咨询委员会成立
中法药剂师学术交流会
首届国际药品及制药设备、先进医疗器械展览会在广州举行
世界医学气功学会成立
针灸术语国际标准化工作
第1届国际传统康复医学学术会议
亚洲、大洋洲甲状腺学会专题会议在天津召开
国际生育调节研究新进展学术研讨会
全国妇幼卫生合作项目工作会议在西安召开
与联合国人口基金第2周期合作项目完成
中国实现了以省为单位儿童免疫接种率85%的目标
中国—瑞典、联合国儿童基金会儿童保健合作项目
与联合国儿童基金会合作防治儿童寄生虫病项目
世界银行第2次卫生部门考察——“中国长远的卫生问题与对策”的研究报告
世界银行第2个卫生贷款项目的中期监督
中国农村健康保险试点项目
世界银行贷款医学教育项目后期计划执行情况
世界银行贷款“中医教育研究”项目开始实施
世界银行贷款卫生项目第3次国际招标

军队卫生工作

军队卫生工作
整顿全军医疗卫生工作秩序
全军部队卫生工作会议
北京部分地区戒严卫勤保障工作
军队医学科学技术成果获奖情况
附　1989年军队医药卫生科技成果获国家科学技术进步奖获奖项目
颁发《军队院校医药卫生专业目录及规范(试行)》
验收全军临床药理基地和药检所
全军首届预防医学学术会议在京召开
全军第3届卫勤学术会议
军队医药卫生出版工作

省、自治区、直辖市卫生工作

北京市
治理整顿取得初步成效
天津市
河北省
山西省
大同市实行以医院为中心的地段预防保健责任制
晋城市基本实现初级卫生保健目标
内蒙古自治区
辽宁省
吉林省
黑龙江省
上海市
实施各级临床医师岗位考核制度试点
实行《上海市公民义务献血条例》初见成效
上海成立基金会筹集卫生资金
江苏省
清理整顿医疗收费
浙江省
安徽省
福建省
海峡两岸中医界携手弘扬祖国医学
江西省
大区域控制鄱阳湖区血吸虫病疫情
山东省
河南省
分期分批完成111个县卫生事业重点建设
河南省农村推广“双瓮漏斗式”厕所
湖北省

湖南省
　株洲县建立6项基金发展卫生事业
广东省
　围绕卫生改革开展思想政治工作
广西壮族自治区
　广西消灭了血吸虫病
海南省
　实行预防登革热社会保偿制
四川省
贵州省
云南省
　云南省健康教育10年
西藏自治区
　整顿医疗卫生秩序、开展文明优质服务活动
陕西省
甘肃省
青海省
宁夏回族自治区
新疆维吾尔自治区
　开展包虫病防治工作

台、港、澳卫生工作

台湾省
香港地区

学术团体和群众团体

中华医学会
中华医学会第20届全国会员代表大会
中国中西医结合研究会
中国药学会
中华护理学会
中国生理学会
中国解剖学会
中国生物医学工程学会
中国防痨协会
中华预防医学会
中国优生优育协会在京成立
中国农村卫生协会
中国卫生经济学会
中国卫生统计学会
中国化学制药工业协会
中国医药商业协会成立
表1　各团体召开的学术会议(1989年)
表2　各团体中外(地区)学术交流活动(1989年)

中国红十字会

中国红十字会的国内工作
中国红十字会的国际交往

人事与干部

卫生界人物

卫生部系统
卫生部部长、副部长
卫生部正、副司(局)长、主任
卫生部直属单位行政正、副职领导
各省、自治区、直辖市正、副卫生厅(局)长
各计划单列市卫生局长
全国爱国卫生运动委员会系统
全国爱国卫生运动委员会主任、副主任、办公室主任
各省、自治区、直辖市爱国卫生运动委员会主任
各计划单列市爱国卫生运动委员会主任
国家计划生育委员会系统
国家计划生育委员会主任、副主任
国家计划生育委员会(机关)正、副司长、主任
国家计划生育委员会直属单位行政正、副职领导
各省、自治区、直辖市计划生育委员会主任
各计划单列市计划生育委员会主任
国家医药管理局系统
国家医药管理局局长、副局长
国家医药管理局(机关)司长、主任

国家医药管理局直属单位行政正职领导
各省、自治区、直辖市医药管理局(总公司)局长(经理)
各计划单列市医药管理局(总公司)局长(经理)
国家中医药管理局系统
国家中医药管理局局长、副局长
国家中医药管理局(机关)司长、主任
国家中医药管理局直属单位行政正、副职领导
各省、自治区、直辖市中医药管理局局长
各计划单列市中医药管理局局长
军队卫生系统
中国人民解放军总后勤部卫生部部长、副部长
中国人民解放军总后勤部卫生部(机关)正、副处长
中国人民解放军总后勤部直属单位医疗卫生行政正、副职领导
各大军区、各军兵种后勤卫生部正、副部长
学术团体和群众团体
中华医学会会长、副会长、秘书长
中华护理学会理事长、副理事长、秘书长
中国生理学会理事长、副理事长、秘书长
中国解剖学会理事长、副理事长、秘书长
中国生物医学工程学会理事长、副理事长、秘书长
中国病理生理学会理事长、副理事长、秘书长
中国营养学会理事长、副理事长、秘书长
中国药理学会理事长、副理事长、秘书长
中国防痨协会理事长、副理事长、秘书长
中国麻风防治协会理事长、副理事长、秘书长
中国心理卫生协会理事长、副理事长、秘书长
中国抗癌协会理事长、副理事长、秘书长
中国康复医学研究会理事长、副理事长、秘书长
中国农村卫生协会会长、副会长、秘书长
中国输血协会理事长、副理事长、秘书长
中华预防医学会会长、副会长、秘书长
中国卫生经济学会会长、副会长、秘书长
中国卫生统计学会会长、副会长、秘书长
中国卫生宣传教育协会主席、副主席、秘书长
中国优生优育学会
中国计划生育协会
中国人口学会
中华全国中医学会会长、副会长、秘书长
中国针灸学会会长、副会长、秘书长
中国中西医结合研究会理事长、副理事长、秘书长
中国药学会理事长、副理事长、秘书长
中国红十字会
中国红十字会会长、副会长、秘书长
全国表彰的先进人物
陈嘉庚医学科学奖获得者
全国劳动模范和先进工作者
1. 全国劳动模范
2. 全国先进工作者
医药卫生系统27人获全国教育系统劳动模范称号
84名医院院长荣膺优秀院长称号
1989年国家人事部批准的国家级有突出贡献的中青年专家(16人)
祝贺徐诵明教授诞辰100周年
获国际奖章和学术名衔的人物
1989年南丁格尔奖获得者
曲绵域获国际奥委会1989年体育医学奖
牛东平获笹川卫生奖
何凤生获英国皇家内科学院荣誉院士称号
卫生部防疫司获"联合国儿童生存"银质奖
1989年逝世的医药卫生界人物

卫生工作纪事

1989年大事记

卫生统计

卫生基本情况统计
1989年全国卫生机构、床位、人员散和构成
1989年全国卫生机构专业卫生人员数和构成

1989 年全国医院、疗养院(所)机构、床位数
全国卫生机构、床位数
全国卫生机构专业卫生人员数
全国市、县医院床位数及专业卫生技术人员数
全国平均每千人口医院床位数及专业卫生技术人员数
全国县医院机构、床位、人员数
全国卫生部门县及县以上医院床位与人员、医护之比
全国农村乡卫生院机构、床位、人员数
全国中医机构、床位、人员数
全国医学科学研究机构、人员数
全国工业及其他部门卫生机构、床位、人员数
全国卫生防疫机构、人员数
全国妇幼卫生机构、床位、人员数
全国民族自治地方卫生机构、床位、人员数
全国农村乡村医生和卫生员人数
全国农村村级卫生组织情况
1989 年全国卫生部门按隶属关系分县及县以上医院机构、床位、人员数
1989 年全国卫生专业技术人员中获得中级及以上技术职务的人数
1989 年各地区卫生机构、床位数
1989 年各地区卫生机构专业卫生人员数
1989 年各地区平均每千人口医院床位数和专业卫生技术人员数
1989 年各省省会所在市及百万人口以上城市每千人口医院床位数和专业卫生技术人员数

医疗服务统计

1989 年全国医院诊疗人次及入院人数
1989 年全国医院病床使用情况
全国卫生部门城市医院住院病人前十位疾病构成
全国卫生部门县医院住院病人前十位疾病构成
1989 年全国卫生部门医院住院病人前十位疾病构成(ICD-9)
1989 年各地区县及县以上医院病床使用情况
1989 年各地区卫生部门县及县以上医院病床使用情况
1989 年各地区工业及其他部门县及县以上医院病床使用情况
1989 年各地区农村乡卫生院病床使用情况
1989 年全国家庭病床工作情况
1989 年各地区家庭病床工作情况

人口自然变动及死亡原因统计

全国人口出生率、死亡率、自然增长率
部分市、县婴儿死亡率
1989 年部分市前十位主要疾病死亡专率及死亡原因构成
1989 年部分县前十位主要疾病死亡专率及死亡原因构成
1989 年部分市、县恶性肿瘤死亡率

传染病发病和死亡统计

1989 年全国传染病报告发病及死亡情况
全国传染病报告发病及死亡情况

农村改水基本情况统计

全国农村改水工作情况
各地区农村改水工作进展情况

节育手术、新法接生统计

1971～1989 年全国节育手术情况
全国新法接生、住院分娩百分比

医学教育统计

全国高、中等医药院、校数及在校学生数
全国高、中等医药院、校毕业人数

卫生经费

全国各个时期的卫生事业费

附　　录

全国人口数
1989 年诺贝尔医学奖获得者

索　　引

索引

编辑说明

图片选辑

重要会议报告

国务院总理李鹏接见全国卫生厅(局)长会议代表时的讲话

国务委员李铁映在全国卫生厅(局)长会议代表座谈会上的讲话(摘要)

卫生部部长陈敏章在全国卫生厅(局)长会议上的报告(摘要)

卫生部副部长何界生在全国卫生厅(局)长会议上的总结讲话(摘要)

全国爱国卫生运动委员会主任李铁映在创建国家卫生城市现场经验交流会上的讲话(摘要)

国务委员李铁映在全国治理整顿医药市场工作会议上的讲话(摘要)

国家医药管理局局长齐谋甲在全国治理整顿医药市场工作会议上的讲话(摘要)

国家中医药管理局副局长朱杰在全国中医药科技进步工作会议上的报告(摘要)

政策法规

1990 年主要卫生法规规章目录

国务院关于加强血吸虫病防治工作的决定

国务院批转国家医药管理局关于进一步治理整顿医药市场意见的通知

关于贯彻国务院 29 号文件有关问题的通知(摘要)

学校卫生工作条例

关于推行妇幼保健保偿责任制的意见(摘要)

年度公派出国留学人员选派计划办法(试行)(摘要)

医疗器械新产品管理暂行办法

关于整顿中药价格的通知(摘要)

关于治理整顿中药流通秩序的通知(摘要)

关于采取紧急措施做好老中医药专家学术经验继承工作的决定(摘要)

进口药品管理办法

工作进展

1990 年并“七五”期间卫生工作

1990 年并“七五”期间全国爱国卫生工作

1990 年并“七五”期间医药工作

1990 年并“七五”期间中医药工作

1990 年卫生改革综述

专文:卫生改革的若干特征

1990 年的卫生立法

中国农村医疗保健制度比较研究课题完成

卫生部贯彻《行政诉讼法》

全国医药卫生报刊压缩整顿

举办第三届全国卫生立法讲习班

初级卫生保健

初级卫生保健工作

全国初级卫生保健合作中心、试点县工作会议
卫生部进行初级卫生保健试点工作中期考评
中国初级卫生保健试点县
卫生部初级卫生保健管理干部培训中心成立
WHO上海市虹口区城市初级卫生保健发展合作中心成立
黑龙江省勃利县初级卫生保健工作
《我国农村实现“2000年人人享有卫生保健”的规划目标》下发

公共卫生与疾病防治

1990年卫生防疫工作
1990年卫生监督工作
全国开展卫生监督执法工作检查
全国卫生监督工作会议
1990年并“七五”期间国境卫生检疫工作
1990年地方病防治工作
1990年疾病监测工作
建立亚运期间防病联防
组织管理
加强重点县(区)卫生防疫机构全面建设
卫生部表彰计划单列市卫生防疫先进单位
继续表彰从事卫生防疫工作30年的职工
加强卫生防疫防治机构有偿服务管理工作
卫生监督人员培训
加强地方病专业人员培训
卫生部成立卫生监督咨询委员会
中国卫生监督统计报表施行
全国疫情微机通讯网全部建成
中国预防医学科学院与美国国立医学图书馆联机检索系统开通
计划免疫
全国消灭脊髓灰质炎工作
卫生部颁发《全国消灭脊髓灰质炎实施方案》
卫生部与联合国儿童基金会1990～1994年卫生防疫合作项目要点
传染病防治
1990年全国传染病疫情
艾滋病疫情及控制工作
1990年鼠疫疫情及防治
乙型肝炎流行因素及疫苗预防策略的研究
制定国家腹泻病控制规划
《传染病防治法规定管理的传染病诊断标准(试行)》下发
成立传染病防治监督管理办公室
卫生部消毒专家委员会成立
全国麻风病防治工作达到“七五”规划总目标
上海市基本消灭麻风病
卫生部决定设立全国麻风疫情监测总站
地方病防治
地方病防治宣传工作
布氏杆菌病防治科研进展
辽宁、上海布氏杆菌病防治达标
碘缺乏病防治达标省、市互查
三峡地区改灶降氟试点工作结束
红斑性肢痛症
寄生虫病防治
全国血吸虫病防治工作会议
湖区5省血吸虫病防治工作
全国开展血吸虫病流行病学抽样调查
全国建立血吸虫病流行病学观测点
《不同类型地区血吸虫病查病方案(试行)》下发
下发《关于加强血吸虫病疫区防治机构和人员编制的通知》
江苏省血防经费分级负担暂行规定
14个省区823个丝虫病流行县(市)达到基本消灭丝虫病标准
江西省基本消灭丝虫病
1990年全国疟疾疫情
国境卫生检疫
全国卫生检疫所长会议
新建卫生检疫机构
国境口岸艾滋病监测
调整进口食品卫生监督检验管理机构归属
宁波港等获“国家级卫生港”等称号

为我驻科威特回国人员实施卫生检疫
卫生部聘请国境卫生检疫工作顾问
劳动卫生与职业病防治
1985～1989年全国劳动卫生职业病情况
首次全国尘肺病流行病学调查结束
环境卫生监督
化妆品卫生监督工作
放射卫生防护
卫生部发布《放射防护监督员管理规定》
卫生部首批任命73名国家级放射防护监督员
卫生部召开核事故应急卫生医疗研讨会
食品卫生监督
卫生部召开全国食品卫生工作会议
重新发布《新资源食品卫生管理办法》
卫生部批准5种食品新资源正式生产销售
卫生部批准11个食品卫生检验单位
重新发布食品卫生行政规章23个
卫生标准
1990年颁发的国家卫生标准(17个)
1990年颁发的国家一级标准物质(6个)

爱国卫生运动

陈敏章部长率队考察河南双瓮漏斗式厕所建设
全国爱国卫生运动委员会委员部门联席会议
开展全国城市卫生检查评比活动
威海市被命名为“国家卫生城市”
全国农村爱国卫生工作现场经验交流会
农村卫生改水工作
农村供水部门研究和机构改进项目完成
城市除“四害”工作
全国开展1990年“爱国卫生月”活动
全国爱国卫生运动委员会表彰先进
举办全国爱国卫生运动委员会办公室主任专业培训研讨班
第1期全国爱国卫生工作人员专业证书班

计划生育

北京市实行计划生育技术服务全行业管理
6省区联合开展遗传病调查
安徽省推行优生优育系列保健保偿责任制
中国与世界卫生组织联合举办婚前咨询工作研讨班

妇幼卫生

1990年妇幼卫生工作
全国计划单列市妇幼卫生工作检查
明确省级妇幼保健院办院方向
妇幼卫生专业研讨会在长春召开
举办妇幼卫生专业证书班
妇幼卫生合作项目的基础调查
妇幼卫生项目岗位培训
签定妇幼卫生合作项目协议书
成立妇幼卫生区域专家组
妇女保健
全国孕产妇死亡监测及漏报调查
全国出生缺陷动态监测工作
贯彻《女职工劳动保护规定》
江西省在农村推行围产保健三个“十”措施
辽宁省考核农村接生员
儿童保健
儿童生长发育监测审评
制定下发《全国儿童急性呼吸道感染防治规划》
扩展儿童急性呼吸道感染合作项目
确定“全国母乳喂养宣传日”

中医事业管理

首届中国中医药文化博览会
中国中药企业管理协会成立
中国中医研究院庆祝建院35周年
中国中医研究院中医药学文献分析检索系统建成
中国中医研究院针灸文献分析和检索系统通过鉴定
中国中医研究院中药微机程控炒制机获第5届全国发明展览会金牌奖
中医医疗
中医医院分级管理

全国气功医疗现状调查
《中医内、外、妇、儿科病证诊断疗效标准》第一辑试行情况
中医内科急症诊疗规范》第一辑下发试行
印发《关于加强7所中医学院附属医院建设的意见》的通知
首届全国民族医医院院长学习班
中医教育
“七五”期间中等中医药教育发展概况
全国继承老中医药专家学术经验拜师大会
试办7年制高等中医教育论证会
全国中药人力需求预测调查
印发《中等中医药学校中医士、中药士专业建设标准(试行)》
中医药、中西医结合科研工作
全国中医药科技进步工作会议
《针灸“经穴部位”国家标准》颁布
北京中医学院逸夫科学馆落成
中医药科技成果推广工作
1990年度国家中医药管理局科技进步奖评审情况
1990年度国家中医药管理局中医药科技进步奖奖励项目
1990年度国家中医药管理局科技进步奖成果简介
中药生产经营
全国中药市场治理整顿情况
天津乐仁堂制药厂荣获1990年度国家中医药管理局“质量管理奖企业”称号
1990年度国家级和局级中成药优质产品
1990年国家中医药管理局中药优秀质量管理小组评选情况

医政管理

1990年医政工作
治理整顿,纠正行业不正之风
卫生部农村卫生调研组赴4省调研
卫生部调研组赴新疆和山西调研
农村推行集资医疗保健制度
山东招远县合作医疗改革
医院分级管理工作
颁发《医政监督员章程(草案)》
卫生部批准设立3所独资、合作医院
灾害医疗应急工作
第二届“爱牙日”活动
卫生部组织全国模范护士先进事迹报告团活动
颁发《关于加强输血工作管理的若干规定》
医院感染管理工作
全国初级口腔卫生保健工作研讨会
第5届全国肿瘤防治研究领导组扩大会议
防盲和初级眼保健工作
眼库建设
亚运会的医疗卫生服务工作

医学教育

1990年医学教育工作
医学教育中的德育工作
召开全国医学教育工作会议
高、中等医药学专业教材工作
高等医学教育
1990年高等医学教育概况
建立国家医学教育发展中心
制订高等医学院校内科临床教学质量检查评估标准
九江医专教学改革试点班教育质量检查评估
部分医学视听教材获奖
1990年卫生部部属高等医学院校教育研究项目获国家教育委员会优秀教学成果奖
发布《关于合理分配与培养使用护理本、专科毕业生的几点意见》
中等医学教育
1990年中等医学教育工作
全国中等卫生学校情况调查
部属单位中等卫生(护士)学校工作会议
中等卫生(护士)学校开展办学水平评估
杭州护士学校教育改革试点
中等医学教育视听教材建设
华夏基金会资助中等卫生学校新项目

医学成人教育
1990 年医学成人教育工作
全国乡村医生现状和乡村医生教育机构调查
召开全国乡村医生教育研讨会
对 10 省、市 22 县乡村医生进行抽样测试
医学成人高等学历教育专业设置
全国跨省、区医学成人高等教育(专业证书)教学班整顿情况
部属高等医学院校治理整顿成人高等学历教育
医学毕业后教育概况
医学研究生教育与学位工作
1990 年医学研究生教育与学位工作
医学研究生教育与学位授予质量评估学习班
设置医学职业学位的调查研究
医学门类第 4 批博士、硕士学位授权学科、专业审核结果
附件 1　1990～1991 学年全国高等医药院校分专业招生、在校、毕业人数
附件 2　1990～1991 学年全国中等医药卫生学校分专业招生、毕业人数
附件 3　1990～1991 学年部属医学院校分专业成人招生、毕业生人数
附件 4　第 4 批新增博士学位授予单位及其学科、专业名单
附件 5　第 4 批新增硕士学位授予单位及其学科、专业名单
附件 6　第 4 批博士学位授权学科、专业名单
附件 7　第 4 批硕士学位授权学科、专业名单
附件 8　专业目录修订后调整分开的博士点名单
附件 9　专业目录修订后调整分开的硕士点名单
附件 10　第 4 批医学博士学位授予单位各学科、专业的指导教师名单

医学科学技术

1990 年医药卫生科技工作
1990 年高等学校博士学科点专项科研基金(医学)招标
卫生部青年科学研究基金第 2 次招标
全国医学科技工作会议在京召开
中国兴奋剂检测中心获奖
完成第 11 届亚运会女性性别鉴定任务
国家科委发明评选委员会医药卫生评审小组 1990 年批准的医药卫生发明项目
1990 年国家级医药卫生科学技术进步奖获奖项目
卫生部 1990 年医药卫生科学技术进步奖
卫生部 1990 年医药卫生科学技术进步奖奖励项目选介
全国医药卫生科技成果展览会
中国医学科学院坚持援藏 20 年
全国卫生系统出国留学管理工作会议
卫生部设立出国留学回国人员科学研究起动基金
成立卫生部医学科技情报工作管理委员会
顾方舟夫妇参加台湾医学会第 83 届年会
黄明和率台湾医药代表团访问北京、广州

药政管理

1990 年药品监督管理工作
颁布《进口药品管理办法》
1990 年版《中华人民共和国药典》颁布
1990 年全国药品抽验工作
加强重点地区的戒毒工作
精神药品管理
药品监督管理工作会议
国家药品监督员检查药厂执行 GMP 情况
药品质量监督管理信息系统投入运行
临床药学工作
卫生部建立第 3 批临床药理基地
颁布《中国医院制剂规范》
1990 年生物制品生产和质量情况
中国药品生物制品检定所成立 40 周年
上海生物制品研究所血液制剂生产线建成
卫生部北京、长春生物制品研究所晋升为国家二级企业

《关于印发(放射性药品使用许可证)申请表和许可证申领办法的通知》下发
加强中成药品种整顿工作
中国药品生物制品检定所中药标本馆揭幕
加强药用培植牛黄工作
安徽、河南等地查处制售假药违法犯罪分子情况

药品与医疗器械

医药行业当前产业政策
《关于严格执行医药商业批发价格的通知》下发
医药系统工商企业开展清理"三角债"工作
全国医药经济理论研究工作
调整医药工业生产指令性计划品种
全国医药行业企业管理获奖单位
化学医药工业
1990年化学药生产情况
6家中外合资企业经营状况
中国化学制药工业协会工作
医药工业主要经济指标完成情况
医疗器械工业
1990年医疗器械工业生产
JD31型全身CT研制成功
医药商业
1990年医药市场
《关于加强麻醉药品、精神药品国内运输管理的通知》下发
修订《国营医药商业企业统一会计制度》
医药科技与教育
1990年医药科技与教育
国家医药管理局建立教育奖励基金
国家医药管理局新药研究管理中心成立
1990年获国家科技进步奖和国家医药管理局科技进步奖项目
1990年质量管理奖获奖企业名单
1990年获国家及国家医药管理局优质产品奖产品
1990年复查确认的国家医药管理局优质产品
1990年新评出的国家二级企业名单

计划财务管理与审计监督

1990年计划财务管理工作
卫生事业第七个五年计划基本完成
全国卫生事业"八五"计划及2000年规划设想编制完成
清理整顿医疗收费
颁发《关于在治理整顿中进一步加强医疗卫生单位财务管理的规定》
卫生事业综合效益评价工作逐步展开
召开全国公费医疗管理改革工作经验交流会
四平市职工医疗保险制度改革试点起步
改革大型医学影像设备CT、MRI引进工作
两所重点医院竣工验收
全国卫生事业房屋调查结束
卫生系统经济负担调查
颁发《县医院基本建设管理和设计要点》
1990年税收财务物价大检查
清理整顿公司工作完成
全面开展会计达标升级工作
部直属单位首批会计证颁发工作结束
全国卫生计划财务工作会议
部直属单位基建、财务工作会议
卫生部、国家中医药管理局联合召开直属单位设备管理工作会议
国家医疗制度讲习班
WHO医院设备管理与维修讲习班
医疗设备进口业务培训班
为从事卫生计财工作30年以上人员颁发荣誉证书及表彰先进人物
中国医疗卫生建筑研究会成立
部直属高等院校基本建设学会成立
中苏两国卫生经济学者首次交流
卫生系统内部审计工作

健康教育与卫生出版

健康教育
全国健康教育工作会议

开展“第三个世界无烟日”活动
卫生出版
卫生出版概况
WHO书刊翻译和出版合作中心成立
人民卫生出版社开展与台湾合作出版工作
《中国本草图录》出版发行
1990年全国卫生医药类图书统计表
1990年度全国医药卫生新书书目

国际合作与交流

1990年卫生外事工作
中国医疗队工作
中国与外国重要卫生代表团互访
表1　1990年中国卫生部负责人出访情况
表2　1990年外国卫生部负责人访华情况
朱杰副局长率团访问保加利亚、罗马尼亚
加拿大卫生代表团访华
中苏两国卫生经济学者首次交流
笹川医学奖学金项目执行情况
陈敏章部长率团参加第43届世界卫生大会
中国代表团参加世界卫生组织西太平洋区委员会第41届会议
世界卫生组织区域间初级卫生保健质量保障会议在上海举行
世界卫生组织副总干事访华
1990年确认的世界卫生组织合作中心
联合国召开禁毒特别联大会议
联合国麻醉药品委员会第11届特别会议在维也纳召开
第15届亚太地区禁毒执法机构负责官员会议
世界针灸学会联合会第2届会员大会暨第2届世界针灸学术大会召开
加强中国基层妇幼卫生·计划生育服务项目开始执行
召开妇幼卫生项目县县长会议
卫生部医疗卫生国际交流中心理事会成立
古巴医疗仪器及药品展览会暨学术交流会在京、穗举行
举办国际口腔材料、器械标准化会议
食物、营养与社会经济发展国际研讨会
首批赴阿曼针灸按摩组派出
东方日语培训中心成立
卫生部派出国际先进医疗设备招展团
世界银行贷款农村供水项目
世界银行贷款生物制品项目开始执行
世界银行贷款综合性区域卫生发展项目

军队卫生工作

1990年军队卫生工作
全军疗养院工作会议
军队计划生育宣传教育工作
全军药政工作会议
全军畜禽疫病普查工作
全军兽医卫生检验技术考核竞赛
中医实用技术在部队基层推广应用
全军执行《“七五”全军除害灭病规划》成绩显著
总后卫生部验收确认首批16个临床药理基地
1990年军队医学科技成果获奖情况
军队预防、医疗、保健一体化试点工作
全军医疗设备维修保障体制改革试点工作
人民军医出版社建社40周年

省、自治区、直辖市卫生工作

北京市
天津市
　加强公费医疗和劳保医疗的管理
河北省
山西省
　运城地区全面开展初级口腔保健
内蒙古自治区
辽宁省
吉林省
　加强廉政建设促进行业风气好转
黑龙江省
上海市

虹口区城市初级卫生保健发展合作中心成立
上海市郊县试行农民健康保险
上海市开展卫生监督体系研究
上海市实现基本消灭麻风病的目标
江苏省
落实应急预防服苗措施有效控制脊髓灰质炎疫情
浙江省
安徽省
安徽省立医院骨髓移植水平进入国内先进行列
开展“两学一创”活动弘扬奉献精神
福建省
江西省
切实加强农村卫生工作
山东省
招远县在改革中完善和发展合作医疗制度
河南省
逐步推广“双瓮漏斗式”厕所
农村中心卫生院建设
湖北省
武穴市坚持合作医疗30年
湖南省
湖南省各级中医医院开展“科技兴院”活动
广东省
潮安医院严格执行物价政策
广西壮族自治区
广西已控制疟疾流行
海南省
四川省
四川儿童抽样情况调查
贵州省
加强中药真伪检定工作
云南省
西藏自治区
拉萨市重视加强基层卫生工作
陕西省
陕西省坚持卫生支农
各医疗卫生单位实行行业归口管理
甘肃省
计划免疫工作成效显著
青海省
宁夏回族自治区
新疆维吾尔自治区
和田县巴格其镇的合作医疗

学术团体和群众团体

中华医学会
中国中西医结合学会
中国药学会
中华护理学会
中国生理学会
中国解剖学会
中国生物医学工程学会
中国防痨协会
中华预防医学会
中国农村卫生协会
中国卫生经济学会
中国卫生统计学会
中国吸烟与健康协会在京成立
表1　各学会召开的学术会议(1990)
表2　各学会中外学术交流活动(1990)

中国红十字会

李鹏总理为中国红十字会第五次全国代表大会写的贺信
国务委员李铁映在中国红十字会第五次全国代表大会上的讲话(摘要)
中国红十字会会长陈敏章在中国红十字会第五次全国代表大会闭幕式上的讲话(摘要)
中国红十字会章程
中国红十字会的国内工作
中国红十字会的国际交往

作者
全国科技实业家创业奖在京颁奖
1990年经卫生部批准的有突出贡献的科学、技术、管理专家(20人)
全国“十佳卫生城市市长奖”获奖者
地级市全国“十佳卫生城市市长奖”获奖者
县级市全国“十佳卫生城市市长奖”获奖者
卫生部召开学习林巧稚大夫无私奉献精神大会
组织有突出贡献的专家休假
1990年逝世的医药卫生界人物

卫生工作纪事

1990年大事记

卫生统计工作

卫生统计信息工作

1990年卫生统计信息工作
卫生统计工作检查
部分修改《全国卫生统计报表制度》
医院国际疾病分类编码培训班
全国卫生系统首次计算机应用软件评优
VAX机开发应用的进展

卫 生 统 计

卫生基本情况统计
1990年全国卫生机构、床位、人员数和构成
1990年全国卫生机构专业卫生人员数和构成
1990年全国医院、疗养院(所)机构、床位、人员数
全国卫生机构、床位数
全国卫生机构专业卫生人员数
全国市、县医院床位数及专业卫生技术人员数
全国平均每千人口医院床位数及专业卫生技术人员数
1990年全国按床位数分组的县及县以上医院数
1990年全国专业卫生技术人员中获得中级及以上技术职称的人数
全国县及县以上医院分科床位数
全国分科西医师人数
全国县医院机构、床位、人员数
1990年全国按床位致分组的乡卫生院效
全国农村乡卫生院机构、床位、人员数
全国中医机构、床位、人员数
1990年全国分科中医师及中医医院床位数
全国卫生防疫机构、人员数
全国妇幼卫生机构、床位、人员数
全国医学科学研究机构、人员数
全国民族自治地方卫生机构、床位、人员数
1990年全国卫生部门按隶属关系分县及县以上医院机构、床位、人员数
全国卫生部门县及县以上医院床位与人员、医护之比
全国工业及其他部门卫生机构、床位、人员数
全国农村村级卫生组织情况
1990年各地区卫生机构、床位数
1990年各地区按床位数分组的县及县以上综合医院数
1990年各地区卫生机构专业卫生人员数
各地区农村村级卫生组织情况
全国农村乡村医生和卫生员数
1990年各地区平均每千人口医院床位和专业卫生技术人员数
医疗服务统计
1990年全国医院诊疗人次及入院人数
1990年全国医院病床使用情况
全国卫生部门城市医院住院病人前十位疾病构成(ICD-9)
全国卫生部门县医院住院病人前十位疾病构成(ICD-9)
卫生部门综合医院社会及经济效益情况
卫生部门综合医院部分病种住院医疗费用
1990年各地区县及县以上医院病床使用

情况
1990年各地区卫生部门县及县以上医院病床使用情况
1990年各地区工业及其他部门县及县以上医院病床使用情况
1990年各地区农村乡卫生院病床使用情况
1990年全国家庭病床工作情况
1990年各地区家庭病床工作情况
人口自然变动及死亡原因统计
全国人口出生率、死亡率、自然增长率
1990年部分市前十位主要疾病死亡专率及死亡原因构成
1990年部分县前十位主要疾病死亡专率及死亡原因构成
1990年部分市、县恶性肿瘤死亡率
传染病发病、死亡及计划免疫统计
1990年全国法定报告传染病的发病及死亡情况
全国法定报告传染病的发病及死亡情况
全国1岁儿童计划免疫疫情发病及接种情况
节育手术、新法接生统计
1971～1990年全国节育手术情况
全国新法接生、住院分娩百分比
全国城市、农村孕产妇死亡情况
医学教育统计
全国高、中等医药院、校数及在校学生数
全国高、中等医药院、校毕业人数
卫生经费
全国各个时期的卫生事业费
全国各个时期的卫生基本建设投资
卫生部门、集体所有制卫生机构占地面积、建筑面积

附　录

台湾医疗卫生概况
1990年台湾重要卫生工作的进展
世界部分国家与地区卫生状况统计
卫生事业第八个五年计划及2000年规划设想(摘要)
1991～2000年全国乡村医生教育规划(摘要)
卫生部关于进一步加强农村卫生技术队伍建设的意见(摘要)
全国人口数
1982、1990年各地区人口数
1990年诺贝尔医学奖获得者

索　引

索引

1992卷

目录

编辑说明
图片选辑

重要会议报告

国务委员李铁映关于医药管理工作的重要讲话(摘要)
卫生部部长陈敏章在全国卫生厅(局)长会议上的报告(摘要)
卫生部副部长孙隆椿在全国卫生厅(局)长会议上的总结讲话(摘要)
国家医药管理局局长齐谋甲在全国医药管理局长会议上的讲话(摘要)
卫生部部长陈敏章在全国中药工作局长会议开幕式上的讲话(摘要)
国家中医药管理局副局长张洪魁在全国中药工作局长会议上的报告(摘要)
国家中医药管理局副局长朱杰在全国中药工作局长会议上的总结讲话(摘要)
卫生部部长陈敏章在全国中医工作厅(局)长会议开幕式上的讲话(摘要)
国家中医药管理局副局长朱杰在全国中医工作厅(局)长会议上的总结讲话(摘要)

政策法规

1991年主要卫生法规规章目录
中华人民共和国传染病防治法实施办法
国务院关于印发全国综合治理血吸虫病“八五”规划的通知
附　全国综合治理血吸虫病“八五”规划
中华人民共和国卫生部令(第18号)
附　首批淘汰35项临床检验项目、方法的规定
关于改革和加强农村医疗卫生工作的请示
全国卫生系统荣誉称号暂行规定
关于卫生监督监测工作实行分级管理的通知(摘要)
全国乙肝疫苗免疫接种实施方案(摘要)
关于对放射性同位素与射线装置工作实行许可登记制度的通告(摘要)
全国1995年消灭脊髓灰质炎行动计划(摘要)
医疗器械管理暂行办法(摘要)
国家医药管理局实验动物管理办法(摘要)
国家医药管理局医药标准化管理办法(摘要)
医药标准化工作奖励办法(摘要)
国家医药管理局废止12个规范性文件的决定(摘要)
药品包装用材料、容器生产管理办法(试行)(摘要)

救灾防病工作

1991年救灾防病工作
救灾防病工作的组织领导
制定救灾防病预案

1991年全国灾区疫情报告和监测
救灾防病中的爱国卫生运动
依靠科技进步指导救灾防病工作
救灾防病中的血吸虫病防治
救灾中的卫生检疫
救灾防病中的环境卫生工作
救灾防病经费的筹集和利用
国家医药管理局保证了救灾防病药械供应
中医药系统的救灾防病工作
中国红十字会的特殊作用
加强救灾防病新闻宣传报道
卫生部门对灾区卫生院对口支援
附　救灾防病工作记事

工作进展

卫生工作进展
1991年我国卫生事业发展情况统计公报
1991年爱国卫生工作
1991年医药工作
1991年卫生改革综述
加强廉政建设,纠正行业不正之风
1991年卫生法制建设
推广农村医疗保健制度研究成果,开展新的软科学课题研究
卫生系统开展法制宣传教育的第二个五年规划

初级卫生保健

初级卫生保健工作
城市初级卫生保健试点工作
北京市东城区初级卫生保健工作特点
农垦系统的初级卫生保健工作
“中国农村初级卫生保健适宜技术与基本药物”课题研究

少数民族卫生工作

少数民族卫生事业发展概况
9省区少数民族贫困地区卫生工作调查
西藏卫生防疫事业
西藏藏医药状况

公共卫生与疾病防治

1991年卫生防疫工作
全国卫生防疫事业“八五”计划和2000年规划
“中国2000年预防保健战略目标制定研究”课题完成
1991年卫生监督工作
“八五”卫生监督与服务工作目标
卫生部发布1990年卫生监督工作情况通报
卫生部统一全国卫生监督员证件证章
卫生监督标志启用
乡村卫生监督与服务工作调查
1991年国境卫生检疫工作
1991年地方病防治工作
组织管理
预防医学《专业证书》函(面)授班复查清理
全国卫生监督检测人员培训
4省地方病防治所创建文明单位
计划免疫
儿童计划免疫接种率纳入国家“八五”计划
中国实现计划免疫第二个85%目标
1982～1990中国计划免疫推广应用项目获奖
颁发《关于加强计划免疫保偿制管理工作的意见》
第二届全国计划免疫宣传作品评比
传染病防治
1991年全国传染病疫情
性病防治
艾滋病疫情及预防控制工作
建国以来人间鼠疫疫情
1991年鼠疫疫情及防治
全国鼠疫防治工作会议
鼠疫防治科研
全国鼠疫防治工作“八五”计划及2000年规划设想
1991～2000年全国结核病防治工作规划
全国结核病第三次流行病学抽样调查结果

1991年全国脊髓灰质炎疫情分析
开展脊髓灰质炎疫苗强化免疫活动
苏鲁豫皖冀建立消灭脊髓灰质炎联防
1984～1990年全国流行性出血热监测工作
腹泻病控制
麻风康复试点工作
南昌、青岛市麻风康复医疗中心落成
1991～1995年全国麻风防治规划
麻风联合化疗工作
卫生部1991年审核批准的消毒药械目录
地方病防治
辽宁省克山病、大骨节病达到基本控制标准
碘缺乏病防治
江西、湖南两省碘缺乏病防治达标
天津、北京布鲁氏菌病防治达到控制标准
全国改水降氟管理工作会议
地方病标准分委会成立
寄生虫病防治
全国寄生虫病防治工作会议
血吸虫病防治工作
全国血吸虫病防治工作会议
国务院检查组赴6省检查血吸虫病防治工作
“六五”、“七五”期间血吸虫病防治新技术、新成果
1991年全国疟疾疫情
黑热病疫情
全国防治肠道寄生虫病策略研讨会
庆祝毛守白教授从事教学、科研50周年
国境卫生检疫
全国卫生检疫所长会议
贯彻《国境卫生检疫法》五年工作情况
进口食品卫生监督检验工作
国境口岸传染病监测
入出境人员艾滋病监测
国境口岸、交通工具卫生监督
入出境货物、集装箱的卫生检疫
建立鼠疫研究实验室
建立卫生检疫系统艾滋病研究检测中心
电脑在卫生检疫中的应用
媒介控制技术在卫生检疫中的应用
1991年新建及恢复卫生检疫机构
卫生检疫机构管理体制调整工作完成
“八五”期间国境卫生检疫发展规划
劳动卫生与职业病防治
乡镇工业职业卫生服务需求与对策研究调查
全国职业病报告漏报情况调查结果
卫生部制订农药安全性毒理学评价程序
环境卫生监督
第三次全国环境卫生工作会议
建立环境卫生工作试点县
发布《化妆品卫生监督检验实验室资格认证办法》
确定化妆品卫生监督检验机构及人体试用单位
2224家企业取得《化妆品生产企业卫生许可证》
批准特殊用途化妆品和进口化妆品
放射卫生防护
调整全国放射性污染监测网布局及监测方案
全国7个放射卫生综合监督示范市(地)考核结果
医用辐射综合防护措施的研究与试点项目通过验收
食品卫生监督
全国部分食品卫生调查
11个全国食品卫生示范县(市)通过验收
颁布第2批“既是食品又是药品”名单
批准23种新资源食品试生产
河南省洛阳市查处使用罂粟壳(籽)的食品生产经营者
学校卫生监督
下发《全国学生常见肠道蠕虫感染综合防治方案(试行)》
卫生标准
成立第三届全国卫生标准技术委员会
1991年颁发的国家卫生标准(24个)
获卫生部“七五”期间优秀标准奖名单

爱国卫生运动

全国爱国卫生运动委员会机构调整
全国爱卫会第九次委员会扩大会议暨全国城市卫生检查评比表彰会
第二次全国农村改水工作会议
“七五”期间农村改水成绩
中国农村改水技术中心成立
南宁等市除“四害”工作达标
卫生车站、港口、机场及其交通工具的卫生考核鉴定工作
城市粪便处理与利用研究
下发《关于认真搞好城乡各类学校厕所和供水设施卫生建设的通知》
低造价农村供水与环境卫生项目
《全国爱国卫生工作十年规划及“八五”计划纲要》

妇幼卫生

1991年妇幼卫生工作
卫生部通报表彰金寨县、磐石县的妇幼卫生工作
全国妇幼卫生暨合作项目工作会议
我国高等医学院校设立妇幼卫生系
与WHO建立“精神发育迟滞预防和康复”项目
纪念杨崇瑞博士诞辰一百周年
“加强中国基层妇幼卫生·计划生育服务”项目工作
12万乡村卫生人员接受妇幼卫生岗位培训
合作项目引进车辆、装备到货并投入使用
医科大学在合作项目的技术指导中发挥积极作用
合作项目省(自治区)内自检、互检工作结束
合作项目的外部审评工作
合作项目进入中期审评
合作项目引进妇幼健康教育的理论和方法
妇女保健
全国出生缺陷动态监测工作
江西省农村围产保健技术和管理规范研究获卫生部科技进步奖
河北省推广高危孕产妇ABC管理方法
《女职工保健工作暂行规定》实施情况调查
儿童保健
儿童急性呼吸道感染防治进展
加中儿童健康基金会设立“诸福棠”奖
中国促进母乳喂养研讨会
培养儿童心理卫生专科骨干
表彰全国优秀儿童工作者
计划生育技术指导
制定《优生咨询门诊工作规范》
计划生育技术标准化管理模式研究获北京市科技进步二等奖
天津市颁发《计划生育技术机构暂行管理办法》

中医事业管理

中医事业“八五”计划及十年规划
中药行业“八五”计划和十年规划
中医药企业升级工作
老中医药专家学术经验继承工作
国家中医药管理局成立行政复议办公室
中医医疗
“杏林计划”在全国实施
中医医院实行分级管理
农村中医工作试点县
中医医疗中心和中药基地建设
中医教育
高等中医教育综合改革试点工作
试办七年制高等中医教育
深化中等中医药教育改革
中国国际针灸考试委员会成立
中医药、中西医结合科研工作
中医药科技工作
1991年度国家中医药管理局中医药科技进步奖奖励项目
1991年度国家中医药管理局科技进步奖成果简介
1991年度科研基金青年及民族医药课题招标

中药生产经营
1991 年度国家级和局级中成药优质产品
1991 年获国家中医药管理局质量管理奖企业
1991 年全国中药优秀质量管理(QC)小组评选
1991 年度中药工业国家级节能企业

医 政 管 理

1991 年医政工作
第十一届国际农村医学会议
全国医院分级管理工作
发布《关于进一步加强城市医院支援农村卫生事业建设的意见》
输血管理工作
急救工作
卫生部医院评审委员会成立
世界卫生日“居安思危、有备无患”活动
发布《关于加强医院治安保卫工作的通知》
防盲治盲先进县建设
发布《全国牙病防治先进县标准及评定办法(试行)》
淘汰 35 项临床检验项目与方法
颁发《全国临床检验操作规程》
康复医学事业“八五”规划要点
发布老年医疗保健“八五”规划
三项康复工作
国家间社区康复计划和管理研讨会

医 学 教 育

医学教育工作
医学教育“八五”计划和十年规划
纪念毛泽东同志“救死扶伤，实行革命的人道主义”题词 50 周年
医药学专业教材工作
确立第一个国内访问学者基地
高等医学教育
1991 年高等医学教育工作
在医学教育中加强预防战略第三次研讨会
全国医药院校德育工作调查
卫生部部属高校(扩大)党委书记工作研讨会
卫生部部属高等学校临床教学工作会议
高等医学院校图书馆资源共享网络建设
部属高校投资现状调查
教育经济学讲习班
中等医学教育
1991 年中等医学教育工作
“七五”期间中等医学教育稳步发展
中等卫生学校校长教育管理讲习班
关于卫生职业技术教育体系的调查研究
全国中等口腔医学教育改革研讨会
医学成人教育
1991 年医学成人教育工作
医科类成人高等教育招生考试科目改革扩大试点
拟定乡村医生教学计划，修编乡村医生教材
复查清理跨省、区举办的《专业证书》教学班
开展医学成人教育软课题研究
继续医学教育制度化建设
医学研究生教育与学位工作
1991 年医学研究生教育与学位工作
21 世纪中国毕业后医学教育研讨会
住院医师培训现状
“设置医学专业学位实施方案”调查研究
卫生部所属学位授予单位学位评定委员会成立与换届
中国协和医科大学授予马耳他总统塔博恩名誉医学博士学位
研究生教育与学位工作管理改革
附件 1 1991～1992 学年全国高等医药院校分专业本专科招生、在校生、毕业生数
附件 2 1991～1992 学年全国中等卫生学校分专业招生、毕业生数
附件 3 1991 年全国卫生职工中等专业学校名录
附件 4 批准授予在职人员硕士、博士学位的单位及学科、专业名称

医学科学技术

1991 年医药卫生科技工作

国家"七五"医学科技攻关任务完成
国家"八五"医学科技攻关计划开始实施
国家科委发明评选委员会1991年批准的医药卫生发明项目
1991年国家级医药卫生科学技术进步奖获奖项目
1991年国家级医药卫生科学技术进步奖获奖项目选介
1991年卫生部医药卫生科学技术进步奖奖励项目
1991年卫生部医药卫生科学技术进步奖奖励项目选介
卫生部公布首批面向农村和基层推广的10项重大医药卫生技术
1991年医药科技成果获奖名单
卫生部在医药卫生科学技术进步奖中设立推广应用奖励项目
卫生部医药卫生科技成果推广应用工作研讨会
卫生部生物技术领导小组成立
两个国家重点实验室建成验收
卫生部举办首届知识产权高级研讨班
第六次全国中青年医学(儿科)学术交流会
WHO卫生与生物医学情报合作中心成立
中国的世界卫生组织合作中心主任会议
中国医学文献信息网络系统的建立

药政管理

1991年药品监督管理工作
全国药品抽验工作
1991年新药审批管理工作
颁发《咖啡因管理规定》
《药品卫生检验方法》1990年版正式执行
生物制品的生产、价格和质量管理
中国药品生物制品检定所获《计量认证合格单位》证书
卫生部兰州生物制品研究所晋升国家二级企业
《中国生物制品规程》(1990版)颁布实施
卫生部第六届药典委员会成立
1991年质量管理(QC)小组获奖名单
肝炎诊断试剂的整顿

计划财务管理与审计监督

1991年计划财务管理工作
卫生资源筹集与利用高层次政策研讨会
中国卫生经济培训与研究网络成立
乡(镇)卫生院、卫生防疫站、妇幼保健院(所)建设标准编制完成
颁发《农村乡镇卫生、卫生防疫、妇幼保健设施建设项目管理试行办法》
1991年乡镇卫生院、卫生防疫站、妇幼保健院(所)建设进展情况
全国设备支农领导小组成立
卫生部门治理"三乱"工作取得成效
全国卫生计划财务工作会议
全国卫生事业综合效益评价工作会议
医疗制度改革
严禁购买非法进口CT、MRI
制定部直属高等院校"八五"计划及十年规划
1991年直属单位财务工作会议
卫生事业费一次性专款实行项目管理
实施加强危重医学装备项目管理
部直属单位全面开展会计工作达标活动
北京医院扩建工程竣工
引进血液制品生产线工程竣工
冷链关键设备质量评价及损耗预测研究课题完成
编制40年卫生事业费统计资料
五种大型医疗仪器普查
1991年税收、财务、物价大检查
卫生部直属单位会计学会成立
卫生系统内部审计工作

健康教育与新闻出版

健康教育

1991年健康教育工作
中国5万农民吸烟行为干预取得初步成果

新闻出版

卫生出版概况
《健康报》宣传报道工作
全国医药卫生期刊完成换发登记证工作
部属医学音像出版社完成整顿重新登记注册
组织编撰实用临床系列丛书
《本草纲目》等获首届全国古籍整理图书奖
《中级医刊》创刊40周年
《中国药事》杂志公开发行
《中药新药与临床药理》杂志公开发行
1991年度全国医药卫生类图书统计表
1991年度全国医药卫生新书书目

国际合作与交流

1991年卫生外事工作
中国医疗队工作
中国与外国重要卫生代表团互访
表1 1991年中国卫生部负责人出访情况
表2 1991年外国卫生部负责人访华情况
顾英奇副部长率团出席第44届世界卫生大会
世界卫生组织总干事中岛宏博士访华
联合国儿童基金会执行主席詹姆斯·格兰特和世界卫生组织总干事中岛宏先生致李鹏总理的一封信
参加东亚太平洋地区2000年儿童生存、保护和发展国别规划磋商会
何界生副部长率团赴美参加妇幼卫生方向性研讨会
与联合国儿童基金会建立“中国促进母乳喂养合作项目”
世界银行贷款卫生Ⅰ“农村卫生和医学教育”项目医学教育部分进展
世界银行贷款卫生Ⅲ“区域性卫生规划”项目医学教育部分的进展
世界银行贷款卫生Ⅳ“中国农村卫生人力开发”项目准备工作的进展
部属单位外事工作会议
对外医疗劳务合作
设立“中国卫生奖”
中日双方就控制脊髓灰质炎开展技术合作
纪念笹川医学奖学金协议签署五周年
美前总统卡特先生向我国赠送药品
向中国赠送医学图书十周年纪念会
首届中国国际先进医疗器械设备展览会暨技术交流会

军队卫生工作

1991年军队卫生工作
全军开展卫生资源、工作体制专题调查论证
全军第五届医学科学技术委员会全体会议
总后医学院校教学改革工作座谈会
1991年军队医药卫生科学技术成果获奖项目
全军除害灭病工作“八五”规划
全军医院、疗养院开展“白求恩杯”优质服务竞赛活动
军队医院分级管理研讨与试点
1991年全军中医药(包括中西医结合)工作
1991年军队药品器材供应管理工作
全军计划生育工作会议
不断开拓前进中的南方制药厂

省、自治区、直辖市卫生工作

北京市
加强农村卫生工作
天津市
医疗质量管理
河北省
山西省
山西省眼科医院走出改革新路子
长治市健康教育成效显著
运城地区靠群众集资发展农村卫生事业
内蒙古自治区
内蒙古实施卫生院建设项目管理
辽宁省
辽宁省各级医院开展规范化服务活动
以奖代拨加强初级卫生保健工作

吉林省
黑龙江省
上海市
　上海市试行家庭储血互助办法
　上海市职工医疗制度现状与对策研究报告
　上海市试行《中小学生及幼儿园儿童住院医疗保险办法(试行)》
　上海市试行技术工人等级培训和工资性补贴
江苏省
　抗洪救灾的第二战场
浙江省
安徽省
　安徽省1991年救灾防病工作
福建省
江西省
　鄱阳湖区综合治理血吸虫病取得成效
山东省
　临邑县改变乡镇卫生院面貌
河南省
　开封市医学科研所向农村基层推广适宜技术
　林县坚持集体办村卫生所36年
湖北省
　省人民政府加强农村卫生工作
　开展创建卫生先进县和卫生县城活动
　湖北省救灾防病工作
湖南省
广东省
　广东省人民医院采取多渠道多形式科技支农
广西壮族自治区
　广西加强乡村卫生机构建设
　桂林市开展科技兴医
海南省
四川省
　彭山县全面推行企业职工大病医疗基金统筹
　简阳县健康保险初见成效
贵州省
云南省
　云南省政府为农村卫生办五件实事
西藏自治区
陕西省
　西安推行“一院两制”拓宽办医路子
甘肃省
　坚持多渠道筹措资金维修改造卫生院
　对我国核试验下风向酒泉地区居民受照剂量与健康状况的调查
青海省
　青海省妇幼卫生事业
宁夏回族自治区
新疆维吾尔自治区
　麦盖提县加强医疗预防保健网建设

学术团体和群众团体

全国性卫生社会团体复查登记
中华医学会
中华预防医学会
中国生理学会
中国病理生理学会
中国解剖学会
中国生物医学工程学会
中华护理学会
中国康复医学会
中国卫生统计学会
中国营养学会
中国卫生经济学会
中国药学会
中国农村卫生协会
中国心理卫生协会
中国麻风防治协会
中国中西医结合学会
中国针灸学会
中国吸烟与健康协会
中国防痨协会
中国输血协会
表1　各学会召开的学术会议(1991)

表2 各学会中外学术交流活动(1991)

中国红十字会

中国红十字会的国内工作
中国红十字会的国际交往

人事与干部

卫生部部属事业单位机构编制
卫生部完成部机关“七五”培训规划

卫生界人物

卫生部系统
卫生部部长、副部长
卫生部正、副司(局)长、主任
卫生部直属单位行政正、副职领导
各省、自治区、直辖市正、副卫生厅(局)长
各计划单列市卫生局长
全国爱国卫生运动委员会系统
全国爱国卫生运动委员会主任、副主任,办公室主任
各省、自治区、直辖市爱国卫生运动委员会主任
各计划单列市爱国卫生运动委员会主任
国家医药管理局系统
国家医药管理局局长、副局长
国家医药管理局(机关)司长、主任
国家医药管理局直属单位行政正职领导
各省、自治区、直辖市医药管理局(总公司)局长(经理)
各计划单列市医药管理局(总公司)局长(经理)
国家中医药管理局系统
国家中医药管理局局长、副局长
国家中医药管理局(机关)司长、主任
国家中医药管理局直属单位行政正、副职领导
军队卫生系统
中国人民解放军总后勤部卫生部部长、副部长
中国人民解放军总后勤部卫生部(机关)正、副处长、主任
中国人民解放军总后勤部卫生部直属单位行政正、副职领导
中国人民解放军总后勤部直属医疗卫生单位行政正、副职领导
各军区、各军兵种后勤部卫生部正、副部长
学术团体和群众团体
中华医学会会长、副会长、秘书长
中华护理学会理事长、副理事长、秘书长
中国生理学会理事长、副理事长、秘书长
中国解剖学会理事长、副理事长、秘书长
中国生物医学工程学会理事长、副理事长、秘书长
中国病理生理学会理事长、副理事长、秘书长
中国营养学会理事长、副理事长、秘书长
中国药理学会理事长、副理事长、秘书长
中国防痨协会理事长、副理事长、秘书长
中国麻风防治协会理事长、副理事长、秘书长
中国心理卫生协会理事长、副理事长、秘书长
中国抗癌协会理事长、副理事长、秘书长
中国康复医学会会长、副会长、秘书长
中国农村卫生协会会长、副会长、秘书长
中国输血协会理事长、副理事长、秘书长
中华预防医学会会长、副会长、秘书长
中国卫生经济学会会长、副会长、秘书长
中国卫生统计学会会长、副会长、秘书长
中国健康教育协会主席、副主席、秘书长
中德医学协会理事长、副理事长、秘书长
中国学生营养促进会会长、副会长、秘书长
中日医学科技交流协会会长、副会长、秘书长
中国医学影像技术研究会会长、副会长、秘书长
中国吸烟与健康协会会长、副会长、秘书长
世界医学气功学会主席、副主席、秘书长

中国足部反射区健康法研究会理事长、副理事长、秘书长
中国实验动物学会理事长、副理事长、秘书长
中国免疫学会理事长、副理事长、秘书长
中国优生优育协会会长、副会长、秘书长
中国红十字会
中国红十字会会长、副会长、秘书长
中国科学院学部委员名单(医药卫生界)
全国表彰的先进人物
荣获1991年“五一”劳动奖章的医药卫生工作者
卫生部、国家中医药管理局、人事部表彰全国卫生系统先进集体和模范个人
卫生部批准的1990年度部分有突出贡献的中青年专家名单
国家教育委员会、国家科技委员会表彰的卫生部直属院校先进科技工作者
国家科委、国家计委、财政部联合表彰的在国家“七五”科技攻关中做出贡献的医药卫生科技人员和管理人员名单
中央宣传部、国家教育委员会表彰的卫生系统优秀大学毕业生名单
国家教育委员会、人事部表彰的卫生系统做出突出贡献的回国留学人员名单
1991年国家教育委员会表彰的卫生系统全国优秀教师、劳动模范名单
国家教育委员会、国务院学位委员会表彰的卫生系统有突出贡献的中国博士、硕士学位获得者名单
人事部批准的1990年度有突出贡献的中青年科学、技术和管理专家
11名青年医药卫生科技工作者获中国科协第二届青年科技奖
全国卫生系统救灾防病先进集体和先进个人名单
农业部、卫生部、水利部表彰的全国血吸虫病防治先进集体、先进个人
全国爱国卫生运动委员会表彰的农村改水先进单位和先进工作者名单
第二届无偿献血金杯奖获得者名单
“七五”计划生育科学研究先进集体、先进工作者名单
“全国乡镇卫生院优秀院长”称号获得者
“全国城市医院卫生支农先进院长”称号获得者
政府特殊津贴获得者名单
陈敏章获“人人享有卫生保健”金质奖章
吴静芳获第33届南丁格尔奖
吴阶平获吸烟与健康纪念奖
曾毅等获得1991年度陈嘉庚医药科学奖
卫生部组织全国卫生系统先进人物模范事迹报告团
卫生部组织全国卫生系统救灾防病先进事迹报告团
1991年逝世的医药卫生界人物

卫生工作纪事

1991年卫生工作纪事

卫生统计工作

卫生统计信息工作

1991年卫生统计信息工作
制定《全国卫生统计工作发展规划纲要(1991～2000年)》
卫生统计工作检查
卫生Ⅲ项目地区卫生总费用调查试点
卫生Ⅲ项目地区的卫生管理统计信息系统建设
发表《1990年我国卫生事业发展情况统计公报》
试用基层卫生单位综合统计表
颁布和实施《卫生单位名称代码及数据库管理办法(暂行)》
第五届中国医药信息学大会
中外专家共同研讨计算机在卫生系统的应用

卫生部卫生统计信息中心引进新型计算机系统

卫生统计

卫生基本情况统计
1991 年全国卫生机构、床位、人员数和构成
1991 年全国卫生机构专业卫生人员数和构成
1991 年全国医院机构、床位、人员数
全国卫生机构、床位数
全国卫生机构专业卫生人员数
全国市、县医院床位数及专业卫生技术人员数
全国平均每千人口医院床位数及专业卫生技术人员数
全国卫生技术人员中获得中级及以上技术职称人数
全国按床位数分组的县及县以上医院数
全国县及县以上医院分科床位数
全国分科西医师人数
全国县医院机构、床位、人员数
全国农村乡卫生院机构、床位、人员数
全国按床位数分组的乡卫生院数
全国中医机构、床位、人员数
全国分科的中医师和中医院床位数
全国卫生防疫、防治机构、人员数
全国妇幼卫生机构、床位、人员数
全国医学科学研究机构、人员数
全国民族自治地方卫生机构、床位、人员数
全国卫生部门卫生机构、床位、人员数
1991 年全国卫生部门按隶属关系分县及县以上医院机构、床位、人员数
全国卫生部门县及县以上医院床位与人员、医护之比
全国工业及其他部门卫生机构、床位、人员数
全国农村村级卫生组织情况
1991 年各地区平均每千人口医院床位、医生、护士数
1991 年各地区卫生机构、床位数
1991 年各地区卫生机构专业卫生人员数
各地区农村村级卫生组织情况
1991 年省会所在市及百万人口以上市每千人口医院床位、医生、护士数
医疗服务统计
1991 年全国医院诊疗人次及入院人数
全国医院病床使用情况
全国卫生部门城市医院住院病人前十位疾病构成
全国卫生部门县医院住院病人前十位疾病构成
全国卫生部门城市医院住院病人前十位疾病构成(ICD—9)
全国卫生部门县医院住院病人前十位疾病构成(ICD—9)
卫生部门综合医院社会及经济效益情况
卫生部门综合医院部分病种出院病人平均住院日和住院医疗费用
部分地区居民两周患病率
部分地区医院门诊人次数分科构成
城市各种医疗制度医疗服务利用情况
部分地区农村医疗机构服务范围构成
全国家庭病床工作情况
1991 年各地区县及县以上医院病床使用情况
1991 年各地区卫生部门县及县以上医院病床使用情况
1991 年各地区工业及其他部门县及县以上医院病床使用情况
1991 年各地区农村乡卫生院病床使用情况
人口自然变动及死亡原因统计
全国人口出生率、死亡率、自然增长率
部分市、县婴儿死亡率
1991 年部分市前十位主要疾病死亡专率及死亡原因构成
1991 年部分县前十位主要疾病死亡专率及死亡原因构成
1991 年部分市、县恶性肿瘤死亡率
全国人口平均期望寿命
分年龄组的男、女期望寿命

传染病发病、死亡及计划免疫统计
1991 年全国法定报告传染病发病及死亡情况
全国法定报告传染病的发病及死亡情况
全国一岁儿童计划免疫疫苗接种率及相应传染病发病率
农村改水工作统计
全国农村改水工作情况
各地区农村改水情况
食品卫生监测统计
食品卫生监测情况
食物中毒情况
妇幼卫生统计
1971～1991 年全国节育手术情况
全国新法接生、住院分娩百分比
青少年身体发育统计
青少年、儿童身体发育情况
城市男性
城市女性
农村男性
农村女性
医学教育、科研统计
全国高、中等医药院、校数及在校学生数
全国高、中等医药院、校毕业人数
医学科研成果
卫生经费统计
全国各个时期的卫生事业费
全国各个时期的卫生基本建设投资
卫生部门、集体所有制卫生机构房屋建筑情况

附　　录

台湾医疗卫生工作
香港地区医疗卫生工作
全国人口数
全国国民生产总值、国民收入、财政收支情况
1989 年人口指标
营养和卫生指标
1991 年度诺贝尔医学奖

索　　引

索引
致谢

编辑说明
图片选辑

重要会议报告

国务委员李铁映关于卫生发展与改革问题的谈话(摘要)
国务委员李铁映、国务院副秘书长徐志坚谈医疗制度改革问题(摘要)
国务委员李铁映、国务院副秘书长徐志坚对医药工作的讲话(摘要)
全国爱卫会主任李铁映在纪念爱国卫生运动40周年座谈会上的讲话(摘要)
卫生部部长陈敏章在纪念爱国卫生运动40周年座谈会上的讲话(摘要)
卫生部部长陈敏章在1992年全国卫生工作会议上的报告(摘要)
国家医药管理局局长齐谋甲在全国医药管理局长会议上的讲话(摘要)
卫生部部长陈敏章在全国中药工作局长会议开幕式上的讲话(摘要)
国家中医药管理局副局长张洪魁在全国中药工作局长会议上的讲话(摘要)
卫生部部长陈敏章在全国中医工作电话会议上的讲话(摘要)
国家中医药管理局副局长朱杰在全国中医工作电话会议上的讲话(摘要)

政策法规

1992年主要卫生法规规章目录
关于深化卫生改革的几点意见
关于加强农村卫生工作若干意见的通知(摘要)
中药品种保护条例
药品行政保护条例
药品广告管理办法
医疗器械广告管理办法(摘要)
国务院批转卫生部等部门关于严厉打击制售假劣医药商品违法活动报告的通知
附　关于严厉打击制售假劣医药商品违法活动的报告
计划生育技术工作管理办法
关于卫生部直属高校深化改革,扩大办学自主权的若干意见(摘要)
关于进一步加强卫生部部属高等学校少数民族医学人才培养工作的意见(摘要)
中国残疾人事业“八五”计划纲要(摘要)

工作进展

1992年卫生工作
1992年我国卫生事业发展情况统计公报
1992年爱国卫生工作
1992年医药工作
1992年中医药工作

1992 年卫生改革综述
1992 年卫生法制建设

初级卫生保健

“2000 年人人享有卫生保健”规划试点阶段目标审评
2000 年我国口腔卫生保健规划目标(试行)
全国农村初级卫生保健首批达标市
卫生部初级卫生保健管理干部培训

少数民族卫生工作

西藏自治区卫生行业专门人才现状调查与需求预测
新疆南疆地区开展碘缺乏病防治试点研究
新疆实施乡(镇)卫生院配套建设
国务院防治地方性砷中毒现场办公会
内蒙古大骨节病新发病区调查
广西实现基本控制碘缺乏病

公共卫生与疾病控制

卫生防疫工作
卫生监督工作
1991 年卫生监督工作情况通报
国境卫生检疫工作
地方病防治工作
组织管理
调整和成立 7 个专家咨询委员会
全国卫生防疫工作规范(试行)
卫生防疫培训项目管理
卫生监督员管理办法
卫生监督监测人员培训
卫生部制定 27 种卫生监督文书
计划免疫
全国计划免疫冷链系统管理办法(试行)
计划免疫新目标确定
计划免疫保偿制
传染病防治
全国传染病疫情
性病防治
艾滋病防治
鼠疫疫情及防治
云南鼠疫及防治技术对策
结核病监测
世界银行贷款“卫生Ⅴ项目”结核病控制活动开始实施
全国脊髓灰质炎疫情分析
全国实施乙肝疫苗免疫接种管理规程(试行)
推行新生儿乙肝疫苗免疫接种
腹泻病防治
消毒工作
卫生部 1992 年审核批准的消毒药械目录
地方病防治
吉林省达到克山病基本控制标准
广西实现基本控制碘缺乏病
新疆南疆地区开展碘缺乏病防治试点研究
全国开展“碘缺乏病防治宣传年”活动
国际组织联合资助中国控制碘缺乏病项目
地方性氟中毒全国监测一年结果及分析
全国第四届地方性氟中毒学术交流会
内蒙古大骨节病新发病区调查
国务院防治地方性砷中毒现场办公会
全国省级地方病防治专业所文明单位
建立全国地方病计算机管理信息系统
调整地方病专家咨询委员会
寄生虫病防治
全国寄生虫病防治“八五”计划和 2000 年规划
全国人体寄生虫病分布调查结果
血吸虫病防治
全国确定 8 个血吸虫病防治试点县
安乡县血防试点工作
全国血吸虫病防治科研成果
国际血吸虫病学术讨论会
世界银行贷款“卫生Ⅴ项目”血防活动开始实施
全国血吸虫病防治工作会议
1992～1995 年全国疟疾防治规划
全国疟疾疫情
WHO 疟疾病控制宣言

1992～1995 年全国出血热防治规划
1992～1995 年全国包虫病防治规划
国境卫生检疫
海港卫生检疫
陆港卫生检疫
空港卫生检疫
进口食品卫生监督检验
新建及恢复的卫生检疫机构
卫生检疫机构计算机开发应用
劳动卫生与职业病防治
全国人大代表考察职业病防治工作
全国职业病防治工作会议
环境卫生监督
全球大气、水质监测工作移交
化妆品卫生监督检验实验室资格认证办法
化妆品卫生监督检验及人体试用单位
批准 224 种特殊用途化妆品和进口化妆品
放射卫生防护
卫生部检查放射防护情况
卫生部放射卫生专家组成立
全国放射卫生工作会议
《放射防护评价资格证书》颁发
卫生部对全国大型辐照加工装置实施直接监督
全国首届核事故医学应急对策研讨会
核事故应急卫生防护与医疗救援计划讨论会
食品卫生监督
食品卫生监测
食物中毒情况
学校卫生监督
学校经常性卫生监督综合评价标准(试行)
学生常见病防治方案
全国学生常见病防治领导小组成立
卫生标准
1992 年颁发的国家卫生标准

爱国卫生运动

全国城市卫生检查评比活动
全国卫生城市
获城市卫生进步奖的城市
国家卫生城市和灭鼠先进城区
解决城市生活垃圾问题基本措施
南方地区农村改厕进展
世界银行贷款农村供水与环境卫生项目签字实施
第二届“白鹤杯”卫生科教影视片评比
附:全国第二届“白鹤杯”卫生影视片评选获奖(特别奖和一等奖)名单

妇幼卫生

妇幼卫生工作
浙江湖州市创建乡级妇幼卫生新模式
妇幼卫生管理信息系统(MIS)
颁发 5 门妇幼卫生专业课程教学大纲
“加强中国基层妇幼卫生·计划生育服务”项且工作
妇幼卫生合作项目人员在职培训
妇幼卫生合作项目区域互检
妇幼卫生合作项目设备管理工作
合作项目受援设备管理使用情况调查
妇幼卫生合作项目的积极影响
妇女保健
全国孕产妇死亡监测协作组第四次会议
五省、自治区妊娠贫血流行病学调查
全国出生缺陷动态监测
四省建立神经管缺陷监测点
城乡产科情况调查
儿童保健
实施《90 年代中国儿童发展规划纲要》方案及省别规划讨论会
建立全国 5 岁以下儿童死亡监测网
儿童急性呼吸道感染防治项目工作经验交流会
建立新生儿筛查项目
中国首届“世界母乳喂养周”大会
开展促进母乳喂养合作项目预评估活动
母乳喂养新知识新技术
首批 21 所爱婴医院
计划生育

全国计划生育技术服务质量检查
五省颁布优生保健法规_
宫内节育器的技术改造
婚前保健质量控制
北京市对婚前保健单位进行验收
国际优生优育学术讨论会

中医事业管理

全国高等教育中医专业自学考试工作会议
中医急症工作
“传统医药日”纪念活动
《耳穴名称和部位》国家标准发布实施
1992年度国家中医药管理局科技进步奖奖励项目

医政管理

医政工作
医院改革
全国医院分级管理进展
全国农村卫生改革
贫困县乡(镇)卫生院基本情况调查
广东省理顺乡镇卫生院所有制关系
湖州市乡(镇)卫生院改革
全国公费医疗事务管理中心成立
卫生部医院管理研究所成立
医院工作制度的补充规定(试行)
外国医师来华短期行医暂行管理办法
卫生部批准5家合资、合作医院立项申请
输血工作
停止生产和使用冰冻干燥血浆
肿瘤防治工作
全国学校口腔卫生工作
1991～2000年全国防盲和初级眼保健工作规划
白内障手术复明暨防盲治盲工作总结表彰会
附件1 防盲治盲先进县(区)名单
附件2 全国白内障手术复明先进单位
康复医学教育方案
中国康复医学会理事会换届
精神卫生工作“八五”计划要点

医学教育

医学教育工作
中共卫生部党组检查部属高校党的建设工作
医学教育中的德育工作
第二届中国卫生人力资源规划与管理研讨会
社区医学教育研讨会
高、中等医药学专业教材工作
世界银行贷款“卫生Ⅱ项目”的医学教育领域实施进展
世界银行贷款“卫生Ⅳ项目”通过评估
华夏基金会成立10周年
表1 华夏基金会资助医学教育专业布点学校名录
表2 华夏基金会资助口腔项目配套资金及使用情况
表3 华夏基金会资助前后中等口腔专业实验课开出率比较
表4 华夏基金会资助口腔项目中专师资培训情况
表5 华夏基金会资助前后中等口腔专业招生情况比较
高等医学教育
高等医学教育
卫生部部属高校体育工作检查评估
基础医学教学质量检查评估
关于部属高等学校预防医学专业教学防疫站建设和管理的暂行规定
1991～1992学年全国高等医药院校分专业毕业生、招生和在校生人数
中等医学教育
中等医学教育
修订全国12个主要中等医药专业教学计划
修订中等卫生学校专业目录
附表 医药卫生科专业目录及对照表
部属单位中等卫生(护士)学校合格评估
附设性卫生(护士)学校合格标准与基本合

格标准
WHO资助6所中等卫生学校仪器设备
全国中等卫生学校概况
1992～1993学年全国中等卫生学校分专业招生、毕业人数
医学成人教育
医学成人教育工作
全国乡村医生教育指导性教学计划、教学大纲及教材建设
继续医学教育试点
医学成人教育软课题通过验收
全国跨省、区《专业证书》教学班复查验收
医学成人高等教育入学考试科目改革试点
全国成人高等医学院校简况
制订《卫生管理干部岗位培训规范》
医学成人教育视听教材
表1　继续医学教育视听教材目录
表2　乡村医生教育视听教材目录
医学研究生教育与学位工作
毕业后医学教育与学位工作
基础医学、预防医学研究生教育与学位授予质量评估复查
医学博士(临床医学)研究生培养现状调查
协和公共卫生学院成立

医学科学技术

医药卫生科技工作
1992年度国家级医药卫生科学技术进步奖项目
1992年度医药卫生国家发明奖项目
1992年度卫生部医药卫生科学技术进步奖奖励项目
1992年度医药卫生科学技术进步奖项目选介
全国医药卫生科研处长会暨技术推广现场交流会
全国医学重点实验室工作研讨会
医学神经生物学国家重点实验室
全国第三次医学实验动物工作会议
中国实验动物人才培训中心
卫生部青年科学研究基金招标
附表　1992年卫生部青年科研基金中标课题
医学技术评估高级研讨班
卫生部第二批面向农村和基层推广的医药卫生适宜技术
卫生部外语培训中心暂行管理办法
首届出国留学管理工作研讨会
全国第二次中青年医学(神经精神)学术交流会
卫生部第二届医药卫生科技成果推广应用工作研讨会
医药生物技术研讨会暨新产品展示会
卫生部技术市场管理与经营骨干人员资格培训
优生优育优教展览会
中国优生优育协会三联儿童事故预防中心
国际优生优育学术讨论会
首届亚洲、大洋洲男性学会议

药政管理

药品监督管理工作
打击假劣药品工作
全国打击制售假劣药活动
《药品广告管理办法》颁布实施
1992年全国药品抽验工作
《关于药品审批管理若干问题的通知》
“国家基本药物”制度
1992年度遴选的国家基本药物
卫生部第三届药品审评委员会
体外诊断试剂实行审批管理制度
乙型肝炎诊断试剂抽检
丙型肝炎诊断试剂质控参考品
增补中药临床药理基地
卫生部颁发“《新药审批办法》有关中药部分的修订和补充规定”
1992年国家级医药科技进步奖获奖项目
1992年国家医药管理局医药科技进步奖获奖项目
经复查确认的国家医药管理局优质医药

产品
专文:药品专营势在必行

计划财务管理与审计监督

计划财务管理工作
农村卫生工作调查
乡镇卫生院、卫生防疫站、妇幼保健院(所)建设
全国乡镇卫生院优秀设计方案评选
卫生经济培训与研究网络活动
中国农村卫生资源筹集与利用政策研讨会
提高医院质量效益的改革试点工作起步
改革专项经费管理
医疗服务收费价格改革研讨会
城市大型医院缩短平均住院日可行性分析课题完成
全国卫生事业综合效益评价工作
区域卫生服务综合效益评价研究
全国卫生计划财务工作会议
部属单位卫生事业专项经费项目管理
实施加强危重病医学装备项目管理
卫生部直属单位会计达标工作
部属事业单位财产清查试点工作
部属单位国有资产产权登记
公布《卫生部直属事业单位财产清查登记工作方案》
卫生部属单位税收、财务、物价大检查
北京医院重点扩建工程通过国家验收
部直属单位车辆使用情况调查
举办 CT/MRI 产品介绍及订货会
卫生部属单位审计工作

健康教育与新闻出版

全国高校健康教育教材编写
1992 年中国医药科技十大新闻
《健康报》的宣传报道
第六届全国优秀科技图书奖医学图书获奖书目
第六届中国图书奖医药图书获奖项目
第二届全国高等医药学校优秀教材获奖书目
49 种医药卫生期刊获奖
《中国卫生年鉴》创刊十周年
《中国农村医学》第三届编委会会议
《默克诊疗手册》出版
1992 年度全国医药卫生类图书统计表
1992 年度全国医药卫生新书书目选

国际交流合作与外资利用

卫生外事工作
中国医疗队工作
中国与外国重要卫生代表团互访
表 1　1992 年中国卫生部负责人出访情况
表 2　1992 年外国卫生部负责人访华情况
中外签订卫生合作协议
附表　1992 年中外签订卫生合作协议情况
1992 年出国参加国际学术会议表
国际优生优育学术讨论会
首届亚洲大洋洲男性学会议
国际血吸虫病学术讨论会
世界营养大会
中国—世界卫生组织第 14 次联席协调会议
中国—比利时医学周
笹川医学奖学金特别研究人员项目协议书
第三届东方美容整形外科国际会议
世界卫生组织疟疾病控制宣言
第 45 届世界卫生大会
世界卫生组织西太区第 43 届委员会会议
世界卫生组织政策讲习班
世界银行贷款“卫生Ⅰ项目”实施结束
世界银行贷款“卫生Ⅱ项目”疫苗项目全面实施
世界银行贷款疫苗项目生产线土建工程开工
世界银行贷款“卫生Ⅲ项目”进入实施中期
世界银行贷款“卫生Ⅲ项目”的医学教育领域实施进展
世界银行贷款“卫生Ⅳ项目”通过评估
世界银行贷款“卫生Ⅴ项目”开始起动
世界银行贷款“卫生Ⅴ项目”结核病控制活

动开始实施
世界银行贷款"卫生Ⅴ项目"血防活动开始实施
世界银行贷款"卫生Ⅵ项目"完成鉴定
世界银行贷款农村供水与环境卫生项目签字实施
外国政府贷款的利用
WHO资助6所中等卫生学校仪器设备
国际组织联合资助中国控制碘缺乏病项目
中国农村卫生资源筹集与利用政策研讨会
卫生经济培训与研究网络活动

军队卫生工作

军队卫生工作
中国人民解放军传染病防治条例
卫生防疫机构建设
血吸虫病防治工作
"白求恩杯"优质服务竞赛活动
推行统一的医疗信息管理软件
改革床位费和门诊补助费计领办法
军队医药卫生科技成果获奖项目
颁发科技成果"八五"推广规划纲要
军队临床医学中青年人才培养基金
留学回国人员科研启动基金
军队药品器材供应管理工作

省、自治区、直辖市卫生工作

北京市
天津市
第一中心医院开诊
深化卫生改革
河北省
山西省
山西农村初级卫生保健首批达标市
介休市义安镇中心卫生院以工助医
内蒙古自治区
辽宁省
卫生监督体制改革
吉林省
黑龙江省
上海市
卫生系统实行"以工助医、以副补主"
《上海市卫生系统事业单位编制标准》颁布试行
江苏省
农村卫生工作
浙江省
安徽省
福建省
多渠道筹集卫生资金
江西省
全面实施乡村医生教育"红色证书"工程
资溪县实行农村妇幼保健与计划生育技术指导"一体化"管理
全面推行农村围产保健三"十"措施
集资建设乡镇卫生院
山东省
济宁肿瘤医院——股份制医院建成并开诊
河南省
林县设立乡村医生养老基金
解决豫西旱区60万人口饮水问题
《河南省关于优生保健的规定》发布
开展脊髓灰质炎疫苗强化免疫
湖北省
湖南省
推广应用医药卫生科技成果取得初步成效
广东省
贫困县搞好卫生院"一天三配套"建设
广西壮族自治区
桂林市中医医院专科专病建设
隆安县乙肝疫苗免疫工作
海南省
四川省
德阳市中区中医院试行"院内效益工资制"
省级公费医疗经费实行改革

纳溪县眼保健试点成效显著
贵州省
加强劳动卫生预防性卫生监督
云南省
艾滋病监测与管理
西藏自治区
达孜县开展初级卫生保健
陕西省
政府加强农村卫生工作
基本消灭疟疾
实行国营主渠道进药制度
西安驻军实行医疗扶贫联乡建院
渭南地区推行人民卫生基金制度
甘肃省
加强农村卫生技术队伍建设
73县基本控制麻风病
省人大评议监督卫生工作
青海省
鼠防工作见成效
宁夏回族自治区
新疆维吾尔自治区

学术团体和群众团体

全国卫生产业企业管理协会成立
中华医学会
附表　中华医学会中外学术交流活动
中华预防医学会
中国康复医学会
中国心理卫生协会
中国中西医结合学会
中国针灸学会
附:各学会召开的学术会议

中国红十字会

中国红十字会的国内工作
中国红十字会的国际交往

人事与干部

卫生部直属单位专家、知识分子工作会议
有突出贡献的中青年专家选拔工作
政府特殊津贴发放
卫生部组织专家休假活动

卫生界人物

卫生部系统
卫生部部长、副部长
卫生部正、副司(局)长、主任
卫生部直属单位行政正、副职领导
各省、自治区、直辖市正、副卫生厅(局)长
各计划单列市卫生局长
全国爱国卫生运动委员会系统
全国爱国卫生运动委员会主任、副主任、办公室主任
各省、自治区、直辖市爱国卫生运动委员会主任
各计划单列市爱国卫生运动委员会主任
国家医药管理局系统
国家医药管理局局长、副局长
国家医药管理局(机关)司长、主任
国家中医药管理局系统
国家中医药管理局局长、副局长
国家中医药管理局(机关)司长、主任
国家中医药管理局直属单位行政正、副职领导
军队卫生系统
中国人民解放军总后勤部卫生部部长、副部长
中国人民解放军总后勤部卫生部(机关)正、副局长、主任
中国人民解放军总后勤部卫生部直属单位行政正、副职领导
中国人民解放军总后勤部直属医疗卫生单位行政正、副职领导
各军区、各军兵种后勤部卫生部正、副部长
学术团体和群众团体

中华医学会会长、副会长、秘书长
中华护理学会理事长、副理事长、秘书长
中国生理学会理事长、副理事长、秘书长
中国解剖学会理事长、副理事长、秘书长
中国生物医学工程学会理事长、副理事长、秘书长
中国病理生理学会理事长、副理事长、秘书长
中国营养学会理事长、副理事长、秘书长
中国药理学会理事长、副理事长、秘书长
中国防痨协会理事长、副理事长、秘书长
中国麻风防治协会理事长、副理事长、秘书长
中国心理卫生协会理事长、副理事长、秘书长
中国康复医学会会长、副会长、秘书长
中国农村卫生协会会长、副会长、秘书长
中国输血协会理事长、副理事长、秘书长
中华预防医学会会长、副会长、秘书长
中国卫生经济学会会长、副会长、秘书长
中国健康教育协会会长、副会长、秘书长
中德医学协会理事长、副理事长、秘书长
中国学生营养促进会会长、副会长、秘书长
中日医学科技交流协会会长、副会长、秘书长
中国医学影像技术研究会会长、副会长、秘书长
中国吸烟与健康协会会长、副会长、秘书长
中国实验动物学会理事长、副理事长、秘书长
中国免疫学会理事长、副理事长、秘书长
中国优生优育协会会长、副会长、秘书长
中国优生科学协会会长、副会长、秘书长
中国鼠害与卫生虫害防制协会会长、副会长、秘书长
中国医学基金会会长、副会长、秘书长
全国卫生产业企业管理学会会长、副会长、秘书长
环球性病、艾滋病、基金会会长、副会长、秘书长
中国保健科技学会会长、副会长
中国癌症研究基金会主席、副主席、理事长、副理事长、秘书长
中国卫生摄影协会主席、副主席、秘书长
中国红十字会
中国红十字会总会会长、副会长、秘书长
新增选的中国科学院学部委员(医药卫生界)简介
全国表彰的先进人物
荣获1992年“五一”劳动奖章的医药卫生工作者
卫生部批准的1992年度有突出贡献的中青年专家名单
中国科协第三届青年科技奖卫生系统获得者
卫生系统全国城镇妇女“巾帼建功”标兵名单
人事部批准的1992年度有突出贡献的中青年专家
卫生系统全国抗洪抢险先进集体名单
1992年全国卫生系统先进事迹报告团名单
林佳楣获第二届诸福棠奖
获国际奖章或名衔的人物
陈敏章获1992年度玛希顿亲王奖
陈春明获世界粮农组织成就荣誉证书
郑庆斯获世界卫生组织雅克奖
徐明谦获1991年度罗伯特·阿勒斯国际医学奖
王孝涛荣获世界科学奖状
张振坤荣获国际人道主义服务奖
1992年逝世的医药卫生界人物

卫生工作纪事

1992年卫生工作纪事

卫生统计工作

卫生统计信息工作

1992年卫生统计信息工作

全国卫生统计年报工作会议
发布《全国卫生统计工作管理办法》
下发《关于使用〈出生医学证明书〉、〈死亡医学证明书〉和加强死因统计工作》的通知
妇幼卫生管理信息系统进展
部机关办公自动化工作
全国卫生系统第三次计算机应用工作会议
卫生系统 VAX 计算机的应用
卫生系统计算机应用发展规划纲要(1991～2000)
国际办公自动化发展趋势研讨会
1992 年度世界卫生组织疾病分类合作中心主任会议

卫生统计

卫生基本情况
1992 年全国卫生机构、床位、人员数和构成
1992 年全国卫生机构专业卫生人员数及构成
1992 年全国医院机构、床位、人员数
全国卫生机构、床位数
全国卫生机构专业卫生人员数(万人)
全国市、县医院床位数及专业卫生技术人员数
全国平均每千人口医院床位数及专业卫生技术人员数
全国卫生技术人员中获得中级及以上技术职称人数
全国县医院机构、床位、人员数
全国农村乡卫生院机构、床位、人员数
全国中医机构、床位、人员数
全国卫生防疫、防治机构、人员数
全国妇幼卫生机构、床位、人员数
全国医学科学研究机构、人员数
全国民族自治地方卫生机构、床位、人员数
全国卫生部门卫生机构、床位、人员数
1992 年全国卫生部门按隶属关系分县及县以上医院机构、床位、人员数
全国卫生部门县及县以上医院床位与人员、医护之比
全国工业及其他部门卫生机构、床位、人员数
全国农村村级卫生组织情况
1992 年各地区卫生机构、床位数
1992 年各地区卫生机构专业卫生人员数
1992 年各地区平均每千人口医院床位、医生、护士数
1992 年省会所在市及百万人口以上市每千人口医院床位、医生、护士数
各地区农村村级卫生组织情况
医疗服务
1992 年全国医院诊疗人次及入院人数
全国医院病床使用情况
全国卫生部门城市医院住院病人前十位疾病构成(ICD-9)
全国卫生部门县医院住院病人前十位疾病构成(ICD-9)
1992 年卫生部门综合医院社会及经济效益情况
卫生部门综合医院社会及经济效益情况
1992 年卫生部门综合医院部分病种出院病人平均住院日和住院医疗费用
1992 年各地区县及县以上医院病床使用情况
1992 年各地区卫生部门县及县以上医院病床使用情况
1992 年各地区工业及其他部门县及县以上医院病床使用情况
1992 年各地区农村乡卫生院病床使用情况
全国家庭病床工作情况
人口自然变动及死亡原因
全国人口出生率、死亡率、自然增长率
部分市、县婴儿死亡率
1992 年部分市前十位主要疾病死亡专率及死亡原因构成
1992 年部分县前十位主要疾病死亡专率及死亡原因构成
1992 年部分市、县恶性肿瘤死亡率(1/10 万)
地方病防治

1992年全国地方病防治情况(一)
1992年全国地方病防治情况(二)
1992年全国地方病防治情况(三)
1992年全国地方病防治情况(四)
传染病报告
1992年全国法定报告传染病发病及死亡情况
全国法定报告传染病的发病及死亡情况
食品卫生监测
食品卫生监测情况
食物中毒情况
妇幼卫生
1972～1992年全国节育手术情况
全国新法接生、住院分娩百分比(%)
医学教育与科研
全国高、中等医药院、校数及在校学生数
全国高、中等医药院、校毕业人数
医学科研成果
卫生经费
全国各个时期的卫生事业费
全国各个时期的卫生基本建设投资
初级卫生保健
各地区农村HFA/2000试点审评达标情况(一)
各地区农村HFA/2000试点审评达标情况(二)
各地区农村HFA/2000试点审评达标情况(二续)
国境卫生检疫
全国国境卫生检疫情况

附　　录

附一　台湾卫生工作
附二　全国人口数
附三　全国国民生产总值、国内生产总值、国民收入、财政收支情况
附四　国际母乳代用品销售守则
附五　深化卫生计划财务工作改革思路
附六　1992年度诺贝尔医学奖

索　　引

索引

编辑说明
图片选辑

重要会议报告

国务委员彭珮云在全国农村卫生建设经验交流会上的讲话(摘要)
卫生部部长陈敏章在全国农村卫生建设经验交流会上的讲话(摘要)
卫生部部长陈敏章在全国卫生工作会议上的报告(摘要)
卫生部副部长孙隆椿在全国卫生工作会议上的总结讲话(摘要)
国家医药管理局局长齐谋甲在全国医药管理局长会议上的讲话(摘要)
国家中医药管理局副局长朱杰在全国中医药工作厅局长会议上的报告(摘要)

政策法规

中华人民共和国红十字会法
1993年主要卫生法规规章目录

工作进展

卫生工作
爱国卫生工作
医药工作
中医药工作
1993年我国卫生事业发展情况统计公报
卫生改革综述
全国卫生改革研讨会
卫生法制建设

公共卫生与疾病控制

卫生防疫工作
卫生监督工作
国境卫生检疫工作
地方病防治工作
卫生部关于1992年卫生监督工作情况通报
卫生部关于1993年卫生监督工作情况通报
组织管理
纪念全国成立卫生防疫站40周年
继续表彰从事卫生防疫工作30年工作者
全国卫生监督执法大检查
卫生监督、监测人员培训
中国/联合国儿童基金会第四周期卫生防疫培训项目结束
计划免疫
江泽民主席为儿童喂服脊髓灰质炎疫苗
第一次全国消灭脊髓灰质炎强化免疫日活动
国际组织支持我国消灭脊髓灰质炎活动
《1993～1995年全国乡、村级计划免疫工作人员培训行动计划》
1990～1993年计划免疫冷链合作项目结束
乙肝基因工程疫苗生产车间落成
卢森堡政府赠送冷链设备

传染病防治
1993年全国传染病疫情
防治艾滋病对策研究
全国首届预防和控制艾滋病学术研讨会
预防和控制艾滋病规划审评
中国艾滋病防治国际合作
设立艾滋病、性病防治中心
中国性病艾滋病防治协会成立
鼠疫疫情及防治
鼠疫地区猎捕和处理旱獭卫生管理办法
腹泻病防治
全国病毒性肝炎血清流行病学调查
结核病监测工作
世界银行贷款中国结核病控制项目进展
麻风康复项目试点阶段计划实施评估
第14届国际麻风会议
消毒工作
全国消毒药械整顿
1993年卫生部审核批准的消毒药械目录
地方病防治
李鹏总理致中国2000年实现消除碘缺乏病目标动员会的贺信
国务委员彭珮云在中国2000年实现消除碘缺乏病目标动员会上的讲话(摘要)
中国2000年实现消除碘缺乏病目标动员会
中国消除碘缺乏病协调领导小组成立
智力工程
国际组织联合资助中国消除IDD项目
山东省克山病达到基本控制标准
内蒙古自治区地方性砷中毒防治试点工作
全国改水改灶降氟工作
吉林省大骨节病达到基本控制标准
布鲁氏菌病防治
中国地方病协会成立
寄生虫病防治
首次全国人体寄生虫分布调查
血吸虫病防治
全国血吸虫病防治工作会议
血防应用性科学研究成果
全国疟疾疫情
浙江省基本消灭疟疾
世界卫生组织西太区、东南亚区疟疾会议
丝虫病监测
第16届国际包虫病会议
国境卫生检疫
纪念中国国境卫生检疫120周年国际学术交流会
卫生监督与卫生处理
国境口岸传染病监测
入出境人员艾滋病监测
新建国境卫生检疫机构
劳动卫生与职业病防治
国家职业病诊断鉴定委员会成立
全国首届工矿企业健康教育研讨会
第24届国际职业卫生大会
环境卫生监督
批准521种特殊用途化妆品和进口化妆品
关于停止生产和销售萘丸提倡使用樟脑制品的通知
放射卫生防护
国家核事故医学应急救援领导小组成立
大亚湾核电厂核事故场外应急演习通过专家评估
山西省忻州地区发生特大放射事故
第二批全国放射卫生综合监督示范市(地)通过验收
食品卫生监督
批准89种新资源食品
儿童营养监测与改善1990—1994周期项目提前完成
学校卫生监督
全国学生常见病综合防治方案技术规范(试行)
学校卫生监督试行综合管理
卫生标准
全国卫生标准技术委员会评审通过的国家卫生标准(1993)目录

爱国卫生运动

全国农村改厕进展

农村卫生厕所建设先进县和普及县标准及考评办法(试行)
全国爱卫会命名、表彰农村卫生厕所建设先进县和普及县
命名表彰第二批卫生机场、卫生客机
1993 年全国农村改水状况
CPR/91/141 项目结束
医务卫生人员与控烟

妇幼卫生

妇幼卫生工作
爱婴医院评估和审批
爱婴医院命名大会
国际妇幼/计划生育学术交流会
设立 1994～1995 过渡周期妇幼卫生合作项目
项目培训工作
项目设备到位
世界母乳喂养周
开展促进母乳喂养、创建爱婴医院的培训工作
全国孕产妇死亡监测研究获奖
中日妇女宫颈癌防治研讨会
妇幼卫生专业教学研讨会
全国 5 岁以下儿童死亡监测
儿童急性呼吸道感染项目扩展
儿童急性呼吸道感染防治项目评估
1993～1995 年全国儿童急性呼吸道感染防治规划纲要
贯彻《计划生育技术工作管理办法》
我国与世界卫生组织在优生方面的技术合作

中医药事业管理

全国人大和国务院决定保留国家中医药管理局为国家局
国家中医药管理局直属事业单位清产登记
'93 中国印尼传统医药博览会
纪念“传统医药日”座谈会
全国中西医结合大会
中医药行业“二·五”普法活动
世界针灸学会联合会第三届会员大会暨第三届世界针灸学术大会
北京、上海中医学院更名
全国中医药成人教育工作研讨会
全国中医药学校办学改革
中医药技术引进
1993 年中药行业全国质量效益型先进企业
中药行业现场管理先进企业
中医药行业工人技术等级标准修订
首届国家中药品种保护审评委员会成立
1993 年国家中医药管理局优秀质量管理(QC)小组
1993 年度国家中医药管理局中医药科技进步奖奖励项目
1993 年度中医药科技进步奖获奖项目简介
1993～1994 年度国家中医药管理局科研基金青年课题资助项目
“经络的研究”项目正式实施

医政管理

医政工作
城市初级卫生保健试点
医院分级管理
颁发《关于加强医疗质量管理的通知》
《中华人民共和国护士管理办法》
福建、浙江、广东、贵州省死亡抽样调查通过验收
配置一次性医疗用具毁形装置
全国血液质量管理委员会成立
全国院前急救培训中心成立
输血工作
关于血压计量单位使用规定的通知(摘要)
首届全国农村医学学术会议
全国评选 100 名模范乡村医生
农村合作医疗保健制度改革与建设研究
三项康复工作
中国康复医学会成立 10 周年暨第二次全国康复医学学术会
全国统一医院职业服装样式

颁发《医疗广告管理办法》
颁发《关于尸体运输管理的若干规定》
开展窝沟封闭预防龋齿试点
中外合资合作办院
北京香港国际医务诊所
中国500所大型医院信息库建立

医学教育

医学教育工作
医学教育改革综合试点
卫生部重视部属高校创建"211工程"
医学教育中的德育工作
全国医学教育管理干部岗位培训班
开展教学管理、课程建设检查评估
高等医学院校青年教师为社区医学服务模式研讨会
高、中等医药学专业教材工作
世界医学教育大会
高等医学教育
高等医学教育
部属高等学校综合改革
口腔医学教育
诊断学教学
部属高校体育工作检查评估
1993年部分高等医学院校教育研究项目获国家级优秀教学成果奖
1993～1994学年全国高等医学院校分专业毕业生、招生和在校生人数
中等医学教育
中等医学教育
全国中等卫生学校教学计划及教学大纲审定会议
全国中等医学教育第八次会议
华夏基金会资助第二期中专检验项目
《中等医学教育》杂志
医学成人教育
医学成人教育
全国医学成人教育工作会议
独立设置的成人高校综合评估
临床住院医师规范化培训
部属职工(成人)中专班开设情况
医学研究生教育与学位工作
医学学位与研究生教育
卫生部学位委员会第二届委员会
第五批医学学位授权审核结果

医学科学技术

医药卫生科技工作
"八五"国家医学科技攻关项目中期评估
1993年国家教委博士学科点专项科研基金招标评审
1993年卫生部青年科学研究基金招标
装备核医学国家重点实验室
医学分子生物学国家重点实验室通过验收
甲型肝炎减毒活疫苗工业性实验项目
病毒基因工程国家重点实验室1993年被评为优秀实验室
1993年度医药卫生国家发明奖项目
1993年度国家级医药卫生科学技术进步奖项目
1993年度医药卫生科学技术进步奖项目选介
1993年度卫生部医药卫生科学技术进步奖奖励项目
1993年度国家级医药科技进步奖获奖项目
医药卫生科技项目查新咨询
北京协和医院世界卫生组织人类生殖研究合作中心
附全国第三次高血压抽样调查结果
卫生部第三批面向农村和基层推广的医药卫生适宜技术
中国人类基因组研究计划启动,医科院成立基因治疗中心
改进WHO/笹川医学奖学金人员考试与选拔录取方式
编写卫生部英语培训系列教材
中美医学科研管理研讨班
中国医药生物技术协会
中国医学科学院协和医药集团成立
中国预防医学科学院建院10周年

中国预防医学科学院汕头分院、武汉分院成立

药政管理

药品监督管理工作
1993 年全国药品抽验工作
新药审批
体外诊断试剂生产企业验收及品种审批
《进口药品管理办法》实施现状
《生物制品管理规定》
防疫制品的生产和管理
生物医学材料及制品管理
1993 年度国家基本药物的遴选
1993 年度遴选的国家基本药物
推行药物基础测试方法
颁发《新药(西药)临床前及临床研究指导原则
麻醉药品的生产、供应和使用
癌症疼痛姑息治疗
停止药用犀牛角和虎骨
丙肝抗体检测试剂进展
对台湾地区医药产品实行注册制度

计划财务管理与审计监督

计划财务管理工作
全国农村卫生建设经验交流会
中国卫生经济理论与政策国际研讨会
城市大型综合医院缩短平均住院日改革工作
开展加快农村合作医疗保健制度完善与发展的研究
部直属单位财务及国有资产管理工作四个规定出台
加强部属中等专业卫生学校教学仪器装备建设
危重医学项目中期评审
白求恩医科大学中日联谊医院开院
北京医科大学附属人民医院工程通过国家验收
卫生部直属事业单位全面开展财产清查登记工作
93 国际医疗仪器设备及药品展览会
中国卫生经济网络活动执行情况
审计工作
部直属单位审计工作会议
卫生审计学会成立

健康教育与新闻出版

健康教育工作
全国健康教育基本状况调查
首批健康教育专业教材及课本出版
人民卫生出版社成立 40 周年
人民卫生出版社被评为全国优秀图书出版单位
《现代分子生物学实验技术》出版发行
1993 年度全国医药卫生类图书出版统计表
1993 年度全国医药卫生新书书目选
1993 年中国医药科技十大新闻

国际交流合作与外资利用

卫生外事工作
全国卫生外事工作会议
中国医疗队工作
第 46 届世界卫生大会
第 44 届世界卫生组织亚太区委员会会议
中国——世界卫生组织第 15 次联席协调会议
世界卫生组织总干事中岛宏等高级官员访华
国际慢性非传染病综合规划主任会议
罗生特纪念活动在奥地利举行
卫生部与扶轮国际签订合作协议
上海中国国际先进医疗器械设备展览会暨技术交流会
国际狮子会代表团首次访问我国
马海德部分骨灰安放仪式在美举行
卫生部国际交流中心第二届理事会
1993 年出国参加国际学术会议表
1993 年卫生部直属单位在华举办的部分国际会议

1993年中国卫生部负责人出访情况
1993年外国卫生部负责人访华情况
1993年中外签订卫生合作协议
世界银行贷款卫生Ⅱ项目疫苗部分完成中期调整
世界银行贷款卫生Ⅱ项目非疫苗部分实施结束
世界银行贷款卫生Ⅲ项目完成中期评估
世界银行贷款卫生Ⅳ项目生效
世界银行贷款卫生Ⅵ项目完成前期准备
利用政府贷款发展项目
中国与世界银行卫生合作十年研讨会
1993年世界发展报告研讨会
世界银行贷款第一个农村供水项目完成

军队卫生工作

军队卫生工作
全军部队创建卫生营院活动
军队医院分级管理工作
“白求恩杯”优质服务竞赛活动
军队医院加强医疗成本核算
全军医院医疗信息管理软件推广运行获成效
中国军事医学代表团首次参加国际军事医学大会
1993年军队医药卫生科学技术成果获奖项目
加快医药卫生科技成果转化
军队医药卫生标准化、医学计量工作初具规模
军队医学院校体制调整
“八五”全军医学科技攻关课题中期检查论证
全军医药卫生信息网络建设
军队药品器材供应管理

省、自治区、直辖市卫生工作

北京市
　卫生行业作风建设
天津市
　院厂挂钩节约医疗费用
河北省
山西省
　防治地方病　振兴农村经济
　卫生扶贫，加强农村卫生工作
内蒙古自治区
辽宁省
吉林省
黑龙江省
上海市
　实施《药品报销范围》
　完成乡镇卫生院危旧房改造任务
　老年护理医院发展迅速
　《0～3岁婴幼儿住院医疗保险》方案实施
江苏省
　血防工作进展
浙江省
安徽省
福建省
江西省
　彭泽县评为全国血防试点县工作一等县
　援建老区卫生院
　新余市36所乡卫生院全部“脱贫”
　加快农村改厕进程
山东省
河南省
　濮阳市重视农村卫生改厕
　全省乡村医生中专水平和行医资格考试
　医疗机构推行“双卡记账制”
湖北省
湖南省
广东省
　佛山市卫生综合改革
广西壮族自治区
　培养少数民族卫生干部
　广西实现消灭丝虫病的目标
　农村兴建沼气池厕所
　医院服务质量监控
海南省
四川省

眉山县卫生系统实行职工医疗保险
贵州省
云南省
西藏自治区
西藏对尚不富裕的农牧民实行免费医疗
陕西省
铜川市试行公费医疗保险
开展乡村医生中专水平考试
咸阳市肺科医院实行日工资制
渭南地区乡镇卫生院建设见成效
甘肃省
重点扶持藏族地区发展卫生事业
抓好专项治理　纠正不正之风
青海省
青海省妇幼项目工作
宁夏回族自治区
新疆维吾尔自治区
新疆维吾尔自治区人民医院实行内部股份制
乡(镇)卫生院建设取得进展
新疆生产建设兵团卫生事业概况

学术团体和群众团体

中国卫生法学会成立
中华医学会
中华预防医学会
各学会召开的学术会议
各学会中外学术交流活动

中国红十字会

中国红十字会的国内工作
中国红十字会的国际交往

人事与干部

吴阶平当选人大常委会副委员长
魏曦教授纪念铜像揭幕
全国卫生系统 4516 名有突出贡献者获 1993 年政府特殊津贴
医科院破格晋升中青年高级科技工作者
中国预防医学科学院重奖有突出贡献的课题组和有关专家
“卫生系统高层管理人员培训效果及模式探讨”课题完成

卫生界人物

卫生部系统
卫生部部长、副部长
卫生部正、副司(局)长、主任
卫生部机关附属单位
卫生部直属单位行政正、副职领导
各省、自治区、直辖市正、副卫生厅(局)长
各计划单列市卫生局长
全国爱国卫生运动委员会系统
全国爱国卫生运动委员会主任、副主任,办公室正、副主任
各省、自治区、直辖市爱国卫生运动委员会主任
各计划单列市爱国卫生运动委员会主任
国家医药管理局系统
国家医药管理局局长、副局长
国家医药管理局(机关)司长、主任
国家中医药管理局系统
国家中医药管理局局长、副局长
国家中医药管理局(机关)司长、主任
国家中医药管理局直属单位行政正、副职领导
军队卫生系统
中国人民解放军总后勤部卫生部部长、副部长
中国人民解放军总后勤部卫生部(机关)正、副局长、主任
中国人民解放军总后勤部卫生部直属单位行政正、副职领导
中国人民解放军总后勤部直属医疗卫生单位行政正、副职领导
各军区、各军兵种后勤部卫生部正、副部长
学术团体和群众团体

卫生工作纪事

卫生统计工作

卫生统计信息工作

卫生统计信息工作
国家卫生服务总调查家庭健康询问调查
开展“综合性妇幼卫生保健项目”155 个县基线调查
卫生总费用调查方法讲习班
推广应用 EPI-IN FO 汉化软件
电子公文传输系统远程网络建设
应用计算机汇总《基层卫生单位综合统计表》
全国高等院校计算机基础教育研究会医学专业委员会成立

卫 生 统 计

卫生基本情况

1993 年全国卫生机构、床位、人员数和构成
1993 年全国卫生机构专业卫生人员数及构成
1993 年全国医院机构、床位、人员数
全国卫生机构、床位数
全国卫生机构专业卫生人员数
全国市、县医院床位数及专业卫生技术人员数
全国平均每千人口医院床位数及专业卫生技术人员数
全国卫生技术人员中获得中级及以上技术职称人数
全国县医院机构、床位、人员数
全国农村乡卫生院机构、床位、人员数
全国中医机构、床位、人员数
全国卫生防疫、防治机构、人员数
全国妇幼卫生机构、床位、人员数
全国医学科学研究机构、人员数
全国民族自治地方卫生机构、床位、人员数
全国卫生部门卫生机构、床位、人员数
1993 年全国卫生部门按隶属关系分县及县以上医院机构、床位、人员数
全国卫生部门县及县以上医院床位与人员、医护之比
全国工业及其他部门卫生机构、床位、人员数
全国农村村级卫生组织情况
1993 年各地区卫生机构、床位数
1993 年各地区卫生机构专业卫生人员数
1993 年各地区平均每千人口医院床位、医生、护士数
1993 年省会所在市及百万人口以上市每千人口医院床位、医生、护士数
各地区农村村级卫生组织情况

医疗服务

1993 年全国医院诊疗人次及入院人数
全国医院病床使用情况
全国卫生部门城市医院住院病人前十位疾病构成(ICD-9)
全国卫生部门县医院住院病人前十位疾病构成(ICD-9)
1993 年卫生部门综合医院社会及经济效益情况
卫生部门综合医院社会及经济效益情况
1993 年卫生部门综合医院部分病种出院病人平均住院日和住院医疗费用
居民患病及严重程度、活动受限、残疾情况
居民患病就诊情况
居民两周患病率及构成
居民慢性病患病率及构成
1993 年各地区县及县以上医院病床使用情况
1993 年各地区卫生部门县及县以上医院病床使用情况
1993 年各地区工业及其他部门县及县以上医院病床使用情况
1993 年各地区农村乡卫生院病床使用情况

人口自然变动及死亡原因

全国人口出生率、死亡率、自然增长率
部分市、县婴儿死亡率
1993 年部分市前十位主要疾病死亡专率及

死亡原因构成
1993年部分县前十位主要疾病死亡专率及死亡原因构成
1993年部分市、县恶性肿瘤死亡率

传染病报告

1993年全国法定报告传染病发病及死亡情况
全国法定报告传染病的发病及死亡情况

农村改水

全国农村改水工作情况
各地区农村改水情况

地方病防治

1993年全国地方病防治情况

医学教育和科研

全国高、中等医药院、校数及在校学生数
全国高、中等医药院、校毕业人数
医学科研成果

卫生经费

全国各个时期的卫生事业费
全国各个时期的卫生基本建设投资

附　　录

台湾卫生工作
全国人口数
全国国民生产总值、国民收入、财政收支情况

索　　引

索引

1995卷

编辑说明
图片选辑

重要会议报告

国家主席江泽民在接见中国红十字会第六次全国会员代表大会代表时的讲话
国务院总理李鹏致中国红十字会成立90周年暨第六次全国会员代表大会的贺信
国务委员彭珮云在1994年全国卫生工作会议上的讲话(摘要)
卫生部部长陈敏章在1994年全国卫生工作会议上的报告(摘要)
卫生部副部长孙隆椿在1994年全国卫生工作会议上的总结讲话(摘要)
国务委员、全国爱卫会主任彭珮云在全国爱卫会第十次委员会扩大会议上的讲话(摘要)
全国爱卫会副主任、卫生部部长陈敏章在全国爱卫会第十次委员会扩大会议上的工作报告(摘要)
国务委员彭珮云在全国加强药品管理工作电话会议上的讲话(摘要)
国家医药管理局局长郑筱萸在全国医药管理局长会议上的讲话(摘要)

政策法规

中华人民共和国母婴保健法
医疗机构管理条例
食盐加碘消除碘缺乏危害管理条例
国务院办公厅关于转发卫生部、中国轻工总会《中国2000年消除碘缺乏病规划纲要》的通知
中国2000年消除碘缺乏病规划纲要
国务院关于进一步加强药品管理工作的紧急通知
《公费医疗用药报销范围》试行
《关于职工医疗制度改革的试点意见》发布
1994年主要卫生法规规章目录

工作进展

卫生工作
爱国卫生工作
医药工作
1994年全国卫生事业发展情况统计公报
卫生改革综述
全国卫生改革研讨会
镇江市和九江市医疗制度改革试点启动
纠正行业不正之风工作
卫生法制建设

公共卫生与疾病防治

疾病控制工作
卫生监督工作
国境卫生检疫工作
地方病防治工作

卫生部关于 1994 年卫生监督工作情况通报
组织管理
全国卫生防疫工作会议
全国乡村级计划免疫工作人员培训行动计划执行情况
生监督监测人员培训
计划免疫
第二次全国消灭脊髓灰质炎强化免疫日活动
全国消灭脊髓灰质炎工作
1994 年脊髓灰质炎病毒分布态势
应用冷链监测卡开展全国冷链系统评审结果
西太区扩大免疫技术顾问组临时会议
农村推广乙型肝炎疫苗接种试点
三峡工程及库区卫生防病工作
传染病防治
全国传染病防治监督执法情况检查
1994 年全国传染病疫情
1994 年性病疫情检测
流行性出血热疫情
腹泻病控制规划工作
全国病毒性肝炎血清流行病学调查初步报告
鼠疫疫情及防治
中俄哈蒙四国鼠疫研讨会
结核病监测工作
世界银行贷款中国结核病控制项目见成效
加强与促进结核病控制项目开始实施
中比麻风康复医疗合作项目评估总结
山东省基本消灭麻风病
全国消毒工作
消毒药械审评委员会成立
地方病防治
全国贯彻关于消除碘缺乏病两个文件电话会议
《碘缺乏病监测方案(试行)》颁布
“防治碘缺乏病日”活动
第 20 届国际氟学术研讨会
山西省地方病普查及防治
山西省发现大范围饮水型地方性砷中毒病区
布鲁氏菌病疫情回升
寄生虫病防治
全国寄生虫病防治工作会议
血吸虫病防治
全国血防工作会议
江苏省南通市试行学校血防渗透教育
建立大区域血防综合试点
国际日本血吸虫分子生物学研讨会
1994 年全国疟疾形势
我国丝虫病防治达到基本消灭标准
国境卫生检疫
空港卫生检疫
海港卫生检疫
空港口岸卫生监督媒介生物控制
防止印度鼠疫传入我国
卫生检疫专业人员培训
劳动卫生与职业病防治
全国乡镇工业职业卫生服务对策试点
《工业企业建设项目卫生预评价规范》发布
第 14 届亚洲职业卫生大会
《全体劳动者享有职业卫生保健宣言》
环境卫生监督
批准特殊用途化妆品和进口化妆品
中国被推选为政府间化学品安全论坛主席团副主席
宝洁有限公司产品安全评价程序和 OMP 的落实
放射卫生防护
卫生部首次批准大型 γ 辐照加工装置投入正式运行
卫生部成立国家核事故医学应急救援专家组和顾问组
全国放射工作人员个人剂量监测总结工作会议
食品营养与卫生监督
1994 年全国食品卫生抽检结果
1992 年全国营养调查结果
街头食品卫生管理研究

CAC 亚洲协调会首次在我国召开
卫生部批准新资源食品
学校卫生监督
全国学生常见肠道蠕虫防治工作
学生营养餐工作
卫生标准
1994 年颁布的国家卫生标准(179 个)

爱国卫生运动

全国爱卫会第十次委员会扩大会议
杭州、天津等 8 市被授予“先进城区”称号
复查威海、佛山等 7 个国家卫生城市
爱卫办修订有关城市卫生检查标准
上海实现全市农村自来水化
世界银行贷款中国农村供水与环境卫生项目执行情况
卫生技术合作项目“群体供水和环境卫生”开始执行
全国农村厕所及粪便处理背景调查完成
1988～1993 年度全国爱卫会科技进步奖成果奖励项目
地方爱国卫生法制建设

妇 幼 卫 生

妇幼卫生工作
《中华人民共和国母婴保健法》颁布
卫生部妇幼卫生司获诸福棠奖
妇幼卫生专业教学研讨会
培养妇幼卫生专业骨干师资
妇幼卫生信息管理系统走向成熟
农村围产保健技术——三“十”措施推广应用情况调查
全国妇女儿童专用品卫生管理情况调查
筹备第四次世界妇女大会“妇女与健康”专题论坛
创建 740 所“爱婴医院”
世界母乳喂养周
儿童急性呼吸道感染项目扩展
ARI 标准病例管理知识应用于县卫校教学试点
儿童急性呼吸道感染项目评估——基层医疗机构调查
计划生育万例手术无事故的先进个人受表彰
五个扩展县项目工作启动
综合性妇幼卫生(卫Ⅵ)贷款项目工作
省、地政府领导签署妇幼卫生过渡周期项目协议书
妇幼卫生/计划生育合作项目第三轮培训
妇幼卫生合作项目设备调查
妇幼卫生项目应用科研课题通过阶段审评和成果鉴定

中医药事业管理

卫生部部长陈敏章在全国中医药工作厅局长会议上的讲话(摘要)
卫生部副部长兼国家中医药管理局局长张文康在全国中医药工作厅局长会议上的报告(摘要)
全国中医药工作厅局长会议
国家中医药管理局机构改革
1994 年国家中医药管理局清产核资工作
广州中医学院第一附属医院获“精神文明建设先进集体”称号

医 政 管 理

医政工作
中国农村合作医疗保健制度研究
全国农村初级卫生保健普及阶段工作
城市初级卫生保健试点
德阳市实施以乡(镇)为单位实现“人人享有卫生保健”方案
浙江省农村初级卫生保健示范县工作追踪审评
北京地区首批颁发《医疗机构执业许可证》
全国医院感染管理
加强对高压氧舱的管理
发布“关于实施《单采血浆站基本标准》的通知”
颁发《医疗机构基本标准》

全国护士执业试点考试在三省市举行
《中华人民共和国护士执业证书》首发式在京举行
吉林省四平市农村试行合作办医新体制
《关于进一步加强卫生援藏工作的决定》颁布
全国卫生援藏工作
中国农村健康保险列入21世纪议程
1994"口腔卫生年"活动
抢救章孝慈先生

医学教育

医学教育工作
医学教育中的德育工作
第三批医学视听教材制作、发行工作
卫生部开展"211工程"部门预审
卫生部部属高等医学院校创建和实施"211工程"
高等医学教育
高等医学教育
中国协和医科大学获博士生指导教师自行审定权
24名医师获"名医"称号
同济医科大学学分制教学管理改革
西安医科大学探索教学方法改革
中等医学教育
中等医学教育
陕西农村卫生技术人员情况调查
部属单位中等卫(护)校教学管理评估
颁发中等卫生学校教学计划及教学大纲
部属单位中等卫(护)校装备教学设备
1993～1994学年全国中等卫生学校毕业生和招生人数
1994～1995学年全国中等卫生学校毕业生和招生人数
国家级重点中等专业学校获批准
医学成人教育
医学成人教育
独立设置的医学成人高校评估
在岗乡村医生中专函授教育试点
独立设置的成人高等医学院校综合改革研讨会
全国卫生管理干部岗位培训通用教材编审完成
医学成人专科改考后课程设置改革的调查
医学研究生教育与学位工作
1994年毕业后医学教育
全国医学学位与研究生教育工作会议

医学科学技术

医学科学技术工作
卫生部第四批面向农村和基层推广的医药卫生适宜技术
实施卫生高新技术推广计划
第九次全国中青年医学(眼科)学术交流会
'94雅加达中国医药卫生科技成就展览会
全国卫生系统实行统一实验动物合格证制度
中国医学科学院设立"中国医学科学奖"
侯云德等受到国家八部委联合表彰
卫生部优秀青年科技人才专项科研基金评定
医药卫生科技发展研究中心成立
卫生部又批准建立7个部级重点实验室
卫生部科学研究基金进行第四次招标
边远地区优秀医学科技工作者受到表彰
1994年度卫生部医药卫生科技进步奖获奖项目
1994年度医药卫生科学技术进步奖项目选介

药政管理

药品监督管理工作
严格执行《药品管理法》
1994年全国药品抽验工作
全国放射免疫分析药盒整顿
1994年新药批准情况汇总
加强进口天然药物及其制剂的管理
人工麝香试生产并投入临床使用
天然咖啡因的管理
人用狂犬病疫苗必须实行批批浓缩

中国药品认证委员会成立
我国药品检验工作走上科学化轨道
用于供血员血样检验诊断试剂实行批批国家检定
基因治疗血友病B被批准进行临床试验
丙型肝炎、艾滋病诊断试剂标准品建立
1994年度遴选的国家基本药物
1994年度国家医药管理局医药科技进步奖获奖项目

计划财务管理与审计监督

卫生计划财务管理工作
卫生事业第九个五年计划及至2010年规划设想编制工作开始
卫生事业第八个五年计划中期评价
“三项建设”进展
卫生部定点扶贫工作
三峡对口支援工作启动
区域卫生发展研讨会
社会发展成就展览
农村合作医疗保健制度研究新进展
海峡两岸卫生经济学术研讨会
全国卫生计划财务工作会议
缩短平均住院日改革研讨会
财务会计制度改革
部属医疗单位卫生事业费补助办法改革
中国医科大学第三临床医学院门诊医技楼竣工开诊
实施加强临床医学检验项目
加强部属中等专业卫生学校计算机装备
部属企业单位开展清产核资工作
中国卫生经济网络1994年活动
卫生审计工作

健康教育与新闻出版

1994年健康教育工作
健康教育合作项目开始实施
健康教育科技成果获奖
开展农村社区健康教育模式研究
全国九亿农民健康教育行动实施
发动大众传播媒介宣传反对吸烟
江泽民等为《解放军医学杂志》创刊30周年题词
《实用儿科学》等医药图书荣获首届国家图书奖
卫生部第二届全国高等医学院校优秀教材获奖书目
《中国传统康复医学》等荣获“奋发文明进步图书奖”和“金钥匙”奖
《中国医院统计》杂志创刊
1994大陆图书展览
《中国中药资源丛书》首次出版发行
制作电视片《生命的呼唤》
1994年中国医药科技十大新闻
1994年度全国医药卫生类图书出版统计表
1994年度全国医药卫生新书书目选

国际交流合作与外资利用

卫生外事工作
45年卫生外事工作主要成就
1994年中国卫生部负责人出访情况
1994年外国卫生部负责人访华情况
1994年中外签订卫生合作协议
国际奥比斯组织DC-10新型眼科飞机首航北京
第47届世界卫生大会
第45届WHO西太平洋区委员会会议
第16届中国/WHO联席协调会议
巴黎控制艾滋病政府首脑会议
国际化学品安全会议
第1届中法医药学大会
第3届国际传统药物学大会
第1届吴阶平医学研究奖和保罗·杨森药学研究奖在杭州颁发
默尔森博士访问中国
笹川医学奖学金项目执行情况
第3届中国国际先进医疗器械设备展览会暨技术交流会
政府贷款工作
世界银行贷款血吸虫病控制项目进展

世界银行贷款农村卫生人力开发项目进展
世界银行贷款综合性区域卫生发展项目实施进展
世界银行贷款疾病预防项目通过鉴定
世界银行贷款综合性妇幼卫生保健项目启动
第六个周期(1996～2000年)的卫生和营养规划概况

军队卫生工作

军队卫生工作概况
医院调整精简
医德医风建设取得阶段性成果
医学院校教学改革
卫生防疫机构整顿验收
1994年军队医药卫生科技成果获奖项目
中医师承制首批继承人培训
医疗设备采购工作改革

省、自治区、直辖市卫生工作

北京市
天津市
　金显宅铜像揭幕
　《天津市社会办医机构管理条例》颁布
　发展专科技术
　建立全科医疗站
　职业道德建设
　制定区域卫生规划
河北省
　多渠道增加卫生投入
　唐山工人医院改革后的变化
　邯郸市建立农村预防保健基金制
　廊坊市加强医疗机构专科建设
山西省
　农村与城市初级卫生保健协调发展
　实施跨世纪医学学科人才培养工程
　创建"爱婴医院"
　卫生部授予赵雪芳首枚白求恩奖章
　《山西省爱国卫生管理条例》颁布
内蒙古自治区
辽宁省
吉林省
黑龙江省
上海市
　第一周期医院等级评审
　医学领先专业建设启动
　上海市医院实施医疗费"总量控制、结构调整"
　卫生法体系及卫生立法划研究
江苏省
　发展中医事业
浙江省
　试行抵押承包
安徽省
福建省
　闽台卫生交流与合作
　吸引侨港台胞捐资办医
江西省
　江西省抓紧纠风工作
　九江市实施职工医疗保障新制度
　宜春地区推行乡镇卫生院股份合作制
　江西省加强卫生法制建设
　江西187所中心卫生院建设达标
　南昌市第一医院支援基层医院
　整顿社会办医学教育
　开展妇幼卫生工作
山东省
　山东基本消灭麻风病
河南省
　河南洛阳正骨医院新址建成开诊
　《河南省公民献血管理条例》施行
　中医骨伤国际培训暨学术研讨会
　《郑州市儿童计划免疫条例》实施
湖北省
　当阳市初级卫生保健达标
湖南省
　长沙市消灭血吸虫病
　扶持少数民族卫生事业
广东省

广西壮族自治区
海南省
四川省
《关于初级卫生保健工作的决议》
甘孜州民族卫生工作现场办公会议
农村卫生工作新政策出台
贵州省
农村卫生“三项建设”
日援贵州农村改水工程竣工
云南省
云南省省长和志强在全省卫生工作会议上的讲话(摘要)
云南省制订1994～2000年农村卫生“三项建设”发展规划
《云南省药品监督管理条例》发布
云南省人工视察农村卫生工作
云南省政府批转五厅委《关于加强农村卫生“三项建设”意见的报告》
云南省中心眼库成立
西藏自治区
农牧区改水工作
卫生援藏项目
陕西省
对农村卫生实行政策倾斜
农村人才培养1245工程
宝鸡市实行初级卫生保健双轨目标责任制管理
甘肃省
敦煌市村级卫生机构实行乡办乡管
正宁县严禁非专业人员流入卫生系统
青海省
宁夏回族自治区
新疆维吾尔自治区
乡镇卫生院建设
初级卫生保健工作审评
牧区卫生工作调查

学术团体和群众团体

中华预防医学会儿童保健专业分会换届
中华预防医学会放射卫生专业委员会成立
中国卫生统计学会被批准为全国学会性团体
中华医学会
中华预防医学会
中国营养学会
中国卫生经济学会
中国麻风防治协会
中国康复医学会
中国输血协会
各学会召开的学术会议

中国红十字会

国务委员彭珮云在中国红十字会第六次全国会员代表大会开幕式上的讲话(摘要)
中国红十字会会长钱正英在中国红十字会第六次全国会员代表大会闭幕式上的讲话(摘要)
中国红十字会的国内工作
中国红十字会的国际交往

人事与干部

卫生部机构改革
国家医药管理局机构改革
卫生部参加首届中央国家行政机关录用国家公务员考试

卫生界人物

卫生部系统
卫生部部长、副部长
卫生部正、副司(局)长、主任
卫生部机关附属单位
卫生部直属单位行政正、副职领导
各省、自治区、直辖市正、副卫生厅(局)长
各计划单列市卫生局长
全国爱国卫生运动委员会系统
全国爱国卫生运动委员会主任、副主任，办公室正、副主任

书长
中国牙病防治基金会理事长、副理事长、秘书长
中国红十字会
中国红十字会总会会长、副会长、秘书长
表彰人物
经卫生部批准的 1994 年度有突出贡献的中青年科学、技术、管理专家
第五届“中国十大杰出青年”卫生系统代表
“全国十大杰出职工”卫生系统代表
卫生部、人事部授予赵雪芳“白求恩奖章”
赵雪芳获“全国十佳职业道德标兵”
吴孟超荣膺 1993 年度陈嘉庚奖
陈竺获第二届“中国青年科学家奖”
黎鳌获国际伊文思奖
侯云德等五名医学科学家获“金牛奖”
王振义获凯德林奖
全国有突出贡献的儿童少年工作者受表彰
全国卫生产业先进个人及先进单位表彰大会
经人事部批准的 1994 年度有突出贡献的中青年科学、技术、管理专家简介
1994 年逝世的医药卫生界人物

卫生工作纪事

1994 年卫生工作纪事

卫生统计工作

卫生统计信息工作

卫生统计信息工作
全国卫生部门统计法规执行情况大检查
127 个贫困县的基线调查
5 个项目扩展县基线调查
卫生部属高等院校电子信息网络建设
国际疾病分类第九版(ICD-9)列入国家标准
中国第 6 届医药信息学大会
卫生部 VAX 机工作总结会议

卫生统计

卫生机构、床位、人员
1994 年全国卫生机构、床位、人员数和构成
1994 年全国卫生机构专业卫生人员数及构成
1994 年全国医院机构、床位、人员数
全国卫生机构、床位数
全国卫生机构专业卫生人员数
全国市、县医院床位数及专业卫生技术人员数
全国平均每千人口医院床位数及专业卫生技术人员数
全国卫生技术人员中获得中级及以上技术职称人数
全国县医院机构、床位、人员数
全国农村乡卫生院机构、床位、人员数
全国中医机构、床位、人员数
全国卫生防疫、防治机构、人员数
全国妇幼卫生机构、床位、人员数
全国医学科学研究机构、人员数
全国民族自治地方卫生机构、床位、人员数
全国卫生部门卫生机构、床位、人员数
1994 年全国卫生部门按隶属关系分县及县以上医院机构、床位、人员数
全国卫生部门县及县以上医院床位与人员、医护之比
全国工业及其他部门卫生机构、床位、人员数
全国农村村级卫生组织情况
1994 年各地区卫生机构、床位数
1994 年各地区卫生机构专业卫生人员数
1994 年各地区每千人口医院床位、医生、护士数
1994 年省会所在市及百万人口以上市每千人口医院床位、医生、护士数
各地区农村村级卫生组织情况
医疗服务
1994 年全国医院诊疗人次及入院人数
全国医院病床使用情况

全国卫生部门城市医院住院病人前十位疾病构成(ICD-9)
全国卫生部门县医院住院病人前十位疾病构成(ICD-9)
1994年卫生部门综合医院社会及经济效益情况
卫生部门综合医院社会及经济效益情况
1994年卫生部门综合医院部分病种出院病人平均住院日和住院医疗费用
1994年各地区县及县以上医院病床使用情况
1994年各地区卫生部门县及县以上医院病床使用情况
1994年各地区工业及其他部门县及县以上医院病床使用情况
1994年各地区农村乡卫生院病床使用情况

人口自然变动及死亡原因

全国人口出生率、死亡率、自然增长率
部分市、县婴儿死亡率
1994年部分市前十位主要疾病死亡专率及死亡原因构成
1994年部分县前十位主要疾病死亡专率及死亡原因构成
1994年部分市、县恶性肿瘤死亡率

传染病报告

1994年全国法定报告传染病发病及死亡情况
全国法定报告传染病的发病及死亡情况

农村改水

全国农村改水工作情况
各地区农村改水情况

妇幼卫生

全国新法接生、住院分娩百分比
1989～1993年监测地区城市、农村孕产妇死亡率

地方病防治

1994年全国地方病防治情况

医学教育和科研

全国高、中等医药院、校数及在校学生数
全国高、中等医药院、校毕业人数
医学科研成果

卫生经费

全国各个时期的卫生事业费
全国各个时期的卫生基本建设投资

附　　录

一、台湾卫生工作
二、全国人口数
三、全国国民生产总值、国民收入、财政收支情况

索　　引

索引
更正

1996卷

目录

编辑说明
图片选辑

重要会议报告

国务院副总理吴邦国对医药工作的重要指示
国务委员、全国爱卫会主任彭珮云在全国爱卫会第十一次全体会议上的讲话(摘要)
卫生部部长陈敏章在全国爱卫会第十一次全体会议上的工作报告(摘要)
国务委员彭珮云在全国医药管理局长会议闭幕式上的讲话
国家医药管理局局长郑筱萸在全国医药管理局长会议上的讲话(摘要)
国务委员彭珮云在全国中医药工作厅局长会议上的讲话(摘要)
卫生部部长陈敏章在全国中医药工作厅局长会议上的讲话(摘要)
卫生部副部长兼国家中医药管理局局长张文康在全国中医药工作厅局长会议上的报告(摘要)
国务委员彭珮云在全国继承老中医药专家学术经验出师大会上的讲话
卫生部部长陈敏章在全国继承老中医药专家学术经验出师大会上的讲话(摘要)
卫生部副部长兼国家中医药管理局局长张文康在全国继承老中医药专家学术经验出师大会上的讲话(摘要)

政策法规

中华人民共和国食品卫生法
1995年主要卫生法规和规范性文件目录

工作进展

卫生工作
1995年并“八五”期间医药工作
中医药工作
1995年全国卫生事业发展情况统计公报
全国卫生厅局长会议
卫生改革综述
全国卫生产业企业状况
职工社会医疗保险制度改革试点
纠正行业不正之风工作
卫生法制建设

公共卫生与疾病防治

疾病控制工作
“八五”期间的卫生监督工作
卫生检疫工作
地方病防治
卫生部关于1995年卫生监督工作情况通报
组织管理
卫生监督执法部门职业道德建设
加强预防性健康检查管理
下发救灾防病预案

全国卫生防疫站等级评审
首届省级卫生防疫站长卫生监督法律知识培训班
计划免疫
全国消灭脊髓灰质炎工作进展
全国消灭脊髓灰质炎第三次强化免疫日活动
中国南方5省控制脊髓灰质炎项目建立
我国首次发现脊髓灰质炎野病毒输入病例
全国乙肝疫苗生产供应协调委员会成立
消除新生儿破伤风工作
第四次世界妇女大会防病联防
第四次世界妇女大会卫生监督保障
传染病防治
1995年性病疫情及防治
1995年全国HIV疫情
艾滋病哨点监测
UNDP合作项目进展
中国——欧盟性病艾滋病培训项目进展
下发《预防艾滋病/性病宣传教育提纲》(试行)
发布《关于加强我国预防和控制艾滋病工作的意见》
"预防控制艾滋病宣传教育周"活动
流行性出血热疫情与出血热疫苗观察情况
腹泻病控制规划审评
下发霍乱防治方案
鼠疫疫情及防治
结核病监测
工矿企业结核病防治
《1991～2000年全国结核病防治工作规划》中期执行情况
加强与促进结核病控制项目
全国麻风病防治工作进展
签定中英麻风康复合作项目
地方病防治
全国地方病防治工作暨1995年全国血防工作会议
全国地方病统计报表管理系统软件研制成功
全国食盐加碘工作进展
碘缺乏病的宣传教育
国家消除碘缺乏病项目多部门管理委员会与培训和技术指导组建立
颁发口服碘油丸要则
转发卫生部碘缺乏病专家咨询组来信
第五届全国碘缺乏病学术会议
联合国儿童基金会援助碘缺乏病过渡周期项目结束
四川省阿坝藏族羌族自治州大骨节病防治
黑热病防治
第五届中日克山病、心血管病学术研讨会
地方性氟中毒防治科研
布鲁氏菌病防治
寄生虫病防治
血吸虫病防治
高邮等21个县(市、区)达到消灭血吸虫病标准
湖南、湖北和江西3省血防综合试点
1995年全国疟疾形势
广西、贵州两省(区)实现消灭丝虫病
国境卫生检疫
国境卫生检疫口岸改革
进口食品卫生监督检验
随机检疫
中国国际旅行卫生保健协会首届会员代表大会
新建国境卫生检疫机构
《实施电讯卫生检疫的规定》颁布
陆港卫生检疫
《国境航行船舶进出中华人民共和国口岸检查办法》颁布
部分海港卫生检疫局购置检疫船
海港卫生检疫后续管理工作
劳动卫生与职业病防治
全国劳动卫生法制建设现状
大连经济开发区严格劳动卫生监督管理
《工业系统有害作业工种分类和代码》颁布实施
环境卫生监督

成立“卫生部化妆品安全性评审委员会”和“卫生部食品卫生评审委员会”
批准 142 种特殊用途化妆品生产、销售和 1944 种化妆品进口
卫生部撤销“雅美染发剂”等 26 种特殊用途化妆品和进口化妆品批准文号
放射卫生防护
放射事故管理
卫生部组织对 γ 辐照加工装置进行检查
“辐照食品卫生安全评价专家组”和“放射卫生专家组”重新组建
上海等五省(市)放射卫生监督示范市通过卫生部考核验收
建设项目放射防护评价报告书实行统一规定
国家对含放射性物质消费品的卫生防护实施监督管理
大亚湾核电站进行事故场外应急响应第二次演习
辐照食品的监督管理
考察芬兰、法国核事故医学应急管理工作
卫生部参加国家核事故应急协调委员会
秦山核电站放射卫生防护通过国家级验收
加强对放射治疗卫生防护监督及质量保证工作
核事故医学应急救援体系组建完成
食品营养与卫生监督
国务院批准《大豆行动计划》并开始实施
全国开展强化公共卫生监督执法控制肠道传染病和食物中毒活动
全国食品、化妆品和消毒药械抽检
中国/WHO1994～1995 年度卫生监督合作项目执行情况
儿童营养监测与改善项目 1994～1995 周期进展顺利
卫生部批准 67 个新资源食品
促进食品厂卫生规范和 HACCP 在食品卫生的应用
全国宣传贯彻食品卫生法大会
《中华人民共和国食品卫生法》公布施行
卫生部表彰全国优秀卫生监督员 400 名
学校卫生监督
学校卫生工作进展
“学生常见病综合防治规划中期考评”顺利完成
卫生标准
1995 年颁布的国家卫生标准(177 项)

爱国卫生运动

全国爱卫会第十一次全体会议在京召开
建立农村卫生厕所年报统计制度
农村灭鼠工作现场会
第三次全国城市卫生检查评比活动
全国创建卫生城市研讨会在佛山市举行
彭珮云等领导参加第七个爱国卫生月活动
中国长江轮船总公司六艘轮船被命名为全国卫生客(货)轮
10 城市被命名为国家卫生城市
南通港务局被命名为全国卫生港
“八五”期间农村改水工作取得新进展
命名 106 个“农村百佳水厂”
农村供水与环境卫生项目执行情况
中国/联合国儿童基金会 1994～1995 年 WES 过渡合作项目结束

妇 幼 卫 生

妇幼卫生工作
国务委员彭珮云就《母婴保健法》实施发表电视讲话
卫生部副部长何界生在全国实现 90 年代儿童发展中期目标电话会议上讲话
第四次世界妇女大会中国组委会嘉奖“妇女健康与发展”专题论坛
妇幼卫生社区服务研讨会
《关于加强妇幼卫生工作的决定》
妇女卫生工作纳入《中国妇女发展纲要》
《妇幼保健院评审标准》颁布
建立妇幼卫生信息系统
妇幼卫生专业教育改革
颁布《中华人民共和国母婴保健法实施办法》

全国各地宣传《母婴保健法》
制定《母婴保健法》配套法规
培训《母婴保健法》执法监督员
提高产科质量,保护母亲安全
青春期生殖卫生研讨会
4省、自治区妊娠贫血干预研究
预防产后出血,降低孕产妇死亡率项目进展
推广新生儿复苏技术
培训国家级爱婴医院师资
建立中澳儿童急性呼吸道感染项目
超额完成创建爱婴医院的中期目标
儿童急性呼吸道感染项目进展
培训儿童“眼保健”技术师资
1990~1995周期妇幼卫生项目结束
1991~1995年周期合作项目终期审评

中医药事业管理

1995年全国中医药工作厅局长会议
中医药行业《工人技术等级标准》颁布实施
颁发《执业中药师资格制度暂行规定)
中药行业第三次全国工业普查全面开展
《中医病证诊断疗效标准》发布实施
国家标准《中医病证分类与代码》颁布
第二届全国民族医药工作会议
中医病种质量管理现状调研
全国中医专科(专病)、急症医疗中心、中药制剂与剂型改革基地建设工作进一步发展
示范中医医院建设
全国中药材专业市场整顿
中药材生产
《人参加工产品分等质量标准》开始实施
“经络的研究”项目通过中期评估
中等中医药学校达标建设
全国老中医药专家学术经验继承工作结束
WHO传统医学合作中心主任会议在京召开
祖国传统医学在世界妇女大会上
国家中医药管理局中医药科学技术奖励有新调整
国家中医药管理局1995年度中医药科技进步奖奖励项目
国家中医药管理局1995年度中医药基础研究奖奖励项目

医 政 管 理

医政工作
《山东省初级卫生保健管理办法》颁布
新疆阿克苏市初级卫生保健成绩显著
医院护理人力配备现状调查
全国护士执业考试正式启考
表彰50家医院感染管理先进单位
援助“护理发展”项目被批准实施
首都纪念“世界精神卫生日”
世界卫生组织、卫生部及非政府组织中国防盲协调会
河南省开封县全面实施合作医疗
残疾孤儿康复工程启动
联合国第四次世界妇女大会医疗卫生工作
医院分级管理
输血工作
医疗机构管理条例执行情况
《1996~2000年国家糖尿病防治规划纲要》
WHO慢病合作项目进展
发布《“九五”全国心脑血管疾病社区防治规划》
“九五”全国肿瘤防治规划
牙病防治工作进展
农村合作医疗改革试点全面启动
农村“2000年人人享有卫生保健”普及阶段中期审评
京津沪三市农村“2000年人人享有卫生保健”规划目标提前五年完成任务
医用高压氧舱安全管理
《云南省农村医疗卫生条例》颁布实施
城市卫生发展试点研究
农村卫生服务筹资和农村医生报酬机制研究课题启动
中国城市实现“2000年人人享有卫生保健”规划目标颁布
全国农村世界卫生组织初级卫生保健合作

中心和农村卫生示范县建设

医 学 教 育

医学教育工作
卫生部科教司表彰部属学校"三个育人"先进集体与个人
北京医科大学政治理论课教改试点
黑龙江医学教育综合改革试点新进展
医学视听教育
高等医学教育
高等医学教育
卫生部部属高等学校工作会议
高等医学教育管理体制改革
卫生部部属高校招生工作
中等医学教育
中等医学教育
《中等卫生学校12个专业教学计划及教学大纲》贯彻落实
关于中专医士类专业调整的意见
WHO资助边远及民族地区中等卫生学校教学仪器设备
部属单位中等卫生(护士)学校教学管理暂行规定
举办传染病护理社区老年护理教学讲习班
护理发展项目
高职论证工作
1995/1996学年全国中等卫生学校毕业生和招生人数
医学成人教育
医学成人教育
筹备开展部属学校成人高等教育评估工作
成人高等教育医科类考试科目专业课考试大纲修订
乡村医生中等医学教育提前完成"八五"计划指标
临床住院医师规范化培训大纲下发实施
全国住院医师培训会议
医学研究生教育与学位工作
1995年医学研究生教育与学位工作
下发《关于授予具有临床医学研究生毕业同等学历的在职人员硕士、博士学位工作的试行办法》
中国协和医科大学开始实施双博士学位教育
中国协和医科大学与清华大学建立协作关系
公共卫生研究生教育改革扩大试点
卫生部部属8所医科大学与泰国清迈大学联合培养护理硕士

医学科学技术

1995年卫生科技工作进展
全国卫生科技大会推出"一〇一〇工程"
卫生部优秀青年科技人才基金评审
1995年留学回国人员科研启动基金评审
全国卫生科技引进工作15年成果展
笹川医学奖学金研修生第一个10年协议选拔录取工作结束
卫生部科教司卫生标准管理办公室成立
首次举办中国/WHO奖学金项目管理培训班
第10次全国中青年医学学术交流会暨10周年庆祝活动
"八五"国家医学重点科技攻关项目验收
第三次全国医学信息工作会议
第11期"走向世界——医药卫生科学技术新进展"讲座
卫生国家标准审批发布
国家核医学重点实验室通过验收
成立卫生部医学胚胎分子生物学重点实验室
成立卫生部医学免疫学重点实验室
原卫生部大骨节病重点实验室更名为卫生部病因流行病学重点实验室
原卫生部脑功能研究重点实验室更名为卫生部神经科学重点实验室
武汉生物制品研究所获经营进出口业务权
第十八届太平洋科学大会
全国医学贝类分类学研究中心
中国预防医学科学院河北分院成立

中国预防医学科学院江苏分院成立
全国卫生系统科技统计工作
1994 年卫生科技统计年报工作(北京地区)
1995 年度卫生部医药卫生科技进步奖项目选介
1995 年度卫生部医药卫生科技进步奖获奖项目
中国医学科学院、中国协和医科大学获国家教委七项科技进步奖

药政管理

《药品管理办法》实施 10 周年回顾
表彰执行《药品管理法》先进集体和先进工作者
《药品广告审查办法》和《药品广告审查标准》制定
药品生产质量管理规范(GMP)认证工作
1995 年全国药品抽验简况
全国药品检验所实验室开始认证
药品广告审查
卫生部第四届药品审评委员会成立
中国药典 1995 年版颁布
国家基本药物工作
新药审批
中药新药临床研究指导原则对新药审批的意义
进口药品管理
天然药物进口情况
中国传统药制剂的标准管理
发布《戒毒药品管理办法》
中美药物滥用及艾滋病研讨会在北京召开
关于在我国制定和推行处方药和非处方药的制度
《中国药检》一书正式出版
血液制品生产管理
四种体外免疫诊断试剂实行国家批批检定成绩显著
艾滋病抗体酶标试盒国家标准品的研制
审核和换发放射性药品生产经营许可证
邱氏鼠药案五专家胜诉
1995 年度国家发明奖医药科技获奖项目
1995 年度国家级科技进步奖医药获奖项目
1995 年度国家医药管理局科技进步奖项目

计划财务管理与审计监督

计划财务管理工作
《卫生事业第九个五年计划及 2010 年规划设想》制定完成
农村卫生"三项建设"中期评估
颁布《大型医用设备配置与应用管理暂行办法》
完善医疗机构补偿机制研究
中国农村贫困地区卫生保健筹资与组织研究
《医院会计制度》、《医院财务制度》试点研究工作完成
国家计委、财政部调整药品审批和药品检验收费标准
企业医院分离工作进展
区域卫生发展研究取得新进展
卫生系统对口支援三峡地区卫生工作全面展开
卫生部定点扶贫工作进展
部属医院财务管理改革研讨
部属单位临床学科重点建设
"加强临床医学检验项目"执行完毕
部属中等专业卫生学校三年装备计划完成
颁布《卫生部直属单位仪器设备管理制度》
部属单位清产核资工作
加强出售国有住房资产管理工作
部属企业国有资产产权登记 1994 年度检查
中国卫生经济培训与研究网络第一期三年培训计划完成
国外《医院会计制度》讲习班
卫生审计工作

健康教育与新闻出版

全国九亿农民健康教育行动进展
创建卫生城市工作推动中小学、社区健康教育深入发展

"中国农村社区健康教育模式研究"课题近期评审
第六届全国吸烟与健康学术研讨会
全国 27 个地级以上城市颁布公共场所禁止吸烟的规定
第三次吸烟率调查在全国展开
中国/联合国儿童基金会健康教育合作项目成绩斐然
第十届世界烟草或健康大会组委会组成
卫生部新闻工作管理规范化
第七届全国优秀科技图书奖医学图书获奖书目
第九届中国图书奖医学图书获奖书目
医药行业开展全国医药好新闻评选工作
1995 年中国医药科技十大新闻
1995 年度全国医药卫生类图书出版统计表
1995 年度全国医药卫生新书书目选

国际交流合作与外资利用

卫生外事工作
1995 年中国卫生部负责人出访情况
1995 年外国卫生部负责人访华情况
1995 年中外签订卫生合作协议
陈敏章部长率团出席第 48 届世界卫生大会
第 46 届世界卫生组织西太区委员会会议
第 17 次中国/世界卫生组织联席协调会议
世界卫生组织合作中心主任会议
李世绰当选世界卫生组织执委会主席
发布执行《关于加强因公临时出国(境)管理的通知》
发布《关于改进外宾接待工作的通知》
卫生部首次召开对台工作会议
第四届中国国际先进医疗器械设备展览会暨技术交流会在京举行
国际卫生政策项目研究进展
强生——卫生部国际交流中心合作项目
"视觉第一——中国服务计划"合作项目
"脑十年"神经科学进展国际研讨会
中国卫生代表团出席埃多医院工程移交仪式
归国笹川医学奖学金进修生义诊活动
(财)日中医学协会纪念活动
中岛宏博士访华参加世界卫生日活动
中国医生代表团访问柬埔寨
世界银行贷款血吸虫病项目进展
世界银行贷款中国结核病控制项目取得成效
世界银行贷款卫生Ⅳ项目培训领域工作进展
世界银行贷款卫生Ⅴ项目性病/艾滋病子项目进展
世界银行贷款"疾病预防项目"谈判完成
世界银行卫生贷款对中国社会发展的作用研讨会
中国卫生筹资研究
瑞士政府贷款项目
美国政府贷款项目

军队卫生工作

军队卫生工作概要
全军医学科技大会暨第六届科委会
全军"八五"除害灭病规划检查验收
军事训练健康保护
全军医院推行统一的医疗成本核算管理办法
医德医风建设
全军医学专科中心调整
卫生装备重点向部队基层倾斜
老干部医疗保健
前进中的解放军医学图书馆
军队医药卫生科技成果获奖项目

省、自治区、直辖市卫生工作

北京市
天津市
  科技兴医
  建立医疗质量保证体系
  开展社区卫生服务

世乒赛医疗卫生工作
河北省
山西省
整顿医药市场
创办医疗卫生专业广播“健康之声”
颁布《山东省地方病防治条例》
《山西省公费医疗制度改革起步方案》和《山西省省级公费医疗制度改革起步方案实施细则》正式施行
运城地区打击假药假医
内蒙古自治区
赤峰市在农牧区中小学实施“黄豆行动”
辽宁省
吉林省
黑龙江省
上海市
44所医院通过“爱婴医院”评估
组建街道(乡镇)卫生监督员队伍
上海效县全面完成实施初级卫生保健“八五”规划任务
首次举行“医师就职宣誓仪式”
江苏省
江苏实施“甘泉工程”
浙江省
安徽省
福建省
组织实施“123”健康工程
江西省
江西省完成“八五”血防目标
发展中医事业
妇幼保健水平提高
九江市初步建立职工医疗保障制度
江西省60%乡村医生接受培训
山东省
曹县实施合作医疗“一把手工程”
河南省
河南省公布实施《河南省母婴保健条例》
治理整顿采供血工作
合作医疗保健制度现场经验交流会召开
濮阳市创建国家级卫生城市
湖北省
血防工作
整治采供血机构
湖北省出台农村卫生政策
湖南省
广东省
广西壮族自治区
海南省
公费医疗改革——海南省颁布实施医疗保险条例
四川省
贵州省
云南省
云南省颁布施行《云南省发展中医条例》
西藏自治区
初级卫生保健
陕西省
加快发展中医事业
商洛地区推行预防保健一体化管理
商洛地区改革乡镇卫生院经营机制
甘肃省
重视农村改水
藏医药事业发展迅速
国际民间合作交流
青海省
宁夏回族自治区
新疆维吾尔自治区
组织城市医院对口支援边远贫困县医院
开展包虫病防治研究
完成乡镇卫生院配套建设阶段性任务

学术团体和群众团体

卫生部政策与管理研究专家委员会第三届委员会成立
中华医学会
中华预防医学会
中国生理学会
中国中西医结合学会
中国麻风防治协会

中国输血协会
各学会召开的学术会议

中国红十字会

中国红十字会的国内工作
中国红十字会的国际交往

人事与干部

卫生部机关基本完成向国家公务员制度过渡
制定公务员录用和辞职辞退暂行办法
举办第一期国家公务员培训班
卫生部跨世纪人才工程
1994年享受政府特殊津贴人员
全国卫生人力资源管理学术大会

卫生界人物

卫生部系统
卫生部部长、副部长
卫生部正、副司(局)长、主任
卫生部机关附属单位
卫生部直属单位行政正、副职领导
各省、自治区、直辖市正、副卫生厅(局)长
各计划单列市卫生局长
全国爱国卫生运动委员会系统
全国爱国卫生运动委员会主任、副主任、办公室正、副主任
各省、自治区、直辖市爱国卫生运动委员会主任
各计划单列市爱国卫生运动委员会主任
国家中医药管理局系统
国家中医药管理局局长、副局长
国家中医药管理局(机关)司长、主任
国家中医药管理局直属单位行政正、副职领导
国家医药管理局系统
国家医药管理局局长、副局长
国家医药管理局(机关)司长、主任
军队卫生系统
中国人民解放军总后勤部卫生部部长、副部长
中国人民解放军总后勤部卫生部(机关)正、副局长、主任
中国人民解放军总后勤部卫生部直属单位行政正、副职领导
中国人民解放军总后勤部直属医疗卫生单位行政正、副职领导
各军区、各军兵种后勤部卫生部正、副部长
学术团体和群众团体
中华医学会会长、副会长、秘书长
中华护理学会理事长、副理事长、秘书长
中国生理学会理事长、副理事长、秘书长
中国解剖学会理事长、副理事长、秘书长
中国医学生物工程学会理事长、副理事长、秘书长
中国病理生理学会理事长、副理事长、秘书长
中国营养学会理事长、副理事长、秘书长
中国防痨协会理事长、副理事长、秘书长
中国麻风防治协会理事长、副理事长、秘书长
中国心理卫生协会理事长、副理事长、秘书长
中国康复医学会会长、副会长、秘书长
中国农村卫生协会会长、副会长、秘书长
中国输血协会理事长、副理事长、秘书长
中华预防医学会会长、副会长、秘书长
中国卫生经济学会会长、副会长、秘书长
中国健康教育协会会长、副会长、秘书长
中德医学协会理事长、副理事长、秘书长
中国学生营养促进会会长、副会长、秘书长
中日医学科技交流协会会长、副会长、秘书长
中国医学影像技术研究会会长、副会长、秘书长
中华医院管理学会会长、副会长、秘书长
中国医疗装备应用与维修技术协会理事长、副理事长、秘书长
中国性学会理事长、副理事长、秘书长

中国老年保健协会会长、副会长、秘书长
中国卫生统计学会会长、副会长、秘书长
中国老年保健医学研究会会长、副会长、秘书长
全国医药卫生期刊协会会长、副会长、秘书长
中国卫生法学会长、副会长、秘书长
中国吸烟与健康协会会长、副会长、秘书长
中国免疫学会理事长、副理事长、秘书长
中国优生优育协会会长、副会长、秘书长
中国优生科学协会会长、副会长、秘书长
中国鼠害与卫生虫害防治协会会长、副会长、秘书长
全国卫生产业企业管理协会会长、副会长、秘书长
中国保健科技学会会长、副会长、秘书长
全国卫生摄影协会主席、副主席、秘书长
中国药物滥用防治协会会长、副会长、秘书长
中国医疗保健国际交流促进会会长、副会长、秘书长
中国医药生物技术协会理事长、副理事长、秘书长
海峡两岸医药卫生交流协会会长、副会长、秘书长
中国地方病协会会长、副会长、秘书长
中国性病艾滋病防治协会会长、副会长、秘书长
中国牙病防治基金会理事长、副理事长、秘书长
马海德基金会理事长、副理事长、秘书长
中国癌症研究基金会主席、副主席、理事长、秘书长
中国预防性病、艾滋病基金会会长、副会长、秘书长
中国医学基金会主席、副主席、会长、副会长、秘书长
中国红十字基金会会长、副会长、秘书长
吴阶平泌尿外科医学基金会理事长、副理事长、秘书长
中国听力医学发展基金会理事长、副理事长、秘书长
中国器官移植发展基金会理事长、副理事长、秘书长
中国国际医学交流基金会理事长、副理事长、秘书长
中国国际旅行卫生保健协会会长、副会长、秘书长
中国女医师协会会长、副会长、秘书长
中国红十字会
中国红十字总会会长、副会长、秘书长
表彰人物
全国卫生系统先进集体、先进工作者、劳动模范及“白求恩奖章”获得者表彰会
荣获 1995 年全国先进工作者的医药卫生工作人员
邹瑞芳、孙静霞获第 35 届南丁格尔奖
卫生部授予丹麦西姆博士“中国卫生奖”
医药卫生系统 17 人荣获第四届中国青年科技奖
5 名医药科技人员获国家杰出青年科学基金资助证书
赵雪芳被评为全国“十大女杰”之一
胡亚美江载芳荣获第五届诸福棠奖
中国工程院院士侯云德教授 1994 年获何梁何利基金医学奖证书
香港外科医学院授予吴阶平荣誉院士
吴阶平教授当选美国泌尿外科学会荣誉会员
中国医学科学院、中国协和医科大学 9 人获有突出贡献的中青年专家称号
中国协和医科大学 13 人分别荣获全国及北京市优秀教师称号
1995 年新增选 5 位医药卫生学家为中国科学院院士
中国工程院医药与卫生工程学部首批院士
中国工程院院士(中医药)
1995 年逝世的医药卫生界人物

卫生工作纪事

1995 年卫生工作纪事

卫生统计工作

卫生统计信息工作

卫生统计信息工作
"八五"期间我国卫生事业发展情况简报
重新修订《全国卫生统计报表制度》
卫生统计工作检查
"加强中国基层妇幼卫生/计划生育服务"项目终期评估工作
金卫工程——国家卫生信息网开始启动
第八届国际医药信息学大会召开

卫 生 统 计

卫生机构、床位、人员
1995年全国卫生机构、床位、人员数和构成
1995年全国卫生机构专业卫生人员数及构成
1995年全国医院机构、床位、人员数
全国卫生机构、床位数
全国卫生机构专业卫生人员数
全国市、县医院床位数及专业卫生技术人员数
全国平均每千人口医院床位数及专业卫生技术人员数
全国卫生技术人员中获得中级及以上技术职称人数
全国县医院机构、床位、人员数
全国农村乡卫生院机构、床位、人员数
全国中医机构、床位、人员数
全国卫生防疫、防治机构、人员数
全国妇幼卫生机构、床位、人员数
全国医学科学研究机构、人员数
全国民族自治地方卫生机构、床位、人员数
全国卫生部门卫生机构、床位、人员数
1995年全国卫生部门按隶属关系分县及县以上医院机构、床位、人员数
全国卫生部门县及县以上医院床位与人员、医护之比
全国工业及其他部门卫生机构、床位、人员数
全国农村村级卫生组织情况
1995年各地区卫生机构、床位数
1995年各地区卫生机构专业卫生人员数
1995年各地区平均每千人口医院床位、医生、护士数
1995年省会所在市及百万人口以上市每千人口医院床位、医生、护士数
各地区农村村级卫生组织情况
医疗服务
1995年全国医院诊疗人次及入院人数
全国医院病床使用情况
全国卫生部门城市医院住院病人前十位疾病构成(ICD-9)
全国卫生部门县医院住院病人前十位疾病构成(ICD-9)
1995年卫生部门综合医院社会及经济效益情况
卫生部门综合医院社会及经济效益情况
1995年卫生部门综合医院部分病种出院病人平均住院日和住院医疗费用
1995年各地区县及县以上医院病床使用情况
1995年各地区卫生部门县及县以上医院病床使用情况
1995年各地区工业及其他部门县及县以上医院病床使用情况
1995年各地区农村乡卫生院病床使用情况
人口自然变动及死亡原因
全国人口出生率、死亡率、自然增长率
1995年部分市前十位主要疾病死亡专率及死亡原因构成
1995年部分县前十位主要疾病死亡专率及死亡原因构成
90年代初全国前十位恶性肿瘤死亡率
传染病报告
1995年全国法定报告传染病发病及死亡情况
全国法定报告传染病发病及死亡情况
食品卫生监测
食品卫生监测情况

食物中毒情况

农村改水

全国农村改水工作情况

各地区农村改水情况

妇幼卫生

1975～1995年全国节育手术情况

全国新法接生、住院分娩百分比

地方病防治

1995年全国地方病防治情况

医学教育和科研

全国高中等医药院校及在校学生、招生数

全国高中等医药院校毕业人数

医学科研成果

1994年科技统计

卫生经费

全国各个时期卫生事业费

全国各个时期卫生基本建设投资

1994年全国卫生事业费

1993～1994年卫生事业费增长情况表

1994年人均卫生事业费地区一览表

附　录

附一、台湾卫生工作

附二、港、澳、台地区主要卫生统计指标

台湾主要医疗卫生指标

香港主要医疗卫生指标

澳门主要医疗卫生指标

台湾、香港、澳门主要人口指标

附三、我国几项人口、卫生统计指标与世界部分国家比较

1994年人口指标

妇幼卫生指标

附四、全国行政区划、人口、经济

1994年底全国行政区划

1994年底全国按人口分组的市数

全国人口数

全国年龄别人口数构成

1990、1994年各地区人口数

全国国民生产总值、财政收支情况

附五、1993年度诺贝尔医学奖

附六、1994年度诺贝尔医学奖

附七、1995年度诺贝尔医学奖

索　引

索引

更正

1997卷

目录

特　载

全国卫生工作会议综述

中共中央、国务院关于卫生改革与发展的决定

江泽民总书记在全国卫生工作会议上的讲话

李鹏总理在全国卫生工作会议上的讲话

李鹏总理在全国卫生工作会议省部级领导座谈会上的讲话

国务委员彭珮云在全国卫生工作会议上的总结讲话

深化改革　加快发展　开创卫生工作新局面——卫生部部长陈敏章在全国卫生工作会议上的报告

重要会议报告

国务委员彭珮云在全国九亿农民健康教育行动工作经验交流会上的讲话(摘要)

卫生部部长陈敏章在全国九亿农民健康教育行动工作经验交流会上的讲话(摘要)

卫生部部长陈敏章在1996年全国卫生厅局长电视会议上的讲话(摘要)

国务委员彭珮云在1996年全国中医药工作厅局长会议上的讲话(摘要)

卫生部部长陈敏章在1996年全国中医药工作厅局长会议上的讲话(摘要)

卫生部副部长兼国家中医药管理局局长张文康在1996年全国中医药工作厅局长会议上的报告(摘要)

国务委员彭珮云在全国中医药科技大会开幕式上的讲话(摘要)

卫生部部长陈敏章在全国中医药科技大会开幕式上的讲话(摘要)

卫生部副部长兼国家中医药管理局局长张文康在全国中医药科技大会上的讲话(摘要)

政策法规

血液制品管理条例

医疗器械产品注册管理办法

1996年主要卫生法规和规范性文件

工作进展

卫生工作

中医药工作

1996年我国卫生事业发展情况统计公报

1996年全国卫生厅局长电视会议

卫生改革综述

卫生部参与职工医疗保障制度改革扩大试点工作

职工医疗保障制度改革试点取得新进展

卫生部政策与管理研究专家委员会就卫生改革与发展重大问题进行研讨

卫生部机关贯彻《行政处罚法》情况综述
卫生法制建设
卫生部开展“三五”普法工作

公共卫生与疾病防治

疾病控制工作
卫生部下发《全国重大疾病控制工作“九五”规划纲要》
卫生监督工作
全国卫生监督工作“九五”规划
地方病防治工作
卫生部关于 1996 年卫生监督工作情况通报
国务院办公厅转发卫生部《关于进一步加强血吸虫病地方病防治工作的报告》
逐步推动慢性非传染性疾病社区综合防治工作
肿瘤防治和控制工作
卫生部糖尿病防治专家咨询委员会成立
卫生部首次召开“世界糖尿病日”座谈会
组织管理
加强卫生监督职业道德建设工作
卫生监督审批工作的综合管理
全国卫生监督培训及培训调查工作
卫生监督法律知识培训班
加强基层卫生监督网络建设
启用新的中国卫生监督标志
加强卫生监督着装管理
全国救灾防病工作
全国卫生防疫站评审工作
全国卫生防疫防病信息综合管理网开通
中国预防医学科学院全球信息资源网正式开通
加强卫生防疫管理人员培训
公共卫生监督员档案计算机管理试点
聘任两批卫生部卫生监督员
全国卫生监督工作会议在宁波召开
开展宣传卫生监督法制有奖征文活动
计划免疫
全国政协主席李瑞环参加消灭脊髓灰质炎强化免疫活动
全国计划免疫工作会议
中国计划免疫第三个 85%目标审评
消灭脊髓灰质炎工作进展
1996～2000 年消灭脊髓灰质炎行动计划
JICA 控制脊髓灰质炎项目延长期限并转移实施地区
全国开展消灭脊髓灰质炎强化免疫活动
全国乙型肝炎疫苗新生儿免疫接种“九五”目标
新生儿破伤风由丙类传染病纳入乙类管理
传染病防治
1996 年全国传染病疫情
1995 年全国性病疫情
1996 年艾滋病疫情
国务院防治艾滋病、性病协调会议
全国艾滋病防治工作会议
1996 年全国性病学术研讨会议
全国艾滋病临床诊断和治疗研讨会
1991～1995 年全国流行性出血热监测点工作
出血性大肠杆菌 0-157:H_7 诊断培训
鼠疫疫情及防治
全国鼠疫防治“九五”计划
卫生部肝炎防治领导小组召开扩大会议
全国第二次病毒性肝炎流行病学调查结束
卫生部成立第二届病毒性肝炎、腹泻病、自然疫源性疾病防治三个专家咨询委员会
甲型肝炎防治对策
结核病监测工作十年
加强结核病防治工作
结核病防治“八五”工作情况与“九五”规划工作重点
卫生部加强与促进结核病控制项目
世界银行贷款结核病控制项目进展
全国开展“世界防治结核病日”活动
麻风病防治工作现况
33 个传染病与消毒国家标准颁布
地方病防治
加强地方病科技工作
碘缺乏病防治进展

消除碘缺乏病国际合作项目综合评估
延安地区碘缺乏病考察
地方性氟中毒、砷中毒防治研究进展
全国克山病与扩张型心肌病学术研讨会
大骨节病防治试点
布氏菌病疫情回升
1996年黑热病防治和监测进展
寄生虫病防治
1996～2000年全国寄生虫病防治计划
血吸虫病防治
血防综合试点市工作进展
第二次全国血吸虫病流行病学调查
“八五”期间血防8个综合试点县考核验收
世界银行贷款血吸虫病控制项目课题研究进展
浙江省达到了消灭血吸虫病目标
1996年确定两个血吸虫病流行县
1996年全国疟病形势
1996～2000年全国疟疾防治规划
修订《疟疾防治技术方案》
全国肠道寄生虫病防治进展
卫生部发布《消灭丝虫病标准》、《消灭丝虫病审评》文件
国境卫生检疫
《国境卫生检疫法》颁布十年，卫生检疫工作取得成就
国境卫生检疫口岸改革
进口食品卫生监督检验
入出境集装箱、货物、废旧物品卫生检疫管理规程重新修订下发执行
推广使用卫生检疫电脑软件
加快海港卫生检疫改革
全国卫生检疫机关加强对进口废旧物品的管理
传染病监测
改进口岸现场艾滋病监测方法
全国卫生检疫机关AIDS检测结果
中国国际旅行卫生保健协会工作
纪念《中华人民共和国国境卫生检疫法》颁布10周年大会在珠海召开
劳动卫生与职业病防治
乡镇工业职业卫生服务对策试点工作
工作场所健康促进工作
环境卫生监督
加强生活饮用水卫生监督管理
全国化妆品卫生抽检
统一化妆品防腐剂测定方法
放射卫生防护
加强放射源生产、经营监督管理
天津等5省(市)放射卫生综合监督示范市通过考核验收
授予卫生部工业卫生实验所等34个单位《放射防护评价资格证书》
广东大亚湾核电站通过国家验收
食品营养与卫生监督
保健食品的法制管理
认定首批13个单位为保健食品功能学检验机构
《食品卫生法》实施一周年
1990～1995周期中国政府同联合国儿童基金会营养合作项目圆满结束
1996年保健食品、化妆品、新资源食品审批情况
中国营养与食物监测网建立
组织O-157:H_7大肠杆菌监测
春、夏季全国食品卫生监督检查
全国白酒生产经营市场卫生监督
学校卫生监督
颁发全国学校卫生工作“九五”计划
加强学生集体用餐卫生监督管理
卫生标准
1996年发布的国家卫生标准(248项)

爱国卫生运动

对剧毒急性鼠药的销售、使用情况进行调查
全国除四害专业技术培训班在京举办
中国/联合国儿童基金会1996～2000年WES项目立项实施
全国爱卫会除四害专家委员会成立
对6城市除四害达标工作进行考核鉴定

对部分国家卫生城市和卫生城市进行复查
厦门、昆山、青岛市被命名为国家卫生城市
张家港港务局被命名为全国卫生港
上海海运(集团)公司客轮公司船队被命名为全国卫生客轮船队
组织中国城市卫生考察团赴日本、韩国考察

妇幼卫生

妇幼卫生工作
《中华人民共和国母婴保健法》贯彻执行情况
制定《中国妇幼卫生事业发展“九五”规划和2010年目标纲要》
制定贯彻《90年代中国儿童发展规划纲要》、《中国妇女发展纲要》实施方案(1996～2000年)
卫生部发布中国妇女、儿童健康状况
1996～2000年妇幼卫生合作项目开始启动
妇幼保健机构评审
妇幼卫生社区服务试点项目开始启动
世界银行贷款“综合性妇幼保健项目”进展情况
第五届妇女保健学术会议
1990～1995年妇幼卫生合作项目总结
建立爱婴社区国际合作项目
中澳儿童ARI项目结束
促进社区母乳喂养
创建爱婴医院取得新进展
中国预防医学科学院“博爱工程”正式启动
第五届世界母乳喂养周
中芬建立新生儿筛查技术合作项目
第三次9市7岁以下儿童体格发育调查
母婴保健技术服务许可证等法律证件的工本收费立项和统一收费标准
依法规范《出生医学证明》

中医药事业管理

1996年全国中医药工作厅局长会议在京举行
国家中医药管理局中医药工作专家咨询委员会成立
国家中医药管理局中医药工作专家咨询委员会第一次全体会议暨中医药管理工作研讨会召开
全国中药行业生产流通领域实行执业中药师资格制度
国家中医药管理局职业技能鉴定指导中心成立
制定实施中医药行业“三五”普法规划
《中医药期刊审读实施办法》等发布实施
研究制定《中医药事业“九五”计划及2010年规划设想》
第三次全国中药工业普查获得成功
明确中药工业现代化战略
实施示范中医医院二期建设方案
《医疗机构中药饮片质量管理办法(试行)》实施
民族医药“316计划”开始实施
中药材生产工作得到进一步加强
全国中医药科技大会在京举行
《药品零售企业中药饮片质量管理办法》实施
开展学习哈尔滨市药材总公司活动，建设全国中药“放心药店”
全国中药资源普查获1995年全国10大科技成就
国家“八五”中医药科技攻关项目通过验收
国家攀登计划“经络的研究”项目通过验收
加强中医药职业教育
全国第二批继承老中医药专家学术经验工作开始实施
中医药对外教育管理进一步加强
1996年度国家中医药管理局中医药科技进步奖奖励项目表
1996年度国家中医药管理局中医药基础研究奖奖励项目表

医政管理

1996年医政工作
卫生部发布《综合医院康复医学科管理规范》
《精神病医院评审标准(试行)》颁布

首届全国爱眼日活动
我国与国际狮子会合作开展白内障手术
北京地区"世界精神卫生日"活动
血液管理工作
医用氧舱管理
卫生部颁布《眼科医院、妇产医院、耳鼻喉医院基本标准》
以病人为中心,深化医院改革经验交流会
中国农村"HFA/2000"规划目标普及阶段终末国家复核审评工作结束
全国农村合作医疗经验交流会召开
香港明爱中心支援内地农村卫生建设
农村合作医疗出现良好发展态势
1996年全国护士执业考试
新编护士注册表正式启用
全国整体护理研讨会
全国整体护理协作网建立

医 学 教 育

医学教育工作
医学教育中的德育工作
世界银行贷款卫生Ⅳ项目培训领域工作进展
医学视听教材招标制作工作
高等医学教育
高等医学教育
部属高校教育管理体制改革和"211工程"进展
高等医学教育面向21世纪教学内容和课程体系课题研究立项工作
临床教学基地评审工作
医学高等专科教育改革
首届海峡两岸暨香港地区医学教育研讨会
中等医学教育
中等医学教育工作
四年制护理教学计划制定
华夏基金会资助中等卫生学校检验专业项目评估
1996/1997学年全国中等卫生学校毕业生和招生人数
医士类专业进行调整
部属单位中等卫生(护士)学校工作会议
世界卫生组织资助项目
成人医学教育
医学成人教育
部属高校成人教育评估
卫生部继续医学教育委员会及学科组成立
1996年国家级继续医学教育项目公布
《继续医学教育学分授予试行办法》等颁布实施
乡村医生系统化、正规化中等医学教育
研究生医学教育与学位工作
医学研究生教育和学位工作
部属单位博士生指导教师遴选
卫生部学位委员会会议暨部属单位研究生教育工作座谈会
卫生部属单位博士研究生入学公共英语统一考试
北京医科大学、上海医科大学和中国协和医科大学正式建立研究生院
医学门类第六批博士、硕士学位授权学科、专业审核结果
附表1 第六批博士学位授权学科、专业点名单
附表2 第六批硕士学位授权学科、专业点名单

医学科学技术

卫生科技工作
"九五"攻关项目启动实施
卫生部第一个国家级工程技术研究中心建设正式启动
卫生部科学研究基金和优秀青年科技人才专项基金评审
新建三个部门开放重点实验室
部分卫生部属国家重点实验室、部门开放实验室通过了国家级评估
"心血管病和肿瘤发病机理的分子生物学研究"项目通过结题验收并进行该项目在"九五"延续的申报工作

卫生部第六批面向基层推广的 10 项适宜技术
十年百项成果推广计划工作中期总结
关于 WHO 奖学金项目在中国实施情况的调研
“九五”期间卫生标准研制计划的制定
卫生行业标准归口范围及代号
第四届全国卫生标准技术委员会成立
国家计量认证卫生评审组成立
首批 97 项卫生行业标准发布
1995 年度卫生部获国家技术发明奖项目
1996 年度卫生部获国家技术发明奖项目
1995 年度卫生部获国家级科学技术进步奖项目
1996 年度卫生部获国家级科学技术进步奖项目
卫生部颁发 1996 年度部级医药卫生科技进步奖
1996 年度卫生部医药卫生科技进步奖奖励项目
卫生部 1996 年批准的医药卫生科学技术进步奖奖励项目选介
1995 年卫生部获国家自然科学奖项目

药 政 管 理

医药工作
1996 年药品监督管理工作综述
国务院办公厅关于继续整顿和规范药品生产经营秩序加强药品管理工作的通知
各地贯彻落实国办发(1996)14 号文件情况
1996 年全冒药品抽验工作
1996 年新药审批工作
药品广告审查
1996 年查处假劣药品情况
西药地方标准品种整顿
举办全国药政处长、药检所长培训班
全国药品监督管理信息网建成
加快处方药和非处方药分类管理
全国中药材专业市场整顿工作
中国实行药品 GMP 认证制度
全国药检所(省、口岸、计划单列市)实验室认证工作完毕
药物流行病学在中国的进展
药物基础测试工作成绩显著
关于加强盐酸安非拉酮管理的规定
加强麻黄碱的管理
关于戒毒用美沙酮供应管理规定
加强戒毒医疗机构的管理
加强放射性药品进出口的管理
《中华人民共和国药典》1995 年版正式颁布
《藏药标准》颁布实施
卫生部第七届药典委员会全体委员会议在京召开
卫生部发布《麻醉药品品种目录》和《精神药品品种目录》
1996 年医药工业 50 强企业
1996 年度国家级科技进步奖医药获奖项目
1996 年度国家医药管理局科技进步奖项目

计划财务管理与审计监督

计划财务管理工作
卫生经济网络“二五”计划
进一步完善卫生经济政策
国务院办公厅批转三部委关于推进农村卫生“三项建设”工作意见
三部委研讨区域卫生规划工作
’96 临床学科重点项目完成终审
中国卫生总费用测算
全国医院医疗服务成本测算工作
医疗服务价格改革进展
卫生部成立大型医用设备评审委员会
卫生部公布《第二批大型医用设备管理品种目录》
卫生部颁布《CT 等大型医用设备配置与应用管理实施细则》
卫生部颁布《医疗卫生机构仪器设备管理办法》
《1991～1995 年部属事业单位决算数据集》编写完成
卫生部直属单位常规装备更新改造项目之

三——《加强外科技术项目》启动
北京'96医院建筑设计及装备国际研讨会举行
卫生行政事业单位首次进行国有资产产权登记
部属单位1995年度国有资产报表综合分析
卫生部直属单位住宅建设加快步伐
卫生系统三峡对口支援工作
卫生部、财政部统一为国家级贫困县中心卫生院装备B超设备
1996年卫生部定点扶贫工作
卫生部建设工程项目执法监察工作
卫生审计工作

健康教育与新闻出版

全国九亿农民健康教育行动新进展
中国/联合国儿童基金会1996～2000年周期健康教育项目合作计划
举行1996年世界卫生日座谈会
'96全国爱牙月口腔健康促进大行动
全国公共场所控烟工作
全国又表彰一批无吸烟学校优秀校长
泸州杯第四届全国卫生美术展览
1996年获国家科技进步奖的医药科技著作
卫生部颁发1996年度医药卫生杰出科技著作科技进步奖
荣获1996年卫生部杰出科技著作突出贡献出版社集体奖单位名单
1996年度卫生部医药卫生杰出科技著作科技进步奖奖励书目
1996年度国家医药管理局杰出优秀著作获奖书目
全国第三届普通高等学校优秀教材获奖书目(医药卫生类)
ICD-10第一卷正式出版

国际交流合作与外资利用

1996年卫生外事工作概况
颁发《卫生部护照签证申办程序及注意事项》
第二届"脑十年"神经科学进展国际研讨会在京召开
笹川医学奖学金项目第二个十年协议签署
中国卫生部与比利时达米恩基金会签署合作协议
国际抗癫痫会议在北京召开
美国百时美施贵宝公司支持中国卫生事业的发展
中美商贸发展联委会工作组医学技术小组第二次会议
陈敏章部长率团出席第47届世界卫生组织西太区委员会会议
殷大奎副部长率团出席第49届世界卫生大会
曹荣桂副部长率团出席第18次中国/WHO合作规划联席协调会议
殷大奎副部长率团出席世界部长级麻风控制大会
1996年与外国卫生部签订卫生合作协议情况
1996年外国卫生部代表团来访情况
中国政府与世界银行联合完成卫生筹资研究
世界银行贷款卫生Ⅳ项目农村卫生筹资与乡村医生报酬研究课题开始启动
世界银行贷款疾病预防项目(卫生Ⅶ项目)澳大利亚赠款即将实施
世界银行贷款疾病预防项目(卫生Ⅶ项目)健康促进行为危险因素监测系统(BRFSS)在中国首次运转
世界银行贷款"中国农村贫困地区基本卫生服务项目"完成鉴定
利用外国政府贷款工作研讨会在厦门召开
世界银行贷款卫生Ⅴ项目结核病与血吸虫病控制开始中期评估
世界银行贷款疾病预防项目(卫生Ⅶ项目)健康促进项目市参加1996国际戒烟竞赛
世界银行贷款综合性妇幼卫生保健项目"医疗扶贫计划"完成试点工作
预防医学科学院与美国百尔玛国际有限公司签订科研合作协议
民间外事交流开始分署运作

1996 年审核批准 4 个学会参加国际组织
审核申办合作建设北京多伦多国际医院
1996 年审核批准在我国召开的国际会议
1996 年利用外资项目
卫生部国际紧急救援中心顾问委员会成立
卫生部国际交流中心·日本第一制药医药学奖学金设立
日本味之素氨基酸营养医师培训中心成立
卫生部国际交流中心·日本参天制药眼科医生奖设立
第五届中国国际医疗器械设备展览会暨第十九届国际放射学大会在京举行
首届中国国际口腔器械及材料展览会与技术交流会在京举行

军队卫生工作

军队卫生工作概要
第 31 届国际军事医学大会
驻香港部队卫生工作
部队基层卫生工作
全军医院管理工作
军队医疗保障制度改革
医药卫生秩序整顿
加强驻边远艰苦地区军队医院建设
军队医药卫生科技成果获奖项目
第四军医大学通过“211 工程”立项审核
卫生信息管理与自动化建设

省、自治区、直辖市卫生工作

北京市
天津市
慢性病控制工作
天津“九五”卫生科技发展规划出台
河北省
山西省
改善公费医疗的管理与服务
曲沃县进入“全国农村中医工作先进县”行列
颁布《山西省红十字会条例》
山西授予魏文亮“人民健康卫士”称号卫生部做出向魏文亮学习的决定
内蒙古自治区
包头卫生部门全力抗震救灾
《内蒙古自治区公民献血条例》实施
辽宁省
吉林省
黑龙江省
上海市
200 余万名中小学生、婴幼儿参加住院医疗互助基金
国内首例非血缘供者外周干细胞移植获得成功
西藏自治区传染病医院竣工并移交
赴宁夏南部山区开展白内障复明手术
上海市血液中心新大楼奠基
《上海市城镇企业职工住院医疗保险暂行办法》实施
贯彻落实《关于深化本市公费医疗制度改革的实施办法》
江苏省
江苏省实施淮北农村改水攻坚方案
浙江省
江山市农村卫生院首例体外循环下心内直视手术成功
安徽省
选拔培养跨世纪学术和技术带头人
卫生防病工作实行目标管理
安徽省人大开展《食品卫生法》、《药品管理法》执法检查
《安徽省实施〈母婴保健法〉办法》发布
福建省
爱婴行动在福建
闽台医疗卫生合作与交流
闽西推广农村合作医疗
制定颁发《福建省初级卫生保健基金暂行管理办法》
颁布实施《福建省禁止非医学需要鉴定胎儿性别的规定》

江西省
南昌市血防试点工作
九江市职工医疗保障制度改革
江西贫困地区妇幼保健水平提高
山东省
河南省
河南省1000多所医院进入国家等级医院行列
发布《河南省爱国卫生条例》
湖北省
湖北省出台卫生事业发展综合目标考评办法
世界银行贷款为湖北农村卫生工作注入活力
湖北省卫生厅完成机关机构改革和推行实施国家公务员制度工作
湖北省委省政府出台优惠政策完善卫生补偿机制
湖南省
广东省
广西壮族自治区
海南省
四川省
贵州省
云南省
召开全省发展中医药大会
云南省公布荣誉名中医和首批名中医
西藏自治区
发布《关于进一步加强藏医药工作的决定》
加强传染病地方病防治
整顿拉萨市区社会医疗机构
陕西省
实施卫生工作5个战略转移
地方病防治5年战役
甘肃省
城乡医院结对帮扶
兰医二院加强药品管理的五条措施
首次招考录用公务员
青海省
宁夏回族自治区
新疆维吾尔自治区
农村改水成效显著
和田农村地区防病改水全面展开
新疆医学院建院40周年
实施结核病控制项目
哈木拉提·吾甫尔获“中国十大杰出青年”称号

学术团体和群众团体

中华医学会
中华预防医学会
中国中西医结合学会
附　各学会召开的学术会议

中国红十字会

中国红十字会国内工作
中国红十字会外事往来

人事与干部

全国“百千万人才工程”1995、1996年度第一、第二层次入选人名单
1995、1996年政府特殊津贴发放
卫生部召开纪念“五四”中青年科学家座谈会
1996年世界银行贷款卫生Ⅳ项目人力规划领域进展

卫生界人物

卫生部系统
卫生部部长、副部长
卫生部正、副司(局)长、主任
卫生部直属单位行政正、副职领导
各省、自治区、直辖市正、副卫生厅(局)长
各计划单列市卫生局长
全国爱国卫生运动委员会系统
全国爱国卫生运动委员会主任、副主任、办公室主任
各省、自治区、直辖市爱国卫生运动委员会

主任
各计划单列市爱国卫生运动委员会主任
国家中医药管理局系统
国家中医药管理局局长、副局长
国家中医药管理局(机关)司长、主任
国家中医药管理局直属单位行政正、副职领导
国家医药管理局系统
国家医药管理局局长、副局长
国家医药管理局(机关)司长、主任
军队卫生系统
总后勤部卫生部部长、副部长
总后勤部卫生部(机关)正、副局长、主任
总后勤部卫生部直属单位行政正、副职领导
总后勤部直属医疗卫生单位行政正、副职领导
各军区、各军兵种后勤部卫生部正、副部长
学术团体和群众团体
中华医学会会长、副会长、秘书长
中华护理学会理事长、副理事长、秘书长
中国生理学会理事长、副理事长、秘书长
中国解剖学会理事长、副理事长、秘书长
中国医学生物工程学会理事长、副理事长、秘书长
中国病理生理学会理事长、副理事长、秘书长
中国营养学会理事长、副理事长、秘书长
中国女医师协会会长、副会长、秘书长
中国防痨协会理事长、副理事长、秘书长
中国麻风防治协会理事长、副理事长、秘书长
中国心理卫生协会理事长、副理事长、秘书长
中国康复医学会会长、副会长、秘书长
中国农村卫生协会会长、副会长、秘书长
中国输血协会理事长、副理事长、秘书长
中华预防医学会会长、副会长、秘书长
中国卫生经济学会会长、副会长、秘书长
中国国际旅行卫生保健协会会长、副会长、秘书长
中华医院管理学会会长、副会长、秘书长
中国健康教育协会会长、副会长、秘书长
中德医学协会理事长、副理事长、秘书长
中国学生营养促进会会长、副会长、秘书长
中日医学科技交流协会会长、副会长、秘书长
中国医学影像技术研究会会长、副会长、秘书长
中国水利电力医学科学技术学会理事长、副理事长、秘书长
中华口腔医学会会长、副会长、秘书长
中国足部反射区健康法研究会会长、副会长、秘书长
中国初级卫生保健基金会理事长、副理事长、秘书长
中国医疗装备应用与维修技术协会理事长、副理事长、秘书长
中国性学会理事长、副理事长、秘书长
中国老年保健协会会长、副会长、秘书长
中国卫生统计学会会长、副会长、秘书长
中国老年保健医学研究会会长、副会长、秘书长
中国卫生法学会会长、副会长、秘书长
中国吸烟与健康协会会长、副会长、秘书长
中国免疫学会理事长、副理事长、秘书长
中国优生优育协会会长、副会长、秘书长
中国优生科学协会会长、副会长、秘书长
中国鼠害与卫生虫害防治协会会长、副会长、秘书长
全国卫生产业企业管理协会会长、副会长、秘书长
中国保健科技学会会长、副会长、秘书长
全国卫生摄影协会主席、副主席、秘书长
中国药物滥用防治协会会长、副会长、秘书长
中国医疗保健国际交流促进会会长、副会长、秘书长
中国医药生物技术协会理事长、副理事长、秘书长
海峡两岸医药卫生交流协会会长、副会长、

秘书长
中国地方病防治协会会长、副会长、秘书长
中国性病艾滋病防治协会会长、副会长、秘书长
中国牙病防治基金会理事长、副理事长、秘书长
马海德基金会理事长、副理事长、秘书长
中国癌症研究基金会主席、副主席、理事长、秘书长
中国预防性病、艾滋病基金会会长、副会长、秘书长
中国医学基金会主席、副主席、会长、副会长、秘书长
中国红十字基金会会长、副会长、秘书长
吴阶平泌尿外科医学基金会理事长、副理事长、秘书长
中国听力医学发展基金会理事长、副理事长、秘书长
中国器官移植发展基金会理事长、副理事长、秘书长
中国国际医学交流基金会理事长、副理事长、秘书长
中国红十字会
中国红十字会总会会长、副会长、秘书长
表彰人物
1996年全国卫生系统“五一”劳动奖章获得者
1996年全国卫生系统获“五一”劳动奖状的先进集体
首都隆重举行“白求恩奖章”获得者表彰大会
1996年全国卫生系统获“巾帼建功”标兵、先进单位名单
卫生部授予4人“人民健康好卫士”荣誉称号
第二届全国中青年医学科技之星获奖名单
已故妇产科专家林巧稚获“中国雷锋”称号
第三届“吴扬奖”在京颁奖
第三届求是科技基金奖在京颁发
王振义教授获“杰出科学家奖”
杰出科技成就集体奖和杰出青年学者奖颁发
侯云德院士获1996年中国医学科学奖
朱既明教授获“科学与技术进步奖”
李婉先教授荣获WHO1996年世界无烟日纪念奖
“八五”攻关部分项目和人员受到国家表彰
卫生部疾病控制司荣获诸福棠奖和世界卫生组织1996年度卫生领域特别成就奖
卫生部、农业部、水利部联合表彰血吸虫病防治先进集体和先进个人
卫生部表彰妇幼卫生先进单位和先进工作者
卫生部表彰全国牙病防治先进县
经人事部批准的1996年度有突出贡献的中青年科学、技术、管理专家简介
经卫生部批准的1996年度有突出贡献的中青年科学、技术、管理专家名单
第五届中国青年科技奖获奖名单
1996年新当选的中国工程院医药与卫生工程学部院士
1996年逝世的医药卫生界人物

卫生工作纪事

1996年卫生工作纪事
1996年中国医药科技十大新闻

卫生统计工作

卫生统计信息工作

卫生统计信息工作
开展常见恶性肿瘤发病、死亡与危险因素监测方法研究
100个妇幼项目县基线调查
80年代末、90年代初中国恶性肿瘤死亡抽样调查
卫生部机关普及Office集成办公软件系统

卫 生 统 计

卫生机构、床位、人员
1996 年全国卫生机构、床位、人员数及构成
1996 年全国卫生机构专业卫生人员数及构成
1996 年全国医院、卫生院机构、床位、人员数
全国卫生机构、床位数
全国卫生机构专业卫生人员数
全国市、县医院床位数及专业卫生技术人员数
全国平均每千人口医院床位数及专业卫生技术人员数
全国卫生技术人员中获得中级及以上技术职称人数
全国县医院机构、床位、人员数
全国农村卫生院机构、床位、人员数
全国中医机构、床位、人员数
全国卫生防疫、防治机构、人员数
全国妇幼卫生机构、床位、人员数
全国医学科学研究机构、人员数
全国民族自治地方卫生机构、床位、人员数
全国卫生部门卫生机构、床位、人员数
1996 年全国按隶属关系分的县及县以上卫生部门医院机构、床位、人员数
全国县及县以上卫生部门医院床位与人员、医护之比
全国工业及其他部门卫生机构、床位、人员数
全国农村村级卫生组织情况
1996 年各地区卫生机构、床位数
1996 年各地区卫生机构专业卫生人员数
1996 年各地区平均每千人口医院床位、医生、护士数
1996 年省会所在市及百万人口以上市平均每千人口医院床位、医生、护士数
各地区农村村级卫生组织情况
医疗服务
1996 年全国医院诊疗人次及入院人数
全国医院病床使用情况
全国卫生部门城市医院住院病人前十位疾病构成(一)
全国卫生部门城市医院住院病人前十位疾病构成(二)
全国卫生部门城市医院住院病人前十位疾病构成(ICD-9)
全国卫生部门县医院住院病人前十位疾病构成(一)
全国卫生部门县医院住院病人前十位疾病构成(二)
全国卫生部门县医院住院病人前十位疾病构成(ICD-9)
1996 年卫生部门综合医院社会及经济效益情况
卫生部门综合医院社会及经济效益情况
1996 年各地区县及县以上医院病床使用情况
1996 年各地区县及县以上卫生部门医院病床使用情况
1996 年各地区县及县以上工业及其他部门医院病床使用情况
1996 年各地区农村卫生院病床使用情况
人口自然变动及死亡原因
全国人口出生率、死亡率、自然增长率
1996 年部分市前十位主要疾病死亡专率及死亡原因构成
1996 年部分县前十位主要疾病死亡专率及死亡原因构成
传染病报告
1996 年全国法定报告传染病发病及死亡情况
全国法定报告传染病发病及死亡情况
食品卫生监测
食品卫生监测情况
食物中毒情况
农村改水、改厕工作
全国农村改水工作情况
各地区农村改水情况
1996 年各地区农村改厕工作情况
妇幼卫生
1976～1996 年全国节育手术情况
全国新法接生、住院分娩百分比
地方病防治

1996年全国地方病防治情况
医学教育和科研
全国高中等医药院校及在校学生、招生数
全国高中等医药院校毕业人数
医学科研成果
1995年科技统计
卫生经费
全国各个时期卫生事业费
全国各个时期卫生基本建设投资
1994～1995卫生事业费增长情况表
1995年卫生事业费决算表(总表)
1995年人均卫生事业费分地区一览表

附　录

附一、台湾卫生工作
附二、港、澳、台地区主要卫生统计指标
台湾主要医疗卫生指标
香港主要医疗卫生指标
澳门主要医疗卫生指标
附三、我国几项人口、卫生统计指标与世界部分国家比较
1988～1990年居民营养指标
附四、全国行政区划、人口、经济
1995年底全国行政区划
1995年底全国按人口分组的市数
全国人口数
全国年龄别人口数构成
1990、1995年各地区人口数
全国国民生产总值、财政收支情况

索　引

索引

重要会议报告

江泽民主席在第十届世界烟草或健康大会开幕式上的讲话
国务委员彭珮云在第三次全国农村改水工作会议上的讲话(摘要)
吴邦国副总理给 1997 年全国医药管理局长会议暨全国医药系统“双先”表彰会的贺信
全国爱卫会副主任、卫生部部长陈敏章在世界银行贷款第Ⅱ期中国农村供水与环境卫生项目启动培训班上的讲话(摘要)
全国爱卫会副主任、卫生部部长陈敏章在第三次全国农村改水工作会议上的工作报告(摘要)
全国爱卫会副主任、卫生部部长陈敏章在全国第二次健康教育工作会议上的讲话(摘要)
把握大局　再接再厉　开创中药工作新局面——卫生部副部长兼国家中医药管理局局长张文康在全国中药工作局长会议上的讲话(摘要)
国家医药管理局局长郑筱萸在全国医药管理局长会议上的讲话

政策法规

中华人民共和国献血法
药品交易会管理办法
1997 年主要卫生法规和规范性文件

工作进展

卫生工作
中医药工作
卫生改革综述
基层卫生人员分配政策不断完善
社区卫生服务加大管理力度
落实农村卫生基础建设配套政策
农村合作医疗制度不断完善
基本医疗界定研究
城镇职工医疗保障制度改革试点进展
基层医疗机构试行股份合作制
卫生法制建设
卫生产业在发展
卫生部政策与管理研究专家委员会成立十周年

公共卫生与疾病防治

疾病控制工作
疾病监测工作
卫生监督工作
1997 年卫生监督工作情况通报
地方病防治工作
香港回归庆典和党的十五大召开期间卫生防病联防工作
北京等 17 个地区建立全国社区慢性非传染

性疾病综合防治示范点
WHO慢性非传染性疾病合作项目工作
三峡库区库底卫生清理
中国常见恶性肿瘤筛查方案制订
流感监测合作项目
组织管理
全国救灾防病工作
全国卫生防疫站评审工作
医疗保险管理干部培训
《中华人民共和国传染病防治法》监督执法检查和调研
成立卫生部公共卫生专家咨询委员会和卫生部卫生监督专家咨询委员会
1996/1997年度中国/WHO公共卫生有关合作项目顺利完成
全国食品卫生监督员统一更换监督服标志
卫生部聘任第三批卫生监督员并发布卫生监督员誓词
加强卫生监督员规范化管理
1997年卫生监督法律及有关专业培训
卫生部开展创建文明执法示范单位活动
卫生监督系统信息自动化建设
聘任67名卫生部卫生监督员
计划免疫
消灭脊髓灰质炎工作进展
国家消灭脊髓灰质炎证实委员会成立
全国消灭脊髓灰质炎第五次强化免疫日活动
全国育龄期妇女破伤风类毒素常规免疫接种方案
卫生部表彰全国计划免疫先进集体和先进个人
1997～2000年全国预防接种安全注射规划
卫生部下发加速麻疹控制规划指南
流行性出血热疫苗效果免疫(感染)增强和免疫策略的研究
传染病防治
1997年全国传染病疫情
全国艾滋病检测工作规范
中国艾滋病现状及需求调查
艾滋病性病宣传教育工作进展
艾滋病性病预防控制国际合作项目
结核病防治工作进展
世界银行贷款中国结核病控制项目中期评估报告
3·24“世界防治结核病日”
全国鼠疫防治工作战略研讨会召开
鼠疫疫情及防治
地方病防治
国务院办公厅就碘缺乏病防治有关问题下发文件
国务院消除碘缺乏病协调领导小组第五次会议召开
1997年全国第二次碘缺乏病统一监测
全国第四届碘缺乏病宣传日
碘缺乏病防治国家参照实验室在北京建立
碘缺乏病国际合作项目进展顺利
澳大利亚政府向我国碘缺乏病防治工作提供援助
开展大骨节病手术治疗试点
英国赛克勒基金会赞助陕西手术治疗大骨节病
举办第二期全国克山病病情监测培训班
布鲁氏杆菌病疫情形势
修改下发全国地方性氟中毒重点监测点监测方案
寄生虫病防治
1997年全国血防工作会议
国务院下发血防九五计划
血吸虫病防治
世界银行贷款中国血吸虫病控制项目中期评估(1992～1996)
全国疟疾形势
苏鲁豫皖鄂5省疟疾联防
基本消灭疟疾地区监测方法研究进展
四川、重庆、湖南3省、市通过消灭丝虫病审评

国境卫生检疫

国际卫生检疫工作综述

中国国际旅行卫生保健协会定点门诊
陆港卫生检疫
海港卫生检疫
实行卫生检疫执法持证上岗制度
疾病监测与艾滋病管理
进口食品卫生监督检验
对外合作促进卫生检疫工作
公务员管理工作
'97第三届中国国际旅行卫生保健学术会
中国国际旅行卫生保健协会工作
中国国际旅行卫生保健、卫生检疫、进口食品检验Internet网址简介
劳动卫生与职业病防治
开展《尘肺病防治条例》执法检查
环境卫生监督
卫生部确定1997～2000年期间环境卫生工作重点
组织全国公共场所卫生监督检查
组织开展化妆品生产企业卫生监督检查
第二届海峡两岸砷暴露及健康危害研讨会在台北召开
放射卫生防护
加强对放射工作人员的健康管理
关于加强放射卫生工作的几点意见
卫生部加强核事故医学应急准备工作
加强辐照食品的卫生监督管理
食品营养与卫生监督
中国保健食品管理情况
规范食品卫生行政执法行为
1997年春、秋季食品卫生抽检
全国人大常委会检查《中华人民共和国食品卫生法》实施情况
《中国营养改善行动计划》颁发
《中国居民膳食指南》修订
卫生部组织开展第二次全国食品卫生法宣传周活动
新资源食品和化妆品审批工作
消毒工作
学校卫生监督
全国学生常见病综合防治中期考评
扩大健康促进学校试点工作
卫生标准
1997年颁布的卫生标准(88项)

爱国卫生运动

加强爱国卫生工作理论研讨
1996年部分国家卫生城市和卫生城市复查结果
对成都等国家卫生城市复查
命名江苏省吴江市为国家卫生城市
组织对汕头等9市创建国家卫生城市工作进行调研
组织开展创建国家卫生镇活动
世界卫生组织与中国合作项目“健康城市”讲习班举办
第三次全国农村改水工作会议
世界银行贷款第Ⅱ期农村供水与环境卫生项目
莆田县潮安县奋战3年基本完成农村改厕
表彰全国农村改水先进单位和农村改水先进工作者
国务院召开加强灭鼠药品管理工作协调会
修订灭鼠、蚊、蝇、蟑螂标准和考核鉴定办法
推荐安全、高效的卫生杀虫与灭鼠药械
组织对上海、广州、南宁、长沙、长春等5城市创建灭蟑螂先进城区工作考核验收

妇 幼 卫 生

妇幼卫生工作
全国《母婴保健法》执法工作情况
社区母乳喂养服务
中国新生儿疾病筛查工作进展
建立学龄前儿童口腔保健项目
1996年中国城区0～7岁儿童单纯性肥胖流行学调查
妇幼保健保偿制进展
制定爱婴市评估标准
[附]爱婴市、爱婴区、爱婴县评估方案(试行)
社区妇幼卫生服务试点地区基础调查

妇幼保健机构等级评审
联合调查母婴保健和计划生育技术服务工作
制定《九十年代中国儿童发展规划纲要》、《中国妇女发展纲要》卫生保健指标与监测评估技术要求
女职工生育保险课题研究开题
颁发《婚前保健工作规范》
1996～2000年周期合作项目开展岗位人员培训
爱婴医院评估暨爱婴医院最高审批委员会会议
联合国儿童基金会、世界卫生组织联合评估爱婴市

中医药事业管理

中医药事业“九五”计划及2010年规划设想开始实施
实施国有中成药工业重点企业(50强)行动计划
“辉煌的五年——十四大以来经济建设和精神文明建设成就展”中医药倍受关注
全国中药生产流通领域内执业中药师注册登记工作
开展中医药行业特有工种职业技能鉴定
“中药技能大奖”和“中药技术能手”评选表彰活动
全国中医医疗机构“放心药房”建设经验交流会召开
国家标准《中医临床诊疗术语》颁布实施
进行全国县级中医医院调查
全国整顿中药材专业市场
加强毒性中药材的饮片定点生产管理
推广“全浸润”生产技术提高中药饮片质量
实施中药GSP
全国中医药教育工作座谈会召开
“经络的研究”和“中药现代化关键问题的基础研究”列入“九五”国家攀登计划预选项目
实施“九五”国家中医药科技攻关项目
加强中医药继续教育
实施“113人才培养计划”
中国针灸学会第三次全国会员代表大会召开
全国中医药对外交流与合作工作会议召开
世界针灸学会联合会成立10周年学术大会召开
世界针灸学会联合会第四届会员代表大会召开
世界中西医结合大会在京召开
1997年度国家中医药管理局中医药科技进步奖奖励项目表
1997年度国家中医药管理局中医药基础研究奖奖励项目表

医政管理

医政工作
社区卫生服务
卫生援藏工作
卫生部颁布《综合医院评审标准》、《乡(镇)卫生院评审标准》和《医院、乡(镇)卫生院评审结论判定标准》
医疗机构管理进展
颁布《关于设立外商投资医疗机构的补充规定》
医院分级管理和评审阶段性进展
全国卫生下乡支农工作
关于加强对境外医疗救援组织常驻代表机构管理的通知
创建以病人为中心、优质服务百佳医院的工作在全国展开
颁布实施第二版《全国临床检验操作规程》
全国卫生临床检验标准分委会成立
“视觉第一中国行动”项目
《中华人民共和国护士管理办法》实施三年的调查总结
全国整体护理工作阶段小结
《中国输血技术操作规程(血站部分)》颁布实施
血液管理新进展
农村合作医疗新进展
初级卫生保健普及阶段工作

卫生部发布《关于进一步推动合作医疗工作的通知》

医 学 教 育

医学教育工作
医学教育中的德育工作
世界银行贷款卫生Ⅳ项目培训领域工作
联合国开发计划署护理教改项目管理
组织评审优秀医学视听教材和CAI软件
高等医学教育
卫生部部属高等学校工作研讨
卫生部部属高校医学视听教育检查评估
高等医学院校临床教学基地评审工作
卫生部部属高等学校护理教育改革研讨会召开
中等医学教育
中等医学教育专业结构调整工作
中等卫生学校12个专业教学大纲小修订
《中国中等卫生职业教育》大型画册发行
华夏基金会资助中等医学影像专业(1997～1998年度)项目
中等医学教育护理专业计算机命题系统等研制
1997/1998学年初全国中等卫生学校分专业毕业生、招生人数
护理教育改革
成人医学教育
继续医学教育工作
全科医学教育
住院医师培训工作
卫生部部属高校(扩大)成人教育工作会议
卫生部继续医学教育委员会学科组第三次工作会议召开
成人高等医学教育教学基本要求编写完成
《继续药学教育试行办法》、《继续护理学教育试行办法》颁布实施
乡村医生系统化、正规化中等医学教育
研究生医学教育与学位工作
部属单位医学博士研究生入学公共英语统一考试
颁布《授予博士、硕士学位和培养研究生的学科、专业目录
设置临床医学专业学位
国务院学位委员会聘任第四届学科评议组成员名单
1997年普通高等学校国家级教学成果奖项目名单(医药教育部分)

医学科学技术

医学科技工作
重点科研基地建设
优秀青年科技人才基金招标结束
中国医学科学院进入全国科技体制改革试点行列
四部委联合颁布《关于“九五”期间实验动物发展的若干意见》
“九五”医学科技攻关——介入诊疗技术及相关器械研究正式启动
卫生部第七批面向农村和基层推广的10项适宜技术项目名单
关于笹川医学奖学金实施10周年情况调研
中国第一个Cochrane中心在华西医科大学筹建
卫生部/WHO首次在美国举办卫生行政管理培训班
国家计量认证卫生评审组开展工作
召开第四届全国卫生标准技术委员会成立大会
全国卫生标准管理
1997年度卫生部获国家级科学技术进步奖项目
1997年度卫生部获国家自然科学奖项目
1997年度卫生部获国家技术发明奖项目
1997年度卫生部医药卫生科学技术进步奖奖励项目
卫生部1997年批准的医药卫生科学技术进步奖奖励项目选介

药 政 管 理

药品监督管理工作概况

典型案例
1997 年 GMP 认证工作
全国药品抽验工作
药品广告审查
加强药品标签和说明书管理
中国药典 1997 年增补本颁布执行
中国药典(1997)英文版出版发行
《仿制药品审批办法》颁布实施
审批新药概况
下达《核发〈放射性药品使用许可证〉整顿验收细则》
修订《咖啡因管理规定》
发布《即时标记放射性药品生产企业验收标准》
卫生部公布麻醉药品二级经营单位
我国建立红花罂粟种植基地
《关于有关公约保留适用于香港特区事》
卫生部公布《生物材料和医疗器材监督管理办法》
贯彻执行国务院颁布《血液制品管理条例》情况
基因工程乙肝疫苗替代血源乙肝疫苗
中药新药审批工作
国家中药品种保护工作概况
1997 年化学医药形势
药品行政保护工作
医药市场情况
1997 年"医药商品质量管理规范(GSP)"达标企业名单
荣获国家医药管理局、国家级科学技术进步奖、局级科学技术进步奖项目

计划财务管理与审计监督

计划财务管理工作
四部委联合开展区域卫生规划工作
"辉煌的五年"参展工作
全国农村卫生"三项建设"执行情况
各地贯彻《决定》落实卫生经济政策情况
城市社区卫生服务经济政策研究
卫生系统三峡工程移民对口支援工作
卫生部定点扶贫工作进展
加强卫生服务收费管理
加强预算外资金管理
建设工程项目执法监察工作圆满完成
临床学科重点项目评审及资金投入实行新举措
临床重点学科项目终期和阶段性评估结果
加强大型医用设备配置管理工作
加强大型医用设备应用质量管理
部属医院"加强外科技术项目"第二阶段装备工作完成
加快部属院校教职工住房建设
组织完成"卫生装备管理文件汇编"
制定《卫生部直属单位基本建设项目工程管理办法》
颁发部分国有资产管理办法
中国卫生经济培训与研究网络工作
事业单位新会计制度和财务制度培训工作全面进行
全国卫生装备管理工作研讨会及 WHO 设备管理讲习班
首批部属医院经济管理培训班在川举行
卫生审计工作
预算执行审计
医院审计

健康教育与新闻出版

健康教育工作
中国/WHO 社会健康教育项目试点工作
第十届世界烟草或健康大会在北京召开
全国吸烟行为流行病学调查
发布《关于在公共交通工具及其等候室禁止吸烟的规定
全国健康教育机构调查工作
首次表彰全国健康教育先进工作者
牙病防治新长征在瑞金出发
第九届全国爱牙日
部属医药卫生期刊治理整顿
第八届全国优秀科技图书奖医药科技著作获奖书目

第三届国家图书奖在京颁奖
第三届国家图书奖的医药科技著作
1997年获国家科技进步奖的医药科技著作

国际交流合作与外资利用

国际合作与对外交流
陈敏章部长参加香港医院管理局年会
张文康副部长率团出席第50届世界卫生大会
殷大奎副部长率团出席第48届世界卫生组织西太区委员会会议
全国卫生外事工作会议在海南三亚召开
美国施贵宝基金会赞助3个卫生合作项目
中国/世界卫生组织联席协调委员会第19次会议在黄山举行
香港同胞捐赠健康快车
笹川医学奖学金10周年纪念活动在京举行
1997年与外国卫生部签署卫生合作协议情况
1997年外国卫生部代表团来访情况
世界银行贷款“健康促进项目”取得新进展(卫生Ⅶ项目)
世界银行澳大利亚赠款“健康促进技术援助项目”实施
世界银行贷款“结核病控制项目”完成中期评估
世界银行贷款“血吸虫病控制项目”完成中期评估
世界银行赠款支持区域卫生规划研究
世界银行贷款“加强中国农村贫困地区基本卫生服务”项目进入全面准备(卫生Ⅷ项目)
世界银行贷款卫生项目采购活动1997年进展
综合性区域卫生发展项目(卫生Ⅲ项目)
疫苗项目生产设施建设基本完成
秦巴项目完成评估
世界医药卫生大会举行
开展“视觉第一中国服务计划”
国际输血协会第八届亚太地区输血大会召开
推行意外急救医疗保险(障)卡服务
卫生部国际交流中心·日本中医药研究会中医药学奖学金
老项目新进展
1997年审核批准在我国召开的国际会议

军队卫生工作

军队卫生工作概要
驻香港部队进驻卫生保障
任国际军事医学委员会主席国工作情况
强化军队医疗单位为部队服务
军队医疗保障制度改革调研论证
军队药材供应管理工作
军队医学科学研究和教育训练工作
军队医药卫生单位获奖成果项目
全军保健工作
军队中医药工作
部队创建卫生单位活动
全军乙型肝炎免疫3年计划

省、自治区、直辖市卫生工作

北京市
天津市
河北省
山西省
榆次市开展早期儿童综合发展社区服务
实施控制新生儿出生缺陷的“削峰工程”
“农民健康工程”启动实施
内蒙古自治区
辽宁省
吉林省
黑龙江省
上海市
实施《上海市城镇企业职工门诊急诊部分项目医疗保险暂行办法》和《上海市城镇私营企业职工和个体工商户及其帮工医疗保险暂行办法》

实施《关于本市部分事业单位职工医疗保险实施办法》
实施《上海市医疗机构管理办法》
完成“200个社区卫生综合服务示范点建设”实事工程
百人跨世纪医学领先学科带头人计划正式启动
完成第八届全国运动会卫生保障任务
中华(上海)骨髓库建立
江苏省
浙江省
安徽省
召开全省卫生工作暨振兴中医大会
全省农村初级卫生保健基本合格
《食品卫生法》行政执法责任制试点工作
福建省
颁布施行《福建省爱国卫生条例》
血液管理
江西省
上高县开展社区疾病控制综合服务
赣州改造乡卫生院危房
江西省推进医疗改革
25个疫区县防治血吸虫病
山东省
河南省
颁布实施《河南省中医条例》
振兴中医大会召开
颁布实施《河南省食品卫生条例》
河南医科大学第一附属医院、河南省人民医院综合病房楼奠基
一手抓发展一手抓治乱
河南省召开全省卫生工作会议
湖北省
贯彻落实全国全省卫生工作会议精神
鄂州农村卫生机构实行镇村一体化管理
初级卫生保健普及率增高
湖南省
广东省
广西壮族自治区
海南省
四川省
重庆市
贵州省
云南省
云南省委、省政府颁布下发《中共云南省委、省人民政府贯彻落实〈中共中央国务院关于卫生改革与发展的决定〉的实施意见》
云南省表彰白求恩奖章获得者和模范卫生工作者
红河州被命名为防盲先进州
国际疟疾控制管理培训班在云南开班
青年志愿者开展卫生扶贫
“心连心国际组织”1999年预向云南捐赠药品
云南省召开全省卫生工作会议
西藏自治区
西藏作出卫生改革与发展决定
西藏加大卫生投入
陕西省
贯彻《中共中央、国务院关于卫生改革与发展的决定》主要配套文件目录
省委、省政府制定政策措施贯彻《中共中央、国务院关于卫生改革与发展的决定》
省委、省政府《实施意见》中的主要政策措施落实情况
甘肃省
制定实施《甘肃省卫生发展调节资金收取管理办法》
卷烟消费卫生附加费征收管理办法
开展卫生扶贫城乡对口支援
青海省
制定卫生改革与发展规划
初级卫生保健
宁夏回族自治区
新疆维吾尔自治区
解决群众“看病贵”问题
城市医务人员下乡服务
新疆维吾尔医研究所开展研究工作

理事长、秘书长
中华口腔医学会会长、副会长、秘书长
中国足部反射区健康法研究会理事长、副理事长、秘书长
中国初级卫生保健基金会理事长、副理事长、秘书长
中国医疗装备应用与维修技术协会理事长、副理事长、秘书长
中国性学会理事长、副理事长、秘书长
中国老年保健协会会长、副会长、秘书长
中国卫生统计学会会长、副会长、秘书长
中国老年保健医学研究会会长、副会长、秘书长
中国卫生法学会会长、副会长、秘书长
中国吸烟与健康协会会长、副会长、秘书长
中国免疫学会理事长、副理事长、秘书长
中国优生优育协会会长、副会长、秘书长
中国优生科学协会会长、副会长、秘书长
中国鼠害与卫生虫害防治协会会长、副会长、秘书长
全国卫生产业企业管理协会会长、副会长、秘书长
中国保健科技学会会长、副会长、秘书长
中国卫生摄影协会主席、副主席、秘书长
中国药物滥用防治协会会长、副会长、秘书长
中国医疗保健国际交流促进会会长、副会长、秘书长
中国医药生物技术协会理事长、副理事长、秘书长
海峡两岸医药卫生交流协会会长、副会长、秘书长
中国地方病协会会长、副会长、秘书长
中国性病艾滋病防治协会会长、副会长、秘书长
中国牙病防治基金会理事长、副理事长、秘书长
马海德基金会理事长、副理事长、秘书长
中国癌症研究基金会主席、副主席、理事长、秘书长
中国预防性病、艾滋病基金会会长、副会长、秘书长
中国医学基金会主席、副主席、会长、副会长、秘书长
中国红十字基金会会长、副会长、秘书长
吴阶平泌尿外科医学基金会理事长、副理事长、秘书长
中国听力医学发展基金会理事长、副理事长、秘书长
中国器官移植发展基金会理事长、副理事长、秘书长
中国国际医学交流基金会理事长、副理事长、秘书长
中国红十字会
中国红十字会总会会长、副会长、秘书长
表彰人物
1997年全国医药卫生系统“五一劳动奖章”获得者
1997年全国医药卫生系统获“五一劳动奖状”的先进集体
卫生系统35人荣获“全国优秀科技工作者”荣誉称号
第四届“吴杨奖”在宁颁奖
王振义荣膺布鲁巴赫癌肿研究奖
陈敏章部长获1997年世界卫生组织烟草与健康奖
卫生部发出开展向王忠诚同志学习活动的通知
卫生部发出开展向石磊同志学习活动的决定
乌兰获第八届“中国十大杰出青年”殊荣
1997年新当选的中国科学院医药界院士
1997年新当选的中国工程院医药与卫生工程学部院士
1997年逝世的医药卫生界人士

卫生工作纪事

1997年卫生工作纪事
1997年中国医药科技十大新闻

卫生统计工作

卫生统计信息工作

新编居民病伤死因统计信息管理软件完成
卫生部因特网络联通
卫生统计信息工作
卫生部门统计执法情况检查
金卫工程进展
第七届中国医药信息学大会
卫生部颁发《医院信息系统软件评审管理办法》(试行)
中国医院信息系统通过技术鉴定
加强农村贫困地区基本卫生服务项目管理信息系统工作进展
卫Ⅷ项目试点县完成基线调查
完成综合区域卫生规划项目地区卫生总费用研究项目

卫 生 统 计

卫生机构、床位、人员

1997年全国卫生机构、床位、人员数及构成
1997年全国卫生机构专业卫生人员数及构成
1997年全国医院、卫生院机构、床位、人员数
全国卫生机构、床位数
全国卫生机构专业卫生人员数
全国市、县医院床位数及专业卫生技术人员数
全国平均每千人口医院床位数及专业卫生技术人员数
全国卫生技术人员中获得中级及以上技术职称人数
全国县医院机构、床位、人员数
全国农村乡(镇)卫生院机构、床位、人员数
全国中医机构、床位、人员数
全国卫生防疫、防治机构、人员数
全国妇幼卫生机构、床位、人员数
全国医学科学研究机构、人员数
全国民族自治地方卫生机构、床位、人员数
全国卫生部门卫生机构、床位、人员数
1997年全国按隶属关系分的县及县以上卫生部门医院机构、床位、人员数
全国县及县以上卫生部门医院床位与人员、医护之比
全国工业及其他部门卫生机构、床位、人员数
全国农村村级卫生组织情况
1997年各地区卫生机构、床位数
1997年各地区卫生机构专业卫生人员数
1997年各地区平均每千人口医院及卫生院床位、医生、护士数
1997年省会所在市及百万人口以上市平均每千人口医院床位、医生、护士数
各地区农村村级卫生组织情况

医疗服务

1997年全国医院、卫生院诊疗人次及入院人数
全国医院、卫生院病床使用情况
全国卫生部门城市医院住院病人前十位疾病构成(一)
全国卫生部门城市医院住院病人前十位疾病构成(二)
全国卫生部门城市医院住院病人前十位疾病构成(ICD-9)
全国卫生部门县医院住院病人前十位疾病构成(一)
全国卫生部门县医院住院病人前十位疾病构成(二)
全国卫生部门县医院住院病人前十位疾病构成(ICD-9)
1997年卫生部门综合医院经费及收、支情况
卫生部门综合医院经费及收、支情况
1997年各地区县及县以上医院病床使用情况
1997年各地区县及县以上卫生部门医院病床使用情况
1997年各地区县及县以上工业及其他部门医院病床使用情况

1997年各地区农村乡(镇)卫生院病床使用情况

人口自然变动及死亡原因

全国人口出生率、死亡率、自然增长率

1997年部分市前十位主要疾病死亡专率及死亡原因构成

1997年部分县前十位主要疾病死亡专率及死亡原因构成

传染病报告

1997年全国法定报告传染病发病及死亡情况

全国法定报告传染病发病及死亡情况

食品卫生监测

食品卫生监测情况

1997年发生食物中毒情况及原因分析

农村改水、改厕工作

全国农村改水工作情况

各地区农村改水情况

1997年各地区农村改厕工作情况

妇幼卫生

1976～1997年全国节育手术情况

全国新法接生、住院分娩百分比(%)

地方病防治

1997年全国地方病防治情况

医学教育与科研

全国高中等医药院校数及在校学生、招生数

全国高中等医药院校毕业人数

医学科研成果

1996年科技统计

卫生经费

全国各个时期卫生事业费

全国各个时期卫生基本建设投资

1995～1996卫生事业费增长情况表

1996年卫生事业费决算表(总表)

1996年人均卫生事业费分地区一览表

1997年卫生事业费决算表(总表)

1997年人均卫生事业费分地区一览表

附　　录

附录一:香港特别行政区、台湾、澳门主要卫生统计指标

香港特别行政区主要医疗卫生指标

台湾主要医疗卫生指标

澳门主要医疗卫生指标

香港特别行政区、台湾、澳门主要人口指标

附录二:我国几项人口、卫生统计指标与世界部分国家比较

每千人口医师、医院床位数及卫生占中央财政支出比重(%)

我国城乡居民医疗卫生服务利用指标与70年代7个国家的比较

1995年人口指标

妇幼卫生指标

1988～1990年居民营养指标

附录三:全国行政区划、人口、经济

1996年底全国行政区划

1996年底全国按人口分组的市数

全国人口数

全国年龄性别人口数构成(%)

全国四次人口普查数

1990、1996年各地区人口数

全国国民生产总值、财政收支情况

索　　引

索引

1999卷

目录

特载

李岚清副总理在全国爱国卫生灾后防疫电视电话会议上的讲话(摘要)
张文康部长在爱国卫生灾后防疫电视电话会议上的讲话(摘要)
救灾防病工作
全国爱国卫生灾后防疫电视电话会议召开
抗洪抢险部队卫勤保障
救灾防病健康教育
卫生部1998年救灾捐赠款物安排情况
卫生部1998年救灾防病专项经费安排情况
国外捐赠的救灾防病药械
救灾防病基本情况统计
加强灾后重建中的卫生工作
加强灾后重建和机构改革期间劳动卫生与职业病防治工作
受到国家表彰的卫生系统抗洪先进集体和抗洪模范名单
卫生部表彰抗洪抢险救灾防病先进集体和先进个人
卫生部抗洪抢险救灾防病先进集体名单
卫生部抗洪抢险救灾防病先进个人名单
中央国家机关表彰卫生系统支援抗洪抢险救灾防病工作先进集体、先进个人名单
科技部表彰卫生系统抗洪救灾先进集体、先进个人名单
国家中医药管理局表彰支援抗洪救灾工作先进集体和个人
卫生部追授黄慧生、赵丛菊“救灾防病健康卫士”荣誉称号并开展学习活动
救灾防病大事摘要

重要会议报告

江泽民主席致世界卫生组织的贺电(稿)
李岚清副总理在世界卫生组织成立五十周年暨1998年世界卫生日纪念大会上的讲话
李岚清副总理在全国爱国卫生委员会第十二次全体委员会议上的讲话(摘要)
吴邦国副总理在全国城镇职工医疗保险制度改革工作会议开幕时的讲话
李岚清副总理在全国城镇职工医疗保险制度改革工作会议上的总结讲话
国务委员彭珮云在中国艾滋病控制国际捐款会议上的讲话
国务委员彭珮云在1998年全国卫生厅局长会议上的讲话(摘要)
陈敏章部长在1998年全国卫生厅局长会议上的报告(摘要)
张文康副部长在1998年全国卫生厅局长会议上的总结讲话(摘要)
国务委员彭珮云在1998年全国中医药工作厅局长会议上的讲话
全国爱卫会副主任、卫生部部长张文康在全国爱国卫生运动委员会第十二次全体委

员会议上的工作报告(摘要)

政 策 法 规

中华人民共和国执业医师法
国务院关于建立城镇职工基本医疗保险制度的决定
人类遗传资源管理暂行办法
国务院关于印发中国预防与控制艾滋病中长期规划(1998—2010 年)的通知
中国预防与控制艾滋病中长期规划(1998—2010)
国内交通卫生检疫条例
卫生部职能配置、内设机构和人员编制的规定
中华人民共和国卫生部令 第 55 号 医学实验动物管理实施细则
1998 年主要卫生法规和规范性文件

工 作 进 展

卫生工作
中医药工作
1998 年全国卫生事业发展情况统计公报
卫生改革综述
卫生法制与监督工作
首届全国卫生法制工作会议召开
1998 年全国卫生厅局长会议召开

公共卫生与疾病防治

疾病控制工作
疾病监测
卫生监督工作情况通报
慢性非传染病防治健康促进工作
慢性非传染性疾病综合防治社区示范点
三峡库区人群健康监测
我国设立第一个全国高血压日
流感监测
《国内交通卫生检疫条例》颁布实施
全国卫生防疫站等级评审工作

计划免疫

全国消灭脊髓灰质炎工作进展
消除新生儿破伤风工作进展
加速麻疹控制工作
卢森堡政府继续支持我国冷链设备

传染病防治

全国甲、乙类传染病疫情概要
艾滋病防治工作进展
《中国预防与控制艾滋病中长期规划(1998—2010)》制定
性病防治工作进展
结核病控制进展
以霍乱为重点的腹泻病防治
麻风防治工作进展
中国肝炎防治基金会成立
鼠疫疫情及防治
粤、琼、港、澳地区传染病控制联席会议
对《中华人民共和国传染病防治法》实施情况进行检查

地方病防治

全国克山病监测结果分析
全国大骨节病病情监测结果
地方性氟中毒防治工作
中国消除碘缺乏病战略国际研讨会在京召开
落实中央领导指示,规范补碘工作

寄生虫病防治

血吸虫病防治
血防大区综合试点考核验收
1998 年全国疟疾形势
卫生部与 WHO 嗜人按蚊分布区疟疾综合防治对策研究
我国肠道寄生虫病的防治

劳动卫生与职业病防治

《职业卫生法》草案拟定
全国职业卫生资源与利用调查结束
全国乡镇企业职业卫生会议召开

环境卫生监督

全国环境卫生监测工作研讨会在京召开
卫生部、公安部、劳动和社会保障部、国家工

商行政管理局联合发出通知清理整顿按摩服务场所
卫生部组织专家开展环境污染健康影响评价工作研讨
放射卫生防护
卫生部加强核事故医学应急工作
卫生部加强放射卫生监督工作
全国慢性放射损伤学术研讨会在苏州举行
卫生部向中国科技大学国家同步辐射实验室颁发建设项目卫生审查认可书
CT等大型医用设备应用质量管理工作
卫生部组织γ辐照装置放射防护监督检查
大连市放射卫生综合监督示范市通过验收
我国加入WHO主持的国际电磁辐射研究项目
国家重点工程通过放射卫生审查
卫生部公布第一批淘汰CT机机型
卫生部调整和加强全国放射性监测网络
卫生部召开全国放射卫生综合监督管理示范市经验交流暨总结表彰会议
学校卫生监督
以预防使用烟草及预防艾滋病为切入点发展健康促进学校
健康相关产品与卫生监督
卫生部汇报全国人大常委会执法检查组建议的落实情况
1998年秋季食品卫生抽检结果
开展第三个“全国《食品卫生法》宣传周”活动
1998年食物中毒通报
1998年保健食品、化妆品、涉及饮用水卫生安全产品审批工作情况
卫生部公布减肥类保健食品的抽检结果
营养与食品安全教育项目启动
卫生部举办营养教育与营养技能培训班
山西省朔州市、大同市等地发生甲醇中毒事件
卫生标准
1998年颁布的卫生标准(47项)

国境卫生检验检疫

卫生检疫工作
卫生监督工作
疾病监测
艾滋病监测
进口食品卫生监督检验
全国口岸传染病防制会议召开

爱国卫生运动

全国爱卫会第十二次全体委员会议在京召开
农村改水改厕取得新进展
世界银行贷款农村供水项目执行情况
中国/联合国儿童基金会1996年～2000年WES项目进展顺利
首批国家卫生镇命名
命名表彰全国卫生车站、港口、机场及旅客列车、客机
对国家卫生城市复查暨对创建城市工作进行调研、考核
暂停第四次全国城市卫生检查评比活动
全国开展打击非法制售剧毒急性鼠药活动

基层卫生

基层卫生工作
城市社区卫生服务进展
调整社区卫生服务工作协调组
“发展社区卫生服务树立行业文明新风现场经验交流会”召开
举办社区卫生服务政策研讨会
纪念《阿拉木图宣言》发表20周年
农村初级卫生保健取得新进展
农村初级卫生保健发展规划制订
中国农村社会保障制度研究第三阶段研究工作启动
表彰2000年人人享有卫生保健规划目标实施普及阶段先进个人和集体

妇幼卫生

妇幼卫生工作
中日母子保健项目在四个城市进行试点
推进医疗保障体制改革,参与“生育保险”课

题研究
“母亲安全”工程启动
加强妇幼卫生信息管理,健全监测网络
贯彻实施《母婴保健法》,推动法制化进程
世界银行卫生Ⅸ项目立项
实施《九十年代中国儿童发展规划纲要》阶段性总结
1998 年～2000 年防治儿童肺炎项目
彭珮云副委员长荣获第 8 届诸福棠奖
儿童疾病综合管理项目启动
创建爱婴医院工作进展
“小儿两病防治”合作项目取得阶段性成果

中医药事业管理

中医药救灾防病与支援灾区中医医疗机构恢复重建工作
地方中医立法工作取得进展
国家中医药管理局机构调整顺利完成
组织创建中医系统全国百佳医院工作
纪念毛泽东同志关于西医学习中医批示 40 周年
国家攀登计划预选项目启动
1998 年度有 18 项成果荣获中医药基础研究奖
全国中成药工业国有重点企业五十强评出
七所中医药院校首次开办农村中医专业
全国临床医学(中医、中西医结合)专业学位试点工作启动
高等中医药教育面向 21 世纪教学内容和课程体系改革研究全面启动
中医药对外交流与合作
世界针灸学会联合会与世界卫生组织建立正式关系
国家中医药管理局首批中医药行业特有工种职业技能鉴定站成立
国家中医药管理局、劳动和社会保障部联合颁发全国中医药行业首批特有工种职业技能鉴定考评员资格证书
国家中医药管理局与人事部表彰全国中药系统先进集体和劳动模范、先进工作者

医政管理

医政工作
援藏工作
医疗机构管理
国务院召开全国城镇职工医疗保险制度改革工作会议
《中华人民共和国执业医师法》颁布
全国护士执业注册管理软件开始投入使用
整体护理工作在全国范围内深入开展
“护理发展”项目圆满完成
《中华人民共和国献血法》正式实施
全国临床用血收费标准基本统一
《血站管理办法》(暂行)颁布实施
防盲治盲工作
中外合资合作医疗机构不断发展
卫生部关于湖南省宁乡县人民医院误切患儿膀胱重大医疗事故的通报
医疗卫生机构统一标志启用

医学教育

医学教育工作
医学教育中的德育工作
世界银行贷款卫生Ⅳ项目培训领域工作进展
联合国开发计划署护理教改项目通过经期评估
1998 年度卫生部医学电子教材招投标工作圆满结束
举办纪念世界卫生组织成立 50 周年奖学金优秀留学回国人员事迹报告会
高等医学教育
部属高校教育管理体制改革
部属高校“211 工程”与重点学科建设进展
临床教学基地评审
中等医学教育
中等医学教育专业结构调整
《中等医学教育主要专业设置标准》颁布
护理教学改革
1998/1999 学年全国中等卫生学校毕业生和

招生人数
成人医学教育
卫生部继续医学教育委员会第四次学科组工作会议召开
继续医学教育工作评估及实施办法
成人高等医学教育主干课程目录和课程基本要求编写完成
住院医师规范化培训合格证书颁发管理办法(试行)实施
全国乡村医生教育工作研讨会在福建省福州市召开
生殖内分泌性激素补充疗法继续医学教育合作项目
对贵州、四川、河北、吉林和安徽5省农村卫生服务与乡村医生教育现状调研报告
研究生医学教育与学位工作
临床医学专业学位试点工作

医学科学技术

医学科技工作
国务院办公厅批转科技部和卫生部实施《人类遗传资源管理办法》
国家"九五"医学科技攻关项目通过中期评估
实验动物"九五"科技攻关招标工作结束
遗传资源的调查和采集课题列入"863"计划生物领域"九五"六大项目
病毒生物技术国家工程研究中心批准建设
实验血液学国家重点实验室通过复评
恶性肿瘤发生与发展的基础性研究项目列入国家重点基础研究发展规划
原发性骨质疏松症的临床和实验研究
中国医学科学院、中国协和医科大学所属7个单位获取实验动物及条件设施合格证
首批启动的国家重点基础研究发展规划项目中国医学科学院获三项资助
"新药(微生物)筛选实验室"通过论证开始筹建
幽门螺杆菌抗体诊断试剂盒成功推向市场
中国阻断淋巴丝虫病传播的策略和技术措施的研究通过鉴定
协和公共卫生学院与美国耶鲁大学流行病学与公共卫生学院的合作项目正式启动
中国预防医学科学院与法国达能集团合作组建营养中心
全国首批消毒鉴定实验室考核在京举行
第四届国际肿瘤及生态学会议在京召开
世界卫生组织新任总干事布伦特兰出席遏制疟疾研讨会
卫生部1998年批准的医药卫生科学技术进步奖奖励项目选介
1998年度卫生部科学研究基金、优秀青年人才专项科研基金评审工作
中国医学科学院、中国协和医科大学年会
卫生部面向农村和基层推广医药卫生适宜技术"十年百项计划"第八批项目名单
1998年度卫生部获国家级科学技术进步奖项目
1998年度卫生部医药卫生科学技术进步奖奖励项目

药品监督管理

国务院批准《国家药品监督管理局职能配置内设机构和人员编制规定》新药审批工作
药品认证管理工作
对外交流与合作

医药行业管理

医药行业管理工作
1998年全国医药工业主要经济指标排序(一)
1998年全国医药工业主要经济指标排序(二)
独立核算工业企业主要经济指标(一)
独立核算工业企业主要经济指标(二)

规划财务管理

规划财务管理工作
区域卫生规划工作进展
卫生总费用情况及分析
《医院财务制度》、《医院会计制度》印发

医疗服务成本测算工作进展
医院服务收费项目规范研究工作启动
卫生部扶贫工作
中国农村贫困地区合作医疗试点工作
医疗机构经济管理调研
完成部管直属企业脱钩工作
北京生物制品研究所股份制改造并上市
明确校办产业归口管理部门及职责
卫生部政府采购进入基础设施领域
外科技术领域装备项目完成
卫生部临床学科重点项目进入全面评估
《医院洁净手术室建设及技术标准》正在编制
《全国卫生行业医疗器械、仪器设备(商品、物资)分类与代码》(WZB12-98)通过专家评审
《卫生部仪器设备管理软件》研制工作完成
中国卫生经济培训与研究网络
卫生计财管理干部培训举办
卫生部直属单位房改售房工作
部属院校"筒子楼"改造项目全面实施
成功举办'98北京医院建筑设计及装备国际研讨会

健康教育与新闻出版

健康教育工作
控烟工作
中国吸烟危害研究最新信息通报会
举办首届海峡两岸健康教育研讨会
中国/联合国儿童基金会健康教育项目工作新进展
牙防新长征活动结束
卫生期刊清理整顿工作基本完成
《卫生部卫生报刊管理办法》座谈会在京召开
第11届中国图书奖医药图书获奖书目
1998年获国家科技进步奖的医药科技著作
乡村医生优秀教材获奖书目
第11批全国优秀畅销书医药科技著作
《中华本草》精选本正式出版发行

国际交流合作与外资利用

国际合作与对外交流
国家主席江泽民会见瑞士诺华公司总裁魏思乐博士
第十五届国际麻风大会在京召开
世界卫生组织总干事布伦特兰博士访华
纪念世界卫生组织成立50周年暨1998年世界卫生日
第51届世界卫生大会
中国/WHO联席协调委员会第20次会议
世界卫生组织西太平洋地区委员会第49届会议
卫生部与葛兰素威康公司签订肝炎教育项目
卫生部与美国-惠氏-立达(中国)公司签订生殖内分泌医学继续项目
美国霍普金斯大学授予陈敏章荣誉学位
世界银行贷款项目"艾滋病/性病预防与控制子项目、妇幼卫生子项目"(卫生Ⅸ)完成预评估与评估
世界银行贷款"综合性妇幼卫生保健"项目(卫生Ⅵ)中期评估完成
世界银行贷款项目"中国农村卫生人力开发"(卫生Ⅵ)中期评估完成
世界银行贷款项目(卫生Ⅷ)"贫困地区基本卫生服务子项目"及"秦巴扶贫子项目"启动实施
世界银行贷款项目"传染病与地方病控制"(卫生Ⅴ)执行期延长两年
世界银行贷款项目"疾病预防"健康促进子项目(卫生Ⅶ)澳大利亚政府第二批赠款即将实施
世界银行贷款项目"疾病预防"健康促进子项目(卫生Ⅶ)中期评估进展顺利
世界银行贷款项目"疾病预防"计划免疫子项目(卫生Ⅶ)实施进展情况
福特基金项目"改善生育卫生服务"进入实施阶段
英国政府拟提供赠款支持中国农村贫困地

区基本卫生服务
利用美国贴息优惠贷款加强医院常规设备建设项目前期准备工作完成
"中国卫生部国际交流中心·日本中外制药医学交流项目"在京设立
第三届中国国际口腔器材设备及材料展览会在京举行
第七届中国国际先进医疗器械设备展览会暨技术交流会在京举行
"荷兰'98中国传统医药及保健产品科技成就展暨技术交流会"在荷兰举行
加入国际学术组织的情况
老项目新进展
1998年卫生合作协议签署一览表
1998年外国卫生部长来访一览表
1998年审核批准在我国召开的国际会议

军队卫生工作

军队卫生工作
医疗管理工作
继续医学教育
部队就医管理改革试点
全军卫生防疫工作
卫生联勤体制研究论证
全军卫生信息化三大工程建设进展
药材供应主渠道建设
国际交流
全军卫生系统贯彻军队不经商决策
军队医药卫生单位获奖成果项目

省、自治区、直辖市卫生工作

北京市
天津市
全国社区卫生现场会在津召开
贯彻《献血法》
河北省
山西省
山西省人民医院后勤改革迈出新步伐
忻州地区妇幼保健院办院有特色
内蒙古自治区
卫生系统全力开展抗洪抢险救灾防病工作
《内蒙古自治区爱国卫生条例》实施
辽宁省
吉林省
完善信息网络
黑龙江省
上海市
成立上海市疾病预防控制中心、上海市预防医学研究院
颁布《上海市艾滋病防治办法》
颁布《上海市发展中医条例》
实施中医单病种质量控制标准
实行上海市残疾儿童报告制度
加强新生儿筛查工作制度
组建白内障手术医疗队
颁布《上海市献血条例》及有关规定
成立上海市不良反应监察中心(ADR)
开展乡村卫生一体化管理试点
开展城市医院支援农村卫生工作
269名应届临床住院医师签订流动协议书
转基因羊的研制和培育获重大突破
实施《上海市城镇企业退休人员门急诊医疗保险暂行办法》
江苏省
浙江省
安徽省
救灾防病工作
颁布实施《安徽省儿童计划免疫管理条例》
发布施行《安徽省婚前医学检查管理办法》
福建省
颁布施行《福建省初级卫生保健条例》
江西省
全省实现大灾之年无大疫
山东省
全省卫生行政执法证件换发工作

对口支援江西灾区救灾防病工作
河南省
整顿乱办医和虚假医疗广告
开展乡镇卫生院优质服务活动
脐血干细胞移植治疗白血病在河南医科大学第一附属医院首获成功
对口支援乡镇卫生院
发布《河南省职业病防治条例》
河南省试管婴儿技术获突破性进展
濮阳市被定为“控制吸烟先进城市”试点城市
开展全省农村卫生工作调查
湖北省
救灾防病取得了重大胜利
卫生部和湖北省嘉奖抗洪抢险救灾防病先进集体和先进个人
扎扎实实开展灾后水毁卫生设施重建工作
农村卫生三项建设稳步推进
湖南省
广东省
广西壮族自治区
海南省
四川省
重庆市
贵州省
云南省
红河州卫生行风建设收实效
昭通地区中医工作有特色
曲靖市推广应用“村办乡管”农村卫生新路子
加强传染病防治　迎接”99 昆明世博会
全省血吸虫病防治工作取得的成就
临沧实行卫生责任目标制
西藏自治区
西藏合作医疗稳步发展
陕西省
开办在职人员研究生课程班
陕西进行农村卫生综合改革试点
西安市实施儿童保健计算机管理
甘肃省
中国西部(兰州)眼库建立
青海省
宁夏回族自治区
新疆维吾尔自治区
广泛开展向吴登云同志学习活动
积极推进合作医疗工作
石河子大学医学院一附院努力缩短择期手术病人住院日

学术团体和群众团体

中华医学会
附　中华医学会 1998 年学术会议一览表
中华预防医学会
附　中华预防医学会 1998 年学术会议情况

中国红十字会

中国红十字会的国内工作
中国红十字会的国际交往

人事与干部

卫生部人才交流服务中心正式成立
卫生部主管社会团体清理整顿工作
中国预防医学科学院与北京市卫生局共建“中国预防医学科学院北京地坛医院”

卫生界人物

卫生部系统
卫生部部长、副部长
卫生部正、副司(局)长、主任
卫生部直属单位行政正、副职领导
各省、自治区、直辖市正、副卫生厅(局)长
各计划单列市卫生局长
全国爱国卫生运动委员会系统
全国爱国卫生运动委员会主任、副主任、办公室正、副主任
各省、自治区、直辖市爱国卫生运动委员会

主任
各计划单列市爱国卫生运动委员会主任
国家药品监督管理局系统
国家药品监督管理局局长、副局长
国家药品监督管理局司长、主任
国家中医药管理局系统
国家中医药管理局局长、副局长
国家中医药管理局司长、主任
国家中医药管理局直属单位行政正、副职领导
国家出入境检验检疫局系统
军队卫生系统
总后勤部卫生部部长、副部长
总后勤部卫生部(机关)正、副局长、主任
总后勤部卫生部直属单位行政正、副职领导
总后勤部直属卫生单位行政正、副职领导
各军区联勤部、各军兵种后勤部卫生部正、副部长
学术团体和群众团体
中华医学会会长、副会长、秘书长
中国解剖学会理事长、副理事长、秘书长
中国卫生经济学会会长、副会长、秘书长
中国优生科学协会会长、副会长、秘书长
中国卫生摄影协会主席、副主席、秘书长
中国生物医学工程学会理事长、副理事长、秘书长
中国水利电力医学科学技术学会理事长、副理事长、秘书长
中国防痨协会理事长、副理事长、秘书长
中国癌症研究基金会理事长、副理事长、秘书长
中国卫生统计学会会长、副会长、秘书长
中德医学协会理事长、副理事长、秘书长
中国营养学会理事长、副理事长、秘书长
中国病理生理学会理事长、副理事长、秘书长
中国麻风防治协会理事长、副理事长、秘书长
中国心理卫生协会理事长、副理事长、秘书长
中国健康教育协会会长、副会长、秘书长
中国农村卫生协会会长、副会长、秘书长
中国免疫学会理事长、副理事长、秘书长
中国预防医学会会长、副会长、秘书长
中国输血协会理事长、副理事长、秘书长
马海德基金会理事长、副理事长、秘书长
中国预防性病艾滋病基金会会长、副会长、秘书长
中华国际医学交流基金会会长、副会长、秘书长
中国医学基金会会长、副会长、秘书长
中国医疗装备应用与维修技术协会理事长、副理事长、秘书长
中国优生优育协会会长、副会长、秘书长
中国学生营养促进会会长、副会长、秘书长
中国医学影像技术研究会会长、副会长、秘书长
中国康复医学会会长、副会长、秘书长
中华护理学会理事长、副理事长、秘书长
中国吸烟与健康协会会长、副会长、秘书长
中日医学科技交流协会会长、副会长、秘书长
中国足部反射区健康法研究会理事长、副理事长、秘书长
中国保健科技学会会长、副会长、秘书长
中国生理学会理事长、副理事长、秘书长
全国卫生产业企业管理协会会长、副会长、秘书长
中国鼠害与卫生虫害防治协会会长、副会长、秘书长
中国性病艾滋病防治协会会长、副会长、秘书长
海峡两岸医药卫生交流协会会长、副会长、秘书长
中国医药生物技术协会理事长、副理事长、秘书长
中国药物滥用防治协会会长、副会长、秘书长
中国医疗保健国际交流促进会会长、副会长、秘书长

中国卫生法学会会长、副会长、秘书长
中国红十字基金会会长、副会长、秘书长
中国老年保健医学研究会会长、副会长、秘书长
中国性学会理事长、副理事长、秘书长
中国地方病防治协会会长、副会长、秘书长
中国牙病防治基金会理事长、副理事长、秘书长
中国国际旅行卫生保健协会会长、副会长、秘书长
中国老年保健协会会长、副会长、秘书长
吴阶平外科医学基金会理事长、副理事长、秘书长
中国器官移植发展基金会理事长、副理事长、秘书长
中国听力医学发展基金会理事长、副理事长、秘书长
中国女医师协会会长、副会长、秘书长
中华医院管理学会会长、副会长、秘书长
中华口腔医学会会长、副会长、秘书长
中国初级卫生保健基金会理事长、副理事长、秘书长
中国肝炎防治基金会理事长、副理事长、秘书长

中国红十字会

中国红十字会会长、副会长、秘书长

表彰人物

1998 年全国医药卫生系统“五一劳动奖章”获得者
1998 年全国医药卫生系统获“五一劳动奖状”先进集体
第六届中国青年科技奖获奖者(医药卫生系统)
第五届“吴杨奖”颁奖
王振义获国际大奖
第四届中国青年科学家奖
吴英恺荣膺中国医学科学奖
牛祝琴获世界杰出妇女发明奖
严仁华、周华康获内藤国际育儿奖
李晓明荣获意大利“大骑士勋章”
第十三届赛克勒中国医师奖颁发
第五届何梁何利奖颁发
“张大宁星”命名
全国模范乡村医生名单
山西省卫生系统在“1·26 甲醇中毒事件”救治和事故处理工作中作出突出成绩受到通报表彰

1998 年逝世的医药卫生界人士

卫生工作纪事

1998 年卫生工作纪事
1998 年中国医药科技十大新闻

卫生统计工作

卫生统计信息工作

卫生统计信息工作
1998 年国家卫生服务调查
电子病历的研究进展
卫Ⅷ项目完成第一批项目县基线调查
制定《医院信息系统(HIS)软件基本功能规范(试行)》条例
“国家恶性肿瘤危险因素监测项目”第一次危险因素监测调查

卫 生 统 计

卫生机构、床位、人员

1998 年全国卫生机构、床位、人员数及构成
1998 年全国卫生机构专业卫生人员数及构成
1998 年全国医院、卫生院机构、床位、人员数
全国卫生机构、床位数
全国卫生机构专业卫生人员数
全国市、县医院床位数及专业卫生技术人员数
全国平均每千人口医院床位数及专业卫生技术人员数
全国卫生技术人员中获得中级及以上技术

职称人数
全国按床位数分组的县及县以上医院数
全国县及县以上医院分科床位数
全国分科西医师数
全国县综合医院机构、床位、人员数
全国农村乡(镇)卫生院机构、床位、人员数
全国按床位数分组的农村乡(镇)卫生院数
全国中医机构、床位、人员数
全国分科中医师和中医院床位数
全国卫生防疫、防治机构、人员数
全国妇幼卫生机构、床位、人员数
全国医学科学研究机构、人员数
全国民族自治地方卫生机构、床位、人员数
全国卫生部门卫生机构、床位、人员数
1998年全国按隶属关系分的县及县以上卫生部门医院机构、床位、人员数
全重县及县以上卫生部门医院床位与人员、医护之比
全国工业及其他部门卫生机构、床位、人员数
全国农村村级卫生组织情况
1998年各地区卫生机构、床位数
1998年各地区卫生机构专业卫生人员数
1998年各地区平均每千人口医院及卫生院床位、医生、护士数
1998年省会所在市及百万人口以上市平均每千人口医院床位、医生、护士数
各地区农村村级卫生组织情况
医疗服务
1998年全国医院、卫生院诊疗人次及入院人数
1998年全国县及县以上综合医院分科门诊人次数
全国医院、卫生院病床使用情况
全国卫生部门城市医院住院病人前十位疾病构成(一)
全国卫生部门城市医院住院病人前十位疾病构成(二)
全国卫生部门城市医院住院病人前十位疾病构成(ICD-9)
全国卫生部门县医院住院病人前十位疾病构成(一)
全国卫生部门县医院住院病人前十位疾病构成(二)
全国卫生部门县医院住院病人前十位疾病构成(ICD-9)
1998年卫生部门综合医院经费及收、支情况
卫生部门综合医院经费及收、支情况
1995年卫生部门综合医院部分病种出院病人平均住院日和住院医疗费用
1985、1986年部分地区居民两周患病率
1985、1986年部分地区医院门诊人次分科构成
1986年城市各种医疗制度医疗服务利用情况
1985年部分地区农村医疗机构服务范围构成
1998年居民患病及就诊情况
居民住院率及有关情况
1998年居民到最近医疗点距离及时间构成
1998年医疗保障制度构成
1998年各地区县及县以上医院病床使用情况
1998年各地区县及县以上卫生部门医院病床使用情况
1998年各地区县及县以上工业及其他部门医院病床使用情况
1998年各地区农村乡(镇)卫生院病床使用情况
人口自然变动及死亡原因
全国人口出生率、死亡率、自然增长率
部分市、县婴儿死亡率
1998年部分市前十位主要疾病死亡专率及死亡原因构成
1998年部分县前十位主要疾病死亡专率及死亡原因构成
九十年代初全国前十位恶性肿瘤死亡率
全国人口平均期望寿命
年龄别男、女期望寿命
传染病报告发病、死亡及计划免疫
1998年全国法定报告传染病发病及死亡

情况
全国法定报告传染病发病及死亡情况
全国一岁儿童计划免疫报告接种率及相应传染病发病率
卫生监督监测
食品卫生监测情况
1998 年发生食物中毒情况及原因分析
全国公共场所卫生监督监测情况
生产环境中有害物质监测情况
农村改水、改厕工作
全国农村改水工作情况
各地区农村改水情况
1998 年各地区农村改厕工作情况
妇幼卫生
1976—1998 年全国节育手术情况
全国新法接生、住院分娩百分比
1995 年全国监测地区城市、农村孕产妇死亡情况
1991—1997 年监测地区城市、农村 5 岁以下儿童死亡率
1989—1997 年监测地区城市、农村孕产妇死亡率
地方病防治
1998 年全国地方病防治情况
营养及青少年身体发育
1992 年全国居民每人每日营养素摄入量
全国居民人均每日营养摄取量
城市七岁以下儿童身体发育情况
农村七岁以下儿童身体发育情况
青少年、儿童身体发育情况
城市男性
城市女性
农村男性
农村女性
医学教育和科研
全国高中等医药院校数及在校学生、招生数
全国高中等医药院校毕业人数
医学科研成果
卫生经费
全国各个时期卫生事业费
全国各个时期卫生基本建设投资
卫生部门、集体所有制卫生机构房屋建筑情况
1998 年卫生事业费决算表(总表)
1998 年人均卫生事业费分地区一览表

附　　录

附录一:香港特别行政区、台湾、澳门主要卫生统计指标
香港特别行政区主要医疗卫生指标
台湾主要医疗卫生指标
澳门主要医疗卫生指标
香港特别行政区、台湾、澳门主要人口指标
附录二:我国几项人口、卫生统计指标与世界部分国家比较
每千人口医师、医院床位数及卫生占中央财政支出比重
我国城乡居民医疗卫生服务利用指标与七十年代七个国家的比较
1997 年人口指标
妇幼卫生指标
1988—1990 年居民营养指标
附录三:全国行政区划、人口、经济
1997 年底全国行政区划
1997 年底全国按人口分组的市数
全国人口数
全国年龄别人口数构成
全国四次人口普查数
1990、1996 年各地区人口数
人口文化程度和文盲半文盲状况
全国国民生产总值、财政收支情况

索　　引

索引

特载

卫生事业 50 年

中医药事业辉煌 50 年

腾飞的中国药业——中国医药行业迅猛发展 50 年

50 年卫生工作大事纪

重要会议报告

江泽民主席在接见中国红十字会第七次全国会员代表大会代表时的讲话

江泽民主席致国际防盲协会第六届全体大会的贺信

朱镕基总理致中国红十字会第七次全国会员代表大会的贺信

中共中央政治局常委、国务院副总理、全国爱卫会主任李岚清在全国爱国卫生灾后防疫电视电话会议上的讲话(摘要)

李岚清副总理在全国血防工作会议上的讲话

李岚清副总理在第十二个世界无烟日座谈会上的书面讲话

李岚清副总理在中国红十字会第七次全国会员代表大会上的讲话

全国人大常委会副委员长、中国红十字会会长彭珮云在中国红十字会第七次全国会员代表大会闭幕式上的讲话

张文康部长在 1999 年全国卫生厅局长会议上的报告(摘要)

全国爱卫会副主任、卫生部部长张文康在全国农村改厕工作会议上的报告(摘要)

全国爱卫会副主任、卫生部部长张文康在全国爱国卫生灾后防疫电视电话会议上的讲话(摘要)

"全国九亿农民健康教育行动"领导小组组长、卫生部部长张文康在"行动"领导小组第五次会议上的讲话(摘要)

统一思想　锐意进取　开创全科医学教育新局面

张文康部长在第十二个世界无烟日座谈会上的讲话(摘要)

王陇德副部长在 1999 年全国卫生厅局长会议上的总结讲话(摘要)

政策法规

城镇职工基本医疗保险定点医疗机构管理暂行办法

城镇职工基本医疗保险用药范围管理暂行办法

关于城镇职工基本医疗保险诊疗项目管理的意见

国家基本医疗保险诊疗项目范围

关于确定城镇职工基本医疗保险医疗服务设施范围和支付标准的意见

关于加强城镇职工基本医疗保险费用结算管理的意见

关于妥善解决城镇职工计划生育手术费用问题的通知
国务院办公厅转发劳动保障部、财政部关于实行国家公务员医疗补助意见的通知
关于实行国家公务员医疗补助的意见
关于血站有关税收问题的通知
卫生部、人事部关于下发《具有医学专业技术职务任职资格人员认定医师资格及执业注册办法》的通知
具有医学专业技术职务任职资格人员认定医师资格及执业注册办法
医师资格考试暂行办法
医师执业注册暂行办法
医疗机构临床用血管理办法(试行)
1999 年主要卫生法规和规范性文件

工作进展

卫生工作
中医药工作
1999 年全国卫生事业发展情况统计公报
卫生改革
中国卫生改革理论与政策高层次研讨会
卫生法制与监督工作
卫生法制建设
卫生监督体制改革
卫生监督工作情况通报
卫生部、公安部、劳动和社会保障部、国家工商行政管理局对全国清理整顿按摩服务场所严厉打击非法经营活动进行联合检查
1999 年国家计量认证卫生评审组开展评审工作
1998—1999 年度 WHO/中国规划合作项目(卫生法制与监督部分)圆满结束
全国卫生厅局长会议召开
部党组进行综合调研
部分省市卫生立法研讨会在京召开

医疗保险

医疗保险制度改革
城镇职工医疗保险制度改革进展
社区医疗保险实验项目

公共卫生与疾病防治

疾病控制工作
疾病监测工作
1999 年救灾防病工作
卫生防疫信息系统建设工作
国内交通检疫条例实施方案发布实施
三峡地区疾病监测及库区一期库底清理
中国自然疫源性疾病监测研究进展
高血压防治工作
第二届全国高血压日中外学者座谈会
全国高血压社区防治经验交流会召开
医院门诊人群高血压患病率调查
卫生部在大连建立糖尿病人群防治试点
全国慢性非传染性疾病综合防治社区示范点工作进展
世界银行贷款中国疾病预防项目健康促进子项目通过中期评估
中华口腔健康促进活动
国际老年人年健康宣传活动
精神卫生工作
中国预防医学科学院成立中毒控制中心并对外开展服务
全国急性中毒控制网络建设起步

计划免疫

全国 15 省、市、自治区计划免疫综合审评及冷链系统调查
全国消灭脊髓灰质炎工作进展
青海发现脊灰野病毒
开展预防接种宣传日活动
中日合作控制脊髓灰质炎技术合作项目总结
澳大利亚政府支持我国消除新生儿破伤风工作
1999 年全国计划免疫及乙肝疫苗接种率调查结果分析
世界银行贷款疾病预防项目计划免疫子项目中期评估

中国食物与营养监测系统启动并运转

传染病防治

1999年全国疫情大事
1998年洪涝灾害地区重点传染病监测
全国疫情报告研讨会在浙江举办
全国救灾防病培训班在北京举办
灾区重点传染病监测工作顺利完成
卫生部召开北京等8省区卫生防病联防会议
流感实验室检测技术培训班在北京举办
我国流行性出血热监测和疫苗预防效果免疫策略研究两项科研成果通过专家鉴定
鼠疫疫情及防治
霍乱等腹泻病防治
《霍乱防治手册》(第五版)出版
流行性感冒实验室诊断学习班在京举办
结核病控制工作
朊病毒病监控检测中心成立
第五届WHO克雅氏病监测讲习班在北京举办
性病防治工作
艾滋病防治工作
卫生部艾滋病预防与控制中心工作进展
卫生部、公安部、教育部、广电总局联合表彰全国预防与控制艾滋病性病先进集体和先进个人

地方病防治

卫生部、国家民委、农业部、全国供销总社、国家质量技术监督局合作组织生产低氟砖茶
布氏杆菌病疫情及防制
麻风病防治工作
全国第三次碘缺乏病统一监测工作
国家碘缺乏病参照实验室正式启动
大骨节病及相关疾病国际研讨会在北京召开
卫生部地方病专家咨询委员会换届
西藏地区大骨节病病情考察

寄生病防治

国务院下发卫生部等有关部门血吸虫病防治工作职责
血吸虫病防治工作
全国血吸虫病防治工作会议召开
血吸虫病贷款项目——联合科研管理委员会(JRMC)工作总结
血防专家咨询委员会换届
1999年全国疟疾形势
WHO西太区和东南亚区区域间疟疾防治会议召开
丝虫病监测和消灭丝虫病进展
亚大区杀虫管理联盟协会1999年年会在北京召开

劳动卫生与职业病防治

《中华人民共和国职业病防治法》立法进展
卫生部召开职业卫生工作研讨会
卫生部加强工业企业职工听力保护工作
卫生部通知要求加强职业卫生工作
卫生部开展职业卫生先进表彰活动
卫生部要求各地加强急性职业中毒防治工作
卫生部与国际劳工组织合作开展尘肺防治工作

环境卫生监督

《环境污染健康影响评价规范》制订工作
卫生部就进一步贯彻落实《中华人民共和国大气污染防治法》提出建议
卫生部组织开展室内空气卫生监督管理的立法调研工作
首届中国国际电磁辐射与健康研讨会在北京召开
中国食物与环境氚水平及其所致居民剂量调查
卫生部组织完成黄河水系放射水平调查

放射卫生防护

卫生部加强放射源的监督管理工作
针对日本核事故卫生部核事故应急中心紧急启动部分放射性监测站
大亚湾核电站周围居民健康状况调查工作完成
卫生部审查批准清华同方股份有限公司大

型集装箱检查系统等 5 家 6 个放射装置
第二次全国医疗照射调查工作结束
学校卫生监督
健康促进学校工作进展
健康相关产品与卫生监督
卫生部规范健康相关产品卫生行政许可工作
卫生部健康相关产品审批工作
卫生部成立健康相关产品审评专家库
卫生部公布二次食品卫生抽检结果
卫生部通报 1999 年 1 月～9 月食物中毒情况
二恶英食品污染事件
《食物中毒预防与控制》出版发行
卫生部认定化妆品皮肤病诊断机构
卫生部认定化妆品检验机构
卫生标准
1999 年颁布的卫生标准(92 项)

国境卫生检验检疫

检验检疫工作
出口食品监督检验
进口食品监督与管理
口岸卫生监督与卫生处理
全国口岸传染病监测工作会议在北京召开
检验检疫系统口岸防病联防工作会议召开
全国检验检疫机关 AIDS 检测情况

爱国卫生运动

全国爱国卫生灾后防疫电视电话会议召开
世界卫生组织健康城市讲习班
联合国儿童基金会合作环境卫生与个人卫生教育项目进展顺利
第四次全国城市卫生检查评比
全国爱卫会除四害专家委员会人员调整
全国爱国卫生运动委员会修订国家卫生城市标准及其考核命名办法
全国爱卫会命名国家卫生城市和国家卫生镇
农村改水改厕工作
世界银行贷款农村供水与环境卫生(改Ⅱ)项目
世界银行贷款农村供水项目
德国政府派团考察援助中国农村改水培训项目后续情况

基层卫生

国务院 10 部委局联合印发《关于发展城市社区卫生服务的若干意见》
关于进一步规范和积极稳妥地推行乡(镇)村卫生组织一体化管理的几点意见》颁发
开展农村卫生工作调研
召开农村卫生工作座谈会
全国人大教科文卫委员会听取农村初级卫生保健和立法工作汇报并开展工作调研
举办联合国儿童基金会基层卫生与妇幼保健项目 40 个综合县“农村卫生政策”讲习班
世界银行卫Ⅳ项目“中国农村卫生服务筹资和农村医生报酬机制研究”课题结束
香港明爱中心“98 水灾”项目开始实施
社区卫生服务工作
卫生部社区卫生服务工作协调组举行第一次会议

妇幼卫生

妇幼卫生工作
落实提高出生人口素质工作
妇幼卫生改革调查研究
《母婴保健法》执法证件管理工作
母亲安全合作项目
生育保险课题通过专家评审
实施 5 省降低孕产妇死亡率/提高出生人口素质项目
我国将在 12 个边远贫困省份实施降低孕产妇死亡率和消除新生儿破伤风项目
中日母子保健项目进展
儿童疾病综合管理(IMCI)项目工作进展
创建爱婴医院和母乳喂养工作
新生儿疾病筛查工作

中医药事业管理

1999年全国中医药工作厅局长会议召开
国家中医药管理局网站开通
全国地方中医立法工作座谈会在重庆召开
开展建国50周年宣传活动
开展全国中医药优秀期刊评选工作
国家中医药管理局发布《中医护理常规、技术操作规程》
全国中医医院开展优质服务暨深化医院改革研讨会召开
《卫生部、国家中医药管理局关于切实加强农村中医药工作的意见》实施
全国农村中医工作先进县建设取得成效
实施《执业医师法》情况
医疗保险制度改革工作
全国中医药重点学科建设工作会议召开
中医药继续教育工作
中医药职业教育教学指导委员会成立
中药学专业被确定为职业教育重点建设专业
“方剂关键科学问题的基础研究”列入国家重点基础研究发展规划
中医药基础研究奖奖励评审工作结束
1999年度国家中医药管理局中医药基础研究奖奖励项目
《中华本草》全书出版发行
《中医药学基础研究发展提纲》实施
国家发展计划委员会同意北京中医药大学“211工程”正式立项
黑龙江、山东、天津、辽宁、浙江、湖南六所中医院校获准开办七年制中医专业教育
WHO传统医学国家政策研讨会及传统医学与现代医学结合研讨会召开
人类健康与环境和谐——中医药与濒危野生动植物保护协调发展国际学术研讨会召开

医政管理

医政工作
全国医疗机构改革
全国医院感染管理工作研讨会暨中华医院管理学会医院感染管理专业委员会年会召开
中国医疗机构眼科现状分析
常用耳毒性药物临床使用规范颁布
我国又有9个县(区)成为防盲治盲先进县(区)
国际防盲协会第六届全体会议召开
全国人大就贯彻实施《献血法》情况进行调研
全国无偿献血经验交流会在青岛召开
全国无偿献血表彰大会在京召开
血站免征房产、土地使用、临床用血增值税
《医疗机构临床用血管理办法(试行)》实施
卫生部医师资格考试委员会成立
我国首次国家医师资格考试举行
卫生部医师资格考试委员会发布1999年医师资格考试成绩合格分数线
创建全国百佳医院工作
卫生部、国家中医药管理局、总后卫生部命名百佳医院
对自愿戒毒医疗机构的管理
卫生部医师资格考试委员会发布1999年医师资格考试大纲
卫生部下发《医师资格考试暂行办法》及1999年医师资格考试有关规定
卫生部医师资格考试委员会制定医师资格考试考务工作规定

医学教育

医学教育
2001—2015年中国医学教育改革与发展规划研究启动
北京大学、北京医科大学合并筹备小组成立
卫生部属高等学校咨询工作会议召开
高等医学教育面向21世纪教学内容和课程体系改革项目进展
1999年医师资格考试组织实施
全国护士执业考试工作
全国大型医用设备使用人员上岗资格考试

工作
卫生部属单位医学博士研究生入学外语考试工作
全国卫生系统外语水平考试工作
在职临床医师申请临床医学博士专业学位全国英语统一考试工作
《中等医学教育主要专业设置标准》颁发
加强中等卫生学校师资培训基地建设
调整中等医学教育专业结构
卫生职业教育教学指导委员会成立
华夏基金会资助护理发展项目
确立中等专业学校重点建设专业
《全国成人高等医学学历教育主要课程目录及课程基本要求(试行)》颁布实施
《继续医学教育评估指标体系及实施方案》颁发
临床医学专业学位教育试点工作
《口腔医学专业学位试行办法》颁布实行
公共卫生专业学位方案论证座谈会召开
《全科医师规范化培训试行办法》颁发实施
《全科医师规范化培训大纲(试行)》、《全科医师岗位培训大纲(试行)》颁发实施
《医院药师规范化培训大纲(试行)》颁发
第一、二批授权颁发《卫生部住院医师规范化培训合格证书》单位名单
《关于进一步加快"九五"阶段后两年乡村医生工作意见》颁发
《乡村医生教育评估指标体系及实施方案》颁发

医学科学技术

医学科技工作
部属独立科研机构科研体制改革启动
科技部批准严重传染病防治基础研究列入1999年国家重大基础研究规划项目
卫生部与国家统计局联合发文做好医疗卫生行业科技统计工作
卫生部颁发脐带血造血干细胞库管理办法
卫生部与6省共同组织实施"洪涝灾区重大疫情防治和控制研究—血吸虫病、流行性出血热的防治"
1999年卫生部优秀青年科技人才专项基金评审结束
卫生部免疫皮肤病学重点实验室获准组建
卫生部法医学重点实验室建立
卫生部癌变原理重点实验室通过验收
全国第四次医学实验动物工作会议召开
批准甘肃省医学情报研究所为第26个卫生部医药卫生科技项目查新咨询单位
中国循证医学中心/Cochrane中心加入世界Cochrane协作网
"中美21世纪生物医学前景、机遇与挑战研讨会"在美国波士顿召开
中国阻断淋巴丝虫病传播的策略和技术措施的研究
Wilson's病分子生物学研究10年
重组链激酶(r-SK)研制、开发与临床应用
宫内感染的诊断及对胎儿发育的影响
我国儿童及青少年初发风湿热流行病学的研究
卫生部面向农村和基层推广医药卫生适宜技术"十年百项计划"第九批项目名单
全国医学技术评估研讨会召开
造血干细胞工程学术研讨会在天津召开
中国协和医科大学建立志愿捐献遗体登记接受站
医科院三个国家新药临床试验研究中心中期验收合格
重要疾病创新药物先导结构的发现和转化项目由国家科技部正式批准
中国参考人研究通过鉴定
国产左甲状腺素钠研制成功
中、德合作加强心脑血管病相关基因研究
中国医学科学院阜外心血管病医院中德微卫星中心建立
第二届国际抗病毒药物学术研讨会在京召开
'99国际衰老与抗衰老学术研讨会在京召开
卫生部科学技术普及工作(1995—1999年)
1999年度卫生部医药卫生科学技术进步奖奖励项目

药品监督管理

全国药品监督管理工作会议在京召开
国家药品监督管理局修订发布新药审批办法等五项规章
国家药品监督管理局颁布一批行政规章
我国将取消"健字"号药品
国家药品监督管理局发布《戒毒药品管理办法》、《麻黄素管理办法(试行)》
《药品非临床研究质量管理规范》发布
药品分类管理流通试点工作启动
国家药品监督管理局颁布非处方药专有标识

医药行业管理

医药行业管理工作

规划财务管理

规划财务管理工作
区域卫生规划进展
卫生事业"十五"计划思路大纲编制工作启动
医疗服务收费项目规范研究完成
加强专项经费管理
预算外资金管理工作
卫生部2000年部门预算
《医疗机构"医药分开核算、分别管理"暂行办法》颁发
1997年全国卫生总费用测算结果
关于中央直属医疗单位贯彻执行〈医院财务制度〉、〈医院会计制度〉实施意见》正式下发
加强卫生事业单位经济管理意见
部属院校启动本科基础医学实验教学建设项目
部属医院加强口腔学基础技术项目全面启动
部属医疗卫生单位完成电梯更新改造的政府采购工作
卫生部政府采购进入基础设施领域
外科技术领域装备项目完成
1998年度部属单位国有资产年报汇审工作
医疗服务收费项目规范研究完成
全国农村卫生"三项建设"进入最后攻坚阶段
贫困县县医院建设正式启动
卫生部京、津地区直属单位抗震加固工作
卫生部直属高校"筒子楼"改造项目基本完成
部属高校工程质量和安全管理检查工作
中国卫生工程网开通
卫生部仪器设备管理软件(升级版)进入推广实施阶段
参加建国50周年庆典活动(展览、彩车部分)
卫生部定点扶贫工作
中国卫生经济培训与研究网络
卫生部定点扶贫考察报告
全国农民健康工程经验交流会召开

健康教育与新闻出版

健康教育工作
控烟工作
卫生城市健康教育工作
《中国工矿企业健康促进工程》试点工作启动
中国/联合国儿童基金会健康教育合作项目
世界卫生组织召开大国健康促进网络联系人会议
公众健康教育信息服务网建立
开展中老年妇女健康知识竞赛活动
情系老区——'99健康之路遵义行
"全国九亿农民健康教育行动"领导小组第五次会议召开
世界卫生组织召开《烟草控制框架公约》工作组第一次会议
1999年世界气象日活动
《中国农民基本常识读本》和《农村卫生》出版发行
何鲁丽、张义芳获1999年世界卫生组织烟草或健康纪念奖
北京医科大学获"歌德无烟奖"

第四届国家图书奖在京颁奖
第四届国家图书奖医药科技著作
全国优秀科技图书奖暨科技进步奖获奖书目(科技著作)

国际交流合作与外资利用

国际合作与对外交流
与港澳台卫生交流概况
世界卫生组织总干事布伦特兰博士访华
世界卫生组织西太区新任地区主任尾身茂博士访华
“视觉2020”区域发起仪式在京举行
中国/世界卫生组织精神卫生高层研讨会
卫生部与国际扶轮社港澳区共同举办“京港两地医疗团体交换计划”
卫生部机关召开“首都卫生界批判李登辉分裂祖国言行座谈会
世界卫生组织全球精神卫生新政策新闻发起仪式举行
中日控制脊髓灰质炎技术合作项目顺利结束
日本三共株式会社向中国卫生部捐款支持卫生事业发展
卫生部与英国国际发展部开展的艾滋病防治项目前期评估工作准备就绪
卫生部与英国国际发展部开展城市卫生改革项目设计完成
卫生部援外医疗队“35.50”工程
张文康部长率团出席第50届WHO西太平洋地区委员会会议
张文康部长率团出席在澳门举行的医务界千人庆回归晚会
王陇德副部长率团出席第52届世界卫生大会
殷大奎副部长率团参加第五届亚太地区艾滋病大会
殷大奎副部长出席“1999年香港与内地药物依赖性学术会议”
1999年接待外国高级代表团来访一览表
1999年卫生合作协议签署一览表
世界银行贷款“农村卫生人力”(卫生Ⅳ项目)执行期延期一年
世界银行贷款“传染病与地方病控制项目”(卫生Ⅴ项目)延期及调整方案正式实施
世界银行贷款“传染病与地方病控制项目”(卫生Ⅴ项目)结核病可持续发展报告已提交世行
世界银行贷款“综合妇幼卫生保健”(卫生Ⅵ项目)后期执行计划制定完成
世界银行贷款“疾病预防项目”(卫生Ⅶ项目)计划免疫子项目中期评估顺利完成
世界银行贷款“疾病预防项目”(卫生Ⅶ项目)1999年设备采购进展顺利
世界银行贷款“疾病预防项目”(卫生Ⅶ项目)健康促进子项目中期调整基本完成
世界银行贷款“农村基本卫生服务项目”(卫生Ⅷ项目)被世界银行评为十大优秀设计项目
世界银行贷款“基本卫生服务”(卫生Ⅷ)项目进入第一年项目实施
英国国际发展部“卫生Ⅷ支持性项目”(H8SP)1999年7月正式实施
世界银行贷款“妇幼卫生及艾滋病/性病控制项目”(卫生Ⅸ项目)启动
福特基金“改善生育卫生服务”项目完成服务需求评估
卫生部国际紧急救援中心网络医院成立
“健康快车”深受欢迎
中国国际口腔器材设备及材料展览会暨技术交流会
’99中美院长医院管理研讨会分别在北京、上海和深圳举行

军队卫生工作

新中国成立五十周年军队卫生工作回顾
1999年全军卫生工作概况
卫生联勤准备工作就绪
基层卫生建设
为部队服务工作
军队实施《医师法》工作
军队献血工作

军队医院信息化建设
干休所卫生工作规范化管理
“十五”医学科技规划调研
医学院校调整改革
1999年度军队医药卫生科技成果获奖情况
纠正医药行业不正之风工作
医疗设备国际招标采购成效显著
卫生系统深入开展合理用药工作
军人退役医疗保险制度

省、自治区、直辖市卫生工作

北京市
天津市
天津市第三中心医院推行“患者自选满意医生”
卫生系统安居工程启动
河北省
山西省
推行“住院患者费用一日清单”制度
内蒙古自治区
辽宁省
吉林省
黑龙江省
上海市
12个区建立疾病预防控制中心和卫生监督所
开展35岁以上首诊病人测量血压工作
开通新生儿筛查“绿色通道”
优化医疗卫生机构资源配置
成立药品不良反应监察专家咨询委员会
改造10所老年护理院
建立老年人健康档案
确保医疗救助资金及时到位
将院前急救医疗费用纳入医疗保险报销范围
成立上海市麻醉等5个专业质量控制中心
取缔无证行医
成立“上海市卫生局财务管理中心”
成立“上海市卫生局国有资产管理领导小组”
江苏省
浙江省
安徽省
《安徽省实施〈中华人民共和国献血法〉办法》颁布
福建省
江西省
九江市实行人事分配制度改革
山东省
“一个确保”的目标顺利实现
河南省
《河南省实施〈中华人民共和国献血法〉办法》
湖北省
湖北省宣布实现大灾之后无大疫
药品管理体制实行重大改革
武汉市大力推进城市社区卫生服务
区域性医疗集团在武汉浮出水面
湖南省
省人大常委开展《传染病防治法》执法检查
上海市援建湖南省6个受灾县卫生防疫站
省直“卫技新村”一期工程峻工
六家医院荣获全国百佳医院
株洲市试行药品集中招标采购
耒阳市二医院整体转让给一家私人企业
广东省
广西壮族自治区
海南省
海南省药学会赴台考察团参加强湾抗震救灾工作
重庆市
四川省
贵州省
云南省
采取措施，落实灾后防疫工作
云南省政府拨出专款，兑现政府责任目标
开通救治病人的绿色通道

云南省45家医院和167名个人联名发出倡议,向崇高的职业道德水准前进
云南医疗事故处理走上法制化
云南省市级医疗单位奋力抢救,三百多工人中毒无一人死亡和伤残
昆明市"除四害"监督员持证上岗
省肿瘤医院科教兴院结硕果
汤池卫生院与学校合办后摆脱困境
省州卫生系统协同救灾,灾区伤员无一人死亡
云南举全省卫生之力,搞好世博会卫生保障
云南省政府与17个地州市政府签订卫生责任目标书
西藏自治区
西藏农牧区合作医疗发展迅速
陕西省
第四届城市运动会医疗卫生工作
甘肃省
制定实施《甘肃省卫生厅1999—2003年重点学科和中青年学术技术带头人队伍建设规划》
《甘肃省心理卫生专业执业管理暂行规定》颁发
实施藏医药人员再培训制度
津陇卫生局签订帮扶协议
痢疾疫苗研制获重大创新
青海省
宁夏回族自治区
新疆维吾尔自治区
新疆医学专门人才现状调查
深入开展向吴登云同志学习活动
艾滋病预防与控制工作

学术团体和群众团体

中华医学会
附 中华医学会1999年学术会议一览表
中华预防医学会
附 中华预防医学会1999年学术活动情况

中国红十字会

中国红十字会的国内工作
中国红十字会的国际交往

人事与干部

党中央、国务院组织医疗、计划生育工作者代表赴北戴河休假

卫生界人物

卫生部系统
卫生部部长、副部长
卫生部正、副司(局)长、主任
卫生部直属单位行政正、副职领导
各省、自治区、直辖市正、副卫生厅(局)长
各计划单列市卫生局长
全国爱国卫生运动委员会主任、副主任、办公室正、副主任
各省、自治区、直辖市爱国卫生运动委员会主任
各计划单列市爱国卫生运动委员会主任
国家药品监督管理局系统
国家药品监督管理局局长、副局长
国家药品监督管理局司长、主任
国家中医药管理局系统
国家中医药管理局局长、副局长
国家中医药管理局司长、主任
国家中医药管理局直属单位行政正、副职领导
国家出入境检验检疫局系统
国家出入境检验检疫局局长、副局长
国家出入境检验检疫局(机关)总师、司长、主任
军队卫生系统
总后勤部卫生部部长、副部长
总后勤部卫生部(机关)正、副局长、主任
总后勤部卫生部直属单位行政正、副职领导
总后勤部直属卫生单位行政正、副职领导
各军区联勤部、各军兵种后勤部卫生部正、

副部长
学术团体和群众团体
中华医学会会长、副会长、秘书长
中国解剖学会理事长、副理事长、秘书长
中国卫生经济学会会长、副会长、秘书长
中国生物医学工程学会理事长、副理事长、秘书长
中国水利电力医学科学技术学会理事长、副理事长、秘书长
中国卫生统计学会会长、副会长、秘书长
中国营养学会理事长、副理事长、秘书长
中国病理生理学会理事长、副理事长、秘书长
中国免疫学会理事长、副理事长、秘书长
中华预防医学会会长、副会长、秘书长
中国康复医学会会长、副会长、秘书长
中华护理学会理事长、副理事长、秘书长
中国保健科技学会会长、副会长、秘书长
中国生理学会理事长、副理事长、秘书长
中国卫生法学会会长、副会长、秘书长
中国性学会理事长、副理事长、秘书长
中华医院管理学会会长、副会长、秘书长
中华口腔医学会会长、副会长、秘书长
中国优生科学协会会长、副会长、秘书长
中国卫生摄影协会主席、副主席、秘书长
中国防痨协会理事长、副理事长、秘书长
中德医学协会理事长、副理事长、秘书长
中国麻风防治协会理事长、副理事长、秘书长
中国心理卫生协会理事长、副理事长、秘书长
中国健康教育协会会长、副会长、秘书长
中国农村卫生协会会长、副会长、秘书长
中国输血协会理事长、副理事长、秘书长
中国医疗装备应用与维修技术协会理事长、副理事长、秘书长
中国优生优育协会会长、副会长、秘书长
中国吸烟与健康协会会长、副会长、秘书长
中日医学科技交流协会会长、副会长、秘书长
全国卫生产业企业管理协会会长、副会长、秘书长
中国鼠害与卫生虫害防制协会会长、副会长、秘书长
中国性病艾滋病防治协会会长、副会长、秘书长
海峡两岸医药卫生交流协会会长、副会长、秘书长
中国医药生物技术协会理事长、副理事长、秘书长
中国药物滥用防治协会会长、副会长、秘书长
中国地方病防治协会会长、副会长、秘书长
中国国际旅行卫生保健协会会长、副会长、秘书长
中国老年保健协会会长、副会长、秘书长
中国女医师协会会长、副会长、秘书长
马海德基金会理事长、副理事长、秘书长
中国预防性病艾滋病基金会会长、副会长、秘书长
中华国际医学交流基金会会长、副会长、秘书长
中国医学基金会会长、副会长、秘书长
中国癌症研究基金会理事长、副理事长、秘书长
中国红十字基金会会长、副会长、秘书长
中国牙病防治基金会理事长、副理事长、秘书长
吴阶平外科医学基金会理事长、副理事长、秘书长
中国器官移植发展基金会理事长、副理事长、秘书长
中国听力医学发展基金会理事长、副理事长、秘书长
中国初级卫生保健基金会理事长、副理事长、秘书长
中国肝炎防治基金会理事长、副理事长、秘书长
中国学生营养促进会会长、副会长、秘书长
中国医疗保健国际交流促进会会长、副会长、秘书长
中国医学影像技术研究会会长、副会长、秘书长
中国足部反射区健康法研究会理事长、副理

事长、秘书长
中国老年保健医学研究会会长、副会长、秘书长
中国红十字会
中国红十字会会长、副会长、秘书长
表彰人物
全国卫生系统44人获“五一劳动奖章”2单位获“五一劳动奖状”
彭珮云荣获第八届诸福棠奖
卫生部发出关于开展向吴登云同志学习活动的决定
人事部、卫生部向吴登云同志颁发“白求恩奖章”
陈竺陆芸获人事部杰出人才奖章
卫生部表彰卫生部北京医院赴南斯拉夫医疗队
卫生系统获全国精神文明创建工作先进单位名单
1999年度何梁何利基金颁奖
赵元立获美国神经科学会奖
医学家囊括首届长江学者成就奖一等奖
’99中国药学发展奖颁奖
葛克全医学科学奖励基金设立
赛克勒中国医师奖颁发
赵家良喜获柯费奖
陈中伟荣膺“世纪奖”
生化专家张岐山荣获“聂荣臻发明创新奖”
突出贡献专家
新当选的中国工程院院士

卫生工作纪事

1999年卫生工作纪事
1999年中国医药科技十大新闻

卫生统计工作

卫生统计信息工作

卫生统计信息工作
发布《全国卫生统计工作管理办法》
建立国家医院出院病人病案首页数据库
举办全国医院和死因统计国际疾病分类(ICD-10)师资培训班
1998年国家卫生服务调查数据初步分析报告
“世界银行贷款卫生Ⅷ项目”首批项目县基线调查数据综合分析报告
国家恶性肿瘤危险因素监测方法研究项目第二次危险因素监测调查
财政部批准并实施“国家卫生信息网”项目
卫生部新办公楼智能化管理系统投入使用
卫生系统解决计算机2000年问题工作

卫生统计

卫生机构、床位、人员
1999年全国卫生机构、床位、人员数及构成
1999年全国卫生机构专业卫生人员数及构成
1999年全国医院、卫生院机构、床位、人员数
全国卫生机构、床位数
全国卫生机构专业卫生人员数(万人)
全国市、县医院床位数及专业卫生技术人员数
全国平均每千人口医院床位数及专业卫生技术人员数
全国卫生技术人员中获得中级及以上技术职称人数
全国按床位数分组的县及县以上医院数
全国县及县以上医院分科床位数及构成
全国分科西医师数及构成
全国县综合医院机构、床位、人员数
全国农村乡(镇)卫生院机构、床位、人员数
全国按床位数分组的农村乡(镇)卫生院数
全国中医机构、床位、人员数
全国分科中医师和中医院床位数
全国妇幼卫生机构、床位、人员数
全国卫生防疫、防治机构、人员数
全国医学科学研究机构、人员数
全国民族自治地方卫生机构、床位、人员数

全国卫生部门卫生机构、床位、人员数
1999年全国按隶属关系分的县及县以上卫生部门医院机构、床位、人员数
全国县及县以上卫生部门医院床位与人员、医护之比
全国工业及其他部门卫生机构、床位、人员数
全国农村村级卫生组织情况
1999年各地区卫生机构、床位数
1999年各地区卫生机构专业卫生人员数
1999年各地区平均每千人口医院及卫生院床位、医生、护士数
1999年省会所在市及百万人口以上市平均每千人口医院床位、医生、护士数
各地区农村村级卫生组织情况
医疗服务
1999年全国医院、卫生院诊疗人次及入院人数
1999年全国县及县以上综合医院分科门诊人次数(万次)
全国医院、卫生院病床使用情况
全国卫生部门城市医院住院病人前十位疾病构成
全国卫生部门城市医院住院病人前十位疾病构成(ICD-9)
全国卫生部门县医院住院病人前十位疾病构成
全国卫生部门县医院住院病人前十位疾病构(ICD-9)
1999年卫生部门综合医院经费及收、支情况
卫生部门综合医院经费及收、支情况
1995年卫生部门综合医院部分病种出院病人平均住院日和住院医疗费用
1985、1986年部分地区居民两周患病率
1985、1986年部分地区医院门诊人次分科构成
1986年城市各种医疗制度医疗服务利用情况
1985年部分地区农村医疗机构服务范围构成
1998年居民患病及就诊情况
居民住院率及有关情况
1998年居民到最近医疗点距离及时间构成
1998年医疗保障制度构成
1999年各地区县及县以上医院病床使用情况
1999年各地区县及县以上卫生部门医院病床使用情况
1999年各地区县及县以上工业及其他部门医院病床使用情况
1999年各地区农村乡(镇)卫生院病床使用情况
人口自然变动及死亡原因
全国人口出生率、死亡率、自然增长率
部分市、县婴儿死亡率
1999年部分市前十位主要疾病死亡专率及死亡原因构成
1999年部分县前十位主要疾病死亡专率及死亡原因构成
九十年代初全国前十位恶性肿瘤死亡率(1/10万)
全国人口平均期望寿命(岁)
年龄别男、女期望寿命(岁)
传染病报告发病、死亡及计划免疫
1999年全国法定报告传染病发病及死亡情况
全国法定报告传染病发病及死亡情况
全国一岁儿童计划免疫报告接种率及相应传染病发病率
卫生监督监测
食品卫生监测情况
1999年发生食物中毒情况及原因分析
全国公共场所卫生监督监测情况
生产环境中有害物质监测情况
农村改水、改厕工作
全国农村改水工作情况
各地区农村改水情况
1999年各地区农村改厕工作情况
妇幼卫生
1976—1999年全国节育手术情况
全国新法接生、住院分娩百分比(%)
1995年全国监测地区城市、农村孕产妇死亡情况
1991—1998年监测地区城市、农村5岁以下

附　录

索　引

2001 卷

目录

重要会议报告

李岚清副总理在全国城镇职工基本医疗保险制度和医药卫生体制改革工作会议上的讲话

李岚清副总理在全国卫生厅局长座谈会上的讲话

李岚清副总理在全国结核病防治工作电视电话会议上的讲话

李岚清副总理在国务院防治艾滋病性病协调会议上的讲话

李岚清副总理致全国九亿农民健康教育行动电视电话会议的信

李岚清副总理致“中国 2000 年实现消除碘缺乏病阶段目标总结暨再动员会”的信

李岚清副总理致国际传统医药大会(北京’2000)的信

彭珮云会长在视察陕西省红十字会工作时的讲话

彭珮云会长在中国香港特别行政区红十字会成立 50 周年国际研讨会开幕式上的讲话

彭珮云会长在中国澳门特别行政区红十字会成立八十周年庆祝晚宴上的讲话

解放思想　更新观念　深化改革　依法行政　开创卫生改革与发展的新局面——张文康部长在 2000 年全国卫生厅局长会议上的报告(摘要)

张文康部长在加强卫生行风建设促进城镇医药卫生体制改革电视电话会议上的讲话(摘要)

张文康部长在全国九亿农民健康教育行动电视电话会议上的讲话(摘要)

张文康部长在全国卫生人事工作会议上的讲话(摘要)

适应新形势　树立新观念　为开创爱国卫生工作新局面而不懈努力——全国爱卫会副主任、卫生部部长张文康在各省、市、自治区爱卫办主任会议上的讲话(摘要)

王陇德副部长在 2000 年全国卫生厅局长会议上的总结报告(摘要)

政策法规

国务院办公厅转发国务院体改办等部门关于城镇医药卫生体制改革指导意见的通知

关于城镇医药卫生体制改革的指导意见

关于城镇医疗机构分类管理的实施意见

关于卫生事业补助政策的意见

医院药品收支两条线管理暂行办法

关于医疗卫生机构有关税收政策的通知

关于改革药品价格管理的意见

关于改革医疗服务价格管理的意见

医疗机构药品集中招标采购试点工作若干规定

药品招标代理机构资格认定及监督管理

办法
关于实行病人选择医生促进医疗机构内部改革的意见
关于卫生监督体制改革的意见
中外合资、合作医疗机构管理暂行办法
关于深化卫生事业单位人事制度改革的实施意见
卫生部业务主管社会团体登记管理办法
卫生部关于进一步做好医师资格认定工作的通知
卫生部关于港澳人员认定医师资格有关问题的通知
关于加强卫生专业技术职务评聘工作的通知
临床医学专业技术资格考试暂行规定
单采血浆站基本标准
血站基本标准
继续医学教育规定(试行)
2000年主要卫生法规和规范性文件

城镇基本医疗保险及医药卫生体制改革

全国医疗保险进展
卫生改革综述
医疗卫生体制改革
全国卫生监督体制改革

工作进展

卫生工作
中医药工作
2000年全国卫生事业发展情况统计公报
卫生法制与监督工作
卫生法制建设
卫生监督工作情况通报
《卫生法》草案起草工作启动
医疗事故处理办法修订情况
卫生部打假工作
卫生部发出关于加强娱乐服务场所管理暨电子游戏经营场所专项治理工作的紧急通知
2000年全国卫生厅局长会议召开
卫生部部党组进行综合调研

公共卫生与疾病防治

疾病预防控制工作
卫生防疫信息系统建设工作
卫生部与联合国儿童基金会卫生防疫人员培训项目结束
卫生部制定《国家破坏性地震医疗救护卫生防疫防病应急预案》
全国《国内交通卫生检疫条例》及《实施方案》培训班在陕举办
开展世界精神卫生日活动
卫生部颁布《中国高血压防治指南》
开展"中华健齿神州行"口腔健康教育活动
卫生部、全国总工会联合开展关注中青年职工健康活动
全国开展重点公共场所卫生专项执法检查
学生饮用奶计划实施
中国青少年营养与体质状况座谈会召开
计划免疫
全国消灭脊髓灰质炎工作
我国实现无脊髓灰质炎目标
全国实验室脊髓灰质炎野病毒封存、处理工作全面启动
中国加强扩大免疫规划技术合作项目启动
2000年消除新生儿破伤风年度进展情况
国家财政设立冷链建设专项资金
全球疫苗联盟考察团来我国考察
传染病防治
制定《全国结核病防治规划(2001—2010年)》
国务院召开全国结核病防治工作电视电话会议
卫生部召开全国结核病防治情况新闻通报会
结核病控制与可持续发展部长级会议召开
开展世界防治结核病日活动

性病防治工作进展
艾滋病防治工作
著名演员濮存昕被卫生部聘为“预防艾滋病宣传员”
卫生部颁发非淋菌性尿道炎(宫颈炎)等四种性病诊疗规范
病毒性乙型肝炎控制工作
卫生部制订《全国肠出血性大肠杆菌O157:H7感染性腹泻监测方案(试行)》
加强西部地区鼠疫防治工作
国务院第三次防治艾滋病性病协调会议
粤、琼、港、澳第七次传染病控制区域联防会议
地方病防治
组织开展全国消除碘缺乏病阶段目标评估工作
中国2000年实现消除碘缺乏病阶段目标总结暨再动员会在北京召开
卫生部—国际麻风救济会麻风康复第三阶段合作项目启动
麻风病防治工作
天津市通过卫生部组织的“基本消灭麻风病”考核验收
布鲁氏杆菌病疫情及防制
克山病防治
寄生虫病防治
全国综合治理血吸虫病“九五”计划执行情况
2000年血防春查工作
中韩试点地区蠕虫病控制策略合作项目启动
2000年全国疟疾疫情
湄公河遏制疟疾规划中国云南省控制疟疾项目启动
我国确定2005年达到全国消灭丝虫病的目标
我国寄生虫病专家共商西部寄生虫病防治策略
劳动卫生与职业病防治
卫生部与中华全国总工会联合开展工矿企业健康促进工作
卫生部与国际劳工组织开展尘肺病防治合作项目
职业卫生立法与监督管理进展
卫生部表彰全国职业卫生先进集体和先进工作者
环境卫生监督
卫生部通报几起重大突发环境污染事件处理情况
1981～1998年生物监测(血铅、血镉、人乳有机氯化合物)动态变化
放射卫生防护
卫生部对49个单位的放射卫生防护评价资格进行认定
卫生部、公安部组织编辑1988年～1998年全国放射事故案例汇编
卫生部国家环保总局国土资源部调整氡监测和防治领导组
卫生部组织开展全国二手CT机专项监督检查
中国第二届电磁辐射与健康国际研讨会在西安召开
学校卫生监督
卫生部组织开展学校卫生工作全面检查
开展健康促进学校活动
健康相关产品与卫生监督
健康相关产品国家抽检情况
2000年重大食物中毒发生情况
食品法典与WTO国际研讨会
卫生部举办第五次食品卫生法宣传周活动
2000年食品法典工作
第32届食品添加剂与污染物法典分委会(CCFAC)会议在北京召开
卫生部下发《健康相关产品国家卫生监督抽检规定》
颁布实施《餐饮业食品卫生管理办法》
卫生部启动转基因食品安全性评价工作
卫生部对全国健康相关产品检验机构进行复核
化妆品法规管理研讨会召开
2000年保健食品、化妆品、涉及饮用水卫生

安全产品和消毒产品审批工作情况
卫生标准
2000年颁布的卫生标准

国境卫生检验检疫

卫生监管工作
加强国境口岸医学媒介生物本底调查工作
举办全国媒介生物鉴定培训班
艾滋病检测
进口食品、化妆品检验检疫管理
出口食品监督检验
航空配餐食品工作研讨会召开
深圳黄田国际机场通过世界卫生组织验收，成为我国第一家“国际卫生机场”
第五届中国国际旅行卫生保健学术大会召开

爱国卫生运动

全国爱卫会修订《国家卫生城市考核命名及管理办法》
【附】 国家卫生城市考核命名及管理办法
全国爱卫会制定《国家卫生区标准》
【附】 国家卫生区标准(试行)
全国爱卫会命名南海、福州、太仓等市为国家卫生城市
全国爱卫会命名深圳市龙华镇等18个镇为国家卫生镇
全国爱卫会通报1999年部分国家卫生城市复查结果
全国爱卫办主任会议在京召开
全国爱卫办向部分省、市捐赠《除四害系列科普片》
剧毒急性鼠药仍然泛滥成灾
联合国儿童基金会1996～2000年周期环境卫生与个人卫生教育项目全面完成
粪尿分集式生态卫生厕所扩大试点工作在7省展开
全国农村改厕技术研讨会召开
农村改水——提前超额完成国家“九五”计划任务指标
农村改厕——实现九十年代中国儿童发展规划纲要的任务要求
全国爱卫会组织农村改水改厕专项调研
全国爱卫会、卫生部要求各地认真加强饮用水消毒及水质监测工作
世界银行贷款第三期中国农村供水与环境卫生项目现场经验交流会在湖北枝江市召开

基层卫生

基层卫生工作
召开2000年基层卫生与妇幼保健工作会
举办22期全国社区卫生服务管理干部研修班
印发《城市社区卫生服务机构设置原则》《城市社区卫生服务中心设置指导标准》《城市社区卫生服务站设置指导标准》
卫生部召开社区卫生服务座谈会
启动社区卫生服务配套政策研究工作
中/英城市社区卫生服务与贫困救助项目获得批准
我国农村“2000年人人享有卫生保健”规划目标已基本实现
卫生部等五部委联合开展农村初级卫生保健工作调研
卫生部党组听取农村卫生调研汇报
农村医疗卫生体制调研取得阶段性进展
《关于农村卫生体制改革的指导意见》征求意见稿完成
启动新的农村卫生专题研究课题
提高中国农村基层卫生组织综合服务能力研究项目实施
规范农村基层卫生组织用药项目工作进展
举办明爱中心“98水灾援助项目”受益乡镇卫生院院长培训班
与香港嘉道理慈善基金会签署“提高乡镇卫生院服务能力”合作项目

妇幼卫生

妇幼卫生工作

妇幼卫生监测工作
开展妇幼卫生服务成本测算试点研究
全国人大教科文卫委员会进行《母婴保健法》执法调研
基层妇幼卫生调研工作
开展15省(市)妇女常见病调查
探索产科服务新模式,提高产科质量
"母亲安全"项目进展
降低孕产妇死亡率和消除新生儿破伤风项目启动会召开
"降低孕产妇死亡率和消除新生儿破伤风项目"工作进展
妇幼保健设备政府采购项目启动
卫生部门实施《九十年代中国儿童发展规划纲要》和《中国妇女发展纲要》情况

中医药事业管理

2000年全国中医药工作厅局长会议
中医药事业"十五"计划编制工作
国家中医药管理局人事工作会议召开
全国人大、政协就中医立法进行调研
中医行业"医改"工作逐步深入
中医专科(专病)建设工作进展情况
中医急症工作
2000年中医、民族医、中西医结合医师资格考试工作
农村中医药工作
全国中医药研究生教育工作会议在北京召开
中医药院校增加开展临床医学专业学位试点单位
中等职业学校中药专业整体教学改革方案研究通过专家评审
中医药继续教育工作
完成2000～2001年度局级课题招标工作
2000年度国家奖励工作(中医药部分)
启动"中医药在西部大开发中的作用研究"课题
中国中医研究院列入科技体制改革试点单位
"九五"国家中医药科技攻关项目验收
国家中医药管理局召开首届中医药海外华人联络咨询会议
中挪卫生研讨会在奥斯陆召开
召开2000年世界针灸学会联合会第五届会员大会暨世界针灸学术大会
国际传统医药大会在北京隆重召开
"2000国际藏医药学术会议"在拉萨举行
第三届全国民族医药学术发展研讨会召开
中国中西医结合学会召开第五次全国代表大会
第二届法中(国际)中医药学术研讨会
开展第二届全国中医药优秀期刊评选活动

医政管理

医政工作
贯彻《关于城镇医药卫生体制改革的指导意见》,促进护理改革与发展
医疗机构管理工作
卫生部医师资格考试委员会成员进行调整
卫生部确定2000年医师资格考试报名资格
医师资格考试工作
卫生部医师资格考试委员会发布2000年医师资格考试医学综合笔试合格线
《医疗机构诊断和治疗仪器设备应用规范(一)》发布
卫生部关于执行《中华人民共和国药典》2000年版的通知
卫生部医师资格考试委员会修订《医师资格考试考务管理暂行规定》
关于做好医师资格证书及医师执业证书发放工作的通知
北京市卫生局率先启动医师证书发放工作
卫生部修订《医院感染管理规范(试行)》
卫生部与日本东邦大学医疗短期大学护理合作项目圆满结束
卫生部紧急部署对医疗机构一次性使用输液(输血、注射)器临床使用管理情况的检查
中国眼病患者状况分析

卫生下乡工作进展情况
乌鲁木齐“9.8”爆炸事故医疗救援工作
“世界视觉日”活动
防盲治盲工作

医 学 教 育

医学教育
制定《中国医学教育改革和发展纲要》
制定《中等医学教育结构调整的指导意见》
加强卫生职业教育教学指导委员会的建设
高等医学院校临床教学实习基地评审
加强外援项目管理,促进护理教育的改革和发展
全国继续医学教育工作会议在北京召开
《继续医学教育规定(试行)》颁发
乡村医生教育试评估
全国医学专业学位教育指导委员会成立
全国医学专业学位教育指导委员会会议召开
《社区护士岗位培训大纲(试行)》颁布
卫生部印发《关于发展全科医学教育的意见》
毕业后医学教育改革与发展调研
全国成人高等学历教育医科类考试科目设置改革
全科医学教育临床和社区培训基地基本要求颁布实施
全科医学教育培训中心管理办法颁布实施
卫生部成立首家卫生部全科医学培训中心
全科医学教育规划教材出版发行
全科医学教育师资培训工作
开展远程医学教育

医学科学技术

医学科技工作
卫生部直属科研机构体制改革
中国卫生科技“十五”计划和 2010 年远景规划制定
国家科技图书文献中心正式成立
国家新药临床药理研究中心(GCP 中心)和国家新药筛选实验室通过验收
卫生部卫生经济与政策重点实验室批准成立
国家高技术应用部门发展项目洪涝灾害对钩端螺旋体病流行因素的影响及其防治对策通过专家论证并启动
心脑血管疾病发病和防治的基础研究项目通过了专家评审,列入国家重大基础研究发展规划 2000 年度项目
召开“863”计划重大疾病相关基因研究项目遗传资源调查和采集课题验收会
“九五”国家重点科技攻关计划重大疾病的防治研究项目和优生优育新技术研究课题验收会议召开
卫生部科技专项评审工作结束
西部地区防病脱贫问题的研究及科技成果在西部地区转化研究项目通过专家论证
“九五”国家科技攻关课题《实验动物模型培育和标准化技术研究》通过验收
国家新药开发工程技术研究中心通过验收
卫生部把卫生技术准入管理作为科技教育司的重要职能
卫生部面向农村和基层推广医药卫生适宜技术“十年百项计划”第十批项目
我国自行研制的高能聚焦超声肿瘤治疗机初步实现产业化
全国卫生科普活动(社区试点)项目启动
卫生科技交流与合作几项主要内容
新型系列病毒载体的研究和应用
流行性出血热病毒分子生物学研究和应用
我国痘苗病毒天坛株基因组全序列的测定与分析
营养因素对胎儿及儿童生长发育影响的研究通过国家验收
天然植物抗疟成分研究获重要进展
“九五”期间疟疾防治研究成果
中国肥胖问题研讨会在北京召开
流动工人职业卫生调查方法研讨会在北京召开
全国肠出血性大肠杆菌检测网络工作研讨

会在杭州举行
总理基金血防科研项目总结表彰会召开
第九届世界公共卫生联盟国际大会在北京召开
全国钩端螺旋体病防治与监测讲习班在皖举办
中毒控制中心工作进展
卫生部艾滋病预防与控制中心工作进展
1999年度卫生部获国家级科学技术进步奖项目
1999年度卫生部获国家自然科学奖项目

药品监督管理

药品监督管理工作
配合“三项改革”,加大药品生产经营监管力度
药品监督管理体制改革进展

医药行业管理

医药行业管理工作

规划财务管理

规划财务管理工作
财政部、国家计委、卫生部联合下发《关于卫生事业补助政策的意见》
卫生部、财政部联合下发《医院药品收支两条线管理暂行办法》
财政部、国家税务总局联合下发《关于医疗卫生机构有关税收政策的通知》
国家计委、卫生部联合下发《关于改革医疗服务价格管理的意见》
卫生部、国家计委、国家经贸委、国家药品监督管理局和国家中医药管理局联合下发《医疗机构药品集中招标采购试点工作若干规定》
卫生事业第十个五年计划及2015年规划纲要(草案)编制完成
区域卫生规划编制工作
国家计委、卫生部、国家中医药管理局联合下发《全国医疗服务价格项目规范(试行)》
医疗机构药品集中招标采购试点工作启动
加强卫生专项经费管理
进一步加强预算外资金管理
卫生部2001年起编报部门预算
在京中央直属医院药品收支两条线管理实施办法出台
1998年卫生总费用测算结果与分析
部属(管)单位加强急诊领域装备项目启动
中央预算单位清产核资工作
部属(管)单位所属企业产权重新占有登记工作
部属在京单位职工住房普查工作全面展开
全国农村卫生“三项建设”工作
全国贫困县县医院建设
医院建筑设计及装备国际研讨会在沪举办
医院洁净手术部建设标准颁布
京、津地区直属单位抗震加固工作继续实施
部属单位基本建设项目防火安全检查工作
京内部属单位“煤改气”项目进展顺利
汉英医学装备科学仪器分类词典出版
中华人民共和国卫生行业标准WS/T 118-1999发布
卫生部定点扶贫工作
中国农村卫生改革与发展国际研讨会在京召开
中国卫生经济网络培训与政策研究
中国公共卫生信息网设备招标工作启动

健康教育与新闻出版

健康教育工作
表彰全国九亿农民健康教育行动先进集体和先进工作者
卫生部副部长朱庆生率团参加第五届全球健康促进大会
我代表团参加世界卫生组织召开的《烟草控制框架公约》政府间谈判机构第一次会议
中国21世纪控烟策略研讨会
首届全国健康促进研讨会
健康之路“延安行”卫生下乡活动
中国/联合国儿童基金会健康教育合作项目

卫生部设立新闻办公室
开展以医疗机构改革内容为核心的新闻宣传工作
召开卫生部主管报刊加强卫生改革宣传工作会议
调整报刊结构工作
第十二届中国图书奖在京颁奖
第十二届中国图书奖医药科技著作
全国优秀畅销书在京颁奖
2000年度"讲信誉、重服务"社店互评活动

国际交流合作与外资利用

国际合作与对外交流
世界卫生组织前任总干事中岛宏博士访华
世界卫生组织西太区前地区主任韩相泰博士访华
张文康部长率团出席结核病与可持续发展部长级会议
2000年世界卫生日座谈会在京举行
张文康部长率团出席第53届世界卫生大会
世界卫生组织西太区主任尾身茂博士来京参加国际传统医药大会(北京2000)
世界卫生组织西太区主任尾身茂博士和美洲区地区主任乔治·阿林博士来华参加第九届世界公共卫生联盟国际大会
朱庆生副部长率团出席第五届全球健康促进大会
殷大奎副部长出席粤琼港澳传染病控制会议
殷大奎副部长率团出席第13届世界艾滋病大会
王陇德副部长率团出席第51届世界卫生组织西太区委员会会议
中国代表团出席世界卫生组织《烟草控制框架公约》政府间谈判机构第一次会议
朱庆生副部长率团出席第22届中国/世界卫生组织联席协调委员会会议
张文康部长出席世界卫生组织西太区消灭脊髓灰质炎大会
2000年外国卫生部长来访一览表
2000年卫生合作协定签署一览表
达米恩基金会主席来访
中非论坛会议
中-英性病艾滋病预防与控制项目启动
中-英城市卫生与贫困无偿援助项目
中国和韩国两国政府关于蠕虫病防治合作项目启动
第35期中-日技术交流暨贵州省寄生虫病讲习班
日本援助中国贫困地区结核病项目
西部地区卫生外事工作调研会
张文康部长率卫生部高级代表团首次访问澳门并签署卫生合作协议,顺访香港并参加美国中华医学基金会董事会
香港卫生福利局局长杨永强率香港卫生代表团来访
朱庆生副部长赴香港参加"世界卫生组织国际传统医药大会"
澳门社会文化司司长崔世安率澳门代表团来访
佘靖副部长赴香港参加"赞助内地贵宾访港计划"
2000年与外国政府签订的援外医疗队协议情况
世界银行贷款项目"中国农村卫生人力开发"(卫生Ⅳ项目)"中国农村卫生服务筹资和农村医生报酬机制研究"课题完成
世界银行贷款"中国传染病与地方病控制项目"执行期(卫生Ⅴ项目)再次延长一年
世界银行贷款综合性妇幼项目执行计划(卫生Ⅵ项目)延期并调整
世界银行疾病预防项目(卫生Ⅶ项目)执行期延长两年
世界银行贷款疾病预防项目(卫生Ⅶ项目)计划免疫子项目完成中期评估
世界银行贷款项目"疾病预防"健康促进子项目(卫生Ⅶ项目)澳大利亚政府赠款项目进展
美国中华基金赠款项目进展情况
利用卫生Ⅷ项目贷款完成国际招标采购

工作
由福特基金资助的“改善生育卫生服务项目”顺利完成
世界银行贷款艾滋病预防与控制项目(卫生Ⅸ项目)获得澳大利亚国际开发署和日本政府赠款支持
世界银行贷款艾滋病/性病预防与控制、妇幼卫生项目(卫生Ⅸ项目)年度监督完成
世界银行贷款/英国赠款中国结核病控制项目(卫生Ⅹ项目)准备进展顺利
卫生部利用瑞典贷款提高医院血液净化技术装备水平项目全面实施

军队卫生工作

军队卫生工作“九五”总结和“十五”规划
2000年全军卫生工作概况
军事斗争卫勤保障工作
军队卫生三军联勤保障体制顺利实施
全军医学重点实验室评估与调整
全军继续医学教育工作
全军医学科学技术大会召开
军队医药卫生科技奖励项目
全军机关院校门诊部建设
全军医学专科中心评审与调整建设
伤病残士兵移交安置工作
军队干部疗养保健工作
全军部队心理卫生工作
全军开展防疫科技大练兵活动
军队卫生监督工作
军队医疗机构制剂整顿验收
军队进口医疗设备采购集中招标
全军卫生信息化工作

省、自治区、直辖市卫生工作

北京市
天津市
河北省
山西省
内蒙古自治区
辽宁省
吉林省
黑龙江省
上海市
制定《上海市城镇职工基本医疗保险办法》
医疗保险计算机系统建设
做好医疗保险卡和银行存折发放工作
制定《上海市预防和控制慢性非传染性疾病中长期规划(2001年～2015年)》
制定《上海市预防与控制艾滋病中长期规划(2001年～2015年)》
消灭脊髓灰质炎证实工作
政府多部门开展艾滋病防治工作的格局有新发展
成立首批市疾病预防控制中心临床基地
建立居民健康档案
成立上海市中毒控制中心
实施医师挂牌服务
成立上海市放射诊断等5个专业质量控制中心
取缔无证行医
启动医苑新星百人培养计划
市政府顺利完成“城区地段医院全部建成社区卫生服务中心，建设20所示范性社区卫生服务中心”实事项目
确定“上海市社区卫生服务中心”统一标志
医疗机构药品集中招标采购
首批临床医师获得临床医学大专自学考试文凭
江苏省
浙江省
安徽省
《安徽省禁止非医学需要鉴定胎儿性别和选择性终止妊娠的规定》颁布实施
青年卫生志愿者扶贫接力计划实施
福建省
福建省“九五”卫生事业发展情况

颁布施行《福建省公民献血条例》
完成厅机关机构改革
江西省
樟树市乡镇卫生院走出困境
江西省卫生事业单位人事制度改革取得进展
山东省
河南省
武陟县推行农村家庭合同保分健
实施医学科技创新人才工程
积极开展药品集中招标采购试点工作
河南省临床用血实现“双百”目标
湖北省
湖北省卫生下乡形成制度
湖北省血防工作受到水利部领导的肯定
湖南省
湖南省卫生厅机关机构改革顺利完成
湖南省提前一年实现初级卫生保健目标
湘东医院率先对部分医疗技术骨干试行年薪制
重奖医学专家20万元
中南大学湘雅医学院成立
衡阳医学院合并南华大学
广西壮族自治区
广东省
海南省
抗洪救灾防病工作
厅机关机构改革
海南省实施《中华人民共和国母婴保健法》办法
重庆市
四川省
贵州省
云南省
医药卫生体制改革逐步启动
“九五”期间云南卫生事业健康发展
设立厅长接待日
昆明医学院第二附属医院成功施行肝脏、心脏移植
降低孕产妇死亡率和消除新生儿破伤风项目在云南省启动
全面推广乡村卫生组织管理“一体化”
云南省初级卫生保健“前四中五后二”规划目标实现
爱国卫生运动广泛开展，城乡卫生面貌大为改观
圆满完成血吸虫病防治任务
世界银行贷款血吸虫病控制项目总目标和具体目标实现
云南省首批中医药师带徒工作启动
重点中医专科、专病建设
西藏自治区
陕西省
西安市推行住院病人费用“一日清单”制度
陕西省肿瘤医院实现计算机网络化管理
国务院联合督查组(西北片)三项制度改革督查座谈会在西安召开
甘肃省
青海省
宁夏回族自治区
新疆维吾尔自治区
全区卫生系统开展行风整顿月活动
哈密地区地委、行署出台具体措施关心支持卫生工作

学术团体与群众团体

中华医学会
附 中华医学会2000年学术会议一览表

中国红十字会

中国红十字会的国内工作
中国红十字会的国际工作

人事与干部

社会团体清理整顿工作情况
卫生部关于部机关对社会团体管理的若干

卫生界人物

卫生工作纪事

卫生统计工作

卫生统计信息工作

卫 生 统 计

2000年全国医院、卫生院机构、床位、人员数
全国卫生机构、床位数
全国卫生机构专业卫生人员数(万人)
全国市、县医院床位数及专业卫生技术人员数
全国平均每千人口医院床位数及专业卫生技术人员数
全国卫生技术人员中获得中级及以上技术职称人数
全国按床位数分组县及县以上医院数
全国县及县以上医院分科床位数
全国分科西医师数
全国县综合医院机构、床位、人员数
全国农村乡(镇)卫生院机构、床位、人员数
全国按床位数分组农村乡(镇)卫生院数
全国中医机构、床位、人员数
全国分科中医师和中医院床位数
全国妇幼卫生机构、床位、人员数
全国卫生防疫、防治机构、人员数
全国医学科学研究机构、人员数
全国民族自治地方卫生机构、床位、人员数
全国卫生部门卫生机构、床位、人员数
2000年全国按隶属关系分县及县以上卫生部门医院机构、床位、人员数
全国县及县以上卫生部门医院床位与人员、医护之比
全国工业及其他部门卫生机构、床位、人员数
全国农村村级卫生组织情况
2000年各地区卫生机构、床位数
2000年各地区卫生机构专业卫生人员数
2000年各地区平均每千人口医院及卫生院床位、医生、护士数
1999年省会所在市及百万人口以上市平均每千人口医院床位、医生、护士数
各地区农村村级卫生组织情况
医疗服务
2000年全国医院、卫生院诊疗人次及入院人数
2000年全国县及县以上综合医院分科门诊人次数(万次)
全国医院、卫生院病床使用情况
全国卫生部门城市医院住院病人前十位疾病构成
全国卫生部门城市医院住院病人前十位疾病构成(ICD-9)
全国卫生部门县医院住院病人前十位疾病构成
全国卫生部门县医院住院病人前十位疾病构成(ICD-9)
2000年卫生部门综合医院经费及收、支情况
卫生部门综合医院经费及收、支情况
2000年全国县及县以上医院部分医疗设备台数
2000年卫生部门综合医院部分病种住院医疗费用(医院总计)
2000年卫生部门综合医院部分病种住院医疗费用(卫生部属)
卫生部门综合医院部分病种住院医疗费用(省自治区、直辖市属)
卫生部门综合医院部分病种住院医疗费用(直辖市区、省辖市、地区〈自治州盟〉属)
卫生部门综合医院部分病种住院医疗费用(省辖市区、地辖市属)
卫生部门综合医院部分病种住院医疗费用(县〈旗〉属)
1998年居民患病及就诊情况
居民两周患病率及构成
居民住院率及有关情况
居民分病种住院率及构成
1998年居民到最近医疗点距离及时间构成
1998年医疗保障制度构成
2000年各地区县及县以上医院病床使用情况
2000年各地区县及县以上卫生部门医院病床使用情况
2000年各地区县及县以上工业及其他部门医院病床使用情况
2000年各地区农村乡(镇)卫生院病床使用情况

人口自然变动及死亡原因
全国人口出生率、死亡率、自然增长率
部分市、县婴儿死亡率
2000 年部分市前十位主要疾病死亡专率及死亡原因构成
2000 年部分县前十位主要疾病死亡专率及死亡原因构成
九十年代初全国前十位恶性肿瘤死亡率(1/10 万)
全国人口平均期望寿命(岁)
年龄别男、女期望寿命(岁)
传染病报告发病、死亡及计划免疫
2000 年全国法定报告传染病发病及死亡情况
全国法定报告传染病发病及死亡情况
全国一岁儿童计划免疫报告接种率及相应传染病发病率
卫生监督监测
食品卫生监测情况
2000 年发生食物中毒情况及原因分析
全国公共场所卫生监督监测情况
2000 年全国学生预防保健情况
农村改水、改厕工作
全国农村改水工作情况
各地区农村改水情况
2000 年各地区农村改厕工作情况
妇幼卫生
1976～2000 年全国节育手术情况
全国新法接生、住院分娩百分比(%)
1995 年全国监测地区城市、农村孕产妇死亡情况
1991～2000 年监测地区城市、农村 5 岁以下儿童死亡率(‰)
1989～2000 年监测地区城市、农村孕产妇死亡率(1/10 万)
地方病防治
2000 年全国血吸虫病防治情况
2000 年全国地方性氟中毒防治情况
2000 年全国克山病、大骨节病、碘缺乏病防治情况
营养及青少年身体发育
1992 年全国居民每人每日营养素摄入量
全国居民人均每日营养摄取量
城市 7 岁以下儿童身体发育情况
农村 7 岁以下儿童身体发育情况
城市男性青少年、儿童身体发育情况
城市女性青少年、儿童身体发育情况
农村男性青少年、儿童身体发育情况
农村女性青少年、儿童身体发育情况
医学教育和科研
全国高中等医药院校数及在校学生、招生数
全国高中等院校医药专业毕业人数
医学科研成果
卫生经费
全国卫生总费用测算数
全国各个时期卫生事业费
全国各个时期卫生基本建设投资
卫生部门、集体所有制卫生机构房屋建筑情况

附 录

附录一:香港、澳门特别行政区、台湾省主要卫生统计指标
香港特别行政区医疗卫生条件
澳门特别行政区医疗卫生条件
台湾省医疗卫生条件
香港、澳门特别行政区和台湾省居民健康状况
附录二:我国几项人口、卫生统计指标与世界部分国家比较
1998 年人口状况
卫生资源状况
妇幼卫生状况
1988～1990 年居民营养状况
我国城乡居民医疗卫生服务利用指标与 7 个国家的比较
附录三:全国行政区划、人口、经济
1999 年底全国行政区划
1999 年底全国按人口分组的市数

全国人口数
全国年龄别人口数构成(%)
全国5次人口普查数
全国人口文化程度
1990、1999年各地区人口数
全国国民生产总值、财政收支情况
全国居民消费价格、商品零售价格指数(上年=100)

索　　引

索引

2002 卷

目 录

重要会议报告

认真总结经验　完善改革措施　努力开创三项改革工作新局面——中共中央政治局常委国务院副总理李岚清在2001年全国城镇职工基本医疗保险制度和医药卫生体制改革工作会议上的讲话(摘要)

坚持预防为主　标本兼治　坚持不懈地做好血吸虫病和地方病防治工作——中共中央政治局常委国务院副总理李岚清在全国血吸虫病暨地方病防治工作电视电话会议上的讲话(摘要)

中共中央政治局常委、国务院副总理李岚清致2001年全国卫生工作会议的贺信

锲而不舍　整体推进　夺取医疗卫生体制改革新胜利——卫生部部长张文康在2001年全国城镇职工基本医疗保险制度和医药卫生体制改革工作会议上的讲话(摘要)

坚持改革创新　全面推进卫生改革与发展——卫生部部长张文康在2001年全国卫生工作会议上的报告(摘要)

巩固成果　迎接挑战　进一步加强新时期的血吸虫病和地方病防治工作——卫生部部长张文康在全国血吸虫病暨地方病防治工作电视电话会议上的报告(摘要)

以"三个代表"重要思想为指导　依法推进母婴保健事业——卫生部部长张文康在全国妇幼卫生工作会议上的讲话(摘要)

贯彻"三个代表"重要思想　切实加强行风建设全面推进城镇医疗卫生体制改革——卫生部部长张文康在全国卫生系统行业作风建设现场会上的讲话(摘要)

全国爱卫会副主任、卫生部部长张文康同志在创建国家卫生城(镇)研讨会上的讲话(摘要)

卫生部部长张文康在2001年世界卫生组织烟草或健康纪念奖颁奖仪式上的讲话(摘要)

卫生部部长张文康在卫生部干部人事制度改革试点工作动员会上的讲话(摘要)

卫生部部长张文康在全国卫生人事制度改革经验交流暨职称管理工作会议上的讲话(摘要)

卫生部副部长王陇德在2001年全国卫生工作会议上的总结讲话(摘要)

政策法规

中华人民共和国职业病防治法

国务院办公厅转发国务院体改办等部门关于农村卫生改革与发展指导意见的通知

关于农村卫生改革与发展的指导意见

卫生事业第十个五年计划纲要

中国医学教育改革和发展纲要

人类辅助生殖技术管理办法

人类精子库管理办法

医疗机构药品集中招标采购工作规范(试行)
关于取得内地医学专业学历的台湾、香港、澳门居民申请参加中华人民共和国医师资格考试有关问题的通知
关于取得中国医学专业学历的外籍人员申请参加中华人民共和国医师资格考试有关问题的通知
卫生部有突出贡献中青年专家选拔管理办法
关于印发《预防医学、全科医学、药学、护理、其他卫生技术等专业技术资格考试暂行规定》及《临床医学、预防医学、全科医学、药学、护理、其他卫生技术等专业技术资格考试实施办法》的通知
预防医学、全科医学、药学、护理、其他卫生技术等专业技术资格考试暂行规定
临床医学、预防医学、全科医学、药学、护理、其他卫生技术等专业技术资格考试实施办法
2001年卫生法规及规范性文件目录

城镇基本医疗保险及医疗卫生体制改革

全国医疗保险工作
医疗卫生体制改革进展
全国卫生监督体制改革取得显著进展
国务院召开2001年“三项改革”工作会议
西部7省区卫生监督体制改革座谈会召开

工作进展

卫生工作
2001年全国卫生事业发展情况统计公报
加入WTO对我国卫生工作的影响
卫生部党组综合调研
全国卫生工作会议
卫生部政策与管理研究专家委员会第四届委员会成立

公共卫生与疾病防治

疾病预防控制工作
疾病监测工作
国家疾病信息报告管理系统(2001版)设计完成
卫生部疾病控制司开展高血压日系列活动
中国现场流行病学培训项目启动
湄公河流域疾病监测项目部长级会议暨第三次年会在昆明召开
开展全国口腔基层健康教育巡回活动
卫生部关于加强老年卫生工作的意见摘要
开展精神卫生人力资源培训工作
全国第三次精神卫生工作会议
我国中学生获2001年世界卫生组织青少年精神卫生主题绘画/征文比赛全球优胜奖
全国慢性非传染性疾病社区综合防治示范点经验交流会召开
卫生部、经贸部和教育部联合推进学生营养餐工作
卫生部、教育部设立中国学生营养日
计划免疫
证实后的全国消灭脊髓灰质炎工作进展
全国消灭脊髓灰质炎工作总结表彰会在京召开
中国加强扩大免疫规划技术合作项目开展情况
将乙肝疫苗纳入儿童计划免疫
国家冷链建设项目专项资金正式启动
葛兰素威康健康教育项目
传染病防治
2001年全国甲、乙类法定报告传染病疫情概要
2001年流感监测合作项目进展
全国结核病防治规划(2001—2010年)
全国防治结核病表彰工作会议
建立中国结核病控制-日本援助项目
全国性病疫情
以霍乱为主的腹泻病防治工作
卫生部制定《全国肠出血性大肠杆菌O157:

H7 感染性腹泻应急处理预案(试行)》
鼠疫疫情及防治
卫生部召开全国鼠疫防治工作现场会议
救灾防病工作
2001 年长江三峡人群健康监测工作
地方病防治
国家投入 6.5 亿元防治地方性氟砷中毒
地方性氟中毒病情与防治现状
麻风病疫情
布鲁氏菌病疫情及其防治
寄生虫病防治
全国开展第二次人体重要寄生虫病现状调查
国务院办公厅转发全国综合治理血吸虫病“十五”计划
全国血吸虫病暨地方病防治工作电视电话会议
中国国际血吸虫病学术会议在沪召开
世界卫生组织在上海召开“抗疟药开发会议”

卫生法制与监督

卫生法制与监督工作
卫生法制建设
2001 年卫生监督工作情况通报
卫生法制与监督工作会议在京召开
整顿和规范市场经济秩序
卫生部门整顿和规范市场经济秩序工作
卫生部门查处一批制售假冒伪劣食品的大案要案
卫生部整顿和规范市场经济秩序组织机构设立
劳动卫生与职业病防治
《中华人民共和国职业病防治法》颁发
卫生部部署《职业病防治法》宣传贯彻工作
全国职业卫生院(所)长工作研讨会在北京召开
职业病防治法新闻通报会在京举行
第 13 届中韩日职业卫生学术研讨会在京召开
卫生部、国际劳工组织召开石棉危害控制技术研讨会
卫生部开展对职业危害隐患严重企业检查
卫生部启动国际劳工组织 161 公约签约程序
卫生部化学品毒性鉴定工作全面启动
环境卫生监督
《室内空气质量卫生规范》等四项规范宣传贯彻会在北京召开
全国公共场所用品、用具卫生监督抽查
卫生部组织开展“关注公众健康-氡科普宣传周”活动
放射卫生防护
卫生部召开全国放射卫生监督工作会议
放射源安全研讨会在陕西召开
大型医用设备监督管理工作进展
卫生部加强核事故医学应急准备
卫生部组织对重点放射源使用单位检查
联合国原子辐射效应科学委员会(UNSCEAR)和国际放射防护委员会(ICRP)2000 年最新工作进展报告会召开
卫生部开展对二手 CT 机的专项检查
学校卫生监督
卫生部、教育部、公安部加强学校食品卫生安全工作
健康相关产品与卫生监督
2001 年食品抽检情况
化妆品产品抽检情况
卫生部颁布生活饮用水卫生规范
卫生部加强食品卫生技术检测工作
2001 年保健食品、化妆品、涉及饮用水卫生安全产品、消毒产品审批工作情况
食品法典与 WTO 研讨会暨食品法典国内协调小组工作会议在京召开
化妆品、生活饮用水国际研讨会在京召开
国际食品法典委员会第 24 次会议,中文首次成为 CAC 的工作语言
卫生部 2001 年重大食物中毒通报
全国健康相关产品卫生行政许可专项治理工作会议在南京召开

卫生标准
2001年颁布卫生标准

国境卫生检验检疫

卫生检疫监管工作
传染病监测工作
全国检验检疫系统HIV抗体检测情况
加强口岸卫生检疫,防止炭疽传入我国
制定《出入境人员传染病疫情报告管理规定》
制定《出入境人员健康检查和预防接种管理规定》
纪念《中华人民共和国国境卫生检疫法》颁布十五周年
国境口岸卫生处理
卫生检疫机构改革
规范国境口岸及出入境交通工具医学媒介生物监测工作
全国卫生检疫监管工作会议
世界卫生组织高级顾问NORMAN GRATZ博士来访并作病媒传播疾病专题讲座
世界卫生组织高级官员WILLIAM COCKSEDGE先生作世界卫生组织建立疾病暴发流行的预警通知和应答反应网络及《国际卫生条例》修改专题讲座
与老挝签署了《中老国境卫生检疫协议》

爱国卫生运动

全国爱卫会命名"国家卫生城市"
全国爱卫办创建国家卫生城(镇)研讨会在中山召开
全国爱卫会命名深圳市公明镇等12个镇为国家卫生镇
全国爱卫会配合公安部严厉查处违禁鼠药
全国爱卫办组织开发的《国家卫生城市信息管理系统》软件正式通过验收
中国/联合国儿基会CES项目顺利启动
农村改厕逐步走上科学化、标准化、规范化管理轨道
西部三省区农村改厕试点工作取得成果

基层卫生

基层卫生工作
国务院办公厅转发《关于农村卫生改革与发展的指导意见》
学习贯彻《关于农村卫生改革与发展的指导意见》召开座谈会
全国基层卫生工作会议召开
农村卫生专题政策研究课题完成
卫生部对吉林省蛟河市农村卫生改革情况进行调研
卫生部会同国务院体改办对山东烟台市加强农村卫生服务体系建设进行联合调研
卫生部会同国务院体改办对辽宁海城乡镇卫生院转制情况进行联合调研
启动提高乡镇卫生院服务能力合作项目
卫生部印发《城市社区卫生服务基本工作内容(试行)》
深入开展城市社区卫生服务配套政策研究工作
卫生部召开社区卫生服务工作协调组第二次会议
卫生部明确2005年城市社区卫生服务发展目标
中英城市社区卫生服务与贫困救助项目正式启动

妇幼卫生

妇幼卫生工作
国务院颁布《中华人民共和国母婴保健法实施办法》
召开全国妇幼卫生工作会议
WHO西太区举办建立孕产妇及儿童死亡监测体系研讨班
21世纪妇女生殖健康与发展国际学术交流会在杭州举行
卫生部成立生殖健康专家组
全国婚前保健工作调查
12个省、自治区、直辖市妇幼保健机构人力资源调查

儿童疾病综合管理项目进展
“降低孕产妇死亡率和消除新生儿破伤风”项目中期总结会
颁发2001—2010年中国妇女儿童发展纲要实施方案

中医药事业管理

中医药工作
全国中医药工作会议召开
《中华人民共和国中医条例》制定情况
中医医政管理工作
中医行业落实“三项改革”进展情况
国家中医药管理局局级重点中医专科(专病)项目建设计划开始实施
组织实施全国民族医重点专科(专病)建设项目
《执业医师法》实施情况
中医药教育工作
教育部、国家中医药管理局开展非医学专业本科毕业生攻读中医学研究生试点工作
第二批全国老中医药专家学术经验继承工作结束
中医药科技工作
“九五”攀登计划项目“中药现代化关键问题的基础研究”通过验收
“九五”攀登计划预选项目—“经络的研究”通过验收
“十五”国家科技攻关计划重大项目“中医药现代化研究与产业化开发”启动
“现代中药产业化专项”列入我国“十五”发展规划
“增创中药新优势知识产权保护研究”课题完成
“中药现代化产业推进战略研究”课题完成
国家中医药管理局设定中医临床诊疗技术整理与研究项目
中医药在西部大开发中的作用研究课题结题
国家重点基础研究发展规划(973)项目“方剂关键科学问题的基础研究”通过中期评估
WHO西太区第52届委员会通过传统医学地区发展战略
中国中医药学会更名为中华中医药学会
召开学习江总书记关于中医药工作讲话精神专家座谈会
2001年度中国中西医结合学会工作会议在西安举行

医政管理

医政管理
全国医政工作会议召开
严厉打击非法行医整顿医疗服务市场秩序专项治理工作
卫生部公安部联合下发关于维护正常医疗秩序的《通告》
卫生部公安部联合下发《关于加强医疗机构治安管理维护正常诊疗秩序的通知》
卫生部关于加强医疗机构验配角膜塑形镜管理的通知
卫生部关于加强精神病医院管理的通知
卫生部颁布《医院感染诊断标准(试行)》
卫生部关于对一次性使用输液器临床使用管理检查的通报
《卫生部关于修订下发住院病案首页的通知》
2001年医师资格考试和核发医师资格证书工作进展
无偿献血工作
原料血浆清理整顿情况
卫生部医师资格考试委员会发布2001年医师资格考试成绩合格线
《关于严格审查医师资格考试报名资格的通知》
《卫生部医师资格考试委员会关于2001年医师资格实践技能考试有关问题的通知》
《卫生部医师资格考试委员会关于颁布中医类别中医、中西医结合2001年医师资格考试大纲(医学综合笔试部分)的通知》
开展关爱西部健康行动

医学教育

医学教育
卫生部远程医学教育中心成立
公布准予开展远程医学教育的网站
《中等医学教育结构调整的指导意见》颁发
制订《关于医药卫生类高职高专教育的若干意见》
《中等职业学校医药卫生类专业教学计划大纲》编制完成并出版
原卫生部所属高等医学院校体制改革情况
继续医学教育"十五"计划颁发
全国继续医学教育委员会章程修订
国家级继续医学教育基地认可标准及管理试行办法颁发
2001年全国继续医学教育委员会学科工作会召开
《国家级继续医学教育项目申报、认可办法》和《继续医学教育学分授予办法》的颁发
卫生部—美国苏州立达公司女性生殖内分泌继续医学教育合作项目圆满结束
1991—2000年全国乡村医生教育规划圆满完成
卫生部制定《2001—2010年全国乡村医生教育规划》
全国乡村医生教育表彰工作
第三批授权颁发《卫生部住院医师规范化培训合格证书》单位名单
急诊医学教育合作项目启动
全科医学教育工作进展情况
卫生部面向西部地区第二期全科医学教育骨干师资培训班在贵阳举办
福建省建立医师培训基地,开展毕业后医学教育改革工作
全国医学博士外语统一考试
华夏基金会护理教育发展2001—2002年项目启动
"卫生部关节炎防治教育计划"基金成立并启动

医学科学技术

医学科技工作
"九五"国家科技攻关计划重大疾病的防治研究等项目通过科技部验收
"十五"国家科技攻关计划重大疾病防治研究有关项目启动
国家计委批准朊病毒快速检测试剂的研制等项目立项
卫生部重点实验室建设工作继续进行
"卫生部十年百项推广计划西部行"工作开始启动
卫生部开始实施第二轮"面向农村和基层推广适宜技术十年百项计划"
《中国循证医学》杂志创刊
"十五"国家科技攻关计划重大疾病防治研究等项目有关单位和个人获奖
2001年度卫生部获国家级科学技术进步奖项目
2001年度卫生部获国家自然科学奖项目
2001年(首届)中华医学科技奖获奖项目
2001年(首届)中华医学科技奖国际科学技术合作类获奖项目
2001年度卫生部推荐外国专家获中国国家级友谊奖

药品监督管理

药品监督管理工作

医药行业管理

医药行业管理工作

规划财务管理

规划财务管理工作
医院药品集中招标采购工作全面展开
区域卫生规划
中央民族卫生工作大队入藏巡回医疗50年
《全国医疗服务价格项目规范(试行)》修订下发
《医疗服务项目成本分摊测算办法(试行)》

实施
加强医疗机构药品和医疗服务价格管理
加强西部地区卫生工作
继续安排投入支持农村卫生"三项建设"
部属(管)医院重点学科建设工作
全国"十五"农村卫生基础设施建设和卫生专项建设规划编制工作
军队保障性企业职工医院移交地方
卫生部开展部属(管)单位《会计法》执行情况检查
全国贫困县县医院建设
洁净手术部建设标准培训工作
部属(管)医院总体发展建设规划制定情况
中国医疗装备应用与维修技术协会完成更名与换届改选工作
完成捐赠新疆贫困乡镇卫生院设备采购任务
卫生部对川、滇、渝三省医疗设备支援工作结束
卫生部离任经济责任审计工作正式启动
中国卫生经济网络培训与科研
卫生部定点扶贫工作
与比利时达米恩基金会合作项目

健康教育与新闻出版

健康教育工作
我国城市社区健康教育现状与发展调查
控烟工作进展
6省农村社区健康教育现状与发展调查
开展卫生知识下乡活动
健康促进合作项目进展
举办《21世纪健康生活方式》展览
卫生部等五部(局)联合主办预防艾滋病大型公益文艺晚会
世界卫生组织2001年烟草或健康纪念奖颁奖仪式在北京举行
卫生改革政策宣传
卫生系统整顿与规范市场经济秩序的宣传报道
卫生政策、法规的宣传及健康教育活动
举办"中国艾滋病疫情及防治情况记者招待会"
卫生部新闻宣传工作的规范化、制度化建设
卫生部主管期刊参加2001年中国期刊展览
第五届国家图书奖的医药科技著作
第五届国家图书奖在京颁奖
2001年度全国优秀畅销书(第14批)
第14批全国优秀畅销书医药科技著作
第十届全国优秀科技图书奖
94家出版、发行单位获荣誉称号

国际交流合作与外资利用

国际合作与对外交流
全国卫生外事暨台港澳工作会议在渝召开
2001年世界卫生日纪念活动在京举行
我国派团参加《烟草控制框架公约》政府间谈判机构会议
彭玉副部长率团出席第54届世界卫生大会
世界卫生组织西太区主任尾身茂博士访华
张文康部长率团出席艾滋病问题特别联大
联合国艾滋病规划署执行主任皮奥特博士访华
张文康部长率团出席第52届世界卫生组织西太区会议
殷大奎副部长率团出席第六届亚洲及太平洋地区艾滋病大会
中意急救医学研讨会
中英城市社区卫生服务与贫困救助项目扩大到第三、四个项目市
中英性病艾滋病项目完成年度督导
日本无偿援助脊髓灰质炎疫苗交接仪式
日本无偿援助中国贫困地区结核病控制计划
签署中国扩大免疫预防接种项目第二次协调委员会会谈纪要和2001年活动方案
第36届中日医疗技术援助・交流暨第六期宫颈癌普查讲习班举办
日本援助中国母子保健项目
无偿援助西部地区预防接种推进计划(即7省区疫苗接种和监测系统装备项目)

第四次中泰卫生合作委员会会议
中俄教文卫体合作委员会卫生合作分委会第一次会议
2001 年来访一鉴表
2001 年签订卫生合作协议一鉴表
2001 年与台港澳地区卫生交流与合作
援外医疗队工作
郝永存同志被授予《贝宁国家骑士勋章》
中国农村健康保障策略与筹资国际研讨会在京召开
世界银行贷款"疾病预防"项目延长项目执行期获得批准
世界银行贷款"疾病预防"项目中期调整计划已获批准
世界银行贷款中国基本卫生服务(卫生Ⅷ)的支持性项目美国中华基金会第二期赠款项目正式启动
世界银行贷款/英国政府赠款中国基本卫生服务项目完成第一阶段评估
世界银行贷款基本卫生服务项目秦巴卫生子项目完成中期评估
世界银行贷款中国基本卫生服务项目秦巴卫生子项目获得日本 JSDF 赠款支持
世界银行 ASEM 信托基金赠款技术援助项目的研究成果介绍
世界银行贷款中国农村卫生人力开发项目完工

军队卫生工作

全军卫生工作
军队医学科技创新体系建设
2001 年度军队医药卫生科技成果获国家科技进步奖项目
2001 年度军队医药卫生科技成果获军队医疗成果奖项目
军队医疗机构达标创先活动
军队医院临床高新技术重大项目遴选
军队献血管理工作与采供血机构建设
军队医院对口支援西部贫困县医院
军队执业医师管理工作
部队卫生机构建设
全军开展创建"文明卫生军营"活动
全军首次开展"饮食卫生百日安全"活动
军队医疗机构制剂室验收和制剂整顿工作
军队临床药理基地建设
军队卫生信息化建设
军队医疗保障制度改革进展情况
《中国军事后勤百科全书·卫生勤务卷》编纂工作

省、自治区、直辖市卫生工作

北京市
出色完成大运会的卫生防病和医疗急救保障任务
药品集中招标采购
天津市
卫生资源调整启动
强化卫生监督工作
进一步深化药品集中招标采购工作
河北省
山西省
内蒙古自治区
内蒙古自治区蒙区中医条例
内蒙古自治区地方病防治例
辽宁省
吉林省
黑龙江省
上海市
开展严厉打击制售假冒伪劣健康相关产品违法犯罪活动
理顺职业病三级防治网络
居民健康档案实行计算机管理
举行共建预防医学签约仪式
市中毒控制中心全面启动
建设 41 所标准化社区卫生服务中心
开设简易门诊,方便病人就医
开展职工医疗互助救助
建立药品、医疗器械集中公开采购制度

组建上海市临床药品不良反应监测中心
推进医疗资源优化配置
全面实施医疗机构分类管理工作
圆满完成APEC会议医疗、食品卫生保障任务
江苏省
浙江省
浙江省卫生现代化建设纲要(2001—2020)出台
发展中的浙江民营医院
安徽省
福建省
江西省
医疗市场清理与整顿
药品集中招标采购
乡村卫生服务管理一体化
全省卫生防疫信息网建成
慢性非传染性疾病社区综合试点
血吸虫病防治健康教育
红十字会管理体制
山东省
全国城镇职工基本医疗保险制度和医药卫生体制改革工作会议在青岛市召开
山东省卫生行业两院院士"零的突破"
河南省
卫生援藏
救灾防病
卫生部人才交流服务中心安阳中心挂牌
药品集中招标采购
"视觉第一中国行动"赴藏国家医疗队
规范性病诊疗活动
广泛开展"三学一树"活动
重点专科网络建设
突发事件预防工作
创建城市示范社区卫生服务站(中心)活动
公示安全食品,实施名牌保护
河南省卫生监督所成立
河南省医学科技创新人才工程项目
河南省卫生厅科技办公室成立
湖北省
湖南省
湖南省艾滋病性病预防与控制协调会议成立
常德市第一人民医院重奖科研人员
湖南省卫生监督与疾病预防控制体制改革全面启动
省政府安排200万元艾滋病防治专项经费
湖南省直部门齐心协力抓血防
开展麻风病消除行动
加强省直医疗单位临床重点专科建设
一对一导乐陪护分娩受欢迎
广东省
广西壮族自治区
海南省
重庆市
四川省
贵州省
云南省
云南省卫生厅卫生监督所成立
省级医疗机构药品集中招标采购
卫生厅成立整顿和规范市场经济秩序工作组
公布整顿和规范公共卫生、医疗服务市场举报电话
神经干细胞诱导分化为黑质细胞成功
爱国卫生工作成效明显
军队医院对口支援云南省9个贫困县医院
整顿和规范市场经济秩序工作取得阶段性成果
确定云南省中医药事业"十五"计划
泸西县、马关县、景谷县进入全国农村中医工作先进县行列
上海援建云南三个妇幼保健中心建设项目进展顺利
西藏自治区
1994—2000年卫生援藏工作成绩显著
陕西省

陕西省人民医院建成现代化门急诊医技大楼
试行经营权改革薛固乡卫生院起死回生
甘肃省
完成省卫生厅机关机构改革工作
甘肃省首例心脏移植手术成功实施
甘肃省首例肝脏移植手术成功实施
甘肃省省级医疗保险制度启动实施
青海省
宁夏回族自治区
新疆维吾尔自治区
乌鲁木齐市居民死亡情况
关爱西部健康行动
国际奥比斯飞机眼科医院再次抵乌

学术团体与群众团体

中华医学会
中华医学会21世纪东西方卫生保健展望学术会议
中华医学会召开第23届世界儿科大会暨第2届国际儿科护理大会
附　中华医学会2001年学术会议一览表
中华预防医学会
附　中华预防医学会2001年学术会议一览表

人事与干部

2001年全国卫生事业单位人事制度改革
干部人事制度改革综述
中国医师协会成立
部属事业单位法人登记工作综述
中国疾病预防控制中心与卫生监督中心成立
2000年国务院政府特殊津贴颁发

卫生界人物

卫生部系统
卫生部部长、副部长
卫生部正、副司(局)长、主任
卫生部直属单位行政正、副职领导
各省、自治区、直辖市正、副卫生厅(局)长
各计划单列市卫生局长
全国爱国卫生运动委员会主任、副主任、办公室正、副主任
各省、自治区、直辖市爱国卫生运动委员会主任
各计划单列市爱国卫生运动委员会主任
国家药品监督管理局系统
国家药品监督管理局局长、副局长
国家药品监督管理局长、主任
国家药品监督管理局直属单位行政正、副职领导
国家中医药管理局系统
国家中医药管理局局长、副局长
国家中医药管理局司长、主任
国家中医药管理局直属单位行政正、副职领导
国家质量监督检验总局系统
国家质量监督检验总局局长、副局长
国家质量监督检验总局司长、副司长、主任、副主任
军队卫生系统
总后勤部卫生部部长、副部长
总后勤部卫生部(机关)正、副局长、主任
总后勤部卫生部直属单位行政正、副职领导
总后勤部直属卫生单位行政正、副职领导
各军区联勤部、各军兵种后勤部卫生部正、副部长
学术团体和社会团体
中华医学会会长、副会长、秘书长
中国解剖学会理事长、副理事长、秘书长
中国卫生经济学会会长、副会长、秘书长
中国生物医学工程学会理事长、副理事长、秘书长
中国水利电力医学科学技术学会理事长、副理事长、秘书长
中国卫生统计学会会长、副会长、秘书长
中国营养学会理事长、副理事长、秘书长

赵春华等10名医药卫生界青年专家获第七届中国青年科技奖
新当选的中国工程院院士
2001年去世的卫生界知名专家

卫生工作纪事

2001年卫生工作纪事
2001年中国医药科技十大新闻

卫生统计工作

卫生统计信息工作

卫生部门统计执法情况检查
开展《全国卫生统计报表制度》改革工作调研
中国健康监测系统试点项目启动
“卫生政策研究”报告暨高层研讨会在北京举行
中国部分地区开展“政策研究情境分析”
世界银行贷款“卫生Ⅷ”项目管理信息系统工作成绩显著
国家卫生信息网建设项目全国第二期设备采购招标工作完成
国家卫生信息网试点省总结会议在云南昆明召开
国家卫生信息网项目办公室主任会议在京召开
国家卫生信息网疾病报告信息管理系统软件培训班在成都举办

卫生统计

卫生机构、床位、人员
2001年全国卫生机构、床位、人员数及构成
2001年全国卫生机构专业卫生人员数及构成
2001年全国医院、卫生院机构、床位、人员数
全国卫生机构、床位数
全国卫生机构专业卫生人员数(万人)
全国市、县医院床位数及专业卫生技术人员数
全国平均每千人口医院床位数及专业卫生技术人员数
全国卫生技术人员中获得中级及以上技术职称人数
全国按床位数分组县及县以上医院数
全国县及县以上医院分科床位数
全国分科西医师数
全国县综合医院机构、床位、人员数
全国农村乡(镇)卫生院机构、床位、人员数
全国按床位数分组农村乡(镇)卫生院数
全国中医机构、床位、人员数
全国分科中医师和中医院床位数
全国妇幼卫生机构、床位、人员数
全国卫生防疫、防治机构、人员数
全国医学科学研究机构、人员数
全国民族自治地方卫生机构、床位、人员数
全国卫生部门卫生机构、床位、人员数
2001年全国按隶属关系分县及县以上卫生部门医院机构、床位、人员数
全国县及县以上卫生部门医院床位与人员、医护之比
全国工业及其他部门卫生机构、床位、人员数
全国农村村级卫生组织情况
2001年各地区卫生机构、床位数
2001年各地区卫生机构专业卫生人员数
2001年各地区平均每千人口医院及卫生院床位、医生、护士数
1999年省会所在市及百万人口以上市平均每千人口医院床位、医生、护士数
各地区农村村级卫生组织情况
医疗服务
2001年全国医院、卫生院诊疗人次及入院人数
2001年全国县及县以上综合医院分科门诊人次数
全国医院、卫生院病床使用情况
全国卫生部门城市医院住院病人前十位疾

病构成
全国卫生部门城市医院住院病人前十位疾病构成(ICD-9)
全国卫生部门县医院住院病人前十位疾病构成
全国卫生部门县医院住院病人前十位疾病构成(ICD-9)
2001 年卫生部门综合医院经费及收、支情况
卫生部门综合医院经费及收、支情况
2001 年全国县及县以上医院部分医疗设备台数
2001 年卫生部门综合医院部分病种住院医疗费用
医院总计
卫生部属
省自治区、直辖市属
直辖市区、省辖市、地区(自治州盟)属
省辖市区、地辖市属
县(旗)属
1998 年居民患病及就诊情况
居民两周患病率及构成
居民住院率及有关情况
居民分病种住院率及构成
1998 年居民到最近医疗点距离及时间构成
1998 年医疗保障制度构成
2001 年各地区县及县以上医院病床使用情况
2001 年各地区县及县以上卫生部门医院病床使用情况
2001 年各地区县及县以上工业及其他部门医院病床使用情况
2001 年各地区农村乡(镇)卫生院病床使用情况
人口自然变动及死亡原因
全国人口出生率、死亡率、自然增长率
部分市、县婴儿死亡率
2001 年部分市前十位主要疾病死亡专率及死亡原因构成
2001 年部分县前十位主要疾病死亡专率及死亡原因构成
九十年代初全国前十位恶性肿瘤死亡率
全国人口平均期望寿命
年龄别男、女期望寿命
传染病报告发病、死亡及计划免疫
2001 年全国法定报告传染病发病及死亡情况
全国法定报告传染病发病及死亡情况
全国一岁儿童计划免疫报告接种率及相应传染病发病率
卫生监督监测
食品卫生抽检情况
2001 年发生食物中毒情况及原因分析
全国公共场所卫生监督监测情况
2001 年全国学生预防保健情况
农村改水、改厕工作
全国农村改水工作情况
各地区农村改水情况
2001 年各地区农村改厕工作情况
妇幼卫生
1976—2001 年全国节育手术情况
全国新法接生、住院分娩百分比
1995 年全国监测地区城市、农村孕产妇死亡情况
1991—2000 年监测地区城市、农村 5 岁以下儿童死亡率
1989—2000 年监测地区城市、农村孕产妇死亡率
地方病防治
2001 年全国血吸虫病防治情况
2001 年全国地方性氟中毒防治情况
2001 年全国克山病、大骨节病、碘缺乏病防治情况
营养及青少年身体发育
1992 年全国居民每人每日营养素摄入量
全国居民人均每日营养摄取量
城市七岁以下儿童身体发育情况
农村七岁以下儿童身体发育情况
青少年、儿童身体发育情况
城市男性
城市女性

附录

索引

2003卷

特　　载

全国农村卫生工作会议召开
实践“三个代表”要求搞好农村卫生工作
——维护亿万农民身体健康　人民日报社论
中共中央　国务院关于进一步加强农村卫生工作的决定　中发〔2002〕13号
中共中央总书记　国家主席江泽民致全国农村卫生工作会议的信
大力加强农村卫生工作　全面提高农民健康水平　李岚清
在全国农村卫生工作会议上的总结讲话　温家宝
学习《决定》　贯彻《决定》　开创我国农村卫生工作新局面　卫生部部长　张文康
制定规划　加强指导　促进农村卫生事业协调持续发展(摘要)　国家计委副主任　于广洲
试办医学教育新形式　为农村培养卫生人才(摘要)　教育部副部长　赵沁平
认真履行财政职责　积极支持做好农村卫生工作(摘要)　财政部副部长　肖　捷
切实履行职责　把中央《决定》精神落到实处(摘要)　农业部副部长　刘　坚
大胆改革创新　努力提高农村卫生工作水平　吉林省副省长　李　斌
推进农村卫生改革与发展　为富民强省率先基本实现现代化服务　江苏省副省长　张桃林
忠实实践“三个代表”切实关心农民健康　山东省副省长　邵桂芳
积极推进农村卫生改革　提高农民群众健康水平　湖北省副省长　王少阶
立足区情　做好农村卫生工作　广西壮族自治区副主席　吴　恒
履行政府职责　积极推进农村卫生改革与发展　青海省副省长　邓本太
关于表彰全国农村初级卫生保健工作　先进县和先进个人的决定　卫基妇发〔2002〕250号
关于印发《中国农村初级卫生保健发展纲要(2001—2010年)》的通知　卫基妇发〔2002〕115号
中国农村初级卫生保健发展纲要(2001—2010)
附:中国农村初级卫生保健发展纲要(2001—2010年)参考指标
关于农村卫生机构改革与管理的意见　卫基妇发〔2002〕315号
关于城市卫生支援农村卫生工作的意见　卫医发〔2002〕316号
关于加强农村卫生人才培养和队伍建设的意见　卫生部　教育部　财政部　人事部　农业部　卫人发〔2002〕321号

重要会议报告

大力开展新时期爱国卫生运动　不断提高

人民群众的健康素质——在纪念爱国卫生运动50周年总结表彰电视电话会议上的讲话(摘要) 国务院 副总理、全国爱卫会主任 李岚清
李岚清副总理对加强农村改水工作的重要批示
贯彻“三个代表”重要思想 转变作风 开拓创新 加快卫生改革与发展
——卫生部部长张文康在2002年全国卫生工作会议上的讲话(摘要)
中华医学会会长张文康在中华医学会医疗事故技术鉴定专家库首批聘任仪式上的讲话
张文康部长在第五届全国卫生标准委员会成立暨卫生标准工作会议上的讲话
与时俱进开拓创新 坚定不移地深化两项体制改革
——卫生部部长张文康在全国卫生监督与疾病预防控制体制改革经验交流会暨全国卫生监督先进集体、先进个人表彰会上的讲话
卫生部关于实施《中华人民共和国食品卫生法》情况的汇报 卫生部部长 张文康
贯彻落实党的十六大精神 开创爱国卫生工作新局面
——在纪念爱国卫生运动50周年总结表彰电视电话会上的讲话(摘要) 全国爱卫会副主任、卫生部部长 张文康
全国爱卫会副主任、卫生部部长张文康在第四次全国农村改水工作会议上的报告(摘要)
推进改革 加强管理 改进服务 提高质量
——卫生部部长张文康在2002年全国医政工作会议上讲话
以“三个代表”重要思想为指导 努力开创部属(管)医院改革与发展新局面
——卫生部部长张文康在部属(管)医院工作会议暨院长培训班上的讲话(摘要)
张文康部长在2002年全国卫生人事工作会议上的讲话
服务大局 再接再厉 努力做好新世纪初卫生援藏工作
——卫生部部长张文康在第三次全国卫生援藏工作会议上的讲话(摘要)
卫生部副部长王陇德在2002年全国卫生工作会议上的总结讲话(摘要)

政策法规

医疗事故处理条例
使用有毒物品作业场所劳动保护条例
关于加快发展城市社区卫生服务的意见 卫生部 国务院体改办 国家计委 民政部 财政部 人事部 劳动保障部 建设部 税务总局 药品监管局 中医药局
卫生部、国家计委关于加强大型建设项目中疾病预防控制工作的通知
卫生部办公厅关于印发《全国流行性出血热防治规划(2002～2005年)》的通知
卫生部关于印发《中国2001～2015年卫生人力发展纲要》的通知 卫人发〔2002〕35号
中华人民共和国国家标准医院洁净手术部建筑技术规范
2002年卫生法规及规范性文件

工作进展

卫生工作
2001年卫生总费用测算结果
2002年卫生部党组综合调研
全国卫生工作会议
卫生部 WTO 相关事务工作领导机构的建立
卫生部 WTO 工作

公共卫生与疾病控制

疾病预防控制工作
疾病预防控制体制改革进展

国债西部疾病预防控制项目建设
全国卫生防疫信息网建设工作
"中国居民营养与健康状况调查"现场工作顺利结束
卫生部疾病控制司制定《慢性非传染性疾病预防医学诊疗规范(试行)》
卫生部、民政部、公安部、中国残疾人联合会联合发布《中国精神卫生工作规划(2002—2010年)》
口腔健康教育活动
21世纪心血管病防治战略论坛
精神卫生健康教育及培训
计划免疫
卫生部与国际疫苗免疫联盟/全球儿童疫苗基金合作项目启动
卫生部召开全国免疫规划工作电视电话会议
中国加强扩大免疫规划技术合作项目工作进展
2002年中国维持无脊灰工作进展
2002年中国麻疹控制工作进展
传染病防治
2002年全国甲、乙类法定报告病传染病疫情概要
救灾防病工作
流感监测和防治工作
鼠疫疫情及其防治
霍乱等肠道传染病疫情和防治工作
三峡二期工程库底卫生清理
青藏铁路建设鼠疫防治工作
全国结核病防治规划执行情况
全球艾滋病结核病疟疾基金结核病控制项目部分申报成功
世界银行贷款/英国政府赠款中国结核病控制项目启动
中国结核病控制机构间协调委员会第一次会议在北京召开
组织开展艾滋病防治多部门联合督导工作
2002年国家预防艾滋病宣传教育工作
抗艾滋病病毒药物形成国产化用药组合
安南秘书长表示联合国愿与中国一起应对艾滋病挑战
2002年艾滋病疫情概况
地方病防治
全国第四次碘缺乏病统一监测工作
卫生部组织对西部氟砷病区国债改水项目进行督导检查
寄生虫病防治
2002年血防春查工作
全国2002年疟疾流行现况
全球抗艾滋病、结核和疟疾基金疟疾防治项目
全国人体重要寄生虫病现状调查全面展开
卫生部组织乡(镇)基层医生和防治人员进行寄生虫病培训

卫生法制与监督

卫生法制与监督工作
卫生监督体制改革进展
卫生监督工作情况通报
2002年卫生法制与监督工作会议在京召开
全国卫生监督与疾病预防控制体制改革经验交流会暨全国卫生监督先进集体、先进个人表彰会在杭州召开
卫生部举办全国卫生厅局长和卫生监督员培训班
整顿和规范市场经济秩序
卫生部整顿和规范市场经济秩序工作
医疗服务市场专项整治
卫生部组织开展保健食品专项整治工作
食品打假专项斗争
卫生部等九部门联合开展有毒有害化学品生产、销售和使用专项整治工作
卫生部整顿和规范市场经济秩序组织机构和人员调整
劳动卫生与职业病防治
卫生部和劳动保障部颁布新的国家职业病目录
河北省高碑店市发生农民工苯中毒事件
2003—2010年国家职业病防治规划编制工

作启动
国家建设项目职业病危害评价专家委员会成立
国务院召开全国职业卫生工作电视电话会议
全国开展"职业病防治法宣传周"活动
卫生部开展全国职业卫生工作人员和经费调查
卫生部规范职业卫生技术服务
卫生部组织开展建设项目职业病危害预评价和竣工验收评价工作
卫生部颁布首批国家职业卫生标准
全国开展职业卫生监督抽查工作
中国职业卫生法律体系框架基本建成
卫生部组织开展化学品毒性鉴定机构资质认证工作
环境卫生监督
全国公共场所卫生监督抽检
卫生部制定《室内空气质量标准》
卫生部举办环境与健康产业成果展览
放射卫生防护
卫生部对辐照装置等强辐射源开展检查
卫生部组织大型辐射装置卫生审查
卫生部核事故医学应急工作进展
卫生部组织开展核电站周围地区核事故医学应急可动员医疗资源调查
学校卫生监督
卫生部加强学校食品卫生管理
健康相关产品与卫生监督
卫生部制订食品安全行动计划
卫生部修订颁布《消毒管理办法》
卫生部修订颁布《食品添加剂卫生管理办法》
卫生部印发2002年版《消毒技术规范》
卫生部撤销违法保健食品批准证书
开展第七届"食品卫生法宣传周"活动
2002年重大食物中毒情况
卫生部加强"菜篮子工程"卫生监督管理工作
卫生部推行食品卫生量化分级管理制度
南京市汤山食物中毒事件处理
卫生部完善国家食品污染物监测网
2002年国家食品卫生监督抽检情况
2002年国家消毒产品监督抽检情况
2002年国家化妆品监督抽检情况
卫生部加强集贸市场卫生监督工作
卫生部开展食品生产经营企业卫生许可证清理工作
卫生部组织制定食品生产经营单位废弃食用油脂管理规定
全国人大常委会组织《食品卫生法》执法检查
卫生标准
2002年颁布的卫生标准

国境卫生检验检疫

卫生检疫监管工作综述
国家质检总局卫生检疫风险预警及快速反应网络系统已正式启用
国境口岸食品卫生风险管理办法
国境口岸卫生监督员管理办法
上海浦东国际机场创建国际卫生机场
传入性媒介生物监测
口岸卫生处理
国境卫生检疫行业标准建设工作
HIV检出情况报告
第14届世界艾滋病大会在巴塞罗那召开
制作《卫生处理》音像教学片
举办卫生处理法律法规培训班
业务培训
中华人民共和国国家质量监督检验检疫总局与朝鲜民主主义人民共和国保健省卫生检疫协议

爱国卫生运动

全国爱卫会组织开展纪念爱国卫生运动50周年活动
全国爱卫会命名表彰一批国家卫生城市(区、镇)
全国爱卫办对部分国家卫生城市进行复查

《国家卫生城市信息管理系统》已正式启用
全国爱卫办参与重大疾病预防控制协调工作
全国爱卫办组织爱国卫生调研活动
健康城市合作项目按计划进行
全国爱卫会表彰一批全国爱国卫生先进工作者
附:全国爱国卫生先进工作者名单
第四次全国农村改水工作会议召开
全国爱卫会表彰农村改水改厕先进单位和先进工作者
附:全国农村自来水普及工作及农村卫生厕所普及工作先进单位和先进工作者名单
全国农村改厕技术与市场化发展研讨会召开
世界银行贷款第三期农村供水与环境卫生项目基本结束

基层卫生

基层卫生工作
卫生部举行农村卫生改革与发展座谈会
卫生部办公厅、人事部办公厅联合下发《关于暂时冻结乡镇卫生院人员的紧急通知》
国务院体改办、国务院办公厅和卫生部对湖北省宜城市和江苏省邗江区乡镇卫生院转制情况进行联合调研
卫生部举行《中国农村初级卫生保健发展纲要(2001—2010 年)》新闻通报会
全国政协医卫界、农业界委员赴山西省视察农村卫生
国务院法制办、卫生部召开《乡村医生管理条例》讨论会
召开新型农村合作医疗制度研讨会
贯彻《中共中央国务院关于进一步加强农村卫生工作的决定》座谈会
城市社区卫生服务进展
卫生部等 11 部门研究制定加快发展城市社区卫生服务的政策措施
《关于加快发展城市社区卫生服务的意见》新闻通报会召开
城市社区卫生服务工作座谈会召开
卫生部副部长朱庆生出席济南市社区卫生服务理论研讨会并发表讲话
卫生部与澳门特别行政区卫生局开展社区卫生服务交流
中英城市社区卫生服务与贫困救助项目进展

妇 幼 卫 生

妇幼卫生工作
修订《婚前保健工作规范》
颁布《产前诊断技术管理办法》及其配套文件
实施《中国提高出生人口素质、减少出生缺陷和残疾行动计划》
发布 2001 年全国妇幼卫生监测结果
中国疾病预防控制中心妇幼保健中心成立
全国妇幼保健工作会议召开
制定妇女儿童《两纲》实施指南
规范贫困孕产妇住院分娩救助资金管理
"降消"项目成绩显著
规范爱婴医院管理
12 名妇幼卫生工作者获诸福棠奖

中医药事业管理

中医药管理局与国家计委共同制定实施"十五"后四年中医医院基本建设规划
2003 年全国中医药工作会议召开
中医药博物馆筹建
国家中医药管理局局机关部分处级以上领导干部岗位实行公开选拔竞争上岗方式选拔干部
国家中医药管理局组织编写中医、中西医结合、中药、中医护理中、初级专业技术资格考试大纲
国家中医药管理局组织进行中医、中西医结合、中药、中医护理的中、初级专业技术资格考试
国家中医药管理局行政审批制度改革工作

进展情况
国家中医药管理局2002年普法工作
农村中医工作先进县建设工作
社区卫生服务工作
首届全国民族医药特色疗法总结展示推广活动
《执业医师法》实施工作
国家中医药管理局"十五"重点专科(专病)项目建设计划开始实施
《医疗事故处理条例》在中医药行业的实施
全国中医医院医疗质量监测工作取得成效
第三期全国名老中医专家临床经验高级讲习班在上海举办
接受中华慈善总会向中医医疗机构捐赠医疗设备
国家中医药管理局中医药科学技术研究专项2002—2003年度立项课题简介
2002年度国家中医药管理局中医临床诊疗技术整理与研究项目立项课题简介
国家中医药管理局公布第二批民族医药文献整理项目
国家中医药管理局中医药科技成果推广项目经验交流会召开
中华中医药学会科学技术奖设立
国家中医药管理局中药新药开发专项实施
66种中药材质量标准及其对照品的研究与方剂与证的药物动力学研究荣获2001年度国家科技进步二等奖
全国中医药继续教育工作会议召开
全国第一届高等中医药院校校长论坛召开
第三批全国老中医药专家学术经验继承工作
国家中医药管理局关于公布中医药重点学科建设单位、协作建设单位名单
军队系统公布中医药重点学科建设点名单
中医药人才培养座谈会
21世纪藏医本科教育规划教材的教材名称和编写人员确定
国家中医药管理局成立全国高等院校蒙医学专业教材编审委员会
中医药四大经典网络课件制作
六省农村中医药人员调查分析
颁发中等中医药教育主要专业指导性教学计划
中等中医药教育规划教材开始启用
中—非传统医药论坛于10月18日～20日在北京召开
佘靖副部长于5月18日～31日出访南非、爱尔兰和英国
与坦桑尼亚续签中坦合作试治艾滋病项目协议
中国—俄罗斯传统医药合作项目的实施
国务院朱镕基总理和李岚清副总理批准成立世界中医药学会联合会
加入世贸组织与中医药事业发展研讨会在厦门召开
全国中医药国际科技合作工作会议在北京举行
中国与新加坡续签中医药合作计划
国家中医药管理局加强对赴港中医医疗合作的管理
国家中医药管理局规范在华举办中医药国际学术会议和展览的管理
国家中医药管理局举办全国中医药涉外人员英语强化培训班

医政管理

医政工作
全国医政工作会议召开
医疗机构改革与管理
卫生支农下乡工作进展情况
"视觉第一中国行动"一期总结二期启动
防盲治盲工作
康复医学事业发展概况
开展"关爱西部健康行动"二期活动
医疗事故技术鉴定相关工作进展情况
关于做好实施《医疗事故处理条例》有关工作的通知
《医疗事故技术鉴定专家库学科专业组名录(试行)》

《重大医疗过失行为和医疗事故报告制度的规定》
《医疗事故争议中尸检机构及专业技术人员资格认定办法》
卫生部对《脐带血造血干细胞库管理办法》(试行)修正
卫生部对脐带血造血干细胞库进行执业验收
卫生部首次对全国采供血机构人员进行统一岗位培训考核
卫生部对全国省级血液中心进行全面血液质量管理培训
卫生部发布《医疗美容服务管理办法》
《医疗机构药事管理暂行规定》
加强社区护理管理　推进社区护理工作发展
卫生部为从事护理工作三十年的护士颁发荣誉证书和证章
《苯丙胺类兴奋剂滥用及相关障碍的诊断治疗指导原则》
《医疗机构病历管理规定》
《病历书写基本规范(试行)》
《临床基因扩增检验实验室管理暂行办法》
中华医院管理学会成立急救中心(站)管理分会
加强医患沟通,建立良好医患关系
2002年医师资格考试工作进展
卫生部医师资格考试委员会发布2002年医师资格考试成绩合格线
《卫生部关于对医师资格考试报名资格暂行规定的补充规定的通知》
卫生部医师资格考试委员会修订《医师资格考试大纲(医学综合笔试部分中医类别)》卫生法规部分内容
卫生部医师资格考试委员会修改《医师资格考试考务管理暂行规定》
修改《医师资格考试暂行办法》
卫生部医师资格考试委员会发布《医师资格考试大纲(实践技能考试部分中医类别中医、中西医结合)2002年版》
卫生部医师资格考试委员会发布《医师资格考试大纲(医学综合笔试部分临床、口腔、公卫类别)2002年版》
《关于取得中国医学专业学历的外籍人员和取得内地医学专业学历的台港澳居民参加医师资格考试补充规定的通知》

医学教育

医学教育工作
教育部、卫生部签署协议共建中国协和医科大学
教育部、卫生部联合印发《关于举办高等医学教育的若干意见》
中等医学教育结构调整取得显著进展
农村卫生人才培养
西部卫生骨干人才教育计划——卫生部、SK联合奖学金项目启动
郑格如基金资助农村卫生人才培养项目开始实施
全国继续医学教育委员会学科组第八次工作会议召开
国家级继续医学教育基地和远程继续医学教育的试点工作
全国继续医学教育管理干部培训班
全国住院医师规范化培训研讨会召开
卫生人才培养课题研究
全国成人高等学历教育医科类考试科目设置改革
全国全科医学培训中心协作网成立
全国医学专业学位教育指导委员会组成人员调整
医学相关领域高等教育发展规划研究课题启动
医学教育国际标准研讨会召开
卫生部卫生卫星科技教育网(双卫网)开始试运行
卫生部远程医学教育中心举办全国远程医学教育培训班
卫生部肝炎防治健康教育计划项目正式启动并实施

“卫生部关节炎防治教育计划”进展顺利
华夏基金会信托委员会第4次会议在卫生部召开

医学科学技术

医学科技工作
部属科研机构科技体制改革取得新进展
“九五”国家科技攻关成果(高新技术)在西部地区推广应用—微创神经外科手术技术的推广应用研究在青海启动
国家计委高技术司应用部门发展项目“洪涝灾区重大疫情防治和控制研究项目”通过验收
国家计委高技术应用部门发展项目“洪涝灾区钩端螺旋体病流行因素影响及其防治对策”和“西部地区防病脱贫问题的研究及科技成果在西部地区转化研究”进行了中期评估
卫生部艾滋病防治应用性研究项目2002年度课题评审工作结束
批准组建卫生部移植工程与移植免疫重点实验室和卫生部近视眼重点实验室
卫生部病毒性传染病重点实验室通过验收
确认福建省医学情报所为卫生部医药卫生科技项目查新咨询单位
批准组建卫生部纳米生物技术重点实验室
取消医学实验动物行政审批项目
2002中医药现代化国际科技大会暨新技术新产品展览会召开
“与贸易有关的知识产权协议”卫生工作影响研讨会在武汉召开
2002年卫生部“十年百项计划”(卫生部第二轮面向农村和基层推广适宜技术十年百项计划第二批项目)公布
国家科技攻关计划——“西部地区卫生科普试点”项目启动
全民卫生科普活动——“海淀区中关村社区试点”项目结束
2002年中华医学科技奖一等奖、二等奖、三等奖及国际科技合作类获奖项目名单
2002年度卫生部获国家级科学技术进步奖项目
2002年度卫生部获国家级技术发明奖项目
2002年度卫生部获国家级自然科学奖项目
卫生机构聘请的外国专家获2002年度中国国家级友谊奖
国家科技部、中宣部、中国科协授予卫生部系统的“全国科普工作先进集体”、“全国科普工作先进工作者”

药品监督管理

国家药品监督管理局加大打假力度整顿药品市场见成效
我国中药保健药品整顿取得成果
上市后药品的不良反应监测和再评价工作取得突破性进展
我国积极推进GMP认证提升制药企业综合竞争力
修订后的药品管理法颁布以来药品监督管理法制建设情况
中成药地方标准成为历史
规范药品包装、标签、说明书、统一药品批准文号
依法审批　规范行为　整治药品广告市场秩序

医药行业管理

医药行业管理

规划财务管理

规划财务管理工作
天水市综合卫生改革试点工作启动
药品集中招标采购联合督导
各地制定新的医疗服务价格
卫生部部属(管)医院临床学科重点项目装备集中招标采购
医院洁净手术室建筑技术规范正式颁布实施
卫生部部属(管)单位完成办公与业务用房普查

大型医疗设备成本调研
卫生部对部分医院医疗服务价格开展专项检查
全国"十五"农村卫生专项建设规划编制下发
国家启动西部地区疾病预防控制机构建设项目
卫生部召开第三次全国卫生援藏工作会议
中国卫生经济培训与研究网络工作新进展
卫生部定点扶贫工作
卫生部部属(管)医院临床学科重点项目装备集中招标采购
卫生部召开部属(管)医院工作会议暨院长培训班

健康教育与新闻出版

健康教育与健康促进工作
卫生部等7部委联合印发《全国九亿农民健康教育行动规划》及评价指标
举办健康之路广安行卫生下乡活动
启动全国健康教育统计报表工作
世界卫生组织颁发2002年度烟草或健康奖
2002年卫生新闻宣传工作概况
农村卫生改革宣传工作
以配合十六大宣传为契机,宣传我国卫生工作成就
与新闻主管部门积极配合,增强卫生新闻宣传的导向性
与媒体积极合作,不断开发新栏目
完成卫生部主管科技期刊调整方案并报送科技部
审核、推荐期刊参加第二届国家期刊奖评选活动
2002年度全国优秀畅销书评选揭晓(第15批)
第15批全国优秀畅销书医药科技著作
第四届全国优秀教育音像制品奖评选揭晓
第四届全国优秀教材音像制品奖获奖情况(医药卫生类)
2002年全国普通高等学校优秀教材评奖揭晓
全国普通高等学校优秀教材医药卫生类获奖情况
2002年国家科学技术学术著作出版基金资助项目(医药卫生类)

国际交流合作与外资利用

国际合作与对外交流
中国与摩洛哥两国卫生部卫生合作协议
中国与墨西哥签署两国卫生合作意向书
第二次中法卫生工作小组会议
中国与尼日利亚两国卫生部签署两国卫生合作谅解备忘录
张文康部长访问越南、朝鲜、缅甸
中国加强扩大免疫规划项目
第二次中国贫困地区结核病防治计划项目中日两国政府换文
中日合作寄生虫卵镜检培训班在陕西省西安市举办
2002年国外卫生部长来访和卫生合作交流一览表
国际司双边处2002年高层团组来访一览表
港澳台卫生合作与交流
张文康部长在香港出席第三列健康快车交接仪式
与澳门卫生局执行全科医师培训和社区卫生考察团互访的合作协议
第六届海峡两岸暨香港地区医学教育研讨会在台湾召开
2002年健康快车工作
张凤楼率团访问澳门、赴香港出席医管局年会会议
内地与港澳地区卫生行政高层联席会在北京举行
香港大学-哈佛大学联合为内地举办卫生改革高级研讨班
中华健康快车基金会成立
中华健康快车基金会成立大会在京召开
2002年援外医疗队工作简况
世界银行贷款/英国赠款"中国结核病控制

项目”正式启动
世界银行贷款“中国传染病与地方病控制”(卫生五)项目顺利完工
中国农村乡镇卫生院被动太阳能采暖赠款项目正式启动
世界银行贷款“疾病预防”(卫生七)项目完成联合督导
世界银行贷款“基本卫生服务”(卫生八)项目完成第八、第九次联合督导
审计工作在世界银行卫生项目管理中发挥作用
世界银行贷款“综合性妇幼卫生保健”(卫生六)项目完工
世界银行贷款“艾滋病/性病控制和妇幼卫生保健”(卫生九)项目完成联合督导
非政府组织参与世界银行贷款艾滋病控制项目一期赠款项目完工
为争取日本政府贷款项目实施的中国卫生领域现状调查工作完成

军队卫生工作

全军卫生工作
军队医院会计核算管理办法试点工作
军队医药卫生科技奖励项目
2002年度军队医药卫生科技成果获国家科技进步奖项目
2002年度军队医药卫生科技成果获国家技术发明奖项目
2002年度军队医药卫生科技成果获军队科技进步奖项目
2002年度军队医药卫生科技成果获军队医疗成果奖项目
军队临床医学专业全部实现本科教育
部队牙病防治工作
征兵体检工作
军队卫生监督规范化管理
军队医疗事故处理工作法规体系建设
军队提高老红军医疗待遇
全军疗养院建设成绩显著
军队医院药品集中招标工作全面展开
全军开展药品专项监督检查工作
军队医院试行合理用药监测系统
军队卫生信息化建设
军队医疗保障制度改革试点工作进展情况
军队卫生法规制度体系框架
参加第三十四届国际军事医学大会

省、自治区、直辖市卫生工作

北京市
圆满完成十六大卫生防病和医疗急救保健任务
天津市
卫生资源调整取得突破性进展
河北省
山西省
内蒙古自治区
辽宁省
吉林省
黑龙江省
上海市
开展临床药师制试点工作
完善急救预报网络
联合开展取缔无证行医活动
开展对健康相关产品违法宣传性功能的专项检查
开展公共场所用品、用具卫生监督工作
成立上海市疾病预防控制精神卫生分中心
推进社区卫生服务工作
江苏省
浙江省
安徽省
卫生信息化工作
福建省
卫生人才培养
信息化建设
江西省
山东省

河南省
食品打假专项斗争
建立卫生监督人员“十不准”制度
实施名牌保护战略
百案评奖
艾滋病预防控制
红丝带行动
援藏疾病控制项目
救灾防病工作
预防医学人才培养
药品集中招标采购
病人选择医生
医疗服务质量管理
院前急救医疗网络建设
无偿献血
采供血机构人员岗位培训考核考试
社区卫生服务机构规范化建设
农村卫生工作调研
重点乡镇卫生院建设
家庭合同保健制试点
青年卫生志愿者扶贫接力计划
湖北省
湖南省
省卫生厅建立公共卫生突发事件医学应急处置体系
湖南省制定艾滋病抗体检测初筛实验室资格评审管理办法
辅助生殖技术的评审工作
湖南医学高等专科学校并入湖南师范大学
急性传染病预防控制工作
娱乐场所100%推广安全套使用预防艾滋病性病项目在澧县启动
农村改水改厕工作
2002年春季查灭螺检查结果
湖南省血吸虫病疫情纵向观察点2002年监测情况
健康相关产品打假行动
加强学校食品卫生监督检查
医疗卫生服务市场专项整治
对放射源与射线装置的监督管理
城市社区卫生服务网络建设
香港“健康快车”驶入湘西自治州
评选湖南省农村名中医
首批湖南省临床医疗质量控制中心成立
制定下发《关于加快农村卫生改革与发展的意见》
农村卫生三项建设工作
药品收支两条线管理工作
医院“总量控制、结构调整”工作
省直医疗卫生单位财产清查工作
广东省
广西壮族自治区
海南省
重庆市
四川省
贵州省
云南省
云南省药品集中招标工作
检查药品招标执行情况
昆明医学院附一院成功实施“不停跳非体外循环冠脉多支搭桥术”
越南太原省卫生代表团来滇访问
加拿大传爱医疗援助会来滇执行乡村医生培训项目
实施“云南青年卫生志愿者扶贫接力计划”
全省各级防疫防病医疗队赶赴灾区救灾防病
乙肝疫苗接种纳入计划免疫
各地医疗事故技术鉴定专家库相继建立
全省卫生界捐见义勇为基金
全省首例深低温停循环主动脉人造血管半弓置换术获成功
省一院成功完成南方地区首例先心病膜部室缺伞堵术
云南卫生系统开展无偿献血
全省积极落实在滇工作两院院士医疗待遇
卫生系统博士座谈会召开

“视中”一期项目全面完成、二期项目开始启动
维护医疗机构正常诊疗秩序工作
西藏自治区
第三次全国卫生援藏工作会议
陕西省
陕西发展中医条例颁布实施
山洪过后有真情
不倒的卫生院
甘肃省
青海省
宁夏回族自治区
新疆维吾尔自治区
乌鲁木齐市居民死亡情况

学术团体与群众团体

中华医学会
首届中华医学科技奖颁奖大会于2002年2月1日在北京人民大会堂举行‘中日医学大会2002’
中华医学会医疗事故技术鉴定专家库成员首批聘任仪式在京举行
附:中华医学会2002年学术会议一览表
中华预防医学会
中华预防医学会首届学术年会在济南举行
“21世纪中美妇幼保健与遗传学研讨会”在京召开
附:中华预防医学会2002年学术活动一览表

人事与干部

2002年全国卫生事业单位人事制度改革综述
贯彻《党政领导干部选拔任用工作条例》,进一步推动干部人事制度改革
卫生部选派援疆干部
卫生部成立WTO相关事务办公室
卫生部组织WTO知识培训班
2002年全国卫生专业技术资格考试顺利完成
卫生部国际交流中心等三个单位更名
2001年政府特殊津贴发放

卫生界人物

卫生部系统
卫生部部长、副部长
卫生部正、副司(局)长、主任
卫生部直属单位行政正、副职领导
各省、自治区、直辖市正、副卫生厅(局)长
各计划单列市卫生局长
全国爱国卫生运动委员会主任、副主任、办公室正、副主任
各省、自治区、直辖市爱国卫生运动委员会主任
各计划单列市爱国卫生运动委员会主任
国家药品监督管理局系统
国家药品监督管理局局长、副局长
国家药品监督管理局局长、主任
国家药品监督管理局各直属单位
国家中医药管理局系统
国家中医药管理局局长、副局长
国家质量监督检验检疫总局系统
国家质量监督检验检疫总局局长、副局长
国家质量监督检验检疫总局司长、副司长、主任、副主任
军队卫生系统
总后勤部卫生部部长、副部长
总后勤部卫生部(机关)正、副局长、主任
总后勤部卫生部直属单位行政正、副职领导
总后勤部直属卫生单位行政正、副职领导
各军区联勤部、各军兵种后勤部卫生部正、副部长
学术团体与社会团体
社会团体
中华医学会会长、副会长、秘书长
中国解剖学会理事长、副理事长、秘书长
中国卫生经济学会会长、副会长、秘书长

事长、秘书长
中国老年保健医学研究会会长、副会长、秘书长
表彰人物
2002 年全国医药卫生系统“五一劳动奖章”和“五一劳动奖状”获得者
全国五一劳动奖状获得单位
全国卫生援藏工作先进集体和先进个人
全国卫生监督先进集体名单
全国卫生监督先进个人名单
“何梁何利奖”颁发
卫生部有突出贡献中青年专家选拔结果
2002 年去世的卫生界知名专家

卫生工作纪事

2002 年卫生工作纪事
2002 年“长海杯”中国医药科技十大新闻

卫生统计工作

卫生统计信息工作

国家卫生信息网建设
各省(区、市)疾病控制中心网络加装防火墙
卫生部机关局域网网络硬件构架建设完成
推广应用《卫生统计信息系统》
执行新的《中国卫生统计调查制度》
建立卫生机构分类代码数据库并发放分类代码证
医院和死因调查点正式使用 ICD-10 疾病分类标准
六省市政策研究情景分析项目工作
贫困及弱势人群社区卫生服务利用及影响因素研究
“中国健康监测系统”试点项目完成基线调查
中国部分地区开展“世界健康调查”
卫生部机关清查盗版并使用正版化软件

卫 生 统 计

卫生资源
卫生机构数
2002 年各地区卫生机构数
2002 年医疗机构数
按床位数分组医院数
2002 年医院等级
卫生机构床位数
2002 年医疗机构床位数
医院分科床位数及构成
2002 年各地区医疗机构床位数
医院主要医用设备台数
医院主要医用设备拥有率(%)
卫生人员数
中高级卫生技术人员数
2002 年各地区卫生人员数
分市县卫生技术人员数
分科医师数及构成
妇幼保健机构、床位、人员数
农村乡镇卫生院及床位、人员数
2002 年各地区农村乡镇卫生院及床位、人员数
疾病预防控制中心(防疫站)及人员数
村卫生室及人员数
2001 年各地区村卫生室及人员数
卫生总费用
卫生事业费和卫生基建投资
2002 年卫生部门综合医院收入与支出
卫生部门综合医院门诊病人人均医疗费用
卫生部门综合医院出院者人均医疗费用
2002 年政府办医院收入和支出
医疗服务
医疗机构诊疗人次及入院人数
2002 年各类医疗机构诊疗人次及入院人数
综合医院分科门诊人次构成(%)
2002 年综合医院分科门诊人次数
卫生部门综合医院医生人均每天担负诊疗人次和住院床日
2002 年各地区医院诊疗人次及住院人数

2002年各地区非营利医院诊疗人次及住院人数
2002年医疗机构病床使用情况
卫生部门医院、卫生院病床使用率(%)
卫生部门医院、卫生院出院病人平均住院日
2002年各地区医院病床使用情况
2002年各地区非营利医院病床使用情况
卫生部门市医院住院病人前十位疾病构成(ICD-9)
卫生部门县医院住院病人前十位疾病构成(ICD-9)
2002年卫生部门医院住院病人前十位疾病构成(ICD-10)
1998年居民医疗保障方式(%)
1998年居民两周患病率
1998年疾病别两周患病率
1998年居民慢性病患病率
1998年居民两周就诊情况
1998年居民住院情况
农村和社区卫生
乡镇卫生院医疗服务及病床使用情况
2002年各地区乡镇卫生院诊疗人次及住院人数
2002年各地区乡镇卫生院病床使用情况
2002年各地区社会卫生服务中心诊疗人次及住院人数
妇幼保健
新法接生及住院分娩率
监测地区孕产妇死亡率(1/10万)
1995年监测地区孕产妇死亡原因
监测地区5岁以下儿童死亡率
节育手术情况
疾病控制与公共卫生
法定报告传染病发病及死亡率
2002年26种法定报告传染病发病及死亡率
2002年部分市县前十位疾病死亡专率及死亡原因构成(合计)
2002年部分市县前十位疾病死亡专率及死亡原因构成(男)
2002年部分市县前十位疾病死亡专率及死亡原因构成(女)
90年代初前十位恶性肿瘤死亡率(1/10万)
一岁儿童免疫报告接种率(%)
2002年血吸虫病防治情况
2002年地方性氟中毒防治情况
2002年克山病、大骨节病、碘缺乏病防治情况
农村改水工作情况
各地区农村改水情况
2002年各地区农村改厕工作情况
人民健康水平
人口出生率、死亡率、自然增长率
婴儿死亡率
期望寿命(岁)
年龄别期望寿命(岁)
城市七岁以下儿童身体发育情况
农村七岁以下儿童身体发育情况
青少年、儿童身体发育情况(城市男性)
青少年、儿童身体发育情况(城市女性)
青少年、儿童身体发育情况(农村男性)
青少年、儿童身体发育情况(农村女性)
居民人均每日营养摄取量
1992年居民人均每日营养摄入量
卫生监督
食品卫生抽样监测情况
2002年发生食物中毒情况及原因
2002年公共场所卫生监督监测情况
2002年化妆产品卫生监督监测情况
医学教育与科技
医学专业学生及高中等医学院校数
高中等院校医学专业毕业人数
医学科研成果
香港、澳门特别行政区与台湾省卫生状况
香港、澳门特别行政区和台湾省居民健康状况
香港特别行政区医疗卫生条件
澳门特别行政区医疗卫生条件
台湾省医疗卫生条件

附　　录

附录一:我国卫生状况与世界主要国家比较
2000年人口状况
卫生资源状况
妇幼卫生状况
1988—1990年居民营养状况
附录二:我国主要人口与社会经济指标
2001年底全国行政区划
2001年按人口分组市数
年龄别人口构成(%)
人口数及构成
五次全国人口普查数
人口文化程度
各地区人口数
各地区人口出生率、死亡率
国民生产总值和财政收支
全国居民消费价格与商品零售价格指数(上年=100)

索　　引

索引

特　载

传染性非典型肺炎防治工作

一、召开重要会议情况

全国紧急防病会议

全国非典型肺炎防治工作会议

全国防治非典型肺炎指挥部成立大会

开展爱国卫生运动推动卫生防病工作电视电话会议

全国农村非典防治工作电视电话会议

贯彻《突发公共卫生事件应急条例》座谈会

全国防治非典工作会议

全国卫生工作会议

二、工作进展

非典防治工作综述

防治组各办公室工作简述

法律法规

突发公共卫生事件应急条例　中华人民共和国国务院令第376号

传染性非典型肺炎防治管理办法　卫生部令第35号

重要文件

卫生部、财政部、铁道部、交通部、民航总局关于严格预防通过交通工具传播传染性非典型肺炎的通知　卫机发[2003]8号

卫生部办公厅关于进一步做好传染性非典型肺炎诊疗工作的通知　卫机发[2003]10号

卫生部办公厅关于进一步加强传染性非典型肺炎疫情报告工作的紧急通知　卫机发14号

国务院办公厅关于进一步开展非典型肺炎防治督查工作的通知　国办发明电[2003]9号

卫生部办公厅关于设立集中收治传染性非典型肺炎病人和疑似病人定点医院有关问题的通知　卫发电[2003]73号

卫生部办公厅关于进一步做好医院非典型肺炎诊疗工作中防止交叉感染工作的紧急通知　卫机发[2003]22号

卫生部办公厅、民政部办公厅关于做好传染性非典型肺炎患者遗体处理和丧葬活动的紧急通知　卫发电[2003]23号

卫生部发布《公众预防传染性非典型肺炎指导原则》公告　[2003]7号

卫生部关于对医疗机构非典型肺炎防治工作进行监督检查的紧急通知　卫发电[2003]33号

卫生部办公厅关于发布《传染性非典型肺炎人体样品采集、保藏、运输和使用规范》的紧急通知　卫发电[2003]39号

卫生部关于下发《对从传染性非典型肺炎流行地区返乡民工监测的指导原则》的通知　卫发电[2003]48号

卫生部办公厅关于在医疗机构中统一开展传染性非典型肺炎诊断、报告、流行病学调查工作的通知》　卫发电[2003]49号

全国防治非典型肺炎指挥部关于印发加强华北地区非典型肺炎联防联控意见的通知(第六号) 国办发明电[2003]16号
卫生部办公厅关于印发《医疗机构发热门(急)诊设置指导原则(试行)》的通知 卫发电[2003]62号
卫生部 国家发改委 民政部 财政部 农业部 国家人口计生委关于印发《关于加强农村传染性非典型肺炎防治工作指导意见》的通知 卫基妇发[2003]132号
卫生部办公厅关于开展传染病防治执法检查的紧急通知 卫发电[2003]77号
卫生部关于指导公众合理、科学消毒有关事项的公告 [2003]14号
卫生部、人事部、中医药局关于表彰全国卫生系统抗击非典先进集体和先进个人的决定 卫人发[2003]207号
卫生部办公厅关于进一步做好非典疫情监测报告和通报工作的紧急通知 卫发电[2003]119号
卫生部办公厅关于正式启用全国传染性非典型肺炎疫情监测网络直报系统的通知 卫发电[2003]128号
三、非典防治工作大事记
四、非典防治工作纪事
全国卫生系统抗击非典先进集体和先进个人名单
全国卫生系统抗击非典先进集体名单
全国卫生系统抗击非典先进个人名单
抗击非典斗争中追授“白求恩奖章”荣誉称号获得者名单
人事部、卫生部、解放军总政治部追授邓练贤、叶欣、梁世奎、陈洪光、李晓红五位同志“白求恩奖章”
抗击非典斗争中追授“人民健康好卫士”荣誉称号获得者名单
卫生部追授叶欣等14位同志“人民健康好卫士”荣誉称号
防治非典一线优秀女医务工作者全国三八红旗手(集体)荣誉称号名单
全国妇联、卫生部授予防治非典一线优秀女医务工作者全国三八红旗手(集体)荣誉称号
全国“三八”红旗手名单
全国“三八”红旗集体名单
抗击非典好新闻评选
“礼来杯”抗击非典卫生好新闻暨精神卫生好新闻获奖名单

重要会议报告

胡锦涛总书记、温家宝总理关于做好新型农村合作医疗试点工作的批示
李岚清致2003年全国卫生工作会议的信
加强公共卫生建设开创我国卫生工作新局面
——国务院副总理兼卫生部部长吴仪在全国卫生工作会议上的讲话
吴仪副总理与全国卫生工作会议部分代表座谈时的讲话
吴仪副总理在全国新型农村合作医疗试点工作会议上的讲话
国务院副总理、全国爱卫会主任吴仪在开展爱国卫生运动推动卫生防病工作电视电话会议上的讲话(摘录)
吴仪副总理在持续消除碘缺乏病国际会议开幕式上的致辞
学习贯彻十六大精神 与时俱进 努力开创卫生改革与发展新局面
——卫生部部长张文康在2003年全国卫生工作会议上的讲话
卫生部常务副部长高强在全国卫生工作会议结束时的讲话
卫生部常务副部长高强在贯彻落实突发公共卫生事件医疗救治体系全国建设规划工作会议上的讲话(摘要)
卫生部常务副部长高强在全国加快疾病预防控制国债项目建设工作座谈会上的讲话(摘要)
卫生部副部长王陇德在2003年全国卫生工

作会议上的总结讲话

政策法规

乡村医生从业管理条例 中华人民共和国国务院令(第 386 号)
国务院办公厅转发卫生部等部门关于建立新型农村合作医疗制度意见的通知 国办发[2003]3 号
医疗废物管理条例 中华人民共和国国务院令 第 380 号
国境口岸突发公共卫生事件出入境检验检疫应急处理规定 国家质量监督检验检疫总局
中华人民共和国中医药条例
国家中医药管理局关于进一步加强中西医结合工作的指导意见
卫生部办公厅关于印发《中国流行性感冒疫苗预防接种指导意见(试行)》的通知 卫办疾控发[2003]108 号
2003 年卫生法规及规范性文件

工作进展

卫生工作
2002 年全国卫生总费用
2003 年全国第一次卫生工作会议
2003 年全国第二次卫生工作会议
卫生行政审批制度改革
2003 年卫生领域 WTO 相关事务工作
新一轮卫生服务贸易谈判
TRIPS 协定与公共健康问题
完善通报与咨询机制

城镇基本医疗保险

城镇基本医疗保险工作

公共卫生与疾病控制

疾病预防控制工作
加强疾病预防控制体系建设工作
健康管理与健康保险高层论坛
卫生部颁布《中国癌症预防与控制规划纲要》
卫生部疾病控制司制定《中国糖尿病防治指南》
卫生部疾病控制司制定《中国成人超重和肥胖症预防控制指南》
防范恐怖工作
2003 年救灾防病
93 届、94 届广交会卫生保障

计划免疫

中国维持无脊灰工作进展
中国—日本加强扩大免疫规划项目工作进展
卫生部印发《2003—2010 年全国保持无脊髓灰质炎状态行动计划
2003 年中国政府与全球疫苗免疫联盟(GAVI)/儿童疫苗基金合作项目进展
卫生部开展全国计划免疫工作检查
中国麻疹控制工作进展

传染病防治

2003 年全国甲、乙类法定报告传染病疫情概要
霍乱等肠道传染病疫情和防治工作
流感监测和防治工作
全国鼠疫疫情及防治
2003 年狂犬病防治工作
2003 年全国艾滋病流行病学调查
2003 年世界艾滋病日活动
全国艾滋病综合防治示范区工作启动
全球抗艾滋病、结核和疟疾基金第 3 轮艾滋病防治项目申请成功
卫生部与联合国艾滋病中国专题组共同发布《中国艾滋病防治联合评估报告》
“防治结核 造福人民”世界防治结核病日宣传活动
结核病防治规划阶段性评估暨联合督导顺利开展
2003 年全球基金中国结核病控制项目全面启动

中国麻风防治协会第5届全体会员暨麻风学术大会在南京召开
中国——荷兰麻风防治合作项目在荷兰阿姆斯特丹市签字
《卫生部关于印发传染性非典型肺炎(SARS)预防控制有关技术方案的通知》下发
地方病防治
持续消除碘缺乏病国际会议在北京召开(附:持续消除碘缺乏病国际会议声明)
全国地方病防治工作暨持续消除碘缺乏病再动员会
亚洲七国“减轻砷危害地区研讨会”在北京召开
饮水型地方性氟中毒病情及防治现状
寄生虫病防治
全国血吸虫病科技进步论坛
全球基金中国疟疾项目进展顺利
卫生部制订《血吸虫病重大疫情应急处理预案(试行)》和《疟疾暴发流行应急处理预案(试行)》
血吸虫病疫情及防治现状
疟疾流行现况

卫生法制与监督

卫生法制与监督工作
传染病防治执法检查
传染病防治监督执法培训
进一步规范卫生监督制、着装管理
卫生监督信息统计报告软件推广工作
卫生法制建设
卫生行政审批制度改革
劳动卫生与职业病防治
卫生部发布高毒物品目录
卫生部发布工作场所职业病危害警示标识标准
卫生部组织开展全国职业卫生技术服务机构资质审定工作
卫生部批准14家化学品毒性鉴定机构
卫生部组织开展国家重大建设项目职业卫生审核、审查、验收工作
卫生部开展职业卫生技术服务机构卫生资源调查
卫生部会同八部门联合开展乡镇企业、农村个体工商户职业病危害专项整治工作
卫生部加强职业病诊断鉴定管理工作
中国煤矿尘肺病治疗基金会成立
WHO职业卫生合作中心(北京)再次确认
全国职业卫生抽检
环境卫生监督
卫生部发布《公共场所集中空调通风系统卫生规范》
第三届电磁辐射与健康国际研讨会在我国召开
《室内空气质量标准》宣贯及检测技术培训班在天津召开
全国公共场所卫生抽检
放射卫生防护
卫生部组织电离辐射防护与辐射源安全基本标准宣传贯彻
卫生部调整国家核事故医学应急领导小组
卫生部发布核事故与放射事故应急预案
卫生部组建核应急医学救援小分队
卫生部核事故医学应急中心加入WHO/REMPAN
全国放射卫生抽检
学校卫生监督
卫生部教育部拟定《学校食物中毒事故行政责任追究办法》
卫生部加强学校食品卫生安全监督管理
健康相关产品与卫生监督
卫生部通报2003年全国重大食物中毒发生情况
卫生部发布《散装食品卫生管理规范》
卫生部发布实施《食品安全行动计划》
卫生部开展2003年国家健康相关产品监督抽检工作
卫生部开展全国食品污染物和食源性疾病监测工作
卫生部全面实施食品卫生监督量化分级管

理制度
卫生部撤销违法保健食品批准证书
卫生部规范保健食品生产企业良好生产规范实施工作
卫生部举办“三鹿乳业杯”首届全国食品卫生法知识电视大赛
卫生部颁布《集贸市场食品卫生管理规范》
卫生部组织开展2003年《食品卫生法》宣传周活动
国际食品法典委员会国内协调小组工作进展
2003年健康相关产品审批
卫生部开展食品药品放心工程工作
卫生部印发《国际命名化妆品原料(INCI)英汉对照名称(2003年版)》及《中国已使用化妆品成分名单(2003年版)》
卫生部开展中加合作项目——小农适应全球市场发展项目
卫生部在传染性非典型肺炎疫情期间积极做好消毒管理工作
卫生部加强疯牛病化妆品监督管理
卫生部开展全国毒鼠强专项整治事故救治工作
卫生部开展全国食品卫生安全保障春节大行动
卫生标准
2003年发布卫生标准

国境卫生检验检疫

卫生检疫监管工作综述
口岸SARS预防与控制工作
口岸卫生检疫查验业务工作
出入境口岸猴痘防治预案
全国检验检疫系统艾滋病病毒感染者检出情况
口岸传染病监测
开展口岸食品生产经营单位卫生管理先进企业评优活动
传入性媒介生物监测
国境口岸卫生监督员培训班
积极推进卫生检疫标准化工作
积极开展卫生检疫科学研究
口岸SARS及卫生检疫管理系统

爱国卫生运动

全国爱卫会召开开展爱国卫生运动推动卫生防病工作电视电话会议
中央文明委、全国爱卫会号召开展“讲文明、讲卫生、讲科学、树新风”活动
全国爱卫会积极参与全国毒鼠强专项整治工作
全国爱卫会命名浙江省湖州市、北京市石景山区等城市(区)为国家卫生城市(区)
全国爱卫办支援安徽等灾区开展救灾防病工作
WHO西太区在菲律宾马尼拉召开地区健康城市网络会议
全国爱卫会组织开展农村优秀水厂评比工作
全国爱卫会制订国家卫生镇标准和考核命名办法,各地积极开展创建国家卫生镇活动
全国爱卫办与联合国儿童基金会合作开展“预防非典卫生知识传播”项目
全国爱卫办召开北方地区“卫生厕所入户”现场会
全国爱卫办与联合国儿童基金会CES项目完成中期评估工作
世行贷款第三期中国农村供水与环境卫生项目顺利结束

基 层 卫 生

基层卫生工作
召开新型农村合作医疗座谈会
《关于做好新型农村合作医疗试点工作的通知》下发
新型农村合作医疗试点工作研讨会召开
全国新型农村合作医疗培训班举办
卫生部对云南省合作医疗试点工作进行调研

国务院建立新型农村合作医疗部际联席会议制度
国务院新型农村合作医疗部际联席会议听取四省新型农村合作医疗试点工作汇报
吴仪副总理主持召开新型农村合作医疗专家座谈会
吴仪副总理赴云南省视察新型农村合作医疗试点工作
卫生部转发《湖南省人民政府办公厅关于桂阳县新型农村合作医疗试点工作有关问题的通报》
卫生部办公厅转发《云南省卫生厅关于文山州广南县阿科乡新型农村合作医疗试点工作中不当做法的情况通报》
国务院召开全国新型农村合作医疗试点工作会议
国务院公布《乡村医生从业管理条例》
《关于做好〈乡村医生从业管理条例〉施行准备工作的通知》下发
卫生部印发乡村医生执业证书格式
卫生部对四川省南江县农村卫生改革情况进行调研
全国政协提案委员会赴江西、福建调研新型农村合作医疗
农村卫生有关材料印发
卫生部召开联合国儿童基金会农村初级卫生保健项目工作会议
卫生部对联合国儿童基金会农村初级卫生保健项目进行年度基础调查
卫生部对联合国儿童基金会农村初级卫生保健项目进行中期交叉审评
卫生部等部门联合下发关于加强农村非典型肺炎防治工作的指导意见
中国卫生代表团赴泰国考察泰国全民医疗保险制度
2003年全国城市社区卫生服务进展
卫生部、民政部、国家中医药管理局联合启动创建全国城市社区卫生服务示范区活动
卫生部、国家中医药管理局联合举办创建全国社区卫生服务示范区活动培训班
中华医院管理学会社区卫生服务分会成立
卫生部开展全国城市社区卫生服务现状调查研究
中英城市社区卫生服务与贫困救助项目进展
卫生部部署做好社区防控非典工作
卫生部向社区卫生服务人员赠送非典防控实用手册
创建全国社区卫生服务示范区活动实施方案摘要

妇幼卫生

妇幼卫生工作
《中国提高出生人口素质、减少出生缺陷和残疾行动计划》(2002—2010)实施进展
全国助产技术实施现况调查完成
全国妇幼保健机构基本情况调查结束
发布《常用计划生育手术常规》
联合国人口基金生殖健康/计划生育第五周期项目开始实施
预防艾滋病母婴传播试点项目启动
全国《产前诊断技术管理办法》培训班在京举行
开展《母婴保健法》法律证件检查
妇幼卫生信息工作
男性和青少年生殖健康服务研究
全国新生儿疾病筛查情况调查
托幼机构卫生保健监督检查
流动人口中妇女儿童享有卫生保健服务现况调查
改善贫困地区儿童营养状况试点
“降低孕产妇死亡率和消除新生儿破伤风”项目监督指导
《爱婴医院管理监督指南》实施与评估
儿童疾病综合管理项目经验推广

中医药事业管理

中医药工作
2003年全国中医药工作会议召开

国家中医药管理局成立中医药防治非典型肺炎工作小组
国务院副总理吴仪同志主持召开老中医药专家座谈会
学习宣传贯彻《中华人民共和国中医药条例》
贯彻实施《中华人民共和国行政许可法》
行政审批制度改革工作
中医药标准化工作
世界中医药学会联合会在京成立
全国中医药对外交流与合作工作会议召开
WHO中医、中西医结合治疗SARS国际研讨会召开
第五十六届世界卫生大会通过全球传统医学战略计划
世界针灸学会联合会第五届第三次学术会议召开
传染性非典型肺炎中医药防治工作
举办第四、第五期全国名老中医专家临床经验高级讲习班
国家中医药管理局"十五"重点专科(专病)项目建设监测工作
全国民族医重点专科(专病)建设工作
落实《内地与香港关于建立更紧密经贸关系的安排》和《内地与澳门关于建立更紧密经贸关系的安排》中医疗及牙医服务有关问题工作
医疗气功知识与技能考试工作
全国社区卫生服务示范区创建工作
实施2003年中医医师资格考试工作
农村中医药工作
国家中医药管理局中西医结合治疗非典型肺炎临床研究特别专项四批课题概况
中医、中西医结合治疗SARS国际研讨会主报告、分报告概况及其评价
国家中医药管理局科技教育司举办"针刀疗法听证、鉴定会"
中华中医药学会科学技术奖开始实施
启动"优秀中医临床人才研修项目"工作
启动西部地区中医药重点学科建设
"21世纪藏医本科教育规划教材"审定出版

医政管理

医政管理工作
民营医疗机构管理工作
2003年合资合作医疗机构管理工作
卫生部、国家中医药管理局印发《关于建立应急卫生救治队伍的意见》
卫生部办公厅对呼吸道发热病人预检分诊工作提出要求
卫生部、国家中医药管理局推荐新修订的《传染性非典型肺炎(SARS)诊疗方案》
全面推进采供血机构质量管理
建立采供血信息统计工作制度
护理工作进展
卫生部颁布《医疗卫生机构医疗废物管理办法》
《医疗废物分类目录》颁布实施
《医疗废物专用包装物、容器标准和警示标识规定》颁布实施
《医院预防与控制传染性非典型肺炎(SARS)医院感染的技术指南》颁布实施
防盲治盲工作进展
"三下乡"活动和表彰决定
开展"关爱西部健康行动"三期活动
卫生部《关于城市卫生对口支援农村卫生工作的实施意见》颁布实施
卫生部修改《医师资格考试暂行办法》第十六条、第三十四条
2003年医师资格考试工作进展
卫生部医师资格考试委员会办公室要求做好2003年医师资格考试防范非典工作
卫生部医师资格考试委员会发布2003年医师资格考试成绩合格线
卫生部、国家中医药管理局、总政治部干部部、总后勤部卫生部下发《关于做好军队转业、复员或退休移交地方人民政府安置的医师换领地方医师资格证书工作有关问题的通知》
卫生部要求医院在防治传染性非典型肺炎

过程中做好正常医疗工作
卫生部办公厅下发《关于进一步做好传染性非典型肺炎防范工作的通知》
卫生部下发做好猴痘防治准备工作的通知
卫生部转发北京市卫生局《关于北京酒仙桥医院重复使用心导管的通知》
卫生部落实内地与香港、澳门“关于建立更紧密经贸关系的安排”
艾滋病知识培训工作
2003年急救工作

医学教育

医学教育工作
我国专科医师培养及准入制度研究课题正式启动
乡镇卫生院卫生技术人员培训暂行规定颁布实施
乡村医生在岗培训基本要求下发实施
制定相关医学高等教育发展规划
组织制定主要卫生技术岗位高职人才基本标准
实施华夏基金会资助发展口腔教育项目
全科医学教育工作进展情况
全国住院医师培训工作研讨会在成都召开
教育部、卫生部对报考成人高等教育医学门类考生的资格进行审查
国家级继续医学教育基地试点工作进展情况
继续医学教育有效运行机制的研究课题完成
全国继续医学教育委员会学科组第九次工作会议在北京召开

医学科学技术

医学科技工作
部属科研机构科技体制改革取得新进展
“十五”国家科技攻关计划“老年疾病预警与防治”等5个项目进行了验收
“洪涝灾区对钩端螺旋体病流行因素影响及其防治对策”项目通过验收
卫生部艾滋病防治应用性研究项目2003年度课题评审及立项工作完成
卫生部高原病研究重点实验室批准成立
卫生部视觉科学研究重点实验室批准成立
卫生部肿瘤蛋白质组学重点实验室批准成立
卫生部开展人类辅助生殖技术与人类精子库评审工作
卫生机构聘请的外国专家获2003年度中国国家级友谊奖
国家外国专家局表彰卫生系统全国聘请外国文教专家先进集体和先进个人
西部地区卫生科普活动试点项目通过验收
卫生部第二轮面向农村和基层推广适宜技术十年百项计划第三批项目目录
2003年度卫生部获国家级科学技术进步奖项目
2003年中华医学科技奖一等奖、二等奖、三等奖项目名单

食品药品监督管理

国家食品药品监督管理工作

医药行业管理

医药行业管理

规划财务管理工作

卫生规划财务管理工作
宏观经济与卫生发展研讨会
全国医疗服务价格项目规范与管理工作
国家出台防治非典型肺炎有关财税政策
国务院办公厅关于加强防治非典型肺炎社会捐赠款物管理工作的通知
医疗机构药品集中招标采购进展
全国贯彻落实突发公共卫生事件医疗救治体系建设规划工作会议召开
突发公共卫生事件医疗救治体系建设规划经国务院批准实施
国务院有关部委对全国疾病预防控制建设项目进行督导

社会各界积极捐助传染性非典型肺炎防治工作
全国加快疾病预防控制国债项目建设工作座谈会召开
中国卫生经济培训与研究网络活动
卫生部颁布《卫生部直属单位法定代表人任期经济责任审计暂行规定(试行)》
卫生部部属(管)医院重点学科装备管理工作研讨会在京召开
卫生部制定防治非典型肺炎医院主要装备标准
做好防治非典型肺炎的后勤保障、设备采购工作
十二辆流动眼科手术车发往各地
在京部属(管)单位设备处长会议召开

健康教育与新闻出版

健康促进与教育工作
全国健康教育统计报表
启动全国相约健康社区行活动
健康之路宁夏行卫生下乡活动
开展《全国九亿农民健康教育行动规划》中期督导评估
制作下发农村卫生人员防控传染性非典型肺炎实用手册
《农村卫生人员预防传染性非典型肺炎必读》荣获国家图书特别奖
《中国健康教育五十年》出版发行
2003 年度新闻宣传工作
2003 年度卫生部报刊管理工作
第六届国家图书奖评选揭晓
第六届国家图书奖医药卫生科技著作
第八届全国优秀科技音像制品奖在京颁奖(医药卫生类)
第八届全国优秀科技音像制品奖获奖情况(医药卫生类)
第四届全国优秀古籍整理图书奖颁奖
2003 年国家科学技术学术著作出版基金资助项目(医药卫生类)
2003 年国家科学技术学术著作出版基金资助项目情况(医药卫生类)
第十一届全国优秀科技图书奖在京揭晓
第十一届全国优秀科技图书奖获奖书目
第十三届中国图书奖获奖书目(医药卫生类)
2003 年度全国优秀畅销书评选揭晓(16 批)
第 16 批全国优秀畅销书医药科技著作

国际合作与外资利用

卫生国际合作与交流概况
世界卫生大会通过《烟草控制框架公约》
亚欧会议突发公共卫生事件管理研讨会在京举行
吴仪副总理率团出席亚太经合组织(APEC)卫生部长会议
吴仪副总理率团出席第 56 届世界卫生大会
我国派团参加全球艾滋病、结核病和疟疾基金理事会会议
卫生部组织世界卫生日纪念活动
我国派员参加世界卫生组织执委会会议
世界经济论坛卫生部长会议在瑞士达沃斯举行
黄洁夫副部长率团出席东盟与中日韩卫生部长非典特别会议
联合国艾滋病规划署执行主任皮奥特博士来京参加中国企业峰会
世界卫生组织候任总干事李钟郁博士访华
高强常务副部长率团出席宏观经济与卫生问题部长级磋商会议
高强常务副部长率团出席全球非典会议
高强常务副部长出席联合国艾滋病问题高级别会议
王陇德副部长率团出席世界卫生组织西太区委员会第 54 届会议
中俄卫生合作分委会第三次会议在北京召开
卫生部前顾问马海德医生铜像揭幕仪式在黎巴嫩举行
俄罗斯等国家向卫生部捐赠医疗物资支持中国抗非典斗争

中泰卫生合作联委会第六届会议在北京召开
签署日援技术合作中国加强扩大免疫规划项目第3次联合协调委员会备忘录
美国国际战略研究中心艾滋病访华团
美国卫生部长汤普森访华
吴仪副总理会见美国艾·戴蒙德艾滋病研究中心主任何大一教授
卫生部与联合国儿童基金会联合举办“持续消除碘缺乏病国际会议”
中日韩-东盟(10+3)非典型肺炎高级国际研讨会在北京举行
援外医疗队工作
全国派遣援外医疗队40周年纪念活动
高强常务副部长会见香港卫生福利及食物局代表团
卫生部部长张文康赴港出席“香港社会医学学院荣誉院士称号”
黄洁夫副部长率团访问港澳,并接受“香港外科医学院荣誉院士”称号
朱庆生副部长应邀赴港参加“内地贵宾访港计划”
第二届内地、香港、澳门卫生行政高层联席会议在澳门召开
澳门医务界访京团来访马晓伟副部长率团访问澳门
内地、香港、澳门CEPA研讨会
“西部健康光明行”2003年执行情况
健康快车2003年执行情况
粤港澳传染病联系机制建立
台湾“中国青年大陆研究文教基金会”来访
海峡两岸SARS防治研讨会
卫生部组织西部地区访问团赴台考察
世行贷款/国外赠款“中国传染性非典型肺炎及其他传染病应对项目”正式启动
世行银行贷款“艾滋病/性病预防控制和妇幼卫生保健”(卫生九)项目完成中期外部评估和联合督导
世界银行贷款/澳援赠款/日本赠款支持非政府组织参与艾滋病/性病控制项目完工
亚洲开发银行赠款“加强中国西部地区非典型肺炎防治能力建设”项目启动
世界银行赠款“中国农村贫困地区室内空气污染干预”项目启动
世行贷款/英国赠款“中国结核病控制项目”的实施在国家结核病防治规划中发挥作用
世界银行第四次“中国卫生部门研究”项目正式启动
《英国/中国1999年卫生八支持性项目赠款(2003年第一次修订)》协议签订并正式生效
日本社会发展基金(JSDF)资助的“改善中国贫困人口对卫生服务的可及性项目”(TF026562)完成终期评估
“基本卫生服务”(卫生八)项目第十一次联合督导完成
世界银行同意将“疾病预防”(卫生七)项目延长至2004年6月结束
“基本卫生服务”(卫生八)项目创新基金第一批创新课题开始实施

精神文明建设

2003年卫生系统纠风工作
2003年工作会议简述

军队卫生工作

军队卫生工作概况
军队传染性非典型肺炎防治工作
军队医药卫生科技成果获奖情况
军队医学训练工作
部队卫生工作
军队药品器材供应管理工作
全军远程医学工作
军队卫生外事工作

省、自治区、直辖市卫生工作

北京市

天津市
河北省
山西省
内蒙古自治区
辽宁省
吉林省
黑龙江省
上海市
江苏省
浙江省
安徽省
福建省
江西省
山东省
河南省
湖北省
湖南省
广东省
广西壮族自治区
海南省
重庆市
四川省
贵州省
云南省
西藏自治区
陕西省
甘肃省
青海省
宁夏回族自治区
新疆维吾尔自治区

学术团体与群众团体

中华医学会工作
组织专家修订《传染性非典型肺炎(SARS)诊疗方案》
中华医学会2003年组织医疗事故技术鉴定情况
《临床技术操作规范》出版发行
加强医药卫生行业自律活动启动
海峡两岸SARS防治研讨会召开
中华医学会2003年学术活动一览表

人事与干部

卫生部卫生管理干部培训班
第二批援疆干部轮换赴新疆
中央机构编制委员会批准给卫生部增加机构编制
卫生部等有关部门制定措施,为抗击非典的医务工作者提供有力保障

卫生界人物

卫生部系统
卫生部部长、副部长
卫生部正、副司(局)长、主任
卫生部直属单位行政正、副职领导
各省、自治区、直辖市正、副卫生厅(局)长
各计划单列市卫生局长
全国爱国卫生运动委员会系统
全国爱国卫生运动委员会主任、副主任、办公室正、副主任
各省、自治区、直辖市爱国卫生运动委员会主任
各计划单列市爱国卫生运动委员会主任
国家食品药品监督管理局系统
国家食品药品监督管理局局长、副局长
国家食品药品监督管理局司长、副司长
国家中医药管理局系统
国家中医药管理局局长、副局长
国家中医药管理局司长、主任
国家质量监督检验检疫总局系统
国家质量监督检验检疫总局局长、副局长
国家质量监督检验检疫总局司长、副司长、主任、副主任
军队卫生系统
总后勤部卫生部部长、副部长
总后勤部卫生部(机关)正、副局长、主任
总后勤部卫生部直属单位行政正、副职领导
总后勤部直属卫生单位行政正、副职领导

长、秘书长
中国医学影像技术研究会会长、副会长、秘书长
中国足部反射区健康法研究会理事长、副理事长、秘书长
中国老年保健医学研究会会长、副会长、秘书长
表彰人物
人事部、卫生部授予韦加宁同志“白求恩奖章”
全国留学回国人员先进个人和先进工作单位
2003年当选的医药卫生界中国工程院院士
2003年当选的医药卫生界中国科学院院士
2003年去世的卫生界知名专家(生平)

卫生工作纪事

2003年卫生工作纪事
卫生部举行首次年度全国十大卫生新闻评选
2003年“302杯”中国医药科技十大新闻

卫生统计工作

卫生统计信息工作
制订《国家公共卫生信息系统建设方案》
首次建立《全国医疗机构29种医用设备数据库》
开展第三次国家卫生服务调查
首次建立《全国卫生机构人力资源基本信息数据库》
卫生信息数据库建设进展
“传染性非典型肺炎疫情发布地理信息系统”建立
卫生部《血站信息系统功能规范》制定工作完成
2003年卫生与医院信息化论坛及医疗信息化展览在北京举行
全国卫生系统省以上机关建立联通电视电话会议
首次出版《中国卫生统计年鉴》
卫生统计
卫生资源
卫生机构数
2003年各地区卫生机构数
2003年医疗机构数
按床位数分组医院数
2003年医院等级
卫生机构床位数
2003年医疗机构床位数
医院分科床位数及构成
2003年各地区医疗机构床位数
医院主要医用设备台数
医院主要医用设备拥有率(%)
卫生人员数
2003年各地区卫生人员数
卫生技术人员年龄及学历构成
分市县卫生技术人员数
中高级卫生技术人员数
执业(助理)医师年龄及学历构成
分科医师数及构成
妇幼保健机构、床位、人员数
农村乡镇卫生院及床位、人员数
2003年各地区农村乡镇卫生院及床位、人员数
疾病预防控制中心(防疫站)及人员数
村卫生室及人员数
2003年各地区村卫生室及人员数
卫生总费用
卫生事业费和卫生基建投资
2003年卫生部门综合医院收入与支出
卫生部门综合医院门诊病人人均医疗费用
卫生部门综合医院出院者人均医疗费用
2003年政府办医院收入和支出
医疗服务
医疗机构诊疗人次及入院人数
2003年各类医疗机构诊疗人次及入院人数
综合医院分科门诊人次构成(%)
2003年综合医院分科门诊人次数

卫生部门综合医院医生人均每天担负诊疗人次和住院床日
2003年各地区医院诊疗人次及住院人数
2003年各地区非营利医院诊疗人次及住院人数
2003年医疗机构病床使用情况
卫生部门医院、卫生院病床使用率(%)
卫生部门医院、卫生院出院病人平均住院日
2003年各地区医院病床使用情况
2003年各地区非营利医院病床使用情况
卫生部门市医院住院病人前十位疾病构成(ICD-9)
卫生部门县医院住院病人前十位疾病构成(ICD-9)
2003年卫生部门医院住院病人前十位疾病构成(ICD-10)
2003年居民医疗保障方式(%)
2003年居民两周患病率
2003年疾病别两周患病率
2003年居民慢性病患病率
2003年居民两周就诊情况
2003年居民住院情况
农村和社区卫生
乡镇卫生院医疗服务及病床使用情况
2003年各地区乡镇卫生院诊疗人次及住院人数
2003年各地区乡镇卫生院病床使用情况
2003年各地区社会卫生服务中心诊疗人次及住院人数
妇幼保健
新法接生及住院分娩率
监测地区孕产妇死亡率(1/10万)
2002年监测地区孕产妇死亡原因
监测地区5岁以下儿童死亡率
节育手术情况
疾病控制与公共卫生
法定报告传染病发病及死亡率
2003年27种法定报告传染病发病及死亡率
2003年部分市县前十位疾病死亡专率及死亡原因构成(合计)
2003年部分市县前十位疾病死亡专率及死亡原因构成(男)
2003年部分市县前十位疾病死亡专率及死亡原因构成(女)
1990～1992年前十位恶性肿瘤死亡率(1/10万)
一岁儿童免疫报告接种率(%)
2003年血吸虫病防治情况
2003年地方性氟中毒防治情况
2003年克山病、大骨节病、碘缺乏病防治情况
农村改水工作情况
各地区农村改水情况
2003年各地区农村改厕工作情况
人民健康水平
人口出生率、死亡率、自然增长率
婴儿死亡率
期望寿命(岁)
年龄别期望寿命(岁)
城市七岁以下儿童身体发育情况
农村七岁以下儿童身体发育情况
青少年、儿童身体发育情况(城市男性)
青少年、儿童身体发育情况(城市女性)
青少年、儿童身体发育情况(农村男性)
青少年、儿童身体发育情况(农村女性)
居民人均每日营养摄取量
1992年居民人均每日营养摄入量
卫生监督
食品卫生抽样监测情况
2003年发生食物中毒情况及原因
2003年公共场所卫生监督监测情况
2003年化妆产品卫生监督监测情况
医学教育与科研
医学专业学生及高中等医学院校数
高中等院校医学专业毕业人数
医学科研成果
香港、澳门特别行政区与台湾省卫生状况
香港、澳门特别行政区和台湾省居民健康状况
香港特别行政区医疗卫生条件

澳门特别行政区医疗卫生条件
台湾省医疗卫生条件

附　录

附录 1:我国卫生状况与世界主要国家比较
2000 年人口状况
卫生资源状况
妇幼卫生状况
1988—1990 年居民营养状况
附录 2:我国主要人口与社会经济指标
2002 年底全国行政区划
2003 年按人口分组市数
年龄别人口构成(%)
人口数及构成
1953、1964、1982、1990 和 2000 年全国人口普查数
人口文化程度
各地区人口数
各地区人口出生率、死亡率
国内生产总值和财政收支
全国居民消费价格与商品零售价格指数(上年=100)

索　引

索引

2005 卷

目录

特载

艾滋病防治工作

重要批示和会议讲话

胡锦涛总书记看望艾滋病患者，慰问医务人员和志愿者，并发表重要讲话

全社会共同努力有效预防和控制艾滋病——国务院总理　温家宝

温家宝总理对进一步加强艾滋病防治工作作出重要批示

抓住时机积极探索　全面推进艾滋病防治工作——吴仪副总理在全国艾滋病防治工作会议上的讲话

国务院关于切实加强艾滋病防治工作的通知

国发[2004]7号

2004年我国艾滋病流行形势

2004年我国艾滋病防治工作进展

2004年我国艾滋病防治工作进展综述

国务院召开全国艾滋病防治工作会议

国务院成立防治艾滋病工作委员会

卫生部成立第三届艾滋病专家咨询委员会

《2004年中国艾滋病防治联合评估报告》发布

开展《中国预防与控制艾滋病中长期规划(1998—2010年)》与《中国遏制与防治艾滋病行动计划(2001—2005年)》中期评估工作

卫生部新闻办公室发布中国居民艾滋病知识、态度和行为状况研究报告

卫生部号召全国卫生系统认真学习贯彻胡锦涛总书记和温家宝总理重要指示精神，进一步加强艾滋病防治工作

卫生部常务副部长高强赴云南省调研艾滋病防治工作

卫生部常务副部长高强会见联合国艾滋病中国专题组

卫生部副部长王陇德到河北省固安县考察

卫生部副部长王陇德赴豫考察艾滋病防治帮扶工作

卫生部要求在既往有偿供血人群中开展艾滋病病毒抗体筛查

卫生部、司法部联合对监狱、劳教所羁押、收教人员开展艾滋病病毒抗体筛查

启动河南省驻马店市、云南省德宏州艾滋病防治项目

加强全国艾滋病综合防治示范区建设

全国第一批示范区督导考评结果

国家首次组织开展中医药治疗艾滋病试点工作

“中医药治疗艾滋病疗效评价研究”全面实施

选派专家赴卫生部艾滋病防治工作联系点开展工作

开展全国HIV分子流行病学调查及建立数据库

加强艾滋病诊疗管理工作

组派医疗队深入农村帮助开展艾滋病诊疗工作
预防艾滋病母婴传播阻断工作得到进一步加强
第四轮全球基金艾滋病项目申请成功
第一批美沙酮维持治疗试点门诊启动
卫生部艾滋病防治应用性研究 2002 年度课题进行验收
预防艾滋病宣传教育工作
卫生部新闻办公室与搜狐网健康频道推出艾滋病专题网站
“关注妇女,抗击艾滋——各界妇女心系红丝带倡议行动”大型宣传活动在京举行
我国自行研制的艾滋病疫苗进入一期临床试验
中华医学会积极开展艾滋病防治宣传活动
河南省艾滋病防治工作
云南省艾滋病防治工作
关于艾滋病防治的重要政策文件
卫生部重新修订印发《预防控制艾滋病宣传教育知识要点》
国家六部委联合下发《关于预防艾滋病推广使用安全套(避孕套)的实施意见》
卫生部、财政部联合下发《艾滋病抗病毒治疗和自愿咨询检测办法》等规定
司法部、卫生部联合下发《劳教场所艾滋病预防与控制实施办法(试行)》
卫生部下发《医务人员艾滋病病毒职业暴露防护工作指导原则(试行)》
全国艾滋病综合防治示范区管理办公室下发《关于加强全国艾滋病综合防治示范区宣传教育工作的通知》
民政部下发关于加强对生活困难的艾滋病患者、患者家属和患者遗孤救助工作的通知
劳动和社会保障部下发关于落实艾滋病抗病毒治疗政策的通知
卫生部办公厅印发《艾滋病综合防治示范区工作指导方案》
卫生部办公厅下发关于做好艾滋病病毒职业暴露防护工作的通知
卫生部办公厅下发通知要求在全国艾滋病综合防治示范区全面开展预防艾滋病母婴传播工作
2004 年中国艾滋病防治大事记

重要会议报告

胡锦涛总书记和温家宝总理对合作医疗试点工作做出重要批示
国务院副总理吴仪在 2004 年全国中医药工作会议上的讲话
国务院副总理、国务院妇儿工委主任吴仪在降低孕产妇死亡率和消除新生儿破伤风项目总结表彰暨新周期项目启动会议上的讲话
国务院副总理吴仪在全国卫生工作会议上的讲话
标本兼治　综合治理　努力消灭血吸虫病——国务院副总理吴仪在全国血吸虫病防治工作会议上的讲话
国务院副总理吴仪在全国结核病防治工作电视电话会议上的讲话
国务院副总理吴仪致 2001—2003 年度全国无偿献血表彰大会的贺信
统一思想　积极探索　循序渐进　稳步推进　新型农村合作医疗试点工作——国务院副总理吴仪在 2004 年全国新型农村合作医疗试点工作会议上的讲话
关于建立健全突发公共卫生事件应急机制工作情况的报告——卫生部党组书记、常务副部长高强在第十届全国人民代表大会常务委员会第八次会议上的讲话
以“三个代表”重要思想为指导坚持科学发展观加快卫生事业改革与发展——卫生部党组书记、常务副部长高强在 2004 年全国卫生工作会议上的讲话
卫生部党组书记、常务副部长高强在 2004 年全国卫生工作会议上的总结讲话
卫生部党组书记、常务副部长高强在 2004

年全国卫生系统纪检监察暨纠风工作会议上的讲话
卫生部党组书记、常务副部长高强在全国卫生监督工作会议上的讲话
狠抓薄弱环节　加大执法力度　确保完成非法采供血液和单采血浆专项整治工作——卫生部党组书记、常务副部长高强在非法采供血液和单采血浆专项整治工作电视电话会议上的讲话
以对人民高度负责的精神切实加强药品和医疗服务价格管理(摘要)——卫生部党组书记、常务副部长高强在全国药品和医疗服务价格工作会议上的讲话
卫生部党组书记、常务副部长高强在全国疾病预防控制系统电视电话会议上的讲话
卫生部党组书记、常务副部长高强在全国卫生系统纠风专项治理工作会议上的讲话
卫生部党组书记、常务副部长高强在全国城市社区卫生服务工作经验交流会上的总结讲话
转变职能　切实做好执法监督工作——卫生部党组书记、常务副部长高强在全国卫生监督所(局)长工作会议上的讲话
卫生部党组书记、常务副部长高强在全国非法采供血液和单采血浆专项整治工作第二次电视电话会议上的讲话(摘要)
卫生部党组书记、常务副部长高强在全国加快公共卫生两个体系建设工作会议上的讲话(摘要)
卫生部党组书记、常务副部长高强在2001—2003年度全国无偿献血表彰大会上的讲话(摘要)
卫生部党组书记、常务副部长高强在贯彻落实国务院进一步加强食品安全工作决定电视电话会议上的讲话
卫生部党组书记、常务副部长、全国“行动”领导小组组长高强在全国亿万农民健康促进行动10周年座谈会上的讲话(摘录)
卫生部党组书记、常务副部长高强在卫生部有突出贡献中青年专家表彰大会上的讲话
卫生部党组书记、常务副部长高强在2004年全国妇幼卫生工作电视电话会议上的讲话(摘要)
大力弘扬白求恩精神　做白求恩式的医务工作者——卫生部党组书记、常务副部长高强在“纪念白求恩逝世暨《纪念白求恩》发表65周年座谈会”上的讲话
统筹兼顾　锐意改革　大力发展中医药事业为维护和增进人民健康做出新的贡献——卫生部副部长兼国家中医药管理局局长佘靖在全国中医药工作会议上的讲话

政策法规

中华人民共和国传染病防治法
中华人民共和国主席令(第17号)
病原微生物实验室生物安全管理条例
中华人民共和国国务院令(第424号)
卫生行政许可管理办法
中华人民共和国卫生部令(第38号)
国务院关于进一步加强血吸虫病防治工作的通知　国发[2004]14号
国务院关于进一步加强食品安全工作的决定　国发[2004]23号
关于进一步明确食品安全监管部门职责分工有关问题的通知　中央机构编制委员会办公室中央编办发[2004]35号
国务院办公厅转发卫生部等部门《关于进一步做好新型农村合作医疗试点工作指导意见的通知》　国办发[2004]3号
国务院办公厅关于印发非法采供血液和单采血浆专项整治工作方案的通知　国办发[2004]44号
国务院办公厅关于印发卫生部等部门全国预防控制血吸虫病中长期规划纲要(2004—2015年)的通知　国办发[2004]

59 号
国务院办公厅转发卫生部等部门关于进一步加强精神卫生工作指导意见的通知 国办发[2004]71 号
国务院办公厅关于做好 2004 年下半年新型农村合作医疗试点工作的通知 国办函[2004]56 号
大型医用设备配置与使用管理办法 卫生部 国家发展和改革委员会 财政部卫规财发[2004]474 号
2004 年颁布的卫生标准
2004 年卫生法规及规范性文件

工作进展

卫生工作
全国卫生工作会议
2004 年"两会"提案、建议办理工作
城市医疗服务体制改革试点
卫生领域 WTO 相关事务
卫生政策研究
卫生法制建设
卫生行政许可改革
传染病防治法修订
加强卫生标准管理
卫生标准清理工作

疾病预防控制

疾病控制、爱国卫生工作
疾病预防控制机构基础设施建设
疾病预防控制机构专业人员技术培训工作
全国疫情信息网络直报正式运行
计划免疫
2004 年中国维持无脊灰工作进展
中日加强扩大免疫规划项目工作进展
卫生部成立新一届免疫规划专家咨询委员会
卫生部开展全国计划免疫审评
传染病防治
2004 年全国法定报告传染病疫情概要
传染病防治法相关工作
传染性非典型肺炎防治工作
人禽流感监测工作
结核病控制工作政府承诺得到进一步加强
全球基金中国结核病控制项目第四轮申请成功
结核病控制健康促进活动全方位开展
结核病控制国际交流得到加强
我国出台多项结核病控制新措施
流感监测和防治工作
其他传染病防治工作
三峡库区人群监测项目执行情况
卫生部组织制定《龙滩水电站库区卫生学调查与评价方案》
地方病防治
全国重点地方病防治规划(2004—2010 年)颁布
中央补助地方地方病防治项目开始实施
改善水质降低砷中毒国际研讨会在我国举办
全国准备开展第 5 次碘缺乏监测工作
卫生部通报 2004 年全国碘盐监测结果
血吸虫病与寄生虫病防治
国务院成立血吸虫病防治工作领导小组
国务院下发《关于进一步加强血吸虫病防治工作的通知》
国务院办公厅转发卫生部等部门《全国预防控制血吸虫病中长期规划纲要(2004—2015 年)》
卫生部等六部委印发《血吸虫病综合治理重点项目规划纲要(2004—2008 年)》
全国血吸虫病防治工作会议召开
血吸虫病流行区建立新型血吸虫病联防联控工作机制
卫生部血吸虫病专家咨询委员会换届
卫生部寄生虫病专家咨询委员会换届
第三次血吸虫病流行病学调查工作结束
全国人体重要寄生虫病现状调查结束
东亚区域间疟疾控制工作会议在中国上海召开

2004年血吸虫病疫情及防治现状
2004年疟疾疫情及防治现状
全球基金中国疟疾项目进展顺利
非传染病防治
下发中国口腔卫生保健工作规划(2004—2010年)
建立癌症早诊早治示范基地
中国居民营养与健康现状调查结束
国家疾控中心工作进展

爱国卫生运动

全国爱国卫生工作会议在宁波市召开
全国爱卫会命名浙江省宁波市、重庆市北碚区等城市(区)为国家卫生城市(区)
部分省市积极开展建设健康城市活动
病媒生物控制标准研究取得新的进展
农村改水改厕工作进展
全国爱卫会命名一批国家卫生镇(县城)
全国爱卫会办公室召开创建国家卫生镇经验交流会
中央补助地方农村改水改厕项目开始实施

卫 生 应 急

卫生应急工作
全国应急工作座谈会
各地卫生应急日常管理机构建设情况
有效控制2004年非典疫情
有效控制青海鼠疫疫情
公共卫生事件应急指挥决策系统项目招标工作
全国鼠疫防治电视电话会
青藏铁路建设鼠疫防治工作
制订卫生应急相关预案
卫生应急培训工作
组建卫生应急队伍
卫生应急专家库建设
救灾防病工作
全国食物中毒情况
全国急性职业中毒情况
黄金周卫生保障工作

卫生监督执法

卫生监督工作
深化卫生监督体制改革,加强卫生监督体系建设
全国卫生监督工作会议在北京召开
开展传染病防治督查工作
卫生监督部门参加处理实验室内感染非典事件
劳动卫生与职业病防治
卫生部重新确定职业卫生监管职能
卫生部研究落实职业病防治治本之策
卫生部同意设立海洋石油作业职业卫生监督管理办公室
全国乡镇企业、农村个体工商户职业病危害专项整治工作结束
开展2004年职业病防治法宣传周活动
卫生部组织开展全国职业卫生监督抽检工作
卫生部组织开展国家建设项目职业卫生审核、审查和验收工作
卫生部开展职业卫生技术服务机构资质审定工作
全国职业中毒与核辐射医疗救治体系建设规划将全面启动
卫生部开展化学品毒性鉴定机构认定工作
发布181项职业卫生标准检测方法
全国乡镇企业、农村个体工商户职业病危害专项整治办公室工作
2004年全国职业卫生监督检查情况
公共场所卫生监督
卫生部组织开展重点公共场所卫生监督抽检工作
卫生部组织开展集中空调通风系统卫生状况调查
2004年公共场所卫生监督抽检
放射卫生防护
卫生部完成与环保部门放射源安全监管的职能界定和交接
卫生部与国家环保总局、公安部联合组织开

展"清查放射源,让百姓放心"专项行动
卫生部组织开展全国放射卫生监督抽检工作
2004年全国放射卫生监督结果
食品卫生监督
卫生部门进一步确定食品卫生监管职能
卫生部部署贯彻落实《国务院关于进一步加强食品安全工作的决定》工作
卫生部实施《食品安全行动计划》
卫生部开展2004年食品放心工程
卫生部开展食品专项整治活动
卫生部实施食品卫生监督量化分级管理制度
卫生部加强散装食品监管工作
卫生部加强建筑工地食堂卫生管理
卫生部加强委托加工食品卫生监督管理工作
卫生部组织清理修改食品卫生标准和食品添加剂卫生标准
国际食品法典委员会国内协调小组工作进展
开展学校食品卫生专项监督检查工作
卫生部查处阜阳奶粉等食品安全大案要案
卫生部开展全国食品卫生国家监督抽检工作
卫生部拟定《食品卫生许可证管理办法》和《餐饮业卫生规范》
卫生部开展全国食品卫生法宣传周活动
2004年元旦春节期间食品卫生监督检查
全国食品污染物监测网工作进展情况
卫生部发布食品安全预警公告
卫生部加强基层食品卫生监督员培训
健康相关产品与卫生监督
卫生部完善化妆品皮肤病不良反应监测体系
卫生部修订消毒产品卫生规范
卫生部开展集中供水和二次供水国家卫生监督抽检工作
健康相关产品受理评审工作
食品等健康相关产品国家卫生监督抽检
采供血专项整治
非法采供血液和单采血浆专项整治工作取得阶段性成效
2004年血液专项整治关闭的采供血机构名单
卫生部、公安部、监察部、国家食品药品监管局召开全国非法采供血液和单采血浆专项整治工作电视电话会议
全国非法采供血液和单采血浆专项整治领导小组组织开展对各地工作进行督查
卫生部通报三起违规采集血液(浆)问题
卫生部通报非法采供血液(浆)案件查处情况
医疗机构监督
卫生部开展严厉打击非法行医专项整治工作
卫生部、监察部、国务院纠风办查处有关医疗机构出租、承包科室案件
卫生部通报重庆市卫生局查处医疗机构出租科室等情况
开展全国医疗机构专项调查
卫生标准
卫生标准清理和新颁卫生标准的宣贯工作
卫生行业国家计量认证评审工作
卫生监督中心工作进展
2004年全国卫生监督所(局)长工作会议
全国卫生监督工作情况通报
修改、启用国家卫生监督执法报告系统
卫生监督信息系统的建设
全国卫生监督员培训
卫生监督稽查工作
全国卫生监督员着装管理

国境卫生检验检疫

卫生检疫监管工作
出入境口岸食物中毒应急处理预案摘编
京九、沪九直通车运行途中突发公共卫生事件处置预案摘编
口岸非典防治工作纳入常规管理
艾滋病初筛实验室考核及保健中心

ISO9001认证和实验室17025认可工作
国际旅行卫生保健中心改革工作
规范出国劳务人员体检和移民预防接种工作
传入性传染病传播媒介生物监测
海口美兰、南京禄口国际机场创建"国际卫生机场"
口岸卫生处理安全管理检查
口岸卫生监督工作启用出入境口岸卫生检疫信息管理系统
规章制度建设
人员培训情况
国际交流
修订《中华人民共和国政府和越南社会主义共和国政府国境卫生检疫协议》的议定书
中华人民共和国国家质量监督检验检疫总局和意大利共和国卫生部出入境口岸卫生检疫合作谅解备忘录

农村卫生

农村卫生工作
国务院召开2004年全国新型农村合作医疗试点工作会议
卫生部农卫司召开中国新型农村合作医疗制度研讨会
卫生部举办全国新型农村合作医疗试点工作培训班
卫生部农卫司组织举办中西部地区合作医疗管理培训班
吴仪副总理考察吉林省新型农村合作医疗试点工作
国务院新型农村合作医疗部际联席会议办公室组织对中西部省份联合检查评估
朱庆生副部长赴吉林、浙江、贵州、青海等省考察农村卫生工作
卫生部、财政部联合对河南省太康县新型农村合作医疗试点工作进行调查
卫生部、财政部联合下发对新型农村合作医疗试点工作进行自查、自纠的紧急通知
卫生部成立新型农村合作医疗技术指导组
全国人大农业与农村委员会听取卫生部关于新型农村合作医疗试点工作汇报
乡镇卫生院上划到县级卫生行政部门管理工作进展情况
乡村医生执业注册考试工作进展情况
卫生部制定农村基层卫生人员培训规划
全国人大代表考察乡镇卫生院
卫生部联合中农办、西部办赴四川和广西调研农村卫生
2004年卫生部—联合国儿童基金会农村初级卫生保健项目工作会议在郑州召开
卫生部—联合国儿童基金会农村初级卫生保健项目管理干部培训班在桂林召开
卫生部—联合国儿童基金会农村初级卫生保健项目合理用药县级师资培训班在成都召开
卫生部农卫司举行农村初级卫生保健实施研讨会
"帮扶乡镇卫生院爱心工程"启动

妇幼保健与社区卫生

全国城市社区卫生服务进展
起草社区卫生服务有关文件
召开全国城市社区卫生服务工作经验交流会
举办全国社区卫生服务发展回顾展
创建全国社区卫生服务示范区活动
开展社区卫生服务专题调研
卫生部与澳门特别行政区卫生局开展社区卫生服务交流
中英城市社区卫生服务与贫困救助项目进展
妇幼卫生工作
开展妇幼卫生政策课题研究
进行全国助产技术执法检查
起草《助产技术管理办法(送审稿)》
开展"爱心寻访"活动
联合国人口基金生殖健康/计划生育第五周期项目进展
启动WTO/卫生部2004—2005年生殖健康

合作项目
完成强生社区妇幼卫生—母亲参与婴幼儿保健项目
成立全国产前诊断技术专家组，开展全国产前诊断技术培训
妇幼卫生信息工作
婚前保健工作
卫生部/世界卫生组织生殖道感染和性传播疾病干预对策与评价研究研讨会在京召开
卫生部召开2004年全国妇幼卫生工作电视电话会议
扩展并继续实施“降低孕产妇死亡率和消除新生儿破伤风”项目
推行新生儿窒息复苏新技术
开展8省儿童营养健康状况调查
规范新生儿疾病筛查技术
儿童安全试点在城市社区及托幼机构开展

医政管理

医政管理工作
加强二级以上综合医院感染性疾病科建设
加强人间禽流感防治工作
进一步做好非典防治工作
加强呼吸道传染病病人诊疗工作
做好贯彻实施《反兴奋剂条例》有关工作
调整枸橼酸西地那非处方权范围
颁布《抗菌药物临床应用指导原则》
制订《处方管理办法》
保障接触病毒或细菌科研人员医疗服务
颁布部分《临床技术操作规范》
加强院前急救网络建设及“120”特服号码管理
发布早产儿治疗用氧和视网膜病变防治指南
中外合资、合作医疗机构管理工作
无偿献血工作进展情况
2001—2003年度全国无偿献血表彰大会召开
世界献血日和无偿献血招募工作
组织全国第二次采供血机构人员全员考试
贯彻《行政许可法》，加强护士执业注册工作
开展护理工作领域的课题研究和调查
组织进行全国医院感染现患率调查
印发《内镜清洗消毒技术操作规范(2004版)》
依法加强对医疗卫生机构医疗废物管理的监管工作
组织开展医院感染管理专项检查
2004年度部属部管医院支援西部地区农村卫生项目活动
2004年医师资格考试工作进展
卫生部医师资格考试委员会发布2004年医师资格考试成绩合格线
完善医师资格考试报名及管理规定
对台港澳居民和外籍人员取得的中国内地医师资格证书的编码做出规定
调整医师资格考试委员会及其办公室组成人员
自愿戒毒管理工作
“视觉第一中国行动”和防盲工作

医学教育

医学教育工作
《护理、药学和医学相关类专业本科及高职高专发展规划》印发
全国护理、药学和医学相关类专业高职高专发展规划研讨班举行
全国专科医师/住院医师培养和准入工作研讨会召开
西部地区试办初中起点五年制医学大专教育
卫生技术人员传染病防治知识全员培训
农村乡镇卫生院卫技人员在职培训
浙江省首批全科医师规范化培训学员完成学业
专科医师培训改革试点
卫生部提出进一步加强在职卫生技术人员现代远程医学教育工作的意见
医学成人学历教育招生管理工作进一步

规划
举办继续医学教育工作论坛
全国继续医学教育委员会第十次工作会议在北京召开
中国协和医科大学医学教育发展研究中心建立
中国第一个护理学博士项目在中国协和医科大学护理学院启动
全国高等医药教材建设指导委员会与专家咨询委员会2004年年会召开
全国高等学校八年制临床医学专业规划教材主编人会议召开

医学科学技术

医学科技工作
部属科研机构科技体制改革启动
卫生部召开宣传贯彻《病原微生物实验室生物安全管理条例》电视电话会议
卫生部、科技部组织全国病原微生物实验室生物安全检查
“十五”国家科技攻关计划“老年疾病预警与防治研究”等五个重点项目获得科技部滚动支持
科技部批准“新发传染病等防治技术研究与应用”等6个项目为“十五”国家科技攻关计划重点项目
成立专家调查组对2004年北京、安徽传染性非典型肺炎疫情的来源进行专项调查
“癌变机理及恶性肿瘤防治的基础研究”被科技部批准为973计划项目
卫生部属国家重点实验室完成设备更新改造工作
卫生部卫生技术评估重点实验室批准成立
卫生部心血管疾病再生医学研究重点实验室批准成立
卫生部核医学重点实验室批准成立
部属国家重点实验室获得先进称号
卫生部第二轮面向农村和基层推广适宜技术“十年百项计划”第四批项目目录
卫生机构聘请的外国专家获2004年度中国国家级友谊奖
河南、山西、河北、贵州、新疆——农民卫生科普读物编写及卫生科普需求调研
全国科技活动周——卫生科普活动情况
召开“外科手术戒毒方法”专家论证会
卫生科普活动进入中央电视台科教频道
中国医学科学院临床重点学科建设工作
中国医学科学院医药生物技术所Ⅲ级生物安全防护实验室正式启用
中国医学科学院药物研究所研制的国家一类新药恩必普软胶囊成功上市
2004年中华医学科技奖初审、终审情况及获奖项目名单

中医药事业管理

2004年中医药工作
2004年全国中医药工作会议在京召开
组织实施农村中医药服务能力建设项目
组织开展中医药事业“十一五”规划思路研究论证工作
编制《农村卫生服务体系发展规划》
国务院新闻办首次举办中医药工作新闻发布会
国家中医药管理局组织开展全国中医药品牌战略宣传推广活动
国家中医药管理局举办“全国中医药科普宣传周”活动
国家中医药管理局首次组织新闻调研活动
《中华人民共和国中医药条例》颁布实施一周年
国家中医药管理局贯彻实施《中华人民共和国行政许可法》
中医药标准化工作稳步推进
2004年非典中医药防治工作
人禽流感中医药防治工作
积极参与新型农村合作医疗试点工作
继续加强农村中医工作先进县建设工作
贯彻施行《乡村医生从业管理条例》
召开全国中医药社区卫生服务工作座谈会
全国社区卫生服务示范区创建活动继续深

入开展
成立国家中医药管理局医疗气功考试委员会
继续开展国家中医药管理局重点中西医结合医院建设工作
国家中医药管理局启动西部地区中医药重点学科建设项目
全面实施优秀中医临床人才研修项目
中医药成人教育现状与相关政策研究软课题结题
召开“二十一世纪藏医本科教育规划教材”出版发行座谈会
“中医药疗效评价方法研究”全面启动
国家“973”计划项目—“证候规范及其与疾病、方剂相关的基础研究”启动实施
“中医药疗效及安全性研究”项目全面展开
组织“欧盟传统草药标准的建立及相关政策”培训团
组织实施 2004—2005 年度局中医药科研专项工作
完成“中药现代化发展纲要”调查报告
“陕北地区优质酸枣仁种植基地建设及产业化示范研究项目”通过验收
“方剂关键科学问题的基地研究”通过验收
召开中医药科技管理体制改革经验交流会
全国生物物种资源联合执法检查第四组(中医药组)工作完成
中国中医药国(境)外传播项目启动
《第七次中韩传统医学协调委员会备忘录》签署
2004 年签署了多个双边部门间传统医药合作谅解备忘录
援外医疗队中医药工作会议在京召开
中医药防治 SARS 国际学术研讨会在京召开

食品药品监督管理

食品药品监督管理工作
八部委联合印发《关于加快食品安全信用体系建设的若干指导意见》
国务院办公厅印发《食品安全专项整治工作方案》
八部委联合印发《实施食品放心工程综合评价办法(试行)》
八部委联合印发《2004 年全国食品放心工程实施方案》
全国展开食品安全宣传周活动
阜阳劣质奶粉事件基本查清
全国食品安全信用体系建设试点工作全面展开
全国食品安全信息管理工作会议召开
国家食品药品监管局批准 SARS 灭活疫苗进行一期临床实验
九部委联合印发《全国食品标准 2004—2005 年发展计划》
2004 年国家食品药品监督管理局局令清单

医药行业管理

医药行业管理工作
国家发展改革委、卫生部下发关于进一步加强医药价格监管减轻社会医药费负担有关问题的通知
国家发展改革委印发《集中招标采购药品价格及收费管理暂行规定》

医疗保险管理

城镇职工基本医疗保险工作

保 健 工 作

干部保健工作
全国干部保健工作会议
全国人大、政协会议医疗保障工作
开发编制干部健康体检软件
出版发行《高原保健手册》
圆满完成院士、专家年度体检工作
举办全国干部保健循证医学专业培训班

规划财务管理

卫生规划财务工作进展
《农村卫生服务体系发展建设规划》编制

工作
十一五规划制定工作
全国公共卫生两个体系建设进展
医疗服务价格改革工作
药品集中招标采购工作
高值医用耗材集中采购试点工作
农村巡回医疗车(一期)投入使用
《大型医用设备配置与使用管理办法》颁布实施
《生物安全实验室建设规范》颁布实施
部属(管)医疗机构2004—2006年临床学科重点项目启动
卫生部《关于加强医疗机构财务部门管理职能、规范经济核算与分配管理的规定》正式下发
加强和完善新型农村合作医疗基金管理
中央财政加大公共卫生、农村卫生投入
完善中央本级财政专项资金管理办法
部属(管)单位所办企业开展清产核资工作
部属(管)事业单位开展对外投资检查
编制"卫生行业国有资产管理系统"软件
国库集中支付制度改革试点
卫生部规范委托社会审计业务
全国规划财务工作座谈会召开
卫生部定点扶贫工作
中国卫生经济培训与研究网络活动

健康教育与新闻出版

健康促进与健康教育工作
全国亿万农民健康促进行动规划中期督导评估
2004年世界无烟日大会暨中国国际戒烟竞赛
世界卫生组织烟草或健康纪念奖颁奖
卫生下乡活动
卫生新闻宣传工作
卫生期刊管理工作
卫生部逐步建立和健全新闻宣传工作机制
艾滋病等重大传染病防治宣传教育工作
建立全国法定报告传染病疫情和突发公共卫生事件信息定期发布制度
卫生部网站建设
《中华人民共和国卫生部公报》编发工作
2004年全国十大卫生新闻
2004年中国医药科技十大新闻
2004年"礼来杯"卫生好新闻暨精神卫生好新闻评选结果
首届医药卫生优秀期刊奖暨推荐参加第三届国家期刊奖评选
"第五届全国优秀教育音像制品奖"评选活动在京揭晓
第五届全国优秀教育音像制品奖获奖情况(医药卫生类)
"第六届全国书籍装帧艺术展览"评选活动揭晓
第六届全国书籍装帧艺术展览获奖情况(医药卫生类)
第三届国家音像制品奖获奖情况(医药卫生类)
2004年度全国优秀畅销书评选揭晓
健康报举行"百姓安全用药"系列活动

国际合作与外资利用

国际合作工作
王陇德副部长出访比利时与荷兰
高强常务副部长会见巴布亚新几内亚卫生部部长佩普
王陇德副部长会见瓦努阿图民族联合党代表团
卫生部马晓伟副部长和财政部肖捷副部长率中国卫生代表团赴古巴、巴西和智利访问
澳大利亚卫生和老年事务部墨奈恩副部长访问我国
朱庆生副部长访问越南
朱庆生副部长率团出席首届中国一马来西亚卫生双边会议
世界卫生组织总干事李钟郁博士访华
高强常务副部长访问意大利
联合国艾滋病规划署执行主任彼得·皮奥

特博士访华
马晓伟副部长与美国农业部副部长穆拉诺举行工作会谈
佘靖副部长访问蒙古
佘靖副部长访问克罗地亚
黄洁夫副部长随曾庆红副主席访问非洲
张凤楼组长率卫生代表团访问了澳大利亚
蒋作君副部长率团访问南非、博茨瓦纳
联合国儿童基金会执行主任贝拉米女士访华
高强常务副部长访问挪威、冰岛、丹麦
黄洁夫副部长率中国卫生代表团访问俄罗斯
马晓伟副部长访问埃及和摩洛哥
王陇德副部长出访西班牙、葡萄牙
朱庆生副部长率代表团访问了斯洛伐克和匈牙利
黄洁夫副部长访问日本
佘靖副部长赴爱尔兰、意大利访问
张凤楼组长率卫生部考察组考察文莱、斐济
高强常务副部长会见联合国艾滋病中国主题组主要成员
全球基金执行主任费彻姆博士访华
王陇德副部长率团出席首届"卫生千年发展目标高级论坛"
王陇德副部长出席中美合作全球艾滋病项目启动会
黄洁夫副部长率团出席全球医学论坛第三届卫生领导人会议
王陇德副部长率团出席全球结核病控制伙伴论坛部长级会议
朱庆生副部长率团出席首届东盟与中日韩卫生部长会议
高强常务副部长率团出席第57届世界卫生大会
我国派团出席世界卫生组织《烟草控制框架公约》政府间工作组会议
我国派员出席联合国艾滋病规划署规划协调局第15次会议
我国出席全球基金理事会第八次会议
王陇德副部长率团出席第15届国际艾滋病大会
我国在上海成功举办世界卫生组织西太区委员会第55届会议
全球结核病控制伙伴关系协调局第七次会议在京召开
我国派团出席世界卫生组织修订《国际卫生条例》政府间工作组会议
王陇德副部长率团出席东盟与中、日、韩禽流感防治卫生部长会议
我部参加大湄公河次区域经济合作第13届部长级会议
王陇德副部长出席在我国西安举办的中国结核病防治高层研讨会
全球基金中国项目
卫生部国际合作司获世界银行"控制结核病杰出贡献奖"
2004年签订卫生合作协议一览表
笹川医学奖学金研究员制度
卫生部与美国国际发展署就艾滋病项目换文
中英艾滋病防治策略支持项目正式启动
黄洁夫副部长和美国贸易发展署签署合作意向书
2004年世界卫生日纪念活动
中国加强扩大免疫规划项目2003年度联合协调委员会召开
中国卫生部与美国克林顿基金会签署合作谅解备忘录
中日两国政府就第四次中国贫困地区结核病防治计划项目换文
中国卫生部与葛兰素史克公司(GSK)签署赠药谅解备忘录
世界卫生组织国际职员后备人选培训班在京举办
中英性病艾滋病防治合作项目进行年度督导
中英城市社区卫生服务与贫困救助项目中期评估总结会召开
中国加强扩大免疫规划项目完成终期评估

报告
中韩试点地区蠕虫病控制策略合作项目结束
“非洲国家司局长和医院院长研修班”在京活动圆满结束
全国卫生外事工作研讨会在广东省珠海市召开
援外医疗工作情况
2004年与港澳台卫生交流与合作概况
吴仪副总理出席在北京举行的“健康快车2004光明行”发车仪式
两岸四地传染病研讨会在香港举行
第八届海峡两岸暨香港地区医学教育研讨会在吉林举行
吴仪副总理出席健康快车“广安经贸光明行”开诊仪式
举办内地、香港、澳门卫生行政高层联席会议
2004“华人健康平台”研讨会在台北举行
王陇德副部长赴香港出席香港卫生防护中心成立典礼暨2004年国际卫生防护会议
2004年中国国际口腔设备材料展览会暨技术交流会在京举行
2004年中国国际医用仪器设备展览会暨技术交流会在京举办
俄罗斯现代医疗技术展在京举行
心脑血管微创技术培训推广项目
西门子临床医师奖学金项目
美国强生公司战略合作伙伴项目进展顺利
中国糖尿病管理项目
新的世行贷款农村卫生项目进入实质性准备阶段
世行第四次中国卫生部门研究工作正在有序开展
世行贷款/国外赠款“中国传染性非典型肺炎及其它传染病应对项目”实施进展顺利
亚欧信托基金(ASEM)赠款项目实施进展顺利
世行贷款/英国赠款“中国结核病控制项目”在“加速行动年”迅速扩展
世行贷款/英国赠款“中国结核病控制项目”荣获世界银行行长奖
中国农村卫生院被动式太阳能暖房全球环境基金项目顺利完工
世界银行贷款“疾病预防项目”(卫生Ⅶ项目)于2004年6月30日结束
《回眸—纪念中国与世界银行卫生合作20年》一书出版
中国农村贫困地区室内空气污染控制项目第一阶段顺利完工

精神文明建设

纠风专项治理工作
全国卫生系统纪检监察暨纠风工作会议召开
表彰2001年至2003年全国卫生系统纪检监察暨行业作风建设先进集体和先进工作者
全国卫生系统纠风专项治理工作会议召开
召开部属部管医疗机构向社会公开服务承诺发布会
下发《关于在全国卫生系统开展纠风专项治理检查的通知》,召开全国卫生系统开展纠风专项治理检查电视电话会议
印发《关于加强卫生行业作风建设的意见》等文件

军队卫生工作

全军卫生工作
军队医疗保障制度改革
军队卫生信息化建设
卫生科研及训练工作
军队医药卫生科技奖励项目
防治高致病性禽流感工作
卫生监督工作
部队心理应急干预工作
医院管理工作
医德医风建设
军队人员残疾评定管理工作

军队医院支援西部地区医院建设
卫生装备建设与管理
合理用药工作
参加第35届国际军事医学大会

省、自治区、直辖市卫生工作

北京市
天津市
河北省
山西省
内蒙古自治区
辽宁省
吉林省
黑龙江省
上海市
江苏省
浙江省
安徽省
福建省
江西省
山东省
河南省
湖北省
湖南省
广东省
广西壮族自治区
海南省
重庆市
四川省
贵州省
云南省
西藏自治区
陕西省
甘肃省
青海省
宁夏回族自治区
新疆维吾尔自治区
新疆生产建设兵团

学术团体与群众团体

中华医学会
中华医学会工作
卫生部党组书记、常务副会长高强同志到中华医学会指导工作
举办2004年亚太消化系疾病周大会
承办第九届国际皮肤科学术大会
2004中华医学科普西部行活动
接受政府委托,组织专家制定有关技术标准
中华医学会2004年学术会议一览表
中华预防医学会
中华预防医学会工作
举办中美首届(临床)医学与公共卫生整合行动研讨会
召开第五届亚太地区新生儿筛查国际学术会议
中华预防医学会2004年学术活动一览表

人事与干部

卫生界人物

卫生部系统
卫生部部长、副部长
机构改革后的司(局、办)正、副司(局)长、主任
机构调整中更名、撤并的司局正、副司(局)长
卫生部直属单位行政正、副职领导
各省、自治区、直辖市正、副卫生厅(局)长
各计划单列市卫生局长
国家食品药品监督管理局
国家食品药品监督管理局局长、副局长
中央纪委驻国家食品药品监督管理局纪检组
全国爱国卫生运动委员会系统
全国爱国卫生运动委员会主任、副主任、办公室正、副主任

中国牙病防治基金会理事长、副理事长、秘书长
吴阶平医学基金会理事长、副理事长、秘书长
中国器官移植发展基金会理事长、副理事长、秘书长
中国听力医学发展基金会理事长、副理事长、秘书长
中国初级卫生保健基金会理事长、副理事长、秘书长
中国肝炎防治基金会理事长、副理事长、秘书长
中华健康快车基金会
中国学生营养与健康促进会会长、副会长、秘书长
中国医疗保健国际交流促进会会长、副会长、秘书长
中国医学影像技术研究会会长、副会长、秘书长
中国足部反射区健康法研究会理事长、副理事长、秘书长
中国老年保健医学研究会会长、副会长、秘书长
先进集体及先进个人
全国卫生系统先进集体名单
全国卫生系统先进工作者名单
“白求恩奖章”获得者名单
2003—2004年度卫生部有突出贡献中青年专家名单
卫生部对重庆市开县卫生局以及参与“12.23”特大井喷事故抢险救援工作的医疗卫生人员进行表彰
2004年去世的卫生界知名专家(生平)
中国疾病预防控制中心实施岗位特殊补贴
人事部、财政部和卫生部共同下发通知调整卫生防疫津贴标准

卫生工作纪事

2004年卫生工作纪事

卫生统计信息工作

卫生统计信息工作
完成国家科技攻关项目——全国2003年传染性非典型肺炎流行病学、临床、随访数据库建设工作
国家卫生服务调查研究系列分析报告完成出版
国家卫生服务调查高层次研讨会成功召开
完成卫生部突发公共卫生事件应急指挥信息系统建设方案设计
开展疫情、突发公共卫生事件网络直报工作和统计数据质量督导检查
完成国家卫生信息数据仓库建设
编辑出版《中国医疗卫生机构名录》
卫生部门户网站建设
卫生部办公业务资源网建设
卫生部局域网建设
中国卫生信息学会成立暨召开2004中国卫生信息技术交流大会
国家科技攻关项目——PACS标准研究基本完成

卫 生 统 计

卫生资源
卫生机构数
2004年各地区卫生机构数
2004年医疗机构数
按床位数分组医院数
2004年医院等级
卫生机构床位数
2004年医疗机构床位数
医院分科床位数及构成
2004年各地区医疗机构床位数
医院主要医用设备拥有率(%)
卫生人员数
2004年各地区卫生人员数
分市县卫生技术人员数
中高级卫生技术人员数

2002年卫生技术人员年龄及学历构成
分科医师数及构成
2002年执业(助理)医师年龄及学历构成
农村乡镇卫生院及床位、人员数
2004年各地区农村乡镇卫生院及床位、人员数
妇幼保健机构、床位、人员数
村卫生室及人员数
2004年各地区村卫生室及人员数
疾病预防控制中心(防疫站)及人员数
卫生总费用
卫生事业费和卫生基建投资
2004年政府办医院收入和支出
2004年卫生部门综合医院收入与支出
卫生部门综合医院门诊病人人均医疗费用
卫生部门综合医院出院者人均医疗费用
医疗服务
医疗机构诊疗人次及入院人数
2004年各类医疗机构诊疗人次及入院人数
综合医院分科门诊人次构成(%)
2004年综合医院分科门诊人次数
卫生部门综合医院医生人均每天担负诊疗人次和住院床日
2004年各地区医院诊疗人次及住院人数
2004年各地区非营利医院诊疗人次及住院人数
2004年医疗机构病床使用情况
卫生部门医院、卫生院病床使用率(%)
卫生部门医院、卫生院出院病人平均住院日
2004年各地区医院病床使用情况
2004年各地区非营利医院病床使用情况
2004年东、中、西部医院和乡镇卫生院医疗服务量及病床使用情况
卫生部门市医院住院病人前十位疾病构成(ICD-9)
卫生部门市医院住院病人前十位疾病构成(ICD-10)
卫生部门县医院住院病人前十位疾病构成(ICD-9)
卫生部门县医院住院病人前十位疾病构成(ICD-10)
2003年居民医疗保障方式(%)
2003年居民两周患病率(%)
2003年疾病两周患病率
2003年居民慢性病患病率
2003年居民两周就诊情况
2003年居民住院情况
农村和社区卫生
乡镇卫生院医疗服务及病床使用情况
2004年各地区乡镇卫生院诊疗人次及住院人数
2004年各地区乡镇卫生院病床使用情况
2004年各地区社区卫生服务中心诊疗人次及住院人数
妇幼保健
新法接生及住院分娩率
监测地区孕产妇死亡率(1/10万)
2003年监测地区孕产妇死亡原因
监测地区5岁以下儿童死亡率
节育手术情况
疾病控制与公共卫生
法定报告传染病发病及死亡率
2004年27种法定报告传染病发病及死亡率
2004年部分市县前十位疾病死亡专率及死亡原因构成(合计)
2004年部分市县前十位疾病死亡专率及死亡原因构成(男)
2004年部分市县前十位疾病死亡专率及死亡原因构成(女)
1990—1992年前十位恶性肿瘤死亡率(1/10万)
一岁儿童免疫报告接种率(%)
2004年血吸虫病防治情况
2004年地方性氟中毒防治情况
2004年克山病、大骨节病、碘缺乏病防治情况
农村改水工作情况
各地区农村改水情况
2004年各地区农村改厕工作情况
人民健康水平

人口出生率、死亡率、自然增长率
各地区人口出生率、死亡率
婴儿死亡率
期望寿命(岁)
各地区人口期望寿命(岁)
年龄别期望寿命(岁)
城市七岁以下儿童身体发育情况
农村七岁以下儿童身体发育情况
青少年、儿童身体发育情况(城市男性)
青少年、儿童身体发育情况(城市女性)
青少年、儿童身体发育情况(农村男性)
青少年、儿童身体发育情况(农村女性)
居民人均每日营养摄取量
1992年居民人均每日营养摄入量
卫生监督
食品卫生抽样监测情况
2004年发生食物中毒致病因素情况
2004年公共场所卫生监督监测情况
2004年化妆产品卫生监督监测情况
医学教育与科研
医学专业学生及高中等医学院校数
高中等院校医学专业毕业人数
医学科研成果
香港、澳门特别行政区与台湾省卫生状况
香港、澳门特别行政区和台湾省居民健康状况
香港特别行政区医疗卫生条件
澳门特别行政区医疗卫生条件
台湾省医疗卫生条件

附　　录

附录1:我国卫生状况与世界主要国家比较
2002年人口状况
卫生资源状况
妇幼卫生状况
1988—1990年居民营养状况
附录2:我国主要人口与社会经济指标
2004年底全国行政区划
2003年按人口分组市数
人口数及构成
五次全国人口普查数
年龄别人口构成(%)
人口文化程度
各地区人口数
国内生产总值和财政收支
全国居民消费价格与商品零售价格指数(上年=100)

重要会议报告

中共中央、国务院致中华医学会成立 90 周年暨第 23 次全国会员代表大会的贺信

国务院副总理、卫生部部长吴仪在中华医学会第 23 次全国会员代表大会暨成立九十周年庆典开幕式上的讲话

国务院副总理吴仪在中华预防医学会第四次全国会员代表大会开幕式上的致辞

加大力度　加快进度　突破难点积极推进新型农村合作医疗制度健康发展——国务院副总理吴仪在 2005 年全国新型农村合作医疗试点工作会议上的讲话

继承发展中医药事业　造福于中国人民和世界人民——中共中央政治局委员、国务院副总理吴仪在中国中医研究院成立 50 周年暨更名为中国中医科学院庆典大会的讲话(摘要)

国务院副总理吴仪在全国艾滋病防治工作电视电话会上的讲话

国务委员兼国务院秘书长华建敏在全国爱国卫生工作电视电话会议上的讲话(摘要)

卫生部党组书记、常务副部长高强在 2005 年全国中医药工作会议上的讲话

全面树立和落实科学发展观推进卫生事业的改革与发展——卫生部党组书记、常务副部长高强在 2005 年全国卫生工作会议上的工作报告

卫生部党组书记、常务副部长高强在 2005 年全国卫生系统纪检监察暨纠风工作会议上的讲话

维护人民健康　整顿医疗服务市场　继续深入开展打击非法行医专项行动——卫生部党组书记、常务副部长高强在全国打击非法行医专项行动动员部署暨非法采供血专项整治工作总结电视电话会议上的讲话

卫生部党组书记、常务副部长高强在“以病人为中心,以提高医疗服务质量为主题”的医院管理年工作会议上的讲话

改善城乡卫生面貌　促进疾病控制工作　掀起爱国卫生运动新高潮——卫生部党组书记、常务副部长、全国爱卫会副主任高强在 2005 年全国卫生工作电视电话会议上的讲话(摘要)

卫生部部长高强在动员部署“万名医师支援农村卫生工程”电视电话会议上的讲话

卫生部部长高强在全国疾病预防控制中心主任座谈会上的讲话

发展医疗卫生事业,为构建社会主义和谐社会做贡献——卫生部部长高强

卫生部部长高强在 2005 年全国新型农村合作医疗试点工作会议上的总结讲话

加强沟通　构建和谐医患关系——卫生部部长高强在《医界名家从医感悟》首发式暨构建和谐医患关系座谈会上的讲话

高度警惕,落实措施　坚决控制人感染高致病性禽流感疫情——卫生部部长高强在全国卫生系统防控人感染高致病性禽流感电视电话会议上的讲话
全面贯彻十六届五中全会精神开创卫生事业改革与发展新局面——卫生部部长高强在全国卫生厅局长专题培训班上的讲话
汲取教训　切实加强安全管理工作——卫生部部长高强在全国卫生系统安全生产电视电话会上的讲话
以“三个代表”重要思想为指导,全面落实科学发展观促进中医药事业全面、协调、可持续发展——卫生部副部长兼国家中医药管理局局长佘靖在 2005 年全国中医药工作会议上的讲话

政策法规

疫苗流通和预防接种管理条例
中华人民共和国国务院令(第 434 号)
麻醉药品和精神药品管理条例
中华人民共和国国务院令(第 442 号)
放射性同位素与射线装置安全和防护条例
中华人民共和国国务院令(第 449 号)
关于卫生监督体系建设的若干规定
中华人民共和国卫生部令(第 39 号)
关于疾病预防控制体系建设的若干规定
中华人民共和国卫生部令(第 40 号)
医疗机构传染病预检分诊管理办法
中华人民共和国卫生部令(第 41 号)
医师外出会诊管理暂行规定
中华人民共和国卫生部令(第 42 号)
传染病病人或疑似传染病病人尸体解剖查验规定
中华人民共和国卫生部令(第 43 号)
血站管理办法
中华人民共和国卫生部令(第 44 号)
可感染人类的高致病性病原微生物菌(毒)种或样本运输管理规定
中华人民共和国卫生部令(第 45 号)
国务院办公厅转发民政部等部门关于建立城市医疗救助制度试点工作意见的通知
国办发[2005]10 号
国务院办公厅关于印发 2005 年全国食品药品专项整治工作安排的通知
国办发[2005]20 号
国务院办公厅关于开展打击商业欺诈专项行动的通知
国办发[2005]21 号
国务院办公厅关于加强饮用水安全保障工作的通知
国办发[2005]45 号
2005 年颁布的卫生标准
2005 年卫生法律法规和规范性文件目录

工作进展

“十五”期间卫生工作取得重大进展
2005 年卫生工作
2005 年全国卫生工作会议
2005 年“两会”建议、提案办理工作
卫生部召开全国卫生政策法规工作会议
卫生政策专题研究
深化城市医疗服务体制改革工作
卫生部研究解决“看病难、看病贵”的思路
世界卫生组织政策研究支持网络
卫生政策支持项目(HPSP)启动
参加《联合国经济社会文化权利公约》中国履约报告首次审议
2005 年卫生法制工作
卫生标准体系建设研究工作完成
卫生部举办首次卫生标准宣传周
卫生标准上网向社会公布
卫生部设立实施卫生与职务卫生措施、技术性贸易措施评议咨询机构

疾病预防控制

2005 年全国疾病控制、爱国卫生工作

疾病预防控制机构规范化建设研究
现场流行病学培训工作
2004年中央补助地方经费防治项目工作
传染病控制工作
2005年全国甲、乙、丙类法定报告传染病疫情概要
卫生部与农业部建立人畜共患病防治合作机制
卫生部与国家质检总局建立应对口岸公共卫生事件协调机制
卫生部与铁道部、交通部、质检总局、民航总局建立传染病防治协调机制
卫生部制定下发《全国鼠疫防治"十一五"规划(2006—2010年)》
卫生部下发鼠疫等15种重点传染病全国监测方案
卫生部发布《卫生部应对流感大流行准备计划及应急预案》
卫生部制定《全国流行性感冒疫苗预防接种指导意见》
中国如期实现2005年结核病控制目标
卫生部召开全国14省(区)结核病防治工作电视电话会议
卫生部制定下发《结核病防治健康教育材料资源库》
卫生部领导慰问麻风病人
中国TB/HIV防治工作框架制定
结核病控制联合督导成效显著
肺结核免费治疗范围扩大,涂阴病人得到免费治疗
艾滋病防治工作
艾滋病防治工作
温家宝总理到河南考察艾滋病防治工作,与艾滋病患者共度春节
温家宝总理主持召开国务院常务会议,研究进一步加强艾滋病防治工作
国务院防治艾滋病工作委员会召开第二次会议
启动全国农民工预防艾滋病宣传教育工程
全球企业应对艾滋病联合峰会在京召开
全国艾滋病综合防治示范区经验交流会在河南郑州召开
联大艾滋病问题高级别会议在美国纽约召开
全国海洛因成瘾者社区药物维持治疗试点工作总结暨现场经验交流会在云南召开
第七届亚太地区防治艾滋病大会在日本神户召开
印发《国务院防治艾滋病工作委员会部委成员单位防治艾滋病工作职责》
艾滋病疫情直报系统启动
艾滋病抗病毒药物治疗信息系统启动
卫生部办公厅下发《高危行为干预工作方案(试行)》
多部门支持云南加强禁毒和艾滋病防治工作
多部门联合主办预防艾滋病大型公益文艺晚会《中国的温暖》
2005年艾滋病疫情评估工作
2004年预防艾滋病宣传海报发放张贴情况督导检查
多部门、多组织对艾滋病防治工作进行联合督导
卫生部与克林顿基金会联合启动儿童抗艾滋病治疗项目
全球基金第四轮中国艾滋病项目启动
计划免疫工作
《疫苗流通和预防接种管理条例》颁布实施
卫生部下发《预防接种工作规范》
我国继续维持无脊灰状态
2005年全国麻疹疫情情况
卫生部开展乙肝疫苗纳入计划免疫项目中期评估
血吸虫病与寄生虫病防治工作
国务院血防办设立5个血防工作联系点
卫生部办公厅下发《全国血吸虫病监测方案》(试行)、《全国疟疾监测方案》(试行)
卫生部印发《血吸虫病突发疫情应急处理预案》
吴仪副总理视察江西省血防工作

卫生部与中央电视台健康之路栏目共同主办“送瘟神—国家行动”现场直播大型专题节目
卫生部疾病控制司组织开展疫区中小学生急性血吸虫病疫情专项调查
国务院法制办组织《血吸虫病防治条例》立法调研
中央补助地方公共卫生资金血吸虫病防治项目进展
血吸虫病联防联控工作取得成效
纪念血吸虫病在中国发现 100 周年大型学术会议在湖南长沙召开
亚洲疟疾培训网络在中国举办抗疟药政策培训班
江西省完成了消除丝虫病考核
海南省完成了消除丝虫病考核
全球疟疾艾滋病结核病基金第五轮疟疾项目申请获得成功
2005 年血吸虫病疫情及防治现状
2005 年疟疾疫情及防治现状

地方病防治工作

2004 年中央补助地方公共卫生专项资金地方病防治项目顺利实施
全国第五次碘缺乏病监测工作圆满完成
燃煤污染型地方性氟中毒健康教育防治试点项目通过评估
卫生部加快饮砖茶型氟中毒预防控制工作进程
修订《食盐加碘消除碘缺乏危害条例》工作启动

非传染性疾病防治工作

卫生部颁布《中国脑血管病防治指南》
卫生部疾病控制司印发《中国高血压防治指南》(修订版)
卫生部发布《防治高血压宣传教育知识要点》
中央补助地方卫生经费重性精神疾病防治队伍建设项目
癫痫社区防治工作

中国疾病预防控制中心工作进展

传染病监测与控制

全国法定报告传染病和突发公共卫生事件监测概要
突发事件报告情况概要
突发公共卫生事件应急机制建设工作进展
重点传染病加强监测工作全面启动
鼠疫防治管理信息系统启动
流感/人禽流感信息监测系统启动
布病干预试点工作
伤寒干预试点工作
全面制、修订传染病诊断标准及相关卫生标准
麻疹监测和控制工作
乙肝控制工作
儿童免疫水平监测
预防接种异常反应监测
艾滋病疫情信息报告系统正式运行
艾滋病高危人群干预工作队开展的工作
开展艾滋病流行病学调查,补充监测数据
美沙酮维持治疗试点工作进一步推广
建立全国艾滋病防治区域培训基地
开展艾滋病新感染时间测定应用性研究
网络直报系统建设与应用
全国医院法定传染病与死因报告管理及质量调查
传染病与突发公共卫生事件信息系统县(区)级疫情管理人员培训项目
西部 12 省乡镇远程数据采集计算机装备项目

突发公共卫生事件应急处理

人感染猪链球菌暴发疫情的应急处置
人感染高致病性禽流感监测与控制
流脑监测和控制工作

寄生虫病防治

王陇德副部长前往中国寄生虫病所考察重大寄生虫病防治情况
血吸虫病、疟疾监测工作有序开展
丝虫病流动人口监测工作启动
西部包虫病流行现状调研
开展血吸虫病防治明察暗访工作

慢性丝虫病治疗关怀试点
土源性、食源性寄生虫病防治
慢性非传染性疾病防治
全面调整全国慢病监测系统
全国伤害监测工作全面启动
围绕履行《烟草控制框架公约》开展我国烟草流行监测试点
成功申请世界卫生组织慢性非传染性疾病社区综合防治合作中心
淮河流域重点地区恶性肿瘤流行病学现场调查
淮河流域重点地区环境污染状况调查
食品安全
国家十五科技攻关课题"食品安全关键技术研究"取得重要成果
"中国居民营养与健康状况调查"系列报告陆续发布
GB2760《食品添加剂使用卫生标准》修订工作取得进展
环境卫生
中国交通运输与人群健康国际研讨会
中国气候变化与人群健康国际研讨会
劳动卫生与职业病防治
2005年职业病防治宣传周工作
职业病防治技术标准研究
尘肺高危人群健康监护、诊断技术及粉尘控制技术研究取得显著成绩
重要职业病和职业危害调查与防治技术研究
放射卫生防护
辐射应急医学救援准备与响应国际研讨会举行
全国放射卫生防护工作研讨会召开
卫生部核事故医学应急中心首次参加IAEA/世界卫生组织国际核应急通讯演习
农村改水改厕
完善农村饮用水水质监测系统
第三期世界银行贷款中国农村供水与环境卫生(改Ⅲ)项目顺利完成
第四期世界银行贷款中国农村供水与环境卫生(改Ⅳ)项目年度工作任务完成
农村贫困地区安全饮水与环境卫生战略研究项目完成
健康教育
预防控制艾滋病大众健康教育工作
全国亿万农民健康促进行动("行动")工作进展
承办世界卫生日主题宣传活动
妇幼保健与社区卫生
妇幼卫生信息系统标准体系研究和妇幼卫生科学数据共享项目
卫生部-嘉道理慈善基金会"农村社区健康促进项目(2005—2008周期)"启动
卫生部-联合国儿童基金会"农村初级卫生保健项目(2001—2005周期)"圆满结束
公共卫生政策研究
流动人口公共卫生服务模式研究
全国疾控体系机构建设研究
健康发展目标指标体系构建研究
软课题管理工作
国际合作与交流
中国-东盟灾后防疫研讨会
第二届轮状病毒国际疫苗研讨会
第二届中美CDC主任会议在美国亚特兰大召开
我国第5轮全球基金艾滋病、结核病和疟疾项目获全球基金理事会批准
中国-泰国-越南人间禽流感防制研讨会
中国疾控中心向世界卫生组织提供人禽流感毒株
中美传染病工作组第一次会议在北京召开
科学研究
大流行流感病毒(原型)灭活疫苗进入临床研究阶段
"中国疾控中心科技信息管理系统"正式运行
传染病预防控制国家重点实验室启动

爱国卫生运动

全国爱国卫生工作电视电话会议在北京

召开
全国人大代表带队对部分地区爱国卫生工作进行调研督导
全国爱卫办召开南、北片创建国家卫生城市现场经验交流会
《国家卫生城市标准》和《国家卫生城市考核鉴定和监督管理办法(试行)》重新修订印发
3市2区被命名为“国家卫生城市”和“国家卫生区”
全国除四害工作研讨会在杭州召开
我国重要病媒生物控制技术标准研究课题通过验收
健康城市国际论坛在上海举行
农村改水改厕顺利完成“十五”目标
全国爱卫会召开农村饮水水质卫生监测工作会议
2004年中央补助地方农村改水改厕项目顺利实施
创建国家卫生镇(县城)工作有了新突破
全国爱卫办要求各地开展卫生单位、卫生村创建活动
全国爱卫办规范血吸虫病流行区农村改厕技术指导和管理工作

卫 生 应 急

2005年卫生应急工作
全国卫生应急工作会议
全国卫生应急办公室主任会议
各地卫生应急管理机构建设
卫生应急宣传
完善卫生应急预案体系
规范指导卫生应急工作
建立卫生应急专家库
组织培训和演练，提高卫生应急处置能力
卫生应急储备和卫生应急队伍装备工作
做好实施《国际卫生条例》准备工作
2005年全国食物中毒情况
2005年救灾防病工作
2005年全国急性职业中毒情况
2005年黄金周卫生保障工作
有效控制人感染猪链球菌病疫情
有效控制人感染高致病性禽流感疫情
突发公共卫生事件应急指挥与决策系统建设进展
霍乱疫情应急处置
青藏铁路鼠疫防治
人间鼠疫疫情应急处置

卫生监督执法

卫生监督体制改革和卫生监督体系建设

2005年卫生监督体制改革和卫生监督体系建设取得新进展
全国卫生监督工作会议在北京召开
全国卫生厅局长法制培训班在广州举行
卫生部开展卫生监督体制改革和卫生监督体系建设调研
卫生部制定《关于卫生监督体系建设的若干规定》
卫生部制定《卫生监督机构建设指导意见》
卫生部制定《2005—2010年全国卫生监督员教育培训规划》
卫生部制定《卫生行政执法责任制若干规定》
卫生部制定《卫生监督稽查工作规范》
卫生部进一步规范卫生监督员胸牌编号
卫生部统一规范卫生监督执法车辆外观标识
卫生部加强卫生监督制、着装管理
中西部地区卫生监督机构能力建设项目实施
中西部地区卫生监督机构能力建设项目卫生监督执法车辆发车仪式在北京举行
卫生部进一步完善卫生监督信息报告系统

打击非法行医专项行动

卫生部等部门召开全国打击非法行医专项行动动员部署暨非法采供血专项整治工作总结电视电话会议
全国打击非法行医专项行动领导小组成立并建立工作制度

全国打击非法行医专项行动领导小组办公室举办专项行动培训班
全国打击非法行医专项行动领导小组对北京、山东等 20 个省区市专项行动开展情况进行督查
卫生部制定《关于打击非法行医专项行动责任追究的意见》
全国打击非法行医专项行动取得阶段性成效
全国打击非法行医专项行动领导小组加强案件查处工作
卫生部与中央电视台联手开展打击非法行医飓风行动
卫生部等部门联合开展严厉打击“号贩子”、“医托”专项执法行动
卫生部、科技部联合对科研机构开展涉医活动进行检查

非法采供血和单采血浆专项整治

卫生部召开部分省区市非法采供血液和单采血浆专项整治工作会议
卫生部印发关于对违法违规采供血液(浆)的有关人员依法追究责任的通知
全国非法采供血液和单采血浆专项整治工作圆满结束
卫生部通报黑龙江省黑河市北安建设农场医院非法采供血液案等案件

传染病防治监督

卫生部加强人感染高致病性禽流感防控工作监督检查

食品卫生监督管理

卫生部发布实施《餐饮业和集体用餐配送单位卫生规范》
卫生部起草《食品卫生管理员规范》
卫生部制定《重大活动食品卫生监督规范》
卫生部组织修订《新资源食品卫生管理办法》
卫生部发布《食品卫生许可证管理办法》
卫生部与教育部联合发布实施《学校食物中毒行政责任追究暂行规定》
卫生部组织修订《食品添加剂使用卫生标准》
卫生部组织开展卫生系统食品卫生检验检测机构资源调查
卫生部开展食品专项整治工作
卫生部开展 2005 年全国食品卫生国家监督抽检
卫生部开展保健食品专项整治,查处违法添加药物的保健食品
卫生部组织对苏丹红污染的辣椒制品开展监督检查工作
卫生部开展违法健康相关产品宣传改善性功能专项检查
卫生部开展瓶(桶)装饮用水生产企业卫生许可情况专项检查
卫生部开展食品化妆品专项整治督察工作
卫生部关于开展学校食品卫生专项监督检查工作
卫生部等五部委加强罂粟籽食品监督管理工作
卫生部组织 2005 年全国食品污染物和食源性疾病监测工作
卫生部发布食品安全预警公告
2005 年中国参与食品法典委员会工作情况
卫生部组团参加国际食品法典委员会第 28 届会议
卫生部组织开展 2005 年《食品卫生法》宣传周暨《食品卫生法》制定十周年宣传
活动
卫生部表扬江苏省全国十运会卫生监督工作

化妆品、消毒产品、涉水产品监督

卫生部修订《化妆品卫生监督条例实施细则》部分条款
卫生部印发《染发剂原料名单(试行)》,加强染发剂原料管理
卫生部开展化妆品专项整治工作
卫生部开展 2005 年化妆品、消毒产品和涉水产品监督抽检
卫生部通报 2004 年化妆品皮肤病监测情况
卫生部查处违法生产经营的健康相关产品

卫生部印发《消毒产品标签说明书管理规范》
卫生部调整消毒产品监管范围,逐步实行分类管理
卫生部印发《生活饮用水消毒剂和消毒设备卫生规范(试行)》
卫生部开展健康相关产品检验机构调查
劳动卫生与职业病防治
卫生部进一步规范职业卫生技术服务机构资质审定工作
卫生部组织开展职业卫生技术服务机构监督检查
卫生部组织开展国家重大建设项目职业卫生审核、审查、验收工作
卫生部组织开展"2005年职业病防治法宣传周"活动
卫生部会同两部门开展"职业卫生示范企业评选"活动
第十届职业性呼吸系统疾病国际会议在北京举行
卫生部组织举办中国基础职业卫生服务国际研讨会
卫生部制定发布《深海石油作业职业卫生管理办法》
全国职业卫生监督检查
环境卫生监督
卫生部组织召开全国环境卫生工作座谈会
卫生部组织开展高校职业卫生与环境卫生工作研讨
卫生部组织召开交通运输、全球气候变暖等因素对人群健康影响的国际研讨会
卫生部组织召开国家环境与健康论坛
公共场所卫生监督管理量化分级试点工作
全国公共场所卫生监督检查
卫生部部署加强饮用水卫生安全保障工作
放射卫生防护
卫生部进一步加强全国放射卫生防护监督管理工作
加强放射卫生防护能力建设,提高业务人员水平
全国外照射个人剂量监测技术与管理研讨会在云南召开
全国放射卫生监督检查
卫生监督中心工作进展
推进卫生监督体系建设
卫生行政许可工作
专项治理和抽检工作
大要案项目管理与案件查处工作
卫生法规、规范、标准的制修订与管理工作
卫生行业国家计量认证评审工作
卫生监督稽查和卫生监督员培训工作
信息化建设

国境卫生检验检疫

卫生检疫监管工作
口岸禽流感防治工作
口岸疾病监测
艾滋病实验室建设
口岸媒介监测与控制
口岸卫生处理
卫生检疫科研工作
制定卫生检疫行业标准
抓国际旅行卫生保健中心工作质量,提高国际旅行卫生保健中心工作水平
创建国际卫生机场工作
口岸出入境卫生检疫电子监管
外事活动
人员培训
质检总局与卫生部应对口岸公共卫生事件合作机制
五部局联合预防控制疫病传入

农 村 卫 生

农村卫生工作
国务院召开2005年全国新型农村合作医疗试点工作会议
温家宝总理主持召开国务院第101次常务会议听取新型农村合作医疗试点工作情况汇报
吴仪副总理主持召开国务院新型农村合作

医疗部际联席会议
全国人大副委员长蒋正华、全国政协副主席李蒙考察江西省新型农村合作医疗工作
财政部、卫生部联合下发《关于将中西部地区部分市辖区纳入新型农村合作医疗中央补助范围的通知》
卫生部、财政部联合下发《关于做好新型农村合作医疗试点有关工作的通知》
卫生部办公厅下发关于填报新型农村合作医疗基本信息报表(试行)的通知及新型农村合作医疗信息系统基本规范(试行)的通知
卫生部农卫司组织实施新型农村合作医疗管理能力建设项目
卫生部农卫司举办全国新型农村合作医疗省级师资培训班
卫生部成立新型农村合作医疗研究中心
陈啸宏副部长多次进行新型农村合作医疗工作调研
国务院新型农村合作医疗部际联席会议办公室组织开展2005年新型农村合作医疗联合督导检查工作
卫生部、财政部、保监会联合对保险业参与新型农村合作医疗进行调研
卫生部农卫司组织卫生部新型农村合作医疗技术指导组加强对新型农村合作医疗工作的研究和指导
卫生部开展2005年全国优秀乡村医生评选表彰工作
卫生部农卫司举办乡镇卫生院院长培训师资班
开展甘肃省二级以上医疗卫生机构对口支援乡镇卫生院试点工作
卫生部组织实施农村卫生人员培训
卫生部制定下发关于加强新型农村合作医疗定点医疗机构医药费用管理的若干意见
卫生部制定下发关于做好抗战老战士慰问活动中医疗服务工作的通知
卫生部-联合国儿童基金会“农村初级卫生保健项目(2001—2005周期)”圆满结束
卫生部-嘉道理慈善基金会“农村社区健康促进项目”启动
中共中央办公厅、卫生部对中共中央、国务院关于进一步加强农村卫生工作的决定进行联合督导
卫生部农卫司组织开展乡镇卫生院功能定位研究
组织拟定了农村公共卫生基本项目
开展“制定乡镇卫生院机构人员编制标准”研究
卫生部农卫司开展对东部地区落实《中国农村初级卫生保健发展纲要(2001—2010年)》情况调研工作
卫生部农卫司研究制定农村初级卫生保健评价指标体系

妇幼保健与社区卫生

社区卫生服务进展
吴仪副总理主持召开会议专题研究社区卫生服务工作
卫生部研究起草《关于发展城市社区卫生服务的指导意见(稿)》
国务院办公厅召开城市社区卫生服务工作座谈会
创建全国社区卫生服务示范区活动
卫生部、民政部、国家中医药管理局命名第一批全国社区卫生服务示范区
开展居民健康社区强化干预活动
卫生部组团考察澳门社区卫生服务
中英城市社区卫生服务与贫困救助项目
妇幼卫生工作
第二届发展中国家出生缺陷和残疾国际大会成功举办
联合国人口基金生殖健康/计划生育第五周期项目顺利结束
国务院妇女儿童工作委员会办公室、卫生部等七部门开展“尊重生命尊重爱——‘婚前医学检查’知识宣传教育普及活动”
全国婚前保健工作专题调研完成

卫生部、国务院妇儿工委办公室开展2005年世界卫生日纪念活动
产前诊断工作进展
母婴保健法律证件工作调研和督导
预防艾滋病母婴传播工作
妇幼卫生监测和年报工作
“降低孕产妇死亡率和消除新生儿破伤风”项目实施进展
第4次9市0～7岁儿童体格发育调查启动
新生儿窒息复苏培训项目在全国展开
联合开展《母乳代用品销售管理办法》实施调研
儿童早期综合发展项目
2005年世界母乳喂养周
卫生部与联合国儿童基金会2001～2005年“母亲安全”和“关爱儿童”合作项目总结

医政管理

2005年医政工作
卫生部、国家中医药管理局部署开展“以病人为中心，以提高医疗服务质量为主题”的医院管理年活动
卫生部、国家中医药管理局在全国开展“以病人为中心，以提高医疗服务质量为主题”的医院管理年督导活动
卫生部印发《医院管理评价指南(试行)》
卫生部、财政部、国家中医药局印发通知，部署开展“万名医师支援农村卫生工程”
卫生部、国家中医药局召开动员部署“万名医师支援农村卫生工程”电视电话会议
卫生部、国家中医药局举行“万名医师支援农村卫生工程”项目责任书签字仪式
卫生部、国家中医药局项目办认真组织实施“万名医师支援农村卫生工程”
卫生部、国家中医药局对“万名医师支援农村卫生工程”进行督导
卫生部加强“血液疗法”管理
卫生部开展器官移植等三项医疗技术临床应用情况调查
卫生部、国家中医药管理局通报河南省新郑市中医院遗弃并导致患者死亡事件
卫生部医师资格考试委员会发布2005年医师资格考试成绩合格线
卫生部通报广西桂林市人民医院鲍光蛇事件和福建省连江县医院郑铿弟医疗事件
卫生部医师资格考试委员会修订、下发《医师资格考试违规处理规定》
卫生部加强艾滋病治疗管理工作
卫生部印发艾滋病治疗相关技术文件
卫生部推荐《传染性非典型肺炎(SARS)治疗方案(2004版)》
卫生部制定《人禽流感治疗方案(2005版修订版)》
卫生部印发麻醉药品、精神药品管理有关规定
卫生部建立抗菌药物临床应用及细菌耐药监测网
卫生部办公厅转发湖北省卫生厅对武汉九州中西医结合医院等实施行政处罚的通报
卫生部医政司对部分省、市体检服务机构管理及执业基本情况进行调查
人事部、卫生部印发《公务员录用体检通用标准(试行)》
卫生部委托中华医院管理学会进行医疗广告民意调查
卫生部、国家中医药管理局建立全国医疗机构管理信息系统
卫生部对各省、自治区、直辖市中外合资、合作医疗机构项目情况进行调查
《血站管理办法》修订颁布
建立无偿献血公示制度
推动京、津、沪无偿献血工作
举办自愿无偿献血者招募培训班
6.14世界献血者日宣传活动
举办《献血法》实施七周年纪念活动
支援西藏血液中心开展采供血工作
举办采供血机构全面质量管理项目跟进培训班
《采供血设置规划指导原则》发布
卫生部印发《血液透析器复用操作规范》

《中国护理事业发展规划纲要(2005—2010年)颁布实施》
2005年全国护理工作会议召开
卫生部与全国妇联共同举办“全国卫生系统护理专业巾帼文明岗、巾帼建功标兵”表彰活动并召开表彰大会
卫生部与中宣部、中国红十字总会、中华护理学会联合举办“南丁格尔奖章获得者先进事迹巡回报告”活动
第四十届南丁格尔奖章颁奖大会举行
《医疗机构口腔诊疗器械消毒技术操作规范》颁布实施
卫生部医政司总结2004年度卫生部部属部管医院支援西部地区农村卫生项目活动
卫生部开展2005年度部属部管医院支援西部地区农村卫生项目
中宣部等14部门联合召开“文化科技卫生三下乡”十周年工作座谈会
卫生部召开2005年全国防盲工作研讨会
卫生部等部门联合组织开展2005年全国“爱眼日”活动
“视觉第一中国行动”卫生部项目办公室认真组织实施项目工作
“视觉第一中国行动”卫生部项目办公室第二期援建县(地市)级医院眼科
“视觉第一中国行动”卫生部项目办公室召开培训工作座谈会
“视觉第一中国行动”卫生部项目办公室举办项目二期财务人员培训班
卫生部部署全国卫生系统参与禁毒人民战争
加强对卫生系统参与禁毒人民战争的指导

医学教育

医学教育工作
实施华夏基金会、郑格如基金会支持医学教育项目
教育部、卫生部建立医学教育宏观管理部际协调机制
卫生技术人员传染病防治知识全员培训工作
建立我国专科医师培养和准入制度课题研究结题
卫生部毕业后医学教育委员会成立
农村卫生人员培训教材建设
乡镇卫生院卫生技术人员在职培训试点工作
临床药师培训试点工作
医学学术会议网建设工作座谈会
开展全国继续医学教育评估工作
2006年国家级继续医学教育项目申报、评审工作会议
重新认可第一批国家级继续医学教育基地
批准复旦大学中山医院开展远程继续医学教育试点工作

医学科学技术

医学科技工作
编制《卫生科技第十一个五年发展规划》
“十五”国家科技攻关计划“老年疾病预警与防治研究”等六个重点项目完成验收工作
科技部批准“重大疾病社区预防与控制适宜技术研究”项目为“十五”国家科技攻关计划重点项目
完成了卫生部艾滋病防治应用性研究项目2005年度课题的招标、评审、批准立项及项目启动工作
完成了原国家计委“西部地区防病脱贫问题的研究及适用科技成果在西部地区转化研究”项目的验收工作
完成了“云南省不明原因心源性猝死研究”的论证和批准立项工作
组建全国防控高致病性禽流感指挥部科技组人禽流感防控组
卫生部科教司组织管理的、北京科兴生物制品有限公司和中国疾病控制中心承担的“人用禽流感疫苗研制”课题完成了临床前研究,并批准进入临床研究
福建、浙江等省卫生科技项目列入卫生部科研基金管理

卫生部第二轮面向农村和基层推广适宜技术十年百项计划第五批项目公布
卫生部审核批准的开展人类辅助生殖技术和人类精子库机构名单
我国人类辅助生殖技术现状的调查与分析
手术戒毒临床研究专题研讨会召开
我国医药生物技术现状调查与分析
卫生技术评估与管理工作研讨会召开
卫生部世界卫生组织考察组赴德国、比利时考察人类辅助生殖技术工作情况
卫生部参加“服务‘三农’,科技列车井冈行”全国科技活动周(概况)
2005年引进国外专家项目执行情况
《中华人民共和国生物两用品及相关设备和技术出口管制条例》修订
《人体器官移植条例》等有关文件已完成,并纳入2006年立法计划
赴古巴考察生物技术情况
口腔保健用品纳入全国认证认可管理
卫生部、认监委认证认可工作协调会会议纪要
卫生部血液安全研究重点实验室批准成立
卫生部心血管重构与功能研究重点实验室批准成立
卫生部肠道病原微生物重点实验室批准成立
卫生部时间生物学重点实验室批准成立
卫生部抗体技术重点实验室批准成立
卫生部艾滋病免疫学重点实验室批准成立
传染病预防控制国家重点实验室批准成立
卫生部新生儿疾病重点实验室批准成立
卫生部移植医学工程技术研究中心批准成立
卫生部重点实验室成立20周年
科技基础条件平台工作进展顺利
卫生部、世界卫生组织实验室生物安全培训班
卫生部、世界卫生组织实验室生物安全高级研讨班
卫生部、世界卫生组织实验室生物安全国际研讨会
卫生部举办三级生物安全实验室标准操作程序(SOP)培训班
第二届中医药现代化国际科技大会召开
中国医学科学院中国协和医科大学协和生物医药孵化中心正式签约入驻中关村生命科学园
中国医学科学院中国协和医科大学组织四支医疗队分别赴滇、皖、吉等省贫困地区开展医疗支边工作
中国协和医科大学隆重举行庆祝教师节暨表彰大会
中国协和医科大学护理学院隆重举行成立八十五周年庆祝活动
中国医学科学院协和医院举行干部医疗保健基地奠基典礼
中国医学科学院全面实施科技体制改革及人事分配制度改革,推行全员聘任制
在首次全国博士后流动站评估中,中国协和医科大学基础医学博士后科研流动站被评为全国优秀博士后流动站
中国医学科学院一批科研成果获得国家级、北京市等奖励
2005年中华医学科技奖颁奖及获奖项目一览表

中医药事业管理

中医药工作
2005年全国中医药工作会议召开
国家中医药管理局成立中医药防控人感染高致病性禽流感工作领导小组,积极组织中医药防控人感染高致病性禽流感有关工作
中医药系统开始新一轮三峡库区对口支援工作
盘点“十五”,中医药事业发展呈现良好态势
农村卫生服务体系县中医医院建设专项试点实施
开展《中医药事业发展“十一五”规划》编制工作

财政部、国家中医药管理局继续组织实施农村中医药服务能力建设项目
完成《中医医院建设标准》(征求意见稿)
制定《国家中医药管理局直属(管)单位国有资本和财务监管办法》(试行)
制定《国家中医药管理局局机关经费支付和报销管理办法》(试行)
国家中医药管理局制定《中医药政务信息报送管理办法》
国家中医药管理局首次组织全国中医药行业文艺汇演活动
国家中医药管理局开展徽标征集活动
启动中医药文化宣传教育基地建设工作
举办第七届全国中医药好新闻评选活动
2005年中医药十大新闻
组织中央新闻单位记者赴广东、四川开展新闻调研活动
中医药标准化建设工作情况
传统医药立法工作情况
中医药法制建设工作情况
中医药的优势和作用在新型农村合作医疗试点工作中得到初步显现
召开落实新型农村合作医疗试点工作暨农村中医药工作会议
农村中医药服务能力建设取得新的进展
开展人禽流感中医药防控工作
中医药治疗艾滋病项目取得阶段性成果
开展中医药应对突发公共卫生事件能力建设人员培训
召开保持发挥中医药特色优势工作经验交流会议
继续深入开展有中医药特色全国社区卫生服务示范区创建活动
制定《中医医院管理评价指南(试行)》
加强对中医推拿按摩等活动的管理
举办第八期全国名老中医临床经验高级讲习班
开展第三批师承中期总结工作,启动第一、二批师承回顾总结调研
乡村医生中等中医专业学历教育和乡镇卫生院中医临床技术骨干培训全面实施
开展农村基层优秀中医成才规律与临床经验总结与推广
完成中医药重点学科中期检查,建设成效显著
优秀中医临床人才研修项目第一研修年度顺利完成
中医药教育标准化建设初见成效
部分中医药院校开展师承式教育试点
开展中医药院校更名工作,引导中医药院校办学方向
973计划首次设立专项,支持中医理论基础研究
中医药防控人禽流感研究特别专项启动实施
完成“十五”国家科技攻关计划“中医药现代化于产业化开发”项目验收报告
《国家中医药管理局科技项目管理办法(试行)》印发施行
《中华本草》民族药卷出版
启动2004年国家中医药管理局专项有毒中药质量控制及有毒成份限量示范研究、我国名贵珍稀动物药的基础研究、中药材种子种苗质量标准规范化示范研究
完成2004年局专项中医药传统知识保护研究
出版《欧盟草药药品注册指南》
举办两期中医药知识产权保护培训班
确定2005年中医药科技成果推广项目
贯彻落实国务院保护知识产权专项行动总结
“十五”国家科技攻关计划“名老中医学术思想、经验传承研究”启动
《中华人民共和国国家中医药管理局与蒙古国健康部关于传统医药合作协议》签订并正式生效
《中华人民共和国国家中医药管理局和秘鲁共和国卫生部传统医学合作备忘录》签订并正式生效
《新加坡共和国卫生部与中华人民共和国国

家中医药管理局中医药合作计划书》
六部委联合主办“第二届中医药现代化国际科技大会”和“中医药国际科技博览会”
召开“2006年传统医药政府论坛会”预备会
赴韩国参加第十三届东方医学学术大会和第八次中韩传统医学协调会，并签署了《第八次中韩传统医学协调委员会备忘录》
国家中医药管理局与丹麦王国国家中医药委员会签署了《中华人民共和国国家中医药管理局与丹麦王国国家中医药委员会中医药领域合作谅解备忘录》
冰岛卫生与社会保障部长克里斯蒂杨松部长一行访问国家中医药管理局
国家中医药管理局国际合作司与俄罗斯联邦亚库特共和国卫生部签署了《中华人民共和国国家中医药管理局国际合作司与俄罗斯联邦亚库特共和国卫生部关于传统医药领域合作的谅解备忘录》
国家中医药管理局在北京举行“第二届中医药走向世界高级培训班”
中奥签署中医药合作谅解备忘录
国家中医药管理局局长佘靖签署《中国国家中医药管理局与澳大利亚维多利亚卫生部及维多利亚中医药注册委员会谅解备忘录》

食品药品监督管理

2005年食品药品监督管理工作
11部门联合整治虚假违法广告
国家食品药品监督管理局下发关于对特殊药品和血液制品生产企业实施重点监管的通知
医用缝合针等18项医疗器械行业标准
外科植入物超高分子量聚乙烯 第1部分：粉料等7项医疗器械国家标准
关于做好处方药与非处方药分类管理实施工作的通知
国家食品药品监督管理局关于印发《预防用疫苗临床前研究技术指导原则》等6个技术指导原则的通知
国家食品药品监督管理局、公安部、卫生部公布麻醉药品和精神药品品种目录

医药行业管理

医药行业管理
国家发展改革委印发《药品差比价规则(试行)》
国家发展改革委办公厅下发关于贯彻执行药品差比价规则(试行)有关问题的通知
国家发展改革委对部分药品从出厂环节制定价格进行试点
部分省(区、市)药品和医疗服务价格专项检查工作会在海南省召开

医疗保险管理

城镇职工基本医疗保险工作

保 健 工 作

干部保健工作
中央保健委员会办公室下发《关于认真贯彻实施中央保健委员会关于加强干部预防保健工作的意见的通知》
中央保健委员会保健专家工作会议
中央保健工作表彰大会
中国医疗保健工作者代表团赴俄罗斯访问
2001年中央保健专项资金科研课题验收工作
开展保健人员专业培训工作

规划财务管理

卫生规划财务管理工作
编制卫生事业第十一个五年规划纲要
医疗服务价格改革工作
药品集中招标采购与药品价格改革协调工作
关于调整公民临床用血收费标准
制定和调整大型医用设备检查治疗价格的指导意见
在京部(局)属(管)医院总体发展建设规划编制工作

大型医用设备配置与使用管理工作
全国疾病预防控制体系和突发公共卫生事件医疗救治体系建设情况通报
农村卫生服务体系建设与发展规划编制完成
化学中毒与核辐射医疗救治基地项目立项建设
农村巡回医疗车(Ⅱ期)投入使用
麻风病院村改造建设方案编制工作
做好人禽流感防控后勤保障工作
加强政府采购工作
2003、2004年中央财政补助地方卫生事业专项资金执行情况监督检查
2005年中央财政继续加大对公共卫生、农村卫生的投入
2005年卫生部中央本级预算执行工作
加强新型农村合作医疗基金管理
2004—2006年临床学科重点项目卫生部集中招标采购工作顺利进行
举办部属(管)医院院长和财务处长经济管理培训班
部属(管)医院开展"小金库"专项清理检查
部属(管)单位开展津贴补贴清理及调研核查工作
研究修改事业单位基金提取比例
修改医疗机构事业支出目级科目表
医疗卫生行业国有资产管理系统软件在部属(管)事业单位统一使用
部属(管)单位所办企业换发国有资产产权登记表证
卫生部清理部属(管)单位用公款为个人购买商业保险
全国规划财务工作座谈会在京召开
全国卫生系统三峡对口支援工作会议在渝召开
卫生部定点扶贫工作
中国卫生经济培训与研究网络活动

健康教育与新闻出版

健康促进与健康教育工作
全国健康教育与健康促进工作规划纲要(2005—2010年)颁布
全国亿万农民健康促进行动规划(2001—2005)终期督导评估
全国农村居民基本卫生知识/卫生行为调查
《身边的传染病故事(冬春篇)》获2005年"北京市优秀科普作品二等奖"
铁道部获世界卫生组织2005年烟草或健康纪念奖
全国"乡村健康金话筒"优秀集体和优秀广播员表彰
2005年卫生新闻宣传工作
卫生期刊管理工作
2005年全国十大卫生新闻
2005年中国医药科技十大新闻
2005年"礼来杯"、"健康传播使者"和"精神健康传播使者"评选情况
艾滋病等重大传染病防治宣传教育工作
建立和健全新闻宣传工作机制
坚持全国法定报告传染病疫情和突发公共卫生事件信息定期发布制度
稳步发展 多出图书精品
开展"质量月"活动
人民卫生出版社"国家医学图书精品战略研讨会暨《实用内科学》(第12版)、《实用皮肤科学》(第3版)首发式"在人民大会堂举行
首届全国高等学校医药优秀教材评审会议在京召开
全国高等医药教材建设研究会暨人民卫生出版社专家咨询委员会2005年年会在京召开
人民卫生出版社为卫生部紧急赶制防治人感染禽流感宣传材料
人民卫生出版社参加"振兴老区、服务三农、科技列车井冈行"活动
开展向老区、贫困地区捐赠图书活动
利用图书资源优势,支援西藏文化建设
中医"走出去"出版工作启动
人民卫生出版社举办《头颈外科学与肿瘤

学》中文版首发式

国际合作与外资利用

重要出访

卫生部副部长蒋作君率团出席第七届中泰卫生合作联委会会议
卫生部副部长朱庆生率团访问土耳其、希腊
卫生部副部长蒋作君访问法国
张凤楼组长率团访问委内瑞拉和哥伦比亚
卫生部副部长佘靖陪同国务院副总理吴仪出访蒙古共和国
卫生部副部长马晓伟率团访问马耳他和瑞典
卫生部副部长黄洁夫率团访问罗马尼亚和德国
卫生部副部长佘靖率团访问奥地利和欧盟总部
卫生部副部长马晓伟赴日本考察世界博览会卫生保障情况
卫生部副部长陈啸宏率团访问马其顿和塞浦路斯
卫生部部长高强率团访问澳大利亚
卫生部部长高强访问加拿大和美国
卫生部副部长黄洁夫率团访问新加坡
卫生部副部长陈啸宏赴日参加日中医学协会成立 20 周年纪念活动并参加笹川医学奖学金项目三方会议
卫生部副部长蒋作君率团访问克罗地亚和比利时

重要来访

卫生部副部长黄洁夫会见法国议员医生代表团
卫生部副部长陈啸宏会见爱思唯尔出版集团首席出版执行官斯蒂文森一行
阿根廷卫生部长希内斯·冈萨雷斯·加西亚访华
美国前总统克林顿访华
卫生部副部长王陇德会见美国艾滋病研究有限公司人员
卫生部副部长黄洁夫会见美国中华医学基金会主席
卫生部副部长王陇德会见美国强生公司全球副总裁
卫生部副部长黄洁夫会见美国默克公司全球副总裁
荷兰政府艾滋病大使万·艾瑟姆女士访华
赤道几内亚卫生部长胡斯蒂诺·奥巴马·恩维访华
卫生部副部长王陇德会见美国默克公司人员
加拿大卫生部部长杜新志访华
冰岛卫生部长约恩克·里斯蒂杨松、首秘大卫·贡纳尔松访华
卫生部副部长黄洁夫会见美国百特公司全球董事长
卫生部常务副部长高强会见美国礼来公司全球执行副总裁
马达加斯加卫生部长让·路易·罗班松·理查德访华
挪威卫生与保健服务大臣安斯加尔·加布里埃尔森访华
圣卢西亚卫生部长达米恩·E·格雷弗斯访华
荷兰卫生大臣霍赫·夫斯特访华
卫生部副部长王陇德会见美国雅培公司亚太非地区总裁
阿曼卫生部计划事务次大臣哈桑·阿里访华
美国国务院全球艾滋病协调官托拜厄斯大使访华
联合国艾滋病规划署执行主任皮奥特博士访华
新加坡卫生部政务部长巴拉吉访华
卫生部副部长陈啸宏会见哈佛公共卫生学院教授
古巴政府部长卡布里萨斯访华
卫生部部长高强会见美国 IBM 公司客人
卫生部副部长王陇德会见百时美施贵宝公司全球副总裁
卫生部副部长王陇德会见美国辉瑞公司全

球健康集团副总裁
卫生部副部长王陇德会见盖茨基金会客人
沙特卫生部长哈迈德·艾尔·迈尼阿访华
卫生部部长高强会见美国圣吉德儿童研究医院代表
奥地利卫生与妇女部部长玛丽亚·劳赫·卡拉特访华
波兰卫生部副部长保罗·什特维尔特尼亚访华
世界卫生组织助理总干事陈冯富珍博士访华
卫生部副部长王陇德会见赛诺菲巴斯德集团执行副总裁
卫生部副部长王陇德会见葛兰素史克生物制品公司总裁
塞舌尔卫生部首秘毛里斯·路斯特·拉兰内访华
卫生部部长高强会见俄驻华大使
卫生部副部长佘靖会见欧盟企业与工业总司长
卫生部部长高强会见联合国应对禽流感和人流感高级协调员
瑞典卫生与社会事务部大臣伊娃·约翰森访华
俄罗斯卫生与社会发展署署长普罗霍洛夫访华
西班牙卫生大臣门德斯访华
葡萄牙卫生部长坎波斯访华
南非卫生部长曼托·查巴拉拉·姆西芒访华
印度卫生部长拉莫多斯访华
柬埔寨卫生部长努索昆访华
WHO助理总干事芙玛菲博士访华
法国卫生与互助部长格扎维埃·贝特朗访华
莫桑比克卫生部长保罗·加里多访华
卫生部部长高强、卫生部副部长黄洁夫分别接见日本财团访华团一行
卫生部副部长黄洁夫会见英国国际发展部政务次官
卫生部副部长黄洁夫会见美国科学院院士威廉·路特
卫生部副部长黄洁夫会见美国先进医疗技术协会总裁
卫生部副部长黄洁夫会见中国欧盟商会会长
白俄罗斯卫生部长巴斯多亚尔克访华
厄瓜多尔卫生部长惠灵顿·桑多瓦尔访华
重要国际会议
我国执委出席世界卫生组织执行委员会第115届会议
我国派团出席世界卫生组织(WHO)修订《国际卫生条例》政府间工作组第二次会议
卫生部副部长陈啸宏出席中国医学科学院与法国生物梅里埃公司联合举行的新病原体合作项目的签字仪式
我国派团出席全球艾滋病、结核和疟疾基金再筹款机制三次会议
中国—东盟灾后防疫研讨会在北京举行
卫生部部长高强率团出席第58届世界卫生大会
卫生部派员出席世界卫生组织(WHO)第116届执委会会议
卫生部副部长王陇德率团出席联合国大会艾滋病问题高级别会议
我国派团出席联合国艾滋病规划署第17次规划协调局会议
卫生部副部长王陇德率团出席第7届亚太艾滋病大会
纪检组长李熙率团赴泰国出席第6届全球健康促进大会并顺访柬埔寨
卫生部副部长王陇德赴南非参加第18届世界营养大会并顺访埃及
卫生部部长高强率团出席第56届世界卫生组织西太区委员会会议
全球基金理事会第11次和12次会议在分别在瑞士和摩洛哥举行
卫生部副部长佘靖率团赴韩国出席传统医药研究论坛及第八次中韩传统医药协

调会
卫生部副部长王陇德率团出席世界卫生组织(WHO)结核病防治联合工作组会议
卫生部副部长黄洁夫率团出席 WHO 西太平洋地区器官移植磋商会议
国际合作项目情况
中英性病艾滋病防治合作项目 2005 年进展顺利
中英城市社区卫生服务与贫困救助项目(UHPP)
卫生部/世界卫生组织 2004—2005 年度合作项目圆满结束,中国/联合国儿童基金会 2001—2005 周期卫生与营养项目顺利实施
中英艾滋病策略支持项目正式启动
卫生部与 WHO、瑞典国际开发署(SIDA)合作开展的艾滋病综合防治项目启动会召开
卫生部/世界卫生组织 2006—2007 年度合作规划编制会议在北京召开
卫生部与美国默沙东公司关于艾滋病综合防治合作项目的谅解备忘录在北京签署
中华人民共和国与瑞士联邦委员会卫生领域合作谅解备忘录在日内瓦签署
卫生部—默沙东艾滋病医护人员培训和医师指导者项目协议在北京签署
卫生部国际合作司、哈佛公共卫生学院、清华大学公共管理学院和经济管理学院关于高级卫生行政人员培训项目的合作谅解备忘录在北京签署
卫生部副部长王陇德出席全球基金第四轮中国艾滋病和结核病项目及第一轮疟疾项目(二期)启动会,与全球基金正式签署新四轮防治艾滋病、结核病中国项目资金协议
中俄教育文化卫生体育合作委员会卫生合作分委会第五次会议纪要在大连签署
卫生部与诺华公司签署高血压预防控制项目——“健降工程”合作谅解备忘录
卫生部国际合作司与比利时达米恩基金会签署 2006—2010 年合作协议并举办项目总结研讨会
卫生部与克林顿基金会关于艾滋病医务服务奖学金项目的协议在北京签署
卫生部、英国国际发展署、世界卫生组织卫生政策支持项目启动会
其他重要外事活动
卫生部与中美商会举行信息通报会
世界卫生日“珍爱每一位母亲和儿童”大型文艺演出在北京举办
中国卫生政策系列高层国际研讨会
中国与文莱卫生部在斯里巴加湾签署部际间 2005—2007 年度卫生合作执行计划
中国等八国发表建立艾滋病技术合作网络的联合声明
中缅边境地区疟疾防治研讨会在云南昆明举行
中法文化年中法医学卫生研讨会在上海举行
世界卫生组织西太区第 15 届计划免疫和消灭脊灰技术咨询团会议在北京召开
中国瑞丽和缅甸木姐市艾滋病战略规划培训研讨会在云南省瑞丽市举行
中美卫生保健论坛在北京召开
大湄公河次区域传染病监测与应对研讨会在广西桂林举行
卫生部与世界卫生组织联合考察组赴湖南、安徽考察人感染禽流感情况
亚太经合组织(APEC)第十三次领导人非正式会议召开
国家主席胡锦涛和美国总统布什共同签署《中美禽流感共同行动倡议概念文件》
中国与马来西亚在吉隆坡签署两国政府间卫生合作谅解备忘录
中国医疗卫生改革和高级卫生人才培养论坛在北京举行
卫生部部长高强出席“2005 预防及控制艾滋病毒感染新方法国际研讨会”开幕式
台港澳合作情况
与香港医学专科学院交流情况

卫生部副部长蒋作君率团赴澳门出席“澳门初级卫生保健成立20周年纪念活动”
卫生部领导会见出席中华医学会九十周年庆典活动的港澳特区代表
健康快车工作
中国安全血液基金会项目和进展情况
卫生部副部长马晓伟赴香港出席香港医院管理局年会
卫生部部长高强率团访问港澳特区政府
召开第四届三地卫生行政高层联席会议
卫生部与香港嘉道理慈善基金会签署“农村社区健康教育促进项目”合作协议
“再创生命-扶轮百万小儿健肝工程”项目
卫生部副部长黄洁夫赴江苏、上海对台商就医问题进行调研
台湾地区专家团考察大陆安徽和湖南省人感染高致病禽流感防控工作
“海峡两岸医院改革与发展研讨会”在北京召开
“华人健康平台2005”研讨会在陕西西安举行
国际交流与合作中心工作情况
与美国波士顿科学公司开展心脑血管微创技术推广培训项目进展
与美国强生公司签署第三个战略合作伙伴五年计划
医院与公共卫生高级管理研修试点项目
非洲国家卫生部司局长和医院院长研修项目
第十届中国国际口腔设备材料展览会暨技术交流会(SINO-DENTAL 2005)及展会十周年相关庆典活动
第十四届中国国际医用仪器设备展览会暨技术交流会(CHINA-HOSPEQ 2005)
国外贷款办公室工作情况
世界银行贷款基本卫生服务项目完成第十四、第十五次联合督导
世界银行贷款卫生九项目延期2年
世界银行贷款基本卫生服务(卫生八)项目农村卫生政策应用研究课题顺利实施
2005年结核病控制项目实现阶段性目标
世行贷款/国外赠款中国传染性非典型肺炎及其他传染病应对项目延期一年及资金类别调整方案获得世行批准
世行第四次中国卫生部门研究工作进入后期阶段
亚欧信托基金赠款(ASEM)加强农村贫困地区公共卫生规划项目执行期延期半年
世行贷款中国农村卫生改革试点项目进入准备阶段
日本社会发展基金赠款非政府组织参与艾滋病性病预防的能力建设项目在新疆启动
中国农村贫困地区室内空气污染干预项目现场工作顺利完工

精神文明建设

驻卫生部纪检组监察局召开全国卫生系统纪检监察暨纠风工作会议传达学习中央纪委第五次全会精神
开展加强党风廉政建设和纠正行业不正之风专项调研
加强行风建设,认真纠正损害群众利益的不正之风

军队卫生工作

“十五”期间军队卫生工作
2005年全军卫生工作概况
神舟六号载人航天飞行卫勤保障
军队爱国卫生工作
防控高致病性禽流感工作
全军医学科学技术大会
军队医药卫生科技奖励项目
全军医学专科中心建设取得新的进展
中医药工作
干部预防保健工作
药品器材供应管理工作

省、自治区、直辖市卫生工作

北京市

天津市
河北省
山西省
内蒙古自治区
辽宁省
吉林省
黑龙江省
上海市
江苏省
浙江省
安徽省
福建省
江西省
山东省
河南省
湖北省
湖南省
广东省
广西壮族自治区
海南省
重庆市
四川省
贵州省
云南省
西藏自治区
陕西省
甘肃省
青海省
宁夏回族自治区
新疆维吾尔自治区
新疆生产建设兵团

学术团体和群众团体

中华医学会
中华医学会工作
中华医学会第23次全国会员代表大会暨成立九十周年庆典召开
中华医学会第二届中国健康产业论坛召开
中华医学会第10届全国眼科学术大会在津召开
“中法医学日”二十五周年纪念庆典暨第25届中法医学日开幕式在京举行
第7届京港医学交流——艾滋病及性健康会议在京召开
《中华医学杂志》创刊90周年庆典在上海隆重举行
“华人健康平台2005”在西安召开
支援西部地区学科发展　中华医学会肾脏病学分会受到表彰
第9届亚洲儿科肾脏病大会在京召开
中华医学会2005年学术会议一览表
中华预防医学会
中华预防医学会工作
中华预防医学会第四届全国会员代表大会召开
中华预防医学会被评为全国农村科普工作先进集体
2005年全国医药卫生期刊主编和编辑岗位资格培训
2005年海峡两岸传染病防治研讨会
中德艾滋病防治知识网络在线培训项目开始实施
“中国·上海‘人与健康’健康博览会”在上海举办
中华预防医学会2005年学术活动情况表

人事与干部

卫生界人物

卫生部系统
卫生部部长、副部长
卫生部正、副司(局)长、主任
卫生部直属单位行政正、副职领导
各省、自治区、直辖市正、副卫生厅(局)长
各计划单列市卫生局长
国家食品药品监督管理局系统
国家食品药品监督管理局机关副司局级以上行政领导

书长
中国医学基金会会长、副会长、秘书长
中国癌症基金会理事长、副理事长、秘书长
中国牙病防治基金会理事长、副理事长、秘书长
吴阶平医学基金会理事长、副理事长、秘书长
中国器官移植发展基金会理事长、副理事长、秘书长
中国听力医学发展基金会理事长、副理事长、秘书长
中国初级卫生保健基金会理事长、副理事长、秘书长
中国肝炎防治基金会理事长、副理事长、秘书长
中华健康快车基金会理事长、副理事长、秘书长
中国学生营养与健康促进会会长、副会长、秘书长
中国医疗保健国际交流促进会会长、副会长、秘书长
中国医学影像技术研究会会长、副会长、秘书长
中国足部反射区健康法研究会理事长、副理事长、秘书长
中国老年保健医学研究会会长、副会长、秘书长
中华预防医学会第四届理事会领导成员名单
中国民族卫生协会成立
中国抗癫痫协会成立
中国医药卫生事业发展基金会成立
中华医院管理学会更名为中国医院协会
第五届卫生部政策与管理研究专家委员会成立

表彰

人事部、卫生部授予王玲同志“白求恩奖章”荣誉称号
卫生部追授郭新等 3 位同志“人民健康好卫士”荣誉称号
2005 年中国科学院院士增选
2004 年度国务院政府特殊津贴颁发

机构编制调整

卫生部疾病控制司更名为卫生部疾病预防控制局
卫生部卫生执法监督司更名为卫生部卫生监督局
明确卫生部卫生监督中心为卫生部承担行政管理职责的事业单位

专业人才工作

卫生部、人事部共同研究制定标准条件
顺利组织实施 2005 年卫生专业技术资格考试
认真做好西部地区卫生培养工作,加强西部地区人才队伍建设
卫生部进行新的国家职业反射疗法师的相关试点工作
医疗救护员、健康管理师 2 个新职业已纳入卫生行业特有职业范围

卫生工作纪事

2005 年卫生工作纪事

卫生统计信息工作

卫生统计信息工作
新型农村合作医疗调查研究
完成艾滋病信息交流与利用现状评估
卫生系统信息技术人才千人培训计划正式发布并启动

卫 生 统 计

一、医疗服务

医疗机构诊疗人次及入院人数
2005 年各类医疗机构诊疗人次及入院人数
综合医院分科门诊人次构成(%)
2005 年综合医院分科门诊人次数
卫生部门综合医院医生人均每天担负诊疗人次和住院床日

2005年各地区医院诊疗人次及住院人数
2005年各地区非营利医院诊疗人次及住院人数
2005年医疗机构病床使用情况
卫生部门医院、卫生院病床使用率(%)
卫生部门医院、卫生院出院病人平均住院日
2005年各地区医院病床使用情况
2005年各地区非营利医院病床使用情况
2005年东、中、西部医院和乡镇卫生院医疗服务量及病床使用情况
2005年三级医院工作量
2005年卫生部门综合医院收入与支出
2005年政府办医院收入和支出
卫生部门综合医院门诊病人人均医疗费用
卫生部门综合医院出院者人均医疗费用
卫生部门市医院住院病人前十位疾病构成(ICD-9)
卫生部门市医院住院病人前十位疾病构成(ICD-10)
卫生部门县医院住院病人前十位疾病构成(ICD-9)
卫生部门县医院住院病人前十位疾病构成(ICD-10)
居民医疗保障方式(%)
居民两周患病率(%)
2003年疾病别两周患病率
2003年居民慢性病患病率
居民两周就诊情况
居民住院情况
二、农村和社区卫生
乡镇卫生院医疗服务及病床使用情况
2005年各地区乡镇卫生院诊疗人次及住院人数
2005年各地区乡镇卫生院病床使用情况
2005年各地区社区卫生服务中心诊疗人次及住院人数
三、妇幼保健
新法接生及住院分娩率
监测地区孕产妇死亡率(1/10万)
2004年监测地区孕产妇死亡原因
监测地区5岁以下儿童死亡率
节育手术情况
四、疾病控制与公共卫生
法定报告传染病发病及死亡率
2005年27种法定报告传染病发病及死亡率
2005年部分市县前十位疾病死亡专率及死亡原因构成(合计)
2005年部分市县前十位疾病死亡专率及死亡原因构成(男)
2005年部分市县前十位疾病死亡专率及死亡原因构成(女)
1990—1992年前十位恶性肿瘤死亡率(1/10万)
一岁儿童免疫报告接种率(%)
2005年血吸虫病防治情况
2005年地方性氟中毒防治情况
2005年克山病、大骨节病、碘缺乏病防治情况
农村改水工作情况
各地区农村改水情况
2005年各地区农村改厕工作情况
五、人民健康水平
人口出生率、死亡率、自然增长率
各地区人口出生率、死亡率
婴儿死亡率
期望寿命(岁)
各地区人口期望寿命(岁)
年龄别期望寿命(岁)
城市七岁以下儿童身体发育情况
农村七岁以下儿童身体发育情况
青少年、儿童身体发育情况(城市男性)
青少年、儿童身体发育情况(城市女性)
青少年、儿童身体发育情况(农村男性)
青少年、儿童身体发育情况(农村女性)
居民人均每日营养摄取量
2002年居民人均每日营养摄入量
六、卫生监督
食品卫生抽样监测情况
2005年发生食物中毒及原因情况
2005年公共场所卫生监督监测情况

2005年化妆产品卫生监督监测情况
七、卫生资源
卫生机构数
2005年各地区卫生机构数(1)
2005年医疗机构数
按床位数分组医院数
2005年医院等级
卫生机构床位数
2005年医疗机构床位数
医院分科床位数及构成
2005年各地区医疗机构床位数
2004年医院主要医用设备台数及拥有率
卫生人员数
2005年各地区卫生人员数
分市县卫生技术人员数
中高级卫生技术人员数
2002年卫生技术人员年龄及学历构成
分科医师数及构成
2002年执业(助理)医师年龄及学历构成
农村乡镇卫生院及床位、人员数
2005年各地区农村乡镇卫生院及床位、人员数
妇幼保健机构、床位、人员数
村卫生室及人员数
2005年各地区村卫生室及人员数
疾病预防控制中心(防疫站)及人员数
卫生总费用
卫生事业费和卫生基建投资
八、医学教育与科研
医学专业招生及在校学生数
高中等院校医学专业毕业人数
医学科研成果
九、香港和澳门特别行政区与台湾省卫生状况
香港、澳门特别行政区和台湾省居民健康状况
香港特别行政区医疗卫生条件
澳门特别行政区医疗卫生条件
台湾省医疗卫生条件

附　　录

附录1:我国卫生状况与世界主要国家比较
2002年人口状况
卫生资源状况
妇幼卫生状况
1988—1990年居民营养状况
附录2:我国主要人口与社会经济指标
2004年底全国行政区划
2004年按人口分组市数
人口数及构成
五次全国人口普查数
年龄别人口构成(%)
人口文化程度
各地区人口数
国内生产总值和财政收支
全国居民消费价格与商品零售价格指数(上年=100)

2007卷

重要会议报告

统一思想　创新机制　积极推进城市社区卫生服务发展——国务院副总理吴仪在全国城市社区卫生工作会议上的讲话

巩固成果　加大力度　确保血防工作近期目标如期实现——国务院副总理吴仪在全国血吸虫病防治工作会议上的讲话

巩固成果　再接再厉　坚持不懈地做好结核病防治工作——国务院副总理吴仪在全国结核病防治工作电视电话会议上的讲话

全面贯彻落实五中全会精神，做维护人民健康的忠诚卫士——卫生部部长高强在2006年全国卫生工作会议上的讲话

卫生部部长高强在2006年全国卫生工作会议上的总结讲话

卫生部部长高强在2006年全国中医药工作会议上的讲话

卫生部部长高强在中国医院协会成立大会上的讲话

卫生部部长高强在全国城市社区卫生工作会议上的总结讲话

向吴孟超同志学习，做人民的好医生——卫生部部长高强在医药卫生界向吴孟超同志学习座谈会上的讲话

围绕中心　服务大局　扎实开展治理医药购销领域商业贿赂专项工作——卫生部部长高强在全国卫生系统治理医药购销领域商业贿赂专项工作会议上的讲话

卫生部部长高强在甘肃省农村卫生工作会议上的讲话

卫生部部长高强在全国卫生人事工作会议上的讲话

卫生部部长高强在2006年继续深入开展“以病人为中心，以提高医疗服务质量为主题”医院管理年工作会议上的讲话

卫生部部长高强在2006年全国卫生监督工作会议上的讲话

当前开展卫生纠风工作、解决看病难看病贵问题面临的形势和基本思路——卫生部部长高强

卫生部部长高强在全国卫生系统思想政治工作会议上的讲话

向华益慰同志学习，做人民健康的忠诚卫士——卫生部部长高强在学习华益慰同志先进事迹报告会上的讲话

认真实施《农村卫生服务体系建设与发展规划》，全面提高农村卫生服务能力和水平——卫生部部长高强在全国贯彻落实《农村卫生服务体系建设与发展规划》电视电话会上的讲话

卫生部部长高强在军队医院支援西部地区医院总结表彰会上的讲话

再接再厉，为消除碘缺乏病而不懈努力——卫生部部长高强在纪念食盐加碘防治碘缺乏病十周年电视电话会议上的讲话

卫生部部长高强在全国亿万农民健康促进行动领导小组第七次会议上的讲话
卫生部部长高强在乔淑萍同志先进事迹报告会上的讲话
以科学发展观统领中医药工作全局,推进中医药在新时期新阶段又快又好地发展——卫生部副部长兼国家中医药管理局局长佘靖在2006年全国中医药工作会议上的讲话

政策法规

艾滋病防治条例
中华人民共和国国务院令(第457号)
血吸虫病防治条例
中华人民共和国国务院令(第463号)
放射诊疗管理规定
中华人民共和国卫生部令(第46号)
尸体出入境和尸体处理的管理规定
中华人民共和国卫生部、科技部、公安部、民政部、司法部、商务部、海关总署、国家工商行政管理总局、国家质量监督检验检疫总局令(第47号)
医院感染管理办法
中华人民共和国卫生部令(第48号)
建设项目职业病危害分类管理办法
中华人民共和国卫生部令(第49号)
人间传染的高致病性病原微生物实验室和实验活动生物安全审批管理办法
中华人民共和国卫生部令(第50号)
卫生系统内部审计工作规定
中华人民共和国卫生部令(第51号)
传统医学师承和确有专长人员医师资格考核考试办法
中华人民共和国卫生部令(第52号)
医疗广告管理办法
中华人民共和国国家工商行政管理总局、中华人民共和国卫生部令(第26号)
国务院关于发展城市社区卫生服务的指导意见
国发[2006]10号
国务院办公厅关于成立国务院城市社区卫生工作领导小组的通知
国办发[2006]5号
国务院办公厅关于印发中国遏制与防治艾滋病行动计划(2006—2010年)的通知
国办发[2006]13号
国务院办公厅关于印发全国整顿和规范药品市场秩序专项行动方案的通知
国办发[2006]51号
国务院办公厅关于整顿和规范活禽经营市场秩序加强高致病性禽流感防控工作的意见
国办发[2006]89号
2006年发布的卫生标准
2006年卫生法规和规范性文件目录

工作进展

2006年卫生工作进展
2006年全国卫生工作会议
2006年"两会"建议、提案办理工作
卫生政务公开工作
2006年卫生法制工作
国务院成立深化医药卫生体制改革部际协调工作小组
卫生部与全国人大教科文卫委员会联合开展初级卫生保健相关政策研究
卫生部继续加强卫生标准管理工作
卫生部组团考察墨西哥、印度卫生体制
卫生部牵头开展卫生管理体制与运行机制专题调研
卫生部新建7个卫生标准专业委员会
卫生部发布卫生标准编写技术指南
卫生部明确地方卫生行政部门卫生标准宣贯工作职责
四五普法表彰
卫生部开展卫生政策专题研究
中国卫生政策支持项目工作
世界卫生组织卫生政策研究支持网络项目

获得第二期资助

疾病预防控制

疾病预防控制、爱国卫生工作
卫生部组建卫生部疾病预防控制局(全国爱国卫生运动委员会办公室)
疾病预防控制体系研究
全国疾病预防控制体系三年建设状况调查评价
疾病预防控制机构人员培训
2005年度中央补助地方公共卫生专项资金疾病预防控制项目进展
传染病控制工作
2006年全国法定传染病疫情概要
卫生部与总后卫生部建立军地传染病防治合作机制
卫生部、教育部联合制订《学校和托幼机构传染病疫情报告工作规范(试行)》
卫生部发布《流感样病例暴发疫情报告与调查处理指南(试行)》
卫生部发布《登革热疫情现场调查处理规范》
卫生部发布《狂犬病暴露后处置工作规范(试行)》
艾滋病防治工作
2006年艾滋病防治工作
国务院总理温家宝邀请部分艾滋病致孤儿童到中南海参观座谈
国务院总理温家宝出席“中国的温暖——关注艾滋病致孤儿童,奉献爱心公益行动”大型公益文艺晚会
卫生部召开全国贯彻落实《艾滋病防治条例》会议
国务院办公厅印发《中国遏制与防治艾滋病行动计划(2006—2010年)》
全国滥用阿片类物质成瘾者社区药物维持治疗工作省级工作组会议召开
国务院防治艾滋病工作委员会艾滋病防治政策宣讲团活动启动
多部门继续支持云南加强艾滋病防治工作
卫生部副部长王陇德出席联大艾滋病问题高级别会议
卫生部副部长陈啸宏出席第16届国际艾滋病大会
中英性病艾滋病防治合作项目举行总结推广研讨会
全球基金中国艾滋病第五轮项目启动,全球基金中国艾滋病第六轮项目被批准
国艾办、卫生部、教育部等8部委共同启动“中国儿童青少年预防艾滋病活动”
结核病防治工作
国务院召开全国结核病防治工作电视电话会议
《全国结核病防治规划(2001—2010年》的中期评估工作完成
启动第五轮中国全球基金结核病项目
计划免疫工作
2006年全国免疫规划检查
消除麻疹技术策略研讨会在北京召开
《2006—2012年全国消除麻疹行动计划》下发
全国保持无脊髓灰质炎工作进展
《2006—2010年全国乙型病毒性肝炎防治规划》下发
卫生部印发《全国流行性乙型脑炎监测方案》和《全国流行性脑脊髓膜炎监测方案》
血吸虫病与寄生虫病防治工作
全国血吸虫病防治工作会议召开
《血吸虫病防治条例》颁布实施
卫生部印发《血吸虫病预防控制工作规范》
国务院血防办印发《血吸虫病传播控制和传播阻断地区疫情回升评估和处理方案》
国家发改委批准农业、水利、林业血防专项规划
卫生部组织开展血吸虫病重流行村核实工作
国务院血防联系点取得新进展
2006年血吸虫病疫情及防治现状
卫生部组织开展广州管源线虫疫源地调查
卫生部印发《2006—2016年全国疟疾防治规

划》
卫生部印发《2016—2015 年全国重点寄生虫病防治规划》
卫生部印发《全国土源性线虫病监测方案》
卫生部印发《疟疾突发疫情应急处理预案》
安徽省达到消除丝虫病目标
我国向世界卫生组织提交《中国消除淋巴丝虫病国家报告》
卫生部组织专家支持西藏开展疟疾防治工作
2006 年疟疾疫情及防治现状
地方病防治工作
召开纪念食盐加碘防治碘缺乏病十周年电视电话会议
新疆局部地区查证有新发克汀病
2006 年全国碘盐监测工作
全国碘缺乏病实验室质量保障工作
2005 年中央补助地方公共卫生专项资金地方病防治项目顺利完成
卫生部—联合国儿童基金会碘缺乏病综合干预合作项目
卫生部—联合国儿童基金会合作项目高砷水源筛查
食品中碘含量测定方法研究
慢性非传染性疾病防治工作
"全国高血压社区规范化管理"项目全国试点
继续实施卫生部、国际糖尿病基金会糖尿病管理项目
开展"维持健康体重和血压管理关键技术"社区试行及应用项目
开展"中国健康知识传播激励计划"
全国第三次死因回顾抽样调查工作
与体育、食品、劳动保障等部门合作,开展慢性非传染性疾病防治策略研究
《中国心血管病报告 2005》出版发行
逐步建立健全中国癌症信息登记及监测系统
组织制订中国慢性病防治规划和慢性病控制的优先领域,起草营养和慢病工作规范
国务院办公厅批准成立精神卫生工作部际联席会议制度
中央财政支持开展重性精神疾病监管治疗项目促进精神疾病防治基层服务模式改革
中国疾病预防控制中心工作进展
传染病监测与控制
全国法定报告传染病和突发公共卫生事件监测概要
全国重点传染病和病媒生物监测工作
人感染高致病性禽流感监测与控制工作
中美合作禽流感项目
成功构建出中国人禽流感疫苗原型株
寄生虫病综合防治示范区项目启动
中美新发和再发传染病合作项目启动
DNA—天坛痘苗复合型艾滋病疫苗将进入Ⅰ期临床试验阶段
全国艾滋病抗病毒治疗工作
全面推广美沙酮维持治疗门诊
全国消除丝虫病工作
全国寄生虫病综合防治示范区工作启动
为非洲遏制疟疾培训卫生官员和专业人员
计划免疫工作
全国保持无脊髓灰质炎工作
麻疹控制工作
全国乙肝血清流行病学调查
儿童预防接种信息管理系统建设进展
信息监测工作
启动并完成中国疾控中心信息资源规划项目
公共卫生数据共享工程项目初步完成 14 个数据库的数据服务
推动全国死因登记报告信息网络报告工作
慢性非传染性疾病预防与控制
"WHO 慢性非传染性疾病社区综合防治合作中心"成立
慢病预防与社区卫生服务研讨会召开
全国伤害监测工作全面展开
组建中国疾控中心慢性病防治与社区卫生处职能机构

制订《中国慢性病防治规划(2007—2015)》
食品安全与环境卫生
国际食品添加剂法典委员会秘书处工作
完善和建立环境与疾病监测机制和监测点
建立室内空气污染健康危害评价模式
劳动卫生与职业病防治
全国基础职业卫生服务试点工作
2006年职业病防治法宣传周活动
“十五”职业卫生标准重大专项工作
职业病信息监测与报告工作
放射卫生防护
全国非铀矿山放射性水平与健康影响调查工作全面启动
全国核与辐射医学应急资源现状调查
农村改水改厕
农村饮水水质监测工作
世界银行贷款农村供水与环境卫生第四期项目
健康教育
预防艾滋病健康教育活动
全国亿万农民健康促进行动
12320全国公共卫生公益电话工作进展
妇幼保健与社区卫生
采取有力措施降低孕妇死亡率和婴儿死亡率
组织开展多项儿童保健相关研究
开展预防生殖道感染、性传播疾病和艾滋病母婴传播工作
科学研究
制订《中国疾控中心“十一五”科技发展规划》
成功召开中国疾控中心科技发展工作研讨会

爱国卫生运动

全国爱卫会命名河南省郑州市、北京市顺义区等城市(区)为国家卫生城市(区)
全国爱卫办组织对命名满3年的国家卫生城市(区、镇)进行复审
全国病媒生物控制标准委员会成立
全国爱卫办举办《国家卫生城市标准》师资培训班
全国建设健康城市工作研讨会在张家港市召开
全国爱国卫生工作理论研讨会在西安市召开
全国爱卫会出台关于加强农村爱国卫生工作推进社会主义新农村建设的指导意见
全国爱卫会、卫生部开展全国农村饮用水与环境卫生调查
全国爱卫会要求血吸虫病防治地区切实做好农村改厕和农村沼气池建设项目
全国爱卫办修订国家卫生镇(县城)考核命名和监督管理办法,创建国家卫生镇工作取得新进展
全国爱卫办在农村开展“预防人畜共患病健康教育”活动
全国农村饮水安全“十一五”规划编制完成,农村饮用水水质卫生监测覆盖面逐步扩大
卫生村创建工作稳步推进

卫生应急

2006年卫生应急工作
2006年全国卫生应急工作会议召开
2006年全国卫生应急办公室主任会议召开
卫生部制订全国卫生应急健康教育方案
《国际卫生条例》实施准备工作积极有序进行
建立健全卫生应急预案体系
制订“十一五”卫生应急培训规划
组织卫生应急培训和演练
完善卫生应急专家库建设
组织协调开展突发公共卫生事件技术支撑研究
人禽流感防控工作
鼠疫防控工作
卫生应急指挥与决策系统项目建设工作
2006年全国突发公共卫生事件网络直报系统逐步规范

建立卫生应急处置规范
2006 年全国食物中毒情况
自然灾害卫生应急工作
2006 年核和辐射事故卫生应急工作
与中国气象局签署应对气象条件引发公共卫生安全问题合作机制
做好重大活动卫生保障工作

卫生监督执法

卫生监督工作
全国卫生监督工作会议在北京召开
卫生部设立卫生监督局
卫生部颁布《关于卫生监督体系建设的实施意见》
卫生部颁布《卫生监督信息系统建设指导意见》
中西部地区卫生监督机构能力建设项目实施
卫生部组织开展卫生监督体系建设与发展课题研究
卫生部加强卫生监督现场快速检测工作
卫生部颁布《卫生监督执法过错责任追究办法》
卫生部颁布《卫生行政执法考核评议办法》
全国卫生厅局长行政执法培训班在厦门举行
卫生部举办全国卫生监督稽查工作会议

医疗服务监督

全国打击非法行医工作会议在京召开
进一步加强打击非法行医工作
全国打击非法行医专项行动领导小组对天津、内蒙古等省区市进行督查
全国打击非法行医专项行动案件查办工作研讨会在河南洛阳召开
全国打击非法行医专项行动领导小组下发总结评估方案
卫生部参加全国行政执法与刑事司法相衔接工作座谈会并作大会交流
全国打击非法行医专项行动取得明显成效
卫生部通报河南省商丘市民权县、广东省汕头市潮南区等地医疗服务市场混乱案的查处情况
卫生部通报天津市第一医院等医疗机构违法违规案的查处情况
安徽、甘肃等省卫生行政部门严格执法，认真查办有关医疗机构出租科室案

血液安全监督

卫生部开展全国血液安全监督检查工作

大型医疗机构巡查

卫生部开展大型医院巡查工作

食品卫生监督管理

《食品卫生许可证管理办法》正式实施
卫生部发布《重大活动食品卫生监督规范》
卫生部开展 2006 年食品污染物和食源性疾病监测工作
卫生部发布毒蘑菇、红豆杉等食品安全预警公告
卫生部修订《食品容器、包装材料中加工助剂使用卫生标准》进展情况
卫生部修订《食品添加剂使用卫生标准》进展情况
卫生部积极拟定《食品营养标签管理办法》
卫生部完成《新资源食品管理办法》修订工作
卫生部开展蒸馏酒中杂醇油危险性评估，修订相关标准
卫生部组织开展食品专项整治工作
卫生部严厉查处违法添加药物的保健食品
卫生部开展劣质食用油专项整治工作
卫生部开展水产品专项整治工作
卫生部紧急通知对“红心鸭蛋”进行监督检查工作
卫生部、教育部对部分省份进行学校食品卫生监督检查工作
卫生部通报表扬浙江省劣质食用油及北京市福寿螺引发食源性疾病查处工作
卫生部公布 2006 年食品卫生监督执法 10 大案例
开展食品卫生法宣传周活动
中国成功当选国际食品添加剂法典委员会

主持国
化妆品、消毒产品、涉水产品卫生监督管理
卫生部发布实施《健康相关产品卫生行政许可程序》规范行政许可工作
卫生部加强化妆品不良反应监测体系建设工作
卫生部与有关部门密切配合妥善处理SK-Ⅱ事件
卫生部组织翻译国际化妆品原料名称
卫生部组织开展化妆品专项整治工作
2006年全国食品、化妆品、消毒产品、涉水产品国家卫生监督抽检情况
卫生部组织查处"葡萄籽抗敏平抚液晶(抗敏、保湿)"化妆品添加激素案
劳动卫生与职业病防治
国家第一批职业卫生示范企业授牌
卫生部组织开展"2006年职业病防治法宣传周"系列活动
卫生部召开职业病防治工作座谈会
卫生部组织有关人员赴德国开展职业卫生管理培训
卫生部部署开展2006年国家职业卫生重点监督检查及综合督查工作
卫生部启动基本职业卫生服务试点工作
卫生部继续开展职业卫生技术服务机构资质认定工作,加大监督管理力度
卫生部进一步加强职业卫生技术服务专家库的管理,完成卫生部职业卫生技术服务专家库候任专家的选拔、培训和考核工作
卫生部加强建设项目职业病危害分类管理
卫生部落实卫生监督对口援藏工作,首次举办"西藏自治区职业卫生监督管理培训班"
卫生部召开《国家职业病防治规划纲要(2006—2015年)》(草案)审定会
卫生部加强农民工职业病防治工作
卫生部会同安监总局、劳动保障部和全国总工会,联合组织开展职业病防治专题调研工作
卫生部成立国家职业病诊断与鉴定技术指导委员会
环境卫生监督管理
卫生部加强对公共场所集中空调通风系统的卫生管理
卫生部组织开展全国公共场所卫生监督检查
卫生部组织开展全国生活饮用水卫生监督检查
四部委联合开展全国城市重要饮用水水源地有机污染物调查
卫生部组织对《生活饮用水卫生标准》修订
放射卫生防护
第二届亚洲大洋洲辐射防护大会在北京召开
卫生部加强放射诊疗管理
卫生部组织开展全国放射卫生重点监督检查及综合督查工作
放射卫生防护监督管理进展顺利
朝鲜核试验放射卫生预警监测
组织开展英国钋—210事件可能殃及我国公民的健康随访与监测评价
全国非铀矿山放射性水平与健康影响调查工作全面启动
卫生监督中心工作进展
行政许可受理工作
行政许可评审工作
卫生标准工作
全国卫生监督信息系统建设
项目管理工作
电子政务与信息交流
西部对口支援和培训指导
专项整治与督查

国境卫生检验检疫

卫生检疫监管工作
卫生检疫法制建设
制订和印发卫生检疫"十一五"发展规划
应对口岸突发公共卫生事件
口岸反恐应急处置体系建设
口岸能力建设
口岸人禽流感防控

出入境特殊物品卫生监管工作
国内外疫情评估，逐步建立和完善疫情风险评估和预警与快速反应机制
口岸艾滋病防控工作
加强储备有效应对禽流感疫情
保健中心规范管理
实验室建设
组织人感染高致病性禽流感应急处置演习
口岸医学媒介生物监测
口岸食品卫生监督
口岸室内环境微小气候和空气质量监测培训班
口岸医学媒介生物本底调查
举办医学媒介生物快速鉴定和标本制作技能竞赛
口岸室内微小气候和空气质量监测技能竞赛
国际卫生机场创建活动
口岸卫生处理安全检查
口岸卫生处理使用的药品、器械评审
举办口岸卫生处理规范操作和应对突发事故应急处置演练
卫生处理技术协作组工作
卫生检疫信息化建设
编写卫生检疫视频监控系统业务规范
科技和标准制订工作
对外交流合作

农村卫生

农村卫生工作
召开农村卫生工作会议
副总理吴仪听取卫生部关于新型农村合作医疗试点工作的汇报
卫生部等七部委局联合下发《关于加快推进新型农村合作医疗试点工作的通知》
卫生部、财政部联合下发《关于加强新型农村合作医疗管理工作的通知》
卫生部报送《关于完善新型农村合作医疗制度建设的若干意见》
卫生部办公厅转发《贵州省新型农村合作医疗工作领导小组办公室关于对纳雍县新型农村合作医疗试点工作管理不善、监管不力有关问题的通报》
印发《新型农村合作医疗基本信息报表(2006年修订试行)》
组织开展新型农村合作医疗试点评估
卫生部下发《关于新型农村合作医疗信息系统建设的指导意见》
卫生部组织实施中西部新型农村合作医疗管理能力建设项目
卫生部举办全国新型农村合作医疗省级师资专题培训班
副部长陈啸宏带队进行新型农村合作医疗工作调研
卫生部组织新型农村合作医疗技术指导组加强对新型农村合作医疗工作的研究和指导
卫生部加强对新型农村合作医疗的调研和指导
卫生部召开东部地区新型农村合作医疗座谈会
卫生部组织开展新型农村合作医疗有关课题研究
编印《新型农村合作医疗管理指南》和《新型农村合作医疗信息统计手册》
开展农村卫生服务体系建设与改革
开展2006年全国优秀乡村医生评选表彰活动
启动乡镇卫生院收支两条线管理和农村卫生机构业务合作试点工作
开展农村卫生人员培训
在西部11省(区、市)开展二级以上医疗卫生机构对口支援乡镇卫生院工作
开展农村卫生体制改革相关政策研究工作
赴重庆和江西进行农村卫生体制改革专题调研
对部分省(市)乡镇卫生院临床医疗服务人员和乡村医生的现状进行调查
开展卫生部——嘉道理基金会健康促进项目中期评估

卫生部组织开展《中国农村初级卫生保健发展纲要(2001—2010年)》中期评估工作
卫生部组织研究社会主义新农村卫生指标
卫生部组织开展农村公共卫生基本项目成本研究

妇幼保健与社区卫生

全国社区卫生服务工作
国家主席胡锦涛、国务院总理温家宝对社区卫生服务工作作出重要指示
国务院印发《关于发展城市社区卫生服务的指导意见》
国务院召开全国城市社区卫生工作会议
国务院成立社区卫生工作领导小组
卫生部等部门研究制订一系列社区卫生服务发展政策措施
国务院新闻办举行社区卫生服务工作新闻发布会
卫生部推进社区卫生服务网络宣传和舆论引导
国务院城市社区卫生工作领导小组派督导组赴10省开展社区卫生服务工作督导检查
国务院城市社区卫生工作领导小组办公室召开说明会,解读社区卫生服务发展政策
卫生部、民政部、国家中医药管理局命名第二批社区卫生服务示范区
推进全国社区卫生服务示范区建设会议在深圳召开
中英城市社区卫生服务与贫困救助项目沈阳、成都试点结束
中西部地区实施城市社区卫生能力建设和重点工作项目
全国妇幼卫生工作会议在杭州召开
《卫生部关于进一步加强妇幼卫生工作的指导意见》、《妇幼保健机构管理办法》出台
全国产前诊断工作研讨会暨专家组第三次会议在京召开
在部分省市进行母婴保健法律证件工作调研和督导
加强调查研究,探讨解决婚检问题的适宜途径
深入开展预防艾滋病母婴传播工作
完成中国孕产妇和儿童生存策略研究
努力推进《中国提高出生人口素质、减少出生缺陷和残疾行动计划(2001—2010)》实施
生殖道感染防治试点项目进展顺利,试点地区逐步扩大
启动卫生部/联合国人口基金生殖健康/计划生育第六周期项目
进一步完善妇幼卫生监测和年报工作
卫生部、世界卫生组织、联合国儿童基金会(WHO/UNICEF)共同启动城市流动人口妇幼保健服务试点项目
卫生部制订《儿童高铅血症和铅中毒预防指南》及《儿童高铅血症和铅中毒分级和处理原则》
开展《两纲》相关指标调查
新生儿疾病筛查项目启动
开展《两纲》妇幼卫生指标中期评估
卫生部—联合国儿童基金会"母子系统保健"项目启动
"降低孕产妇死亡率、消除新生儿破伤风"项目顺利实施
9市儿童体格发育调查结果发布

医 政 管 理

2006年医政工作
2006年全国医政工作会议召开
卫生部、国家中医药管理局印发关于继续深入开展"以病人为中心,以提高医疗服务质量为主题"的医院管理年活动的通知
卫生部召开2006年继续深入开展"以病人为中心,以提高医疗服务质量为主题"医院管理年工作会议
卫生部2006年继续深入开展"以病人为中心,以提高医疗服务质量为主题"的医院管理年活动
"万名医师支援农村卫生工程"项目初显

成效
卫生部办公厅部署开展城市卫生支援农村卫生工作征文活动
卫生部、国家中医药管理局“万名医师支援农村卫生工程”项目办公室组织在中西部地区开展受援县医院情况基线调查
卫生部、国家中医药管理局“万名医师支援农村卫生工程”项目办公室对项目进行督导
卫生部印发《放射诊疗管理规定》
卫生部办公厅关于立即停止使用齐齐哈尔第二制药有限公司和江苏省泰兴化工总厂相关产品的紧急通知
卫生部办公厅关于立即暂停使用上海华源股份有限公司安徽华源生物药业有限公司生产的克林霉素磷酸酯葡萄糖注射液的紧急通知
卫生部印发《医疗机构临床实验室管理办法》
卫生部印发《人体器官移植技术临床应用管理暂行规定》
卫生部印发《医师资格考试报名资格规定(2006版)》
卫生部印发关于应用《临床诊疗指南》的通知
卫生部印发肝脏、肾脏、心脏、肺脏移植技术管理规范
卫生部印发《非血缘造血干细胞移植技术管理规范》和《非血缘造血干细胞采集技术管理规范》
卫生部对“肢体延长术”实施严格管理
卫生部印发关于医疗机构间医学检验、医学影像检查互认有关问题的通知
卫生部成立卫生部人体器官移植技术临床应用委员会
卫生部办公厅印发关于立即暂停使用鱼腥草注射液等7个注射剂的通知
卫生部要求进一步做好抗菌药物临床应用和细菌耐药监测工作
国家工商行政管理总局和卫生部联合颁布《医疗广告管理办法》
认真贯彻落实《医疗广告管理办法》
全面推行医院院务公开
医疗机构执业信息管理
完善社区卫生服务机构管理规定
严格规范医疗机构命名
医疗美容服务现状调查
卫生部召开全国血液管理工作会议
卫生部印发《血站质量管理规范》、《血站实验室质量管理规范》
卫生部印发《单采血浆站质量管理规范》
无偿献血工作进展
举办6·14世界献血者日大型庆祝活动
卫生部全面开展《血站管理办法》、《采供血机构设置规划》、《血站质量管理规范》、《血站实验室质量管理规范》培训工作,确保血液安全
卫生部组织对全国采供血机构从业人员进行岗位培训和计算机化考核
启动2006年血液安全援藏项目
全国各地贯彻落实《中国护理事业发展规划纲要(2005—2010年)》的情况
卫生部开展“5·12国际护士节”主题宣传活动
卫生部颁布实施《医院感染管理办法》
卫生部通报安徽省宿州市市立医院恶性医疗损害事件
开展自愿戒毒医疗机构现状调查
在云南省举办戒毒管理与治疗培训班
卫生部部署开展2006年度部属(管)医院支援西部地区农村卫生工作
卫生部评选2005年度部属(管)医院支援西部地区农村卫生工作优秀医疗队员、教师和示范教材
卫生部印发《全国防盲治盲规划(2006—2010年)》
“视觉第一中国行动”项目二期进行中期评估检查
启动“全国眼病流行病学抽样调查”和“国内外防盲政策对比研究”课题

卫生部办公厅等部署开展2006年全国“爱眼日”活动
中国眼科现状调查统计分析报告(2003)发行
卫生部召开2006年“二五工程”项目工作会议
配合做好第二次全国残疾人抽样调查工作

医学教育

医学教育工作
专科医师培训试点工作
全科医师岗位培训工作
加强社区卫生人才培养
台湾专科医师培训考察
观摩香港专科医师培训考核方式
临床药师培训试点工作
卫生部加强卫生人员培训工作协调与领导
卫生职业教育教学指导委员会调整
卫生部印发关于加强卫生职业教育的指导意见
农村卫生人员在职培训工作评估指标体系
修订并颁发《国家级继续医学教育项目申报、认可办法》和《继续医学教育学分授予与管理办法》
全国继续医学教育工作研讨会召开
卫生部继续医学教育“十一五”规划颁发
重新认可第二批国家级继续医学教育基地
远程医学教育机构评估工作
国家级继续医学教育项目管理干部培训班召开
全国继续医学教育委员会学科组第十二次工作会议举办

医学科学技术

医学科技工作
“十五”国家科技攻关计划“农村卫生适宜技术推广示范研究”等七个项目的课题完成验收工作
“十一五”国家科技支撑计划“心脑肺血管疾病防治研究”等四个重大项目和“老年相关疾病的干预控制研究”等九个重点项目课题的申报、评审工作完成
“高致病性禽流感防治技术研究与开发”项目第二、三批的四个课题完成验收工作
卫生部艾滋病防治应用性研究项目2003年度项目课题的验收和2006年度课题的招标、评审、批准立项工作完成
国家病原微生物实验室生物安全专家委员会成立
《人间传染的高致病性病原微生物实验室和实验活动生物安全审批管理办法》颁布
卫生部召开实验室生物安全电视电话会议
《人间传染的病原微生物名录》发布
卫生系统认证认可知识讲座暨计量认证、实验室认可、检查机构认可评审员培训
卫生部人类干细胞与生殖工程重点实验室批准成立
卫生部寄生虫病预防与控制技术重点实验室批准成立
卫生部活体肝脏移植重点实验室批准成立
卫生部、世界卫生组织(WHO)举办实验室生物安全高级研讨班
病毒生物技术国家工程技术研究中心建设项目通过验收
“预防疾病、科学生活”健康博览会成功举办
2006年国家科技奖获奖情况
卫生部第二轮面向农村和城市社区推广适宜卫生技术十年百项计划第六批项目启动
卫生部第二轮面向农村和城市社区适宜卫生技术推广十年百项计划第二、三批项目验收结果
《卫生部人类辅助生殖技术与人类精子库校验实施细则》颁布实施
《卫生部人类辅助生殖技术及人类精子库培训基地认可标准及管理规定》颁布实施
2006年度国际科技合作计划卫生项目确定
全国卫生科技工作会议召开
胡锦涛主席视察中国医学科学院医学生物学研究所

参加教育部对高校进行本科教学工作水平评估
教育部、卫生部共建北京协和医学院(清华大学医学部)大会举行揭牌仪式
中国医学科学院举办香山科学会议暨“卫生政策与管理研究中心”揭牌仪式
巴德年院士荣获光华工程科技奖
中国医学科学院北京协和医院圆满完成中非合作论坛北京峰会医疗任务
我国第一部《中国心血管病报告 2005》正式公布
2006 年中华医学科技奖推荐、评审情况及获奖项目名单

中医药事业管理

中医药工作
保持和发挥中医药特色和优势
加强农村中医药工作
中医药防治艾滋病等重大疾病能力进一步加强
中医类别医师资格准入制度进一步完善
第三届全国民族医药工作会议召开
中医药科学研究发展纲要(2006—2020)发布
全国中医药科技工作会议召开
国家中医药管理局实施中医临床适宜技术推广计划,首批通告 56 项技术
总结推广农村基层优秀中医成才规律及临床经验
召开全国中医药继续教育工作会议,部署“十一五”中医药继续教育工作
继续实施乡村医生中等中医专业学历教育和乡镇卫生院中医临床技术骨干培训
修订、印发《中医药继续教育规定》、《中医药继续教育登记办法》
财政部、国家中医药管理局共同启动实施《保持和发挥中医药特色优势建设项目》
组织开展《重点中医医院建设与发展规划》编制工作
县中医医院、乡镇卫生院中医科建设进一步加强
“2006 传统医药国际政府论坛”在北京召开
完成《中华人民共和国中医药法(草拟稿)》的起草上报工作
中医药标准化工作不断取得新进展
首次组织记者赴少数民族地区开展中医药新闻调研活动
组织全国中医药行业文艺汇演
开展中医药文化宣传教育基地建设工作
2006 年度中医药十大新闻评选活动
全国中医药管理部门办公室工作暨信息化工作会议在广东召开

食品药品监督管理

2006 年食品药品监督管理工作
国家食品药品监督管理局 2006 年药品、医疗器械、保健食品广告审查监督情况
国家食品药品监督管理局严格治理“一药多名”现象

医药行业管理

医药行业管理
出台《医药行业“十一五”发展指导意见》
国家发展改革委等八部门联合出台八项措施,进一步治理整顿医药市场价格秩序,努力减轻群众医药费用负担
国家发展改革委组织开展全国药品和医疗服务价格重点检查

医疗保险管理

医疗保险管理工作
开展农民工参加医疗保险专项扩面行动
印发关于促进医疗保险参保人员充分利用社区卫生服务的指导意见

规划财务管理

卫生规划财务管理
《卫生事业第十一个五年规划纲要》编制
药品集中招标采购工作
医疗服务价格改革工作

出台城市社区卫生服务补助政策
中央财政继续加大对公共卫生、农村卫生投入
进一步加强中央财政补助地方卫生事业专项资金管理
建立中央补助地方卫生事业专项资金项目执行情况定期报告制度
制订《卫生部中央本级财政专项资金管理办法补充规定》
加大新型农村合作医疗投入,完善基金管理
颁布《医疗机构财务会计内部控制规定(试行)》
开展卫生专项资金绩效考评试点,提高专项资金使用效益
2001—2003年度临床学科重点项目终期评估工作圆满完成
做好政府收支分类改革试点工作
认真开展卫生部2006年度预算执行情况自查工作
做好卫生部部属科学事业单位修缮购置专项资金申报工作
规范高校附属医院与高校经济关系
2005年度部门决算工作获得一等奖
卫生部部属(管)单位所办企业产权登记年检抽查工作
卫生部举办部属(管)单位所办企业新《公司法》培训班
全国疾病预防控制体系和突发公共卫生事件医疗救治体系建设项目竣工验收
全国医院建设管理工作暨卫生工程建设咨询专家委员会成立会议在京召开
大型医用设备配置与使用管理工作取得新进展
国家突发公共卫生事件医疗救治信息系统建设立项
卫生基本建设、工程建设咨询专家管理办法开始执行
农村卫生服务体系建设与发展规划全面推进
化学中毒与核辐射医疗救治基地建设启动实施
全国麻风病院村改造建设方案报国家发展改革委审批
卫生部发布新的卫生系统内部审计工作规定
全国卫生规划财务管理工作座谈会召开
卫生援藏工作新进展
卫生部贯彻落实中央民族工作会议精神的工作进展
西部开发卫生工作进展
卫生部定点扶贫工作进展
中国卫生经济培训与研究网络活动

健康教育与新闻出版

健康促进与健康教育工作
卫生部、全国爱卫会、农业部、教育部、国家广电总局、全国妇联、共青团中央、国务院扶贫办九部委联合下发全国亿万农民健康促进行动规划(2006—2010年)
卫生部首次发布《2006年"吸烟与健康"——控烟与肺癌防治》中国报告
2006年中国国际戒烟竞赛
第一个中央补助地方健康教育与烟草控制项目完成
《身边的传染病故事》编译成蒙文、藏文、维吾尔文、哈萨克文、朝鲜文、壮文六种少数民族文字出版
杨功焕教授获世界卫生组织2006年烟草或健康纪念奖
第二批全国亿万农民健康促进行动示范县(区)命名
2006年卫生新闻宣传工作
2006年卫生部自主新闻发布工作取得明显成效
2006年中国卫生十大新闻
2006年中国医药科技十大新闻
卫生部举行全国健康卫士楷模先进事迹巡回报告活动
艾滋病防治新闻与宣传教育工作
12320全国公共卫生公益电话系统建设工作

2006年出版管理工作
人民卫生出版社制订“十一五”发展规划
人民卫生出版社图书入选国家“十一五”重点图书出版规划
人民卫生出版社电子音像产品入选国家“十一五”重点电子音像出版规划
优化产品结构,实施“大教材观”战略
《中华人民共和国药典临床用药须知》(2005年版)新闻发布会在京举行
全国高等医药教材建设研究会教育技术委员会成立暨首届“优秀卫生部医学视听教材及CAI课件奖”评奖大会在西安召开
规范和统一翻译标准——中医基本名词术语英译标准国际统稿会在京召开
“健康从‘心’做起——迎奥运再长征健康知识全国巡讲”启动仪式在京举行
人民卫生出版社“走出去”图书在德国法兰克福书展高调登场
人民卫生出版社隆重举行世界医药图书大厦奠基仪式
人民卫生出版社《相约健康社区行巡讲精粹》丛书荣获国家科技进步二等奖
人民卫生出版社《相约健康社区行巡讲精粹》丛书荣获相约健康社区行活动“优秀组织奖”和“科普创作促进奖”
人民卫生出版社参加“振兴陕北服务三农科技列车延安行”活动

国际合作与外资利用

国际合作与对外交流工作
重要出访
卫生部部长高强率团出席欧盟卫生部长非正式会议和八国集团卫生部长会议
卫生部部长高强率团出席第59届世界卫生大会
卫生部部长高强率团访问朝鲜
卫生部部长高强率团出席世界卫生组织执委会和世界卫生大会特别会议
卫生部副部长王陇德率团出席联合国大会艾滋病问题高级别会议并顺访美国盖茨基金会
卫生部副部长王陇德率团赴缅甸参加首届中国—东盟(10+1)卫生部长会议和第二届东盟—中日韩(10+3)卫生部长会议
卫生部副部长王陇德率团访问挪威和瑞典
卫生部副部长蒋作君率团访问圭亚那并赴美国出席第二届太平洋卫生峰会
卫生部副部长蒋作君率团出席世界卫生组织西太区委员会第57届会议
卫生部副部长佘靖率团访问新加坡并参加第五届中新中医药合作委员会议
卫生部副部长佘靖率团访问智利和秘鲁
卫生部副部长黄洁夫率团访问俄罗斯和匈牙利
卫生部副部长黄洁夫率团出访印度并出席禽流感防控部长级区域会议
卫生部副部长马晓伟率团访问柬埔寨和越南
卫生部副部长陈啸宏率团访问阿曼和沙特
卫生部副部长陈啸宏率团出席第16届国际艾滋病大会并访问苏里南
卫生部纪检组组长李熙率团访问阿尔及利亚、摩洛哥
卫生部纪检组组长李熙率团访问斯洛文尼亚和捷克
重要来访
国务院副总理吴仪会见联合国秘书长亚太地区艾滋病问题特使莎迪克博士
卫生部部长高强会见欧盟健康与消费者保护委员马科斯·基普里亚努
卫生部部长高强会见世界卫生组织总干事李钟郁博士
卫生部部长高强会见美国哈佛大学研究生中国卫生考察团
卫生部部长高强会见加拿大驻华新任大使罗岚
卫生部部长高强会见英国副首相普雷斯科特
卫生部部长高强会见美国中华医学基金会主席施瓦兹博士

卫生部部长高强会见墨西哥卫生部长弗伦克
卫生部部长高强为美国中华医学基金会前主席施瓦兹博士颁发“中国卫生奖”
卫生部部长高强会见辉瑞公司代表团
卫生部部长高强会见全球疫苗免疫联盟执行秘书朱利安博士
卫生部部长高强会见飞利浦集团代表团
卫生部部长高强会见美国商务部副部长雷文凯
卫生部部长高强会见世界银行东亚及太平洋地区副行长亚当斯
卫生部部长高强会见法国生物梅里埃公司副总裁巴尼耶
卫生部副部长王陇德会见牛津大学教授理查德·皮托
卫生部副部长王陇德会见盖茨基金会代表团
卫生部副部长王陇德会见美国吉利德公司代表团
卫生部副部长王陇德会见欧盟健康与消费者保护总司长麦德林
卫生部副部长蒋作君会见美国惠氏公司代表团
卫生部副部长黄洁夫会见法国生物梅里埃公司和美国输血协会代表团
卫生部副部长黄洁夫会见利洁时公司代表团
卫生部副部长黄洁夫会见费森尤斯公司代表团
卫生部副部长黄洁夫会见塔吉克斯坦驻华大使拉希德·阿利莫夫
卫生部副部长黄洁夫会见英国器官移植运动协会主席史拉帕克教授
卫生部副部长黄洁夫会见联合国儿童基金会驻华代表
卫生部副部长陈啸宏会见新西兰食品安全部长安妮特·金
委内瑞拉卫生部办公厅总司长托斯塔访华
拉脱维亚卫生部长贡达尔斯·别尔津什访华
乌克兰卫生部第一副部长别雷日诺夫访华
斯洛伐克卫生部国务秘书彼得·奥廷盖尔访华
古巴卫生部长巴拉盖尔访华
马其顿卫生部长迪莫夫访华
世界卫生组织助理总干事拉盖丽博士访华
荷兰卫生、福利及体育部国务秘书罗斯范多普访华
墨西哥卫生部副部长恩里克·鲁埃拉斯访华
澳大利亚卫生和老年事务部长艾伯特访华
全球基金执行主任费舍姆博士访华
日本厚生劳动大臣川崎二郎访华
冰岛卫生与社会保障部部长访华
联合国艾滋病规划署执行主任皮奥特博士访华
泰国卫生部长披尼率团访华
喀麦隆卫生部长奥朗格纳·阿沃诺·于尔班率团访华
希腊卫生与社会互助部部长阿弗拉莫普洛斯访华
德国卫生部国务秘书卡斯派斯莫克访华
菲律宾卫生部长杜克率团访华
莱索托卫生大臣莫特洛赫拉·帕科率团访华
保加利亚卫生部副部长艾米尔·拉伊诺夫访华
马来西亚卫生部长蔡细历率团访华
津巴布韦卫生部长帕雷亚特瓦率团访华
世界卫生组织、联合国粮农组织禽流感防治考察团访华
美国卫生部长莱维特访华并出席首次中美战略经济对话

重要国际会议

卫生部部长高强参加禽流感防控国际筹资大会部长级会议并主持专题发言
卫生部部长高强出席首次中美战略经济对话
卫生部副部长蒋作君出席中美科技合作联

委会第12次会议
卫生部副部长佘靖参加国际医学科学院组织第二届全球大会并作主旨报告
卫生部副部长黄洁夫参加新发传染病技术会议暨世界卫生组织新发传染病合作中心成立仪式
卫生部副部长黄洁夫出席全球基金东亚及太平洋地区会议
卫生部副部长陈啸宏参加亚太经济合作组织新发传染病研讨会
卫生部派员出席世界卫生组织《烟草控制框架公约》第一次缔约方会议
卫生部派员出席世界卫生组织西太区结核病专家组会议
世界卫生组织卫生社会决定因素委员会区域磋商会在北京召开
卫生部派员出席全球基金理事会第13、14次会议
卫生部派员出席联合国艾滋病规划署第18、19次规划协调局会议
卫生部派员出席全球基金再筹款机制中期评估会议
“中国-新加坡医疗管理合作论坛”在厦门举办
中国-东盟艾滋病实验室网络研讨会在北京举办
中非合作论坛北京峰会在北京召开
中国再次当选世界卫生组织执委会成员并参加第118次会议
中国-东盟传统医药防治艾滋病研讨会在北京举办
中老越边境地区艾滋病研讨会在云南省昆明市举行

国际合作项目情况

中国/世界卫生组织2004－2005年度合作项目审评会暨2006－2007年度合作项目启动会在北京召开
中美新发和再发传染病合作项目进展
中日合作甘肃省艾滋病预防对策项目实施协议会谈纪要在北京签署
中缅合作开展边境部分地区疟疾联防联控试点项目
卫生部-诺华公司“健降工程”高血压预防控制项目进展
中芬新生儿疾病筛查合作项目签字仪式在北京举行
中国高级卫生行政人员培训项目首期培训班暨中国卫生发展与改革国际高级研修班正式举办
疫苗可预防疾病监测与控制合作项目实施协议会谈纪要在北京签署
中英城市社区卫生服务与贫困救助项目进展
中英性病艾滋病防治合作项目完工

其它重要外事活动

卫生部部长高强与塞浦路斯财政部长签署中塞2006－2009年度卫生合作计划
卫生部副部长黄洁夫与吉尔吉斯共和国外长签署卫生合作协议
卫生部副部长黄洁夫与意大利外交部副部长签署中意2006－2009年度卫生合作执行计划
卫生部举办第二期世界卫生组织职员招聘培训班
俄罗斯别斯兰首批受伤儿童来华做康复治疗
我国当选国际食品添加剂法典委员会主持国
全球基金第五轮中国艾滋病、结核病和疟疾项目启动
中国健康联盟发起仪式在北京举行

台港澳合作情况

卫生部部长高强会见香港卫生福利及食物局局长周一岳一行
卫生部副部长王陇德赴香港出席“卫生服务界专职医疗在内地发展研讨会”
卫生部副部长王陇德赴香港参加“中国艾滋病防治行动”筹款活动
卫生部副部长黄洁夫赴香港与香港医学专科学院签署关于开展专科医师准入制度

试点工作的合作备忘录
卫生部副部长黄洁夫赴香港参加香港中华医学会成立85周年纪念活动
卫生部副部长黄洁夫率团赴澳门参加第五届三地卫生行政高层联席会议
卫生部高级医疗管理人员社区卫生及基层医疗护理管理研讨班在香港举行
“内地-港澳重大传染病联合防控应急演练”举行
国际扶轮社港澳区(3450区)乙肝疫苗项目开始在安徽省安庆市实施
国际交流与合作中心工作情况
第十五届中国国际医用仪器设备展览会暨技术交流会(CHINA—HOSPEQ 2006)成功举办
2006年世界牙科联盟(FDI)年会在中国深圳成功举办
第十一届中国国际口腔设备材料展览会暨技术交流会(SINO—DENTAL 2006)举办
卫生部国际交流与合作中心与美国强生公司第三个战略合作伙伴项目工作
卫生部国际交流与合作中心与丹麦世界糖尿病基金会及诺和诺德制药公司中国糖尿病项目工作
卫生部国际交流与合作中心承办非洲国家卫生部司局长和医院院长研修项目
卫生部国际交流与合作中心与美国波士顿科学公司开展心脑血管微创技术推广培训项目工作
国外贷款办公室工作情况
中国卫生借用国外贷款项目25年回顾与总结完成
卫生八项目农村卫生政策应用研究圆满结束
结核病控制项目完成中期评估
世界银行贷款/国外赠款中国传染性非典型肺炎及其它传染病应对项目实施结束
亚洲开发银行技术援助赠款“加强中国西部地区非典型肺炎及其他传染病防治能力建设项目”完工
世界银行赠款“中国农村贫困地区室内空气污染干预项目”完工
“世界银行第四次中国卫生部门研究”报告征求意见稿提交中方
欧盟赠款加强中国贫困地区公共卫生项目(ASEM)实施结束
世界银行禽流感防控信托基金援华项目获得批准

精神文明建设

纠正行业不正之风工作
大力开展纪检组监察局调研工作
全国卫生系统纪检监察暨纠风工作会议召开
治理医药购销领域商业贿赂专项工作
全国卫生系统深入开展治理医药购销领域商业贿赂专项工作
卫生部召开全国卫生系统治理医药购销领域商业贿赂专项工作会议
卫生部、国家中医药管理局关于开展治理医药购销领域商业贿赂专项工作的实施意见

军队卫生工作

2006年军队卫生工作
军队医学科学技术研究工作
军队医药卫生科技奖励项目
军队医学教育训练工作
军队完成重大活动医疗保健工作
军队疾病预防控制机构建设
军队医院支援西部地区贫困县医院
总后勤部卫生部关于表彰军队医院支援西部地区医院工作中先进单位和先进个人的决定
军队打击非法行医专项行动
军队药品器材供应管理工作
2006世界军事齿科大会

省、自治区、直辖市卫生工作

北京市
天津市
河北省
山西省
内蒙古自治区
辽宁省
吉林省
黑龙江省
上海市
江苏省
浙江省
安徽省
福建省
江西省
山东省
河南省
湖北省
湖南省
广东省
广西壮族自治区
海南省
重庆市
四川省
贵州省
云南省
西藏自治区
陕西省
甘肃省
青海省
宁夏回族自治区
新疆维吾尔自治区
新疆生产建设兵团

学术团体和群众团体

中华医学会
中华医学会工作
第八届世界生命伦理学大会召开
第三届全球华人眼科学术大会暨中华医学会第十一届全国眼科学术大会召开
“科普万里行—健康赢奥运”2006年大型科普宣传活动举行
中华医学会—强生西部学术讲座活动
接受政府委托,组织专家制订有关技术标准
中华医学会2006年学术会议一览表
中华预防医学会
中华预防医学会工作
中华预防医学会科学技术奖设立
“中华预防医学会第二届学术年会暨全球华人公共卫生协会第二届年会”在河北召开
“预防疾病,科学生活”健康博览会在北京举行
全国人畜共患病学术研讨会在北京召开
中德防治艾滋病在线培训项目成功实施
2006年海峡两岸传染病防治研讨会在台湾举办
中华预防医学会健康风险评估与控制专业委员会成立
在山西革命老区开展科技扶贫活动
中国科学技术协会联合国咨商工作生命科学与人类健康专业委员会成立
中国儿童营养与婴幼儿合理喂养高层研讨会在京举行
中华预防医学会2006年学术活动情况表

人事与干部

卫生界人物

卫生部系统
卫生部部长、副部长
卫生部正、副司(局)长、主任
卫生部直属单位行政正、副职领导
各省、自治区、直辖市正、副卫生厅(局)长
各计划单列市卫生局长
国家食品药品监督管理局系统
国家食品药品监督管理局机关副司局以上

行政领导
国家食品药品监督管理局直属单位领导
全国爱国卫生运动委员会系统
全国爱国卫生运动委会主任、副主任、办公室正、副主任
各省、自治区、直辖市爱国卫生运动委员会主任
各计划单列市爱国卫生运动委员会主任
国家中医药管理局系统
国家中医药管理局机关副司局级以上行政领导情况(至2006年7月)
国家中医药管理局机关副司局级以上行政领导情况(2006年8—12月)
国家中医药管理局直属单位正、副职领导
国家质量监督检验检疫总局系统
国家质量监督检验检疫总局局长、副局长
国家质量监督检验检疫总局司长、副司长、主任、副主任
军队卫生系统
总后勤部卫生部领导
总后勤部卫生部机关业务局室领导
总后勤部直属医疗卫生单位业务主要领导
驻京部分医院院长
各大单位卫生部主要领导
学术团体与社会团体
中华医学会会长、副会长、秘书长
中国解剖学会理事长、副理事长、秘书长
中国卫生经济学会会长、副会长、秘书长
中国生物医学工程学会理事长、副理事长、秘书长
中国水利电力医学科学技术学会理事长、副理事长、秘书长
中国卫生信息学会会长、副会长、秘书长
中国营养学会理事长、副理事长、秘书长
中国病理生理学会理事长、副理事长、秘书长
中国免疫学会理事长、副理事长、秘书长
中华预防医学会会长、副会长、秘书长
中国康复医学会会长、副会长、秘书长
中华护理学会理事长、副理事长、秘书长
中国保健协会会长、副会长、秘书长
中国生理学会理事长、副理事长、秘书长
中国卫生法学会会长、副会长、秘书长
中国性学会理事长、副理事长、秘书长
中国医院协会会长、副会长、秘书长
中华口腔医学会会长、副会长、秘书长
中国优生科学协会会长、副会长、秘书长
中国卫生摄影协会会长、副会长、秘书长
中国防痨协会理事长、副理事长、秘书长
中德医学协会理事长、副理事长、秘书长
中国麻风防治协会理事长、副理事长、秘书长
中国心理卫生协会理事长、副理事长、秘书长
中国健康教育协会会长、副会长、秘书长
中国农村卫生协会会长、副会长、秘书长
中国输血协会理事长、副理事长、秘书长
中国医学装备协会理事长、副理事长、秘书长
中国优生优育协会会长、副会长、秘书长
中国控制吸烟协会会长、副会长、秘书长
中日医学科技交流协会会长、副会长、秘书长
全国卫生产业企业管理协会会长、副会长、秘书长
中国鼠害与卫生虫害防治协会会长、副会长、秘书长
中国性病艾滋病防治协会会长、副会长、秘书长
海峡两岸医药卫生交流协会会长、副会长、秘书长
中国医药生物技术协会理事长、副理事长、秘书长
中国药物滥用防治协会会长、副会长、秘书长
中国地方病协会会长、副会长、秘书长
中国老年保健协会会长、副会长、秘书长
中国女医师协会会长、副会长、秘书长
中国医师协会会长、副会长、秘书长
马海德基金会理事长、副理事长、秘书长

中国预防性病艾滋病基金会会长、副会长、秘书长
中华国际医学交流基金会会长、副会长、秘书长
中国医学基金会会长、副会长、秘书长
中国癌症基金会理事长、副理事长、秘书长
中国牙病防治基金会理事长、副理事长、秘书长
吴阶平医学基金会理事长、副理事长、秘书长
中国器官移植发展基金会理事长、副理事长、秘书长
中国听力医学发展基金会理事长、副理事长、秘书长
中国初级卫生保健基金会理事长、副理事长、秘书长
中国肝炎防治基金会理事长、副理事长、秘书长
中华健康快车基金会理事长、副理事长、秘书长
中国学生营养与健康促进会会长、副会长、秘书长
中国医疗保健国际交流促进会会长、副会长、秘书长
中国医学影像技术研究会会长、副会长、秘书长
中国足部反射区健康法研究会理事长、副理事长、秘书长
中国老年保健医学研究会会长、副会长、秘书长
中国生命关怀协会理事长、副理事长、秘书长
中国卫生思想政治工作促进会会长、副会长、秘书长
中国健康促进基金会理事长、副理事长、秘书长
中国卫生思想政治工作促进会成立
中国生命关怀协会成立
中国健康促进基金会成立

表彰

人事部、卫生部授予华益慰、乔淑萍同志“白求恩奖章”荣誉称号
卫生部追授丁艾梅等 3 位同志“人民健康好卫士”荣誉称号
郎景和等人当选全国杰出专业技术人才；马依彤等 79 人当选 2005—2006 年度卫生部有突出贡献中青年专家

机构编制调整

明确卫生部疾病预防控制局使用中国疾病预防控制中心 80 名事业编制的人员列入公务员法实施范围
明确卫生部卫生监督中心参照《中华人民共和国公务员法》管理
卫生部、中央机构编制委员会办公室、财政部、民政部联合出台《城市社区卫生服务机构设置和编制标准指导意见》
中国医学科学院病原生物学研究所成立

专业人才工作

卫生部印发《卫生部关于加强“十一五”期间卫生人才队伍建设的意见》
人事部、卫生部、教育部、财政部、国家中医药管理局印发《关于加强城市社区卫生人才队伍建设的指导意见》
2006 年卫生专业技术资格考试顺利完成
实施卫生管理干部培训和西部人才培养项目

收入分配制度改革

卫生部、人事部、财政部联合出台《卫生事业单位贯彻〈事业单位工作人员收入分配制度改革方案〉的实施意见》

卫生工作纪事

2006 年卫生工作纪事

卫生统计信息工作

2006 年卫生统计信息工作

卫 生 统 计

一、医疗服务

医疗机构诊疗人次及入院人数

2006年各类医疗机构诊疗人次及入院人数
综合医院分科门诊人次构成(%)
2006年综合医院分科门诊人次数
卫生部门综合医院医生人均每天担负诊疗人次和住院床日
2006年各地区医院诊疗人次及住院人数
2006年各地区非营利医院诊疗人次及住院人数
2006年医疗机构病床使用情况
卫生部门医院、卫生院病床使用率(%)
卫生部门医院、卫生院出院病人平均住院日
2006年各地区医院病床使用情况
2006年各地区非营利医院病床使用情况
2006年东、中、西部医院和乡镇卫生院医疗服务量及病床使用情况
2006年三级医院工作量
2006年卫生部门综合医院收入与支出
2006年政府办医院收入和支出
卫生部门综合医院门诊病人人均医疗费用
卫生部门综合医院出院者人均医疗费用
卫生部门市医院住院病人前十位疾病构成(ICD-9)
卫生部门市医院住院病人前十位疾病构成(ICD-10)
卫生部门县医院住院病人前十位疾病构成(ICD-9)
卫生部门县医院住院病人前十位疾病构成(ICD-10)
居民医疗保障方式(%)
居民两周患病率(‰)
2003年疾病别两周患病率
2003年居民慢性病患病率
居民两周就诊情况
居民住院情况
二、农村和社区卫生
乡镇卫生院医疗服务及病床使用情况
2006年各地区乡镇卫生院诊疗人次及住院人数
2006年各地区乡镇卫生院病床使用情况
2006年各地区社区卫生服务中心诊疗人次及住院人数
三、妇幼保健
新法接生及住院分娩率
监测地区孕产妇死亡率(1/10万)
2005年监测地区孕产妇死亡原因
监测地区5岁以下儿童死亡率
节育手术情况
四、疾病控制与公共卫生
法定报告传染病发病及死亡率
2006年27种法定报告传染病发病及死亡率
2006年部分市县前十位疾病死亡专率及死亡原因构成(合计)
2006年部分市县前十位疾病死亡专率及死亡原因构成(男)
2006年部分市县前十位疾病死亡专率及死亡原因构成(女)
1990—1992年前十位恶性肿瘤死亡率(1/10万)
一岁儿童免疫报告接种率(%)
2006年血吸虫病防治情况
2006年地方性氟中毒防治情况
2006年克山病、大骨节病、碘缺乏病防治情况
农村改水工作情况
各地区农村改水情况
2006年各地区农村改厕工作情况
五、人民健康水平
人口出生率、死亡率、自然增长率
各地区人口出生率、死亡率
婴儿死亡率
期望寿命(岁)
各地区人口期望寿命(岁)
年龄别期望寿命(岁)
城市七岁以下儿童身体发育情况
农村七岁以下儿童身体发育情况
青少年、儿童身体发育情况(城市男性)
青少年、儿童身体发育情况(城市女性)
青少年、儿童身体发育情况(农村男性)
青少年、儿童身体发育情况(农村女性)
居民人均每日营养摄取量

2002年居民人均每日营养摄入量

六、卫生监督

食品卫生抽样监测情况

2006年发生食物中毒致病因素情况

2006年公共场所卫生监督监测情况

2006年化妆产品卫生监督监测情况

七、卫生资源

卫生机构数

2006年各地区卫生机构数

2006年医疗机构数

按床位数分组医院数

2006年医院等级

卫生机构床位数

2006年医疗机构床位数

医院分科床位数及构成

2006年各地区医疗机构床位数

2004年医院主要医用设备台数及拥有率

卫生人员数

2006年各地区卫生人员数

分市县卫生技术人员数

中高级卫生技术人员数

2005年卫生技术人员年龄及学历构成

分科医师数及构成

2005年执业(助理)医师年龄及学历构成

农村乡镇卫生院及床位、人员数

2006年各地区农村乡镇卫生院及床位、人员数

妇幼保健机构、床位、人员数

村卫生室及人员数

2006年各地区村卫生室及人员数

疾病预防控制中心(防疫站)及人员数

卫生总费用

卫生事业费和卫生基建投资

八、医学教育与科研

医学专业招生及在校学生数

高中等院校医学专业毕业人数

医学科研成果

九、香港和澳门特别行政区与台湾省卫生状况

香港、澳门特别行政区和台湾省居民健康状况

香港特别行政区医疗卫生条件

澳门特别行政区医疗卫生条件

台湾省医疗卫生条件

附　　录

附录1:我国卫生状况与世界主要国家比较

2002年人口状况

卫生资源状况

妇幼卫生状况

1988—1990年居民营养状况

附录2:我国主要人口与社会经济指标

2005年底全国行政区划

2005年按人口分组市数

人口数及构成

五次全国人口普查数

年龄别人口构成(%)

人口文化程度

各地区人口数

国内生产总值和财政收支

全国居民消费价格与商品零售价格指数(上年=100)

2008卷

重要会议报告

推进继承创新　发挥特色优势——国务院副总理吴仪在2007年全国中医药工作会议上的讲话

国务院副总理吴仪在全国加强食品药品整治和监管工作电视电话会议上的讲话

总结经验探索创新　把城市社区卫生工作提高到新的水平——国务院副总理吴仪在全国城市社区卫生工作会议上的讲话

国务院副总理吴仪在中国红十字会第41届南丁格尔奖颁奖大会上的讲话(摘要)

国务院副总理吴仪在全国产品质量和食品安全专项整治电视电话会议上的讲话

把爱国卫生运动的重点进一步放到农村为社会主义新农村建设贡献力量——国务院副总理吴仪在全国农村爱国卫生工作暨纪念爱国卫生运动55周年现场会议上的讲话

国务院副总理吴仪在国际食品安全高层论坛上的讲话(摘要)

全面贯彻落实六中全会精神　探索中国特色卫生发展道路——卫生部部长高强在2007年全国卫生工作会议上的讲话

卫生部部长高强在2007年全国新型农村合作医疗工作会议上的总结讲话

卫生部部长高强在国务院禽流感等重大动物疫病防控电视电话会议上的讲话

卫生部部长高强在2007年全国卫生监督工作会议上的讲话(摘要)

卫生部部长高强在2007年医院管理年暨全国医政工作座谈会上的讲话(摘要)

建立城乡医院对口支援制度　为农村居民提供优质医疗服务——卫生部部长高强在“万名医师支援农村卫生工程”电视电话会议上的讲话

卫生部部长高强在第60届世界卫生大会上的发言

卫生部部长高强在全国无偿献血表彰电视电话会议上的讲话

卫生部部长高强在全国城市社区卫生工作会议上的总结讲话

依靠科技推进医疗卫生改革发展——卫生部部长陈竺在2007年中国科协年会上的讲话(摘要)

深入开展农村爱国卫生运动　为社会主义新农村建设服务——卫生部部长陈竺在全国农村爱国卫生工作暨纪念爱国卫生运动55周年现场会上的讲话

卫生部部长陈竺在中国农村初级卫生保健发展国际研讨会开幕式上的致辞

贯彻落实党的十七大精神　进一步加强疾病预防控制工作——卫生部部长陈竺在2007年疾病预防控制工作会议上的讲话

卫生部党组书记高强在黎秀芳同志先进事迹报告会上的讲话

卫生部党组书记、全国爱卫会副主任高强在全国农村爱国卫生工作暨纪念爱国卫生运动55周年现场会议上的讲话
实践科学监管　促进社会和谐　努力开创食品药品监管工作新局面——国家食品药品监督管理局局长邵明立在2007年全国食品药品监督管理工作暨党风廉政建设工作会议上的讲话
全面贯彻落实党的十六届六中全会精神　发挥中医药在构建社会主义和谐社会中的作用——卫生部副部长兼国家中医药管理局局长佘靖在2007年全国中医药工作会议上的讲话

政策法规

中华人民共和国突发事件应对法
　中华人民共和国主席令(第69号)
人体器官移植条例
　中华人民共和国国务院令(第491号)
国务院关于加强食品等产品安全监督管理的特别规定
　中华人民共和国国务院令(第503号)
国务院批转卫生事业发展"十一五"规划纲要的通知　国发[2007]16号
国务院关于开展城镇居民基本医疗保险试点的指导意见　国发[2007]20号
国务院关于加强产品质量和食品安全工作的通知　国发[2007]23号
国务院办公厅关于进一步加强药品安全监管工作的通知　国办发[2007]18号
处方管理办法
　中华人民共和国卫生部令(第53号)
卫生信访工作办法
　中华人民共和国卫生部令(第54号)
放射工作人员职业健康管理办法
　中华人民共和国卫生部令(第55号)
新资源食品管理办法
　中华人民共和国卫生部令(第56号)
《中外合资、合作医疗机构管理暂行办法》的补充规定
　中华人民共和国卫生部、中华人民共和国商务令部(第57号)
药品流通监督管理办法
　国家食品药品监督管理局令(第26号)
药品广告审查办法
　国家食品药品监督管理局令(第27号)
药品注册管理办法
　国家食品药品监督管理局令(第28号)
药品召回管理办法
　国家食品药品监督管理局令(第29号)
药品广告审查发布标准
　国家工商行政管理总局(第27号)
2007年颁布的卫生标准
2007年卫生法规及规范性文件目录

工作进展

2007年卫生工作
2007年全国卫生工作会议
2007年卫生政务公开工作

疾病预防控制

2007年疾病预防控制工作
疾病预防控制体系研究工作
疾病预防控制机构人员培训
2006年度中央补助地方公共卫生专项资金疾病预防控制项目转移支付执行情况
卫生部组织开展农民工疾病预防控制工作课题研究
传染病控制工作
2007年全国法定传染病疫情概要
卫生部和农业部启动人畜共患病疫情通报机制
卫生部启动五岁以下腹泻住院儿童病毒性腹泻感染情况调查
卫生部开展流感监测督导和能力评估
卫生部进一步加强狂犬病、登革热、布氏杆菌病防治工作
卫生部发布《诺如病毒感染腹泻防治方案

(试行)》
卫生部发布《手足口病防治指南》
计划免疫工作
全国维持无脊髓灰质炎工作进展
全国消除麻疹工作进展
儿童预防接种信息化建设进展
甲肝、流行性脑脊髓膜炎等疫苗纳入国家免疫规划
艾滋病防治工作
2007年艾滋病防治工作进展
中共中央总书记胡锦涛在北京考察艾滋病防治工作
国务院总理温家宝赴河南上蔡看望艾滋病患者和致孤儿童
《中国艾滋病防治联合评估报告(2007年)》发布
卫生部办公厅、教育部办公厅印发《青少年预防艾滋病基本知识》
艾滋病防治政策宣讲团在黑龙江等6省(区、市)巡回演讲
国务院防治艾滋病工作委员会成员单位开展艾滋病多部门联合督导
国务院防治艾滋病工作委员会办公室制定印发《中国艾滋病防治督导与评估框架(试行)》
卫生部进一步加强全国性病监测工作
卫生部向全国推广艾滋病综合防治示范区工作经验
国务院防治艾滋病工作委员会办公室动员企业广泛开展艾滋病防治工作
全国滥用阿片类物质成瘾者社区药物维持治疗国家级工作组召开工作总结暨现场经验交流会
全国妇联、卫生部、国务院艾滋病防治办公室启动“12·1”关注孤儿万户爱心家庭公益行动
多部门联合开展全国大学生预防艾滋病宣传教育活动
多部门共同举办受艾滋病影响儿童救助安置政策国际研讨会
结核病防治工作
卫生部制定《全国结核病预防控制工作规范》
全国结核病耐药性基线调查进展顺利
卫生部举行“世界防治结核病日”主题宣传活动
全国结核病防治规划联合督导工作结束
卫生部、中央电视台共同举办结核病防治“三下乡”活动
王陇德、赵丰增获全球结核病控制高川奖
卫生部领导慰问麻风病人
血吸虫病与寄生虫病防治工作
国务院血吸虫病防治办公室组织开展《血吸虫病防治条例》宣讲活动
国务院血吸虫病防治办公室组织开展2007年血吸虫病防治春查工作
贯彻落实《国务院办公厅关于进一步做好血吸虫病传染源控制工作的通知》
国务院血吸虫病防治办公室印发《血吸虫病防治地区达标考核评估方案(试行)》
卫生部印发《渔船民集散地无害化公厕建设项目管理方案和技术规范(试行)》
卫生部印发《血吸虫病病人数调查及推算方案》
2007年血吸虫病疫情及防治现状
卫生部印发《疟疾防治技术方案(试行)》
2007年疟疾疫情及防治现状
全球基金第六轮中国疟疾项目启动
卫生部印发《包虫病防治技术方案(试行)》
卫生部印发《慢性丝虫病患者关怀照料工作方案(试行)》
寄生虫病综合防治示范区工作进展
地方病防治工作
《全国重点地方病防治规划(2004—2010年)》中期评估
卫生部与贵州省合作开展燃煤污染型氟中毒防制工作
卫生部、国家发改委、国家工商总局、国家质检总局联合印发《全国碘缺乏病监测方案(试行)》

卫生部开展碘缺乏病高危地区重点调查
卫生部开展饮茶型氟中毒流行病学调查
2007 年全国碘盐监测工作
全国碘缺乏病实验室质量保障工作
卫生部-联合国儿童基金会碘缺乏病综合干预合作项目
慢性非传染性疾病防治工作
开展全民健康生活方式行动
举办首届“联合国糖尿病日”宣传活动
高血压十年系列活动
全国心血管病社区防治经验交流会议召开
修订完成《中国居民膳食指南(2007)》
修改制定《中国儿童青少年零食消费指南》
制定印发《卫生部关于贯彻〈中共中央国务院关于加强青少年体育　增强青少年体质的指导意见〉的通知》
卫生部成立口腔处,撤销全国牙病防治指导组
首次发布《中国伤害预防报告》
编写发布《精神卫生宣传教育核心信息和知识要点》
中国疾病预防控制中心工作进展
甲氨蝶呤-阿糖胞苷不良反应事件调查
中国疾病预防控制中心艾滋病疫苗临床试验专家委员会成立
中国卫生画报的主办单位变更为中国疾病预防控制中心
传染病监测与控制
积极参与江苏南京家庭聚集性人禽流感(H5N1)疫情调查和处理
我国新发传染病-无形体病防控
积极应对手足口病暴发疫情
积极应对急性出血性结膜炎暴发疫情
中国禽流感和流感大流行应对网建立
全国登革热疫情防控
疟疾回升势头得到遏制
国家级病原微生物卫生应急实验室网络成立
中美新发和再发传染病合作项目全面实施
卫生部公布 2007 年艾滋病疫情估计结果
全国艾滋病抗病毒治疗
2007 年美沙酮维持治疗
拟定了《全国耐药结核病防治工作框架》
成功申请第七轮中国全球基金结核病防治项目
上海、山西、山东、广西四省市发现脊髓灰质炎疫苗衍生病毒(VDPVs)
云南省施甸县疑似乙型脑炎暴发疫情处理
计划免疫工作
扩大国家免疫规划进展
全国保持无脊髓灰质炎工作
全国消除麻疹工作进展
信息监测工作
传染病和死亡病例网络直报系统与医院 HIS 连接试点工作
儿童预防接种信息化建设
结核病管理信息系统的优化工作
乡镇疾控工作专题研究工作
慢性非传染性疾病预防与控制
淮河流域癌症综合防治工作
全国疾控系统慢性非传染性疾病预防控制工作会议
全民健康生活方式行动
健康体重和血压管理社区慢病综合防治项目
2007 年控烟工作进展
无烟日大型宣传活动
首届联合国糖尿病日——中国在行动宣传活动
2007 年全球道路安全周—中国系列活动
食品安全与环境卫生
第 39 届国际食品添加剂法典委员会会议召开
环境危害因素与健康监测网建设和运行
牙膏中二甘醇危险性评估
劳动卫生与职业病防治
职业病防治宣传周系列活动
职业卫生重点监测工作
粉尘致病性科研成果与防治政策制定国际研讨会

放射卫生与防护
国家核应急指挥平台投入试运行
全国核和辐射应急医学资源调查项目通过验收
非铀矿山放射性职业危害评价与控制研究初见成效
核电站周围居民健康监测进展顺利
农村改水改厕
全国农村饮用水与环境卫生现状调查
全国农村饮水水质监测
全国血吸虫病流行地区改厕效果评价
健康教育
参与组织"健康奥运 健康北京"活动
大学生预防艾滋病宣传教育活动启动仪式
组织实施大型现代曲剧《飘扬的红丝带》和综艺节目《红丝带万里飘》全国巡演活动
全国12320卫生公益热线电话建设进展
妇幼保健与社区卫生
降低孕产妇死亡率和婴儿死亡率
儿童保健相关研究工作
预防生殖道感染、性传播疾病和艾滋病母婴传播工作
妇幼保健机构规范化建设课题研究
母婴保健法律证件管理指导工作
国际合作与交流
国家级公共卫生机构国际联盟第二届年会在北京召开
中国疾病预防控制中心、协和医科大学和约翰霍普金斯彭博公共卫生学院控烟项目启动
分别与意大利疾病预防控制中心和欧盟疾病预防控制中心签署合作协议
承办"中国-东盟禽流感防控进展研讨会"和"禽流感实验室诊断技术培训班"
与俄方共同举办中俄传染病防控研讨会
中国疾病预防控制中心加入世界卫生组织全球疫情警报和反应工作网络
首届中日韩传染性疾病论坛在北京召开
为非洲国家遏制疟疾培训卫生官员和专业人员并帮助非洲国家援建疟疾防治中心

爱国卫生运动

全国爱国卫生运动委员会办公室修订相关文件,规范国家卫生城市(镇)创建工作
全国爱国卫生运动委员会办公室配合中央文明办开展"迎奥运、讲文明、树新风"活动
全国爱国卫生运动委员会办公室举办奥运承办城市和主要旅游城市病媒生物防制工作培训班
全国爱国卫生运动委员会2007年命名13市4区为"国家卫生城市"和"国家卫生区",命名45个镇(县城)为"国家卫生镇(县城)"
全国爱国卫生运动委员会办公室组织对命名满3年的国家卫生城市(区、镇)进行复审
全国爱国卫生运动委员会办公室开展建设健康城市(区、镇)活动
全国爱国卫生运动委员会召开农村爱国卫生工作暨纪念爱国卫生运动55周年现场会议
国家发改委、水利部、卫生部联合印发《全国农村饮水安全工程"十一五"规划》
全国爱国卫生运动委员会办公室组织开展24省份2004、2005年中央补助地方农村改厕项目效益评价
卫生部、国家环保总局、建设部、农业部联合开展农村和农业环境保护调研
全国爱国卫生运动委员会、卫生部"全国农村饮用水与环境卫生现状调查"结束
卫生部、水利部、国家发改委共同组团参加东亚环境卫生部长级大会

卫生应急

2007年卫生应急工作
2007年卫生应急工作会议召开
全国卫生应急办公室主任会议在西藏召开
卫生部制定印发《全国卫生部门卫生应急管理工作规范》

《国际卫生条例(2005)》有效实施
完善卫生应急预案体系
建立卫生应急培训演练机制
完善卫生应急物资储备机制
《突发公共卫生事件应急管理——理论与实践》编制出版
中国卫生应急标识
突发急性传染病防控战略实施
人禽流感防控工作
鼠疫防控工作
卫生应急指挥与决策系统项目建设工作
2007年突发公共卫生事件分析报告
自然灾害卫生应急工作
大型活动和黄金周卫生保障
加强非职业性一氧化碳中毒防控工作
2007年全国食物中毒情况
2007年核和辐射事故卫生应急工作

卫生监督执法

2007年卫生监督工作
卫生监督体制改革和卫生监督体系建设
全国政协开展卫生监督体系建设专题调研和研讨
全国卫生监督工作会议在北京召开
卫生部对全国卫生监督先进集体和先进个人进行表彰
卫生部颁布《卫生监督信息报告管理规定》
卫生部实施新的卫生监督调查制度
全国卫生监督信息工作会议在杭州召开
卫生部组织开展卫生监督体系三年建设评价调查工作
卫生部加强卫生监督技术支持能力建设
卫生部实施中西部地区卫生监督员培训项目
卫生部举办全国市(地)级卫生监督管理干部培训班
卫生部建立国家级卫生监督员培训师资库
卫生部举办全国卫生厅(局)长行政执法培训班
卫生部举办全国卫生监督稽查培训班
卫生部开展卫生监督专项稽查
食品卫生监督管理
举办第39届国际食品添加剂法典委员会会议
卫生部、国家质检总局及世界卫生组织在北京举办国际食品安全高层论坛
2007年卫生部开展《食品卫生法》宣传周宣传工作
食品卫生标准工作
《食品添加剂使用卫生标准》(GB2760-2007)正式颁布
中国开展第四次总膳食研究
2007年食品污染物和食源性疾病监测情况
2007年食品安全预警工作
《新资源食品管理办法》发布实施
《食品营养标签管理规范》发布实施
《食品卫生监督量化分级管理指南》(2007年版)发布实施
卫生部出台《餐饮业食品采购索证管理规定》
卫生部开展全国餐饮消费安全专项整治工作
2007年保健食品专项整治工作
2007年上半年卫生部公布十大典型案件
卫生部处理洋快餐使用“滤油粉”事件
卫生部开展餐饮业卫生监督公示制度试点
2007年女足世界杯赛卫生保障工作
化妆品、消毒产品、涉水产品卫生监督管理
卫生部发布实施《化妆品卫生规范》(2007年版)
卫生部印发《国际化妆品原料标准中文名称目录》
卫生部联合国家质检总局调整从疯牛病疫区进口化妆品管理措施
卫生部修订《化妆品生产企业卫生规范》
卫生部加强化妆品不良反应监测工作
卫生部组织开展化妆品专项整治工作
卫生部查处申报单位在健康相关产品许可中的造假行为
卫生部查处美韵风情系列化妆品

卫生部开展食品、化妆品、消毒产品、涉及生活饮用水安全产品监督抽检工作
卫生部发布实施《涉及饮用水卫生安全产品分类目录》
卫生部发布实施《次氯酸钠类消毒剂卫生质量技术规范》和《戊二醛类消毒剂卫生质量技术规范》
卫生部组织开展消毒产品专项整治工作
劳动卫生与职业病防治
卫生部与国家安全生产监督管理总局建立职业卫生沟通协调工作机制
卫生部副部长陈啸宏带队对山东、北京整治非法用工打击违法犯罪专项行动工作情况进行督查
全国人大教科文卫委员会听取卫生部职业病防治工作汇报
卫生部参加全国人大财经委维护职工权益执法调研
卫生部等四部门联合发文加强工作场所夏季防暑降温工作
卫生部会同有关部门开展《职业病防治法》实施5周年系列宣传活动
卫生部制定发布《职业健康监护技术规范》等国家职业卫生标准
卫生部召开全国职业病诊断与鉴定工作会议
2007年全国职业病报告情况
卫生部组织开展2007年国家职业卫生监督检查
卫生部组织查处、通报重庆西南合成制药有限公司职业病危害事件
卫生部印发《关于修订〈建设项目职业病危害分类管理办法〉第四条规定的通知》
卫生部组织实施建设项目职业卫生审查工作
卫生部组织实施职业卫生技术服务机构资质审定工作
卫生部推进基本职业卫生服务试点工作
放射卫生防护
卫生部副部长陈啸宏出席辽宁红沿河核电站二期工程开工典礼
阶段性验收评审核试验辐射防护监测资料整理项目
卫生部组织开展2007年全国放射卫生监督检查
卫生部颁布实施《放射工作人员职业健康管理办法》
核电站周围居民健康检测
环境卫生监督管理
卫生部与国务院17个部门联合发布《国家环境与健康行动计划》
卫生部与国家发改委等部门共同制订《全国城市饮用水安全保障规划》
卫生部、国家环保总局建立环境与健康工作协作机制
卫生部与国家环保总局联合举办第三届国家环境与健康论坛
卫生部发布重点公共场所卫生规范
卫生部宣传贯彻《生活饮用水卫生标准》和《生活饮用水标准检验方法》
卫生部启动城市饮用水卫生监测网络试点工作
卫生部开展公共场所卫生监督管理量化分级试点工作
卫生部组织开展全国饮用水卫生监督检查
卫生部组织开展全国公共场所卫生监督检查
卫生部组织开展全国传染病防治监督检查
卫生部、教育部组织开展学校卫生专项检查督察工作
卫生部举办全国传染病防治监督工作培训班
医疗服务和血液安全监督
2007年全国继续深入开展打击非法行医专项行动
全国打击非法行医专项行动领导小组对山西、河南等10省区市开展总结评估督察
卫生部编印专项行动培训和宣传资料,分片培训卫生监督人员
全国打击非法行医专项行动领导小组对河

北、云南等 10 省区市开展督查
卫生部通报安徽省广德县人民医院等医疗机构违法行为查处情况
全国打击非法行医专项行动办公室 2005—2007 年案件受理和查办情况
加大违法采供血(浆)案件的查办工作，对山西、广东、湖南三起违法违规采血(浆)问题查处情况进行通报
大型医院巡查
卫生部开展大型医院巡查工作

卫生监督中心工作进展

卫生监督体制改革
完成在编人员参照公务员法管理的过渡
电子政务建设与推进政务公开
卫生部卫生监督中心被评为全国政务公开先进单位
开发新的行政许可受理评审系统
加强网站功能建设
公开行政许可全过程，接受社会监督
卫生行政许可工作
化妆品卫生行政许可
新资源食品、食品添加剂卫生行政许可
消毒剂、消毒器械及涉及饮用水卫生安全产品卫生行政许可
建设项目职业卫生审查工作
行政复议工作
卫生行政许可文书、文件发放工作
受理评审系统的开发研究
卫生检验技术规范
卫生检验机构资质认定
修订《卫生部健康产品检验机构认定与管理办法》研讨会
卫生标准工作
卫生标准管理
卫生标准宣传贯彻工作
卫生标准体系建设项目工作
卫生标准制修订工作
全国卫生监督信息系统建设
《国家级卫生监督信息系统项目》批准立项
贯彻落实新的《全国卫生监督调查制度》
完成《卫生监督现场数据采集规范用语(试用)》的编写并在全国试点应用
开展全国卫生监督机构信息化建设现状调研
卫生监督员培训
起草《全国市(地)级卫生监督机构管理干部培训工作方案》并承办培训班具体工作
举办西藏卫生监督员骨干培训班
全国医疗服务监督和采供血监督工作培训班
举办全国省级食品卫生监督员骨干培训班

国境卫生检验检疫

全国卫生检疫监管工作会议召开
开展口岸食品卫生安全专项整治活动
初步建成口岸食品卫生安全专项整治长效机制
处置口岸食物中毒事件
开展《国际卫生条例(2005)》宣传贯彻工作
修改《国境卫生检疫法》
加强卫生检疫行业标准制修订工作
提高应对复杂疫情的能力
健全口岸卫生检疫各项制度
强化口岸卫生检疫基础设施
增强卫生检疫监管工作在进出口贸易中的作用
完善对外沟通协作机制
开展创建国际卫生机场、港口工作
为出入境人员提供优质旅行卫生保健服务
提高为企业排忧解难能力
改革口岸出入境旅客健康申报制度
组织制定口岸出入境旅客健康申报制度改革配套工作规范
积极调整和探索口岸查验和监管模式调整与改革
建立口岸反核和辐射恐怖示范点
开展核和辐射反恐培训和演练工作
继续开展中美“特大型港口计划”合作项目
采取奥运物资快速通关

加强口岸食品卫生监督
开展口岸与非竞赛场馆空气质量监测和医学媒介生物监测
加强口岸反恐工作
加强保健中心规范化管理
提高实验室检测技术水平
发挥区域工作协作组职能
加强艾滋病和其他重点传染病监测
提高口岸医学媒介生物控制水平和携带病原体检测能力
开展口岸公共场所环境因素卫生监测工作
开展卫生处理安全和质量检查
组织举办卫生处理技能竞赛
开展对检疫处理工作中使用的药品质量抽查工作
举办卫生处理技术师资培训班
启用电子监管系统
加强科研工作

农 村 卫 生

2007年农村卫生工作
国务院副总理吴仪两次主持召开国务院新型农村合作医疗部际联席会议
国务院召开2007年全国新型农村合作医疗工作会议
卫生部等八部委(局)联合表彰全国新型农村合作医疗先进试点县(市、区)
卫生部、财政部联合印发《关于做好2007年新型农村合作医疗工作的通知》
卫生部、财政部、国家中医药管理局联合印发《关于完善新型农村合作医疗统筹补偿方案的指导意见》
卫生部部长陈竺在国务院新闻办公室举行的新闻发布会上介绍全国新农合运行情况并答记者问
国务院新型农村合作医疗部际联席会议办公室开展2007年专项督导检查
卫生部加强对新型农村合作医疗资金管理使用的监督指导
卫生部印发《全国新型农村合作医疗统计调查制度》
卫生部报送《关于加强新型农村合作医疗定点医疗机构管理的报告》
卫生部会同中央编办、财政部开展新型农村合作医疗管理体制和经办机构建设专题调研
卫生部组织新型农村合作医疗技术指导组加强对新农合工作的研究和指导
卫生部组织开展全国新型农村合作医疗专题培训
卫生部分别召开东、中、西部地区新型农村合作医疗工作研讨会
卫生部印发《2003—2007年全国新型农村合作医疗(试点)工作会议资料汇编》、《新型农村合作医疗信息统计手册(2006年)》和《新型农村合作医疗管理指南(2007版)》
卫生部组织实施中西部地区新型农村合作医疗管理能力建设项目
卫生部组织开展新型农村合作医疗有关课题研究
卫生部开展乡镇卫生院收支两条线管理和农村卫生机构业务合作试点
卫生部开展建立农民健康档案相关工作
卫生部继续开展中西部地区农村卫生人员培训项目
卫生部在中西部21省(区、市)开展二级以上医疗卫生机构对口支援乡镇卫生院项目
卫生部开展《乡村医生从业管理条例》检查
卫生部开展2007年全国优秀乡村医生评选表彰活动
推动建立乡村医生养老保障制度
卫生部对四川阿坝农村药品供应专柜等情况进行专项调研
开展温暖工程李兆基基金万名乡村医生培训项目
卫生部开展乡镇卫生院债务问题研究
卫生部开展农村医疗信息化试点项目
继续开展卫生部-嘉道理慈善基金会农村社

区健康促进项目
卫生部与世界卫生组织联合举办中国农村初级卫生保健发展国际研讨会

妇幼保健与社区卫生

社区卫生
2007年全国城市社区卫生工作
国务院召开第二次全国城市社区卫生工作会议
国务院城市社区卫生工作领导小组召开会议研讨部署社区卫生工作
国务院副总理吴仪考察北京市社区卫生工作
全国社区卫生服务体系建设重点联系城市工作启动
全国统一社区卫生服务机构标识
中国社区卫生协会成立大会召开
开展全国城市社区卫生服务快速调查
研究制定社区卫生服务技术规范
中英城市社区卫生服务与贫困救助项目结束
妇幼卫生
2007年全国妇幼卫生工作
《中国提高出生人口素质、减少出生缺陷和残疾行动计划2002—2010》深入实施
全国预防艾滋病母婴传播工作持续推进
妇幼卫生监测和年报工作
生殖道感染防治试点项目深入开展
妇女常见病防治现况调研工作启动
《孕前保健服务工作规范(试行)》下发实施
全国产前诊断工作会议在杭州召开
在全国部分省市进行母婴保健法律证件工作调研和督导
卫生部-联合国人口基金生殖健康/计划生育项目持续开展
卫生部/WHO/UNICEF城市流动人口妇幼保健服务试点项目
新生儿疾病筛查项目进展
“降低孕产妇死亡率，消除新生儿破伤风”项目进展
规范婴幼儿喂养行为
开展农村留守儿童营养与健康状况专题调查
母子系统保健项目进展
开展儿童保健服务调研
新生儿窒息复苏培训项目进展
儿童早期发展高层论坛在北京召开

医政管理

2007年医政工作
卫生部规范境外人员申请人体器官移植业务
卫生部印发《麻醉药品临床应用指导原则》和《精神药品临床应用指导原则》
卫生部医师资格考试委员会发布2007年医师资格考试医学综合笔试合格线
继续做好艾滋病、人禽流感等重大传染性疾病的医疗救治工作
妥善处置“甲氨蝶呤事件”等药害事件
继续组织实施“万名医师支援农村卫生工程”
召开2007年“万名医师支援农村卫生工程”电视电话会议
“万名医师支援农村卫生工程”项目工作先进集体和先进个人受到表彰
卫生部、国家中医药管理局项目办公室分片区召开“万名医师支援农村卫生工程”座谈会
“走进西部”——万名县级医院医师培训项目在甘肃启动
全面推进医院院务公开工作
贯彻落实新《医疗广告管理办法》
落实《〈关于建立更紧密经贸关系的安排〉(CEPA)补充协议四》有关法律法规修改工作
加强中外合资、合作医疗机构管理
世界献血者日举办全国无偿献血表彰活动
无偿献血工作
全国采供血机构设置规划状况
加强采供血机构全面质量管理，开展采供血

机构质量管理督导检查活动
强化采供血机构岗位培训和在职继续教育
完善采供血机构信息统计工作
护理工作
卫生部颁布《专科护理领域护士培训大纲》
卫生部在全国卫生系统开展护士岗位技能训练和竞赛活动
中国5名护士获得第四十一届南丁格尔奖章
中国参加世界患者安全联盟发起的“全球患者安全倡议活动”
部属(管)医院支援西部地区农村卫生工作项目
“文化科技卫生三下乡”活动
做好“视觉第一中国行动”项目二期
启动微笑列车唇腭裂修复慈善项目
继续做好儿童先天性疾病救治和白内障患者复明项目工作
举办戒毒管理与业务培训班,开展戒毒医疗服务调研
举行全国“爱眼日”宣传活动
组织实施“听力重建　启聪行动”项目
贯彻落实《全国防盲治盲规划(2006—2010年)》

医学教育

2007年医学教育工作
中西部地区社区卫生人员岗位培训项目实施
社区卫生人员岗位培训大纲颁布
社区卫生人员岗位培训教材编辑出版
农村乡镇卫生院卫生技术人员培训试点工作
农村乡镇卫生院卫生技术人员培训急诊急救教材出版
专科医师培训试点工作
临床药师培训试点工作
全国继续医学教育管理干部培训班
批准北京大学医学网络教育学院开展远程继续医学教育试点工作
第三批14个国家级继续医学教育基地通过重新认可
全国继续医学教育委员会第十三次学科组专家工作会议
加强对继续医学教育项目的管理和监督检查
华夏基金会支持举办中西部地区社区卫生人员岗位培训师资培训班
华夏基金和郑格如基金奖/助学金项目顺利实施

医学科学技术

2007年医学科技工作
协调建立多方合作医学研究部际协商机制和医学研究创新体系
卫生行业科研专项经费项目情况
完成“十一五”国家科技支撑计划“社区疾病预防与控制研究”项目的7个课题的评审工作
“十一五”国家科技支撑计划“心脑肺血管疾病防治研究”等7个项目部分课题启动
“十一五”国家科技支撑计划“营养膳食对健康影响的研究”等4个备选项目通过科技部组织的可行性论证
2007年卫生部艾滋病防治应用性研究项目的课题立项启动
浙江、河南等省卫生科技项目经评审立项列为卫生部科研基金管理
卫生部第二轮面向农村和城市社区推广适宜卫生技术十年百项计划第七批项目启动
卫生部第二轮面向农村和城市社区适宜卫生技术推广十年百项计划第四批项目验收结果
卫生部加强人类辅助生殖和人类精子库设置规划及监督管理
卫生部审核批准的开展人类辅助生殖技术和人类精子库机构名单
医疗机构开展人类辅助生殖技术和设置人类精子库行政审批项目调整

中古生物技术合作项目进展及召开联合工作组第三次会议
全国医学伦理审查体系和伦理委员会制度建设研讨会在上海召开
第二届卫生部医学伦理专家委员会 2007 年工作
“卫生科技进社区”项目启动及进展
2007 年引进国外专家项目执行情况
卫生部印发《高致病性病原微生物实验室资格审批工作程序》
卫生部颁布《卫生部重点实验室管理办法》和《卫生部重点实验室评估规则》
卫生部开展重点实验室评估
卫生部血栓与止血重点实验室批准成立
卫生部人类疾病比较医学重点实验室批准成立
卫生部医学神经生物学重点实验室批准成立
卫生系统实验室质量管理与卫生检验检测机构资质专项监督检查自查情况与抽查情况
2007 年实验室资质认定(计量认证)管理工作
卫生系统实验室资质认定国家级评审员骨干人员座谈会在上海召开
卫生系统认证认可工作研讨会暨实验室资质认定培训班在杭州举办
卫生系统实验室质量管理与认证认可情况调研
卫生部启动“十一五”规划教材编写工作
国务院审议通过“重大新药创制”科技重大专项实施方案
卫生部副部长蒋作君调研中国医学科学院所属三家医院的科研教育工作
2007 年中华医学科技奖推荐、评审情况及获奖项目名单

中医药事业管理

2007 年中医药工作
组织开展中医中药中国行活动
组织实施“保持和发挥中医药特色优势建设项目”
县级中医医院基础设施建设项目进展顺利
组织实施《重点中医医院建设与发展规划》取得初步成效
全国综合医院中医药工作会议召开
中医药在新型农村合作医疗中的作用得到高度重视
药品零售企业设置中医“坐堂医”诊所试点工作
乡镇卫生院中医科中药房建设得到加强
社区中医药服务工作
逐步建立符合中医、民族医特点的中医从业人员准入制度
国家中医药管理局等 11 个部委联合印发《关于切实加强民族医药事业发展的指导意见》
中医药行业科研专项工作
科技部、卫生部和国家中医药管理局等 16 个部门联合发布《中医药创新发展规划纲要(2006—2020 年)》
启动“传统名优中药保护与生产示范基地建设及试点”和“道地药材保护与规范化种植基地建设及试点”项目
签订《中华人民共和国政府和法兰西共和国政府关于中医药领域合作的协议》
“2007 海峡两岸(鼓浪屿)中医药发展与合作论坛”召开
国家中医药管理局与商务部、香港贸易发展局联合举办“中医药服务贸易研讨会”
共同举办“中俄卫生周”
卫生部副部长、国家中医药管理局局长王国强接待世界卫生组织总干事陈冯富珍女士一行
签署《国家中医药管理局与香港特别行政区政府食物及卫生局关于中医药领域的合作协议》
中医药继续教育“十一五”规划及相关管理文件出台
召开全国中医药高等院校院校长座谈会

食品药品监督管理

2007 年食品药品监督管理工作
中共中央政治局就“我国农业标准化和食品安全问题研究”组织集体学习
中共中央政治局常委、国务院总理温家宝主持召开国务院常务会议研究加强产品质量和食品安全工作
国务院办公厅印发《国家食品药品安全“十一五”规划》
开展全国食品安全宣传周活动
启动全国“安全用药，关注民生”大型主题宣传月活动
出台《2007 年全国食品安全专项整治方案》
加强产品质量和食品安全工作的部署
国家食品药品监督管理局开展创建食品安全示范县(市、区)活动
发布《药品流通监督管理办法》
加强对药品零售经营的监管
重新修订《药品广告审查办法》
发布新修订的《药品注册管理办法》
国际食品安全高层论坛通过《北京食品安全宣言》
公布第一批定点生产“城市社区和农村基本用药”的企业和品种
启动全国三十一个城市“食品放心工程综合评价”工作
全国开通食品安全分析预警系统

医药行业管理

2007 年医药行业管理工作
国家发改委制定出台《医药价格工作守则》(暂行)
国家发改委开展全国药品和医疗服务价格重点检查
国家发改委制定公布第一批城市社区和农村基本用药定点生产药品价格
新增和修订《全国医疗服务价格项目规范》
国家发改委调整 260 种西药最高零售价格
国家发改委调整 278 种中成药零售价格
国家发改委调整 188 种中成药零售价格

医疗保险管理

2007 年城镇基本医疗保险工作
国务院开展城镇居民基本医疗保险试点工作
印发《关于城镇居民基本医疗保险医疗服务管理的意见》
79 个城市被定为城镇居民医保试点
印发《开展城镇居民基本医疗保险试点工作宣传提纲》

规划财务管理

2007 年卫生规划财务管理工作
编制《卫生事业发展“十一五”规划纲要》
指导各地调整大型医用设备检查治疗价格
增补与修订《全国医疗服务价格项目》
制定《医疗卫生机构接受社会捐赠资助管理暂行办法》
制定《卫生部政府采购工作实施细则(试行)》
中央财政大幅度增加卫生投入
卫生部加快预算执行进度
开展中央补助地方公共卫生专项资金执行情况检查
完善新型农村合作医疗基金财务管理办法
开展农村卫生服务体系建设督导
开展卫生部部属(管)医院 2007—2009 年度临床学科重点项目评审工作
落实扩大国家免疫规划工作经费
扩大重大疾病免费救治范围
扩大降低孕产妇死亡率和消除新生儿破伤风项目覆盖范围
安排专项资金为农村招聘执业医师
卫生部部属(管)单位开展资产清查工作
在京部属(管)单位积极开展迎奥运环境整治工作
农村卫生服务体系建设进展顺利
突发公共卫生事件医疗救治体系逐步完善
全国麻风病院村建设项目启动实施

出台《全国伽玛射线头部立体定向放射外科治疗系统配置规划》
完成全国大型医用设备管理专项督察工作
完成医学装备评估选型工作
卫生部公告取得 PET-CT 配置许可证的医疗机构名单
卫生部加强全国医院规划建设管理工作
稳步推进医疗卫生机构建设标准与技术规范编制工作
北京大学人民医院新病房楼竣工交付使用
复旦大学附属儿科医院迁建工程竣工交付使用
卫生部要求进一步加强医疗器械集中采购管理
全国牙病防治指导组财务收支审计通报
加强内部审计工作
卫生扶贫工作
民族卫生工作
卫生援藏工作
西部开发卫生工作

健康教育与新闻出版

2007年健康促进与健康教育工作
卫生部、全国爱卫会联合开展第二十个世界无烟日活动
卫生部发布《2007年中国控制吸烟报告》
2006年中央补助地方健康教育与烟草控制项目完成
王克安和王辰教授获世界卫生组织2007年烟草或健康纪念奖
全国亿万农民健康促进行动-联合国儿童基金会预防人感染高致病型禽流感健康传播项目工作
《健康之路》"黑龙江行"卫生下乡活动
2007年卫生新闻宣传工作
2007年卫生部自主新闻发布工作
2007年全国卫生系统先进典型事迹巡回报告会
卫生部评出2007年中国卫生十大新闻
2007年度中医药十大新闻评选活动
2007年人民卫生出版社图书出版
人民卫生出版社荣获首届中国出版政府奖五项大奖
人民卫生出版社组织专家评审卫生部"十一五"规划教材
以策划参加大型活动带动科普书的出版发行
全国专科医师培训规划教材主编人会议召开
全国高等学校高职高专药品类专业卫生部"十一五"规划教材编写论证会议召开
全国高等中医药院校研究生教材编写论证会议召开
新一轮全国中等卫生职业教育教学计划和教学大纲颁布大会暨全国中等卫生职业教育卫生部"十一五"规划教材主编人会议召开
全国医药高职高专教育教材建设指导委员会换届改选会议召开
《国家医师资格考试应试指导系列丛书》编写会议召开
全国高等医药教材建设研究会、人民卫生出版社专家咨询委员会2007年年会暨中国高等医药学本科教育、教学、教材发展及建设高峰论坛举行,"全国医药院校优秀学生扶贫工程"正式启动

国际交流合作与外资利用

2007年国际合作与对外交流工作
重要出访
卫生部副部长陈啸宏率团访问莫桑比克和法国
卫生部部长高强率团访问韩国出席首届中日韩三国卫生部长会议
卫生部副部长蒋作君率团访问冰岛和希腊
卫生部部长高强率团访问意大利
卫生部部长高强率团出席第60届世界卫生大会
卫生部部长高强率团访问美国
驻卫生部纪检组组长李熙率团访问芬兰和

俄罗斯
卫生部副部长马晓伟率团出席亚太经合组织卫生部长会议并访问新西兰
卫生部副部长黄洁夫率团访问埃及和英国
卫生部副部长王陇德率团访问波兰和古巴
卫生部副部长兼国家中医药管理局局长王国强率团访问文莱和巴基斯坦
卫生部副部长王陇德率团出席第三届亚太地区艾滋病问题部长级会议
卫生部副部长陈啸宏率团出席首届东南亚及东亚国家环境和健康部长级论坛会议
卫生部部长陈竺率团出席世界卫生组织西太区委员会第58届会议
卫生部副部长蒋作君率团访问匈牙利和瑞士
卫生部部长陈竺赴澳大利亚出席国际科学院组织会议并顺访澳卫生部和国际发展署
卫生部副部长陈啸宏率团访问拉脱维亚并赴俄出席俄罗斯中国卫生周开幕仪式
卫生部部长陈竺赴新加坡出席美国癌症研究协会世纪大会
驻卫生部纪检组组长李熙率团访问巴西和墨西哥
卫生部部长陈竺率团访问瑞典

重要来访

苏里南卫生部部长塞尔休斯·瓦特贝赫(Celsius Waterberg)访华
意大利卫生部部长图尔科(Livia Turco)访华
泰国卫生部部长蒙坤(Mongkol Na Songkhla)访华
罗马尼亚卫生部部长欧金·尼古勒埃斯库(Eugen Nicolaescu)访华
卫生部部长高强会见日本自民党总务会长丹羽雄哉
卫生部副部长黄洁夫会见世界医学会代表团
卫生部副部长黄洁夫会见英国医学会理事会主席詹姆斯·约翰逊(James Johnson)
卫生部副部长王陇德会见澳大利亚发展署副署长奥科菲(Annmaree O'Keeffe)
卫生部副部长黄洁夫会见瑞典器官移植专家亨里克·艾克伯(Henrik Ekberg)
卫生部副部长王陇德会见英国国际发展部总司长米娜琪·莎菲克(Minouche Shafik)
卫生部部长陈竺会见阿富汗外交部长兰金·达德法尔·斯潘塔(Rangin Dadfar Spanta)
卫生部副部长陈啸宏会见欧盟健康与消费者保护委员基普里亚努(Markos Kypriano)
卫生部部长陈竺会见美国食品药品管理局局长埃森巴赫(Andrew von Eschenbach)
卫生部部长陈竺会见法国外交部长库什内(Bernard Kouchner)
卫生部部长陈竺会见法国技术工程院院长基诺(Francois Guinot)和法国国家科学院院长布莱格纳克(Catherine Brechignac)
卫生部部长陈竺会见古巴政府部长卡布里萨斯(Ricardo Cabrisas Ruiz)
阿富汗卫生部部长赛义德·穆罕默德·阿明·法蒂米(Dr. Sayed Mohammad Amin Fatimie)访华
斯洛文尼亚卫生部高级顾问(世界卫生组织执委)沃里奇(B. Voljc)访华
澳大利亚卫生与老龄部部长托尼·艾伯特(Tony Abbott)访华
越南卫生部副部长陈至廉(Tran Chi Liem)访华
联合国艾滋病规划署执行主任皮奥特(Peter Piot)访华
也门卫生部部长阿布杜凯力姆叶海亚·拉萨阿(Dr. Abdulkarim Yehia Rasae)访华
加纳卫生部部长卡里奇·夸西加一行(Major Courage E. K. Quashigah)访华
纳米比亚卫生部部长理查德·卡姆维(Richard Nchambi Kamwi)访华
阿塞拜疆卫生部部长希拉利耶夫(Ogtay Shiralyiev)访华
俄罗斯卫生与社会发展署署长别连科夫

(Belenkov)访华
瑞典卫生部国务秘书卡瑞·约翰松(Karin Johansson)访华
利比里亚卫生部部长格韦尼盖尔(Walter T. Gwenigale)访华
拉脱维亚卫生部高级顾问(世界卫生组织执委)扬克松斯(V. Jaksons)访华
加蓬卫生国务部部长波莱特·米桑博(Paulette Missambo)访华
玻利维亚卫生部部长尼拉·埃雷迪亚(Nila Heredia)访华
世界卫生组织总干事陈冯富珍(Margaret Chan)就任后首次访华
斯洛文尼亚卫生部部长佐菲娅·库科维奇(Zofija Mazej Kukovic)访华
加拿大卫生部部长克莱门特(Tony Clement)访华
意大利卫生部副部长祖凯利(Serafino Zucchelli)访华
伊朗健康与医学教育部部长兰卡拉尼(Dr. Kamran Lankarani)访华
美国卫生部部长莱维特访华(Michael O. Leavitt)

重要国际会议

卫生部部长陈竺出席中医药国际科技合作大会开幕式并致辞
卫生部派员出席世界卫生组织执行委员会第 120 届及第 121 届会议
卫生部派员出席全球基金理事会第 15 次会议
卫生部派员出席世界卫生组织烟草控制框架公约第二次缔约方大会
卫生部派员出席全球基金第二轮再筹款第二次会议
卫生部派员出席世界卫生组织公共卫生、创新和知识产权政府间工作小组第二次会议
中法人禽流感防治研讨会在京召开
中法中医药合作协议签字仪式暨中法中医药合作论坛在北京举行
2007 年中国医疗卫生领域公共与私营部门合作论坛在北京召开
国家基本药物政策报告会在北京召开
中越边境地区流动人口结核病防控合作模式研讨会在南宁召开
中国-东盟人感染高致病性禽流感防控进展研讨会在北京召开
中俄人文合作委员会卫生合作分委会第七次会议在青岛召开
世界卫生组织健康社会决定因素委员会第九次会议在北京召开
第 11 届全球卫生研究论坛在北京召开
全球基金理事会第 16 次会议在昆明召开
东盟 中日韩新发传染病项目信息沟通方案研讨会在北京召开
第四届中国艾滋病防治国际合作项目经验交流会在北京召开

国际合作项目情况

法国梅里埃基金会结核病防治合作项目启动
中英城市社区卫生服务与贫困救助项目(UHPP)进展
中国/世界卫生组织双年度规划预算项目(2006—2007,2008—2009)进展
“迈向无烟中国”控烟项目在北京启动
中日疫苗可预防疾病监测与控制合作项目启动会在北京召开
中缅老越边境地区艾滋病防控合作项目 2007 年启动会议在昆明召开
中日笹川医学奖学金项目 20 周年纪念活动在北京举行
全球抗击艾滋病、结核病和疟疾基金项目进展
联合国儿童基金会项目进展
中英艾滋病防治策略支持项目第二期启动
中国卫生政策支持项目进展
中美新发再发传染病项目进展
克林顿基金会艾滋病合作项目进展
中默艾滋病防治合作项目进展
达米恩基金会合作项目进展

中澳卫生与艾滋病综合项目正式启动
中美微笑列车项目启动
盖茨基金会的中国艾滋病合作项目正式启动
其他重要外事活动
卫生部部长陈竺出席第三次中美战略经济对话
我国开展2007年世界卫生日纪念活动
我国产青蒿素类抗疟联合用药首次通过世界卫生组织资格预认证
《卫生部关于接受国(境)外资助的卫生国际合作项目管理办法(试行)》印发执行
卫生部获世界卫生组织遏制结核病合作伙伴组织高川奖
中国-东盟人禽流感实验室诊断技术培训班在北京举办
我国开展全球患者安全倡议活动
台港澳合作情况
卫生部部长陈竺会见香港食物及卫生局局长周一岳
卫生部部长陈竺出席“第六届内地、香港和澳门三地卫生行政高层联席会议”并顺访香港、澳门
卫生部部长高强访问香港并签署《国家卫生部与香港特别行政区政府卫生福利及食物局关于医疗卫生的合作备忘录》
卫生部副部长王国强出席“庆祝香港回归十周年-中医药节”活动开幕式并访问澳门
卫生部副部长王国强出席“中医中药中国行香港活动”启动仪式
卫生部副部长黄洁夫会见台湾厚生基金会代表团
卫生部副部长黄洁夫出席“2007年澳门肝胆胰外科国际论坛”
卫生部副部长黄洁夫出席“庆祝香港特别行政区成立十周年专业论坛”
卫生部副部长黄洁夫赴香港出席医疗卫生融资国际会议、“东华三院王定一中西医药治疗研讨会2007”和“社区卫生新世纪”项目合作协议签字仪式
卫生部副部长黄洁夫赴香港参加“内地贵宾访港赞助计划”
卫生部副部长马晓伟出席香港第十四届医院管理局研讨大会
卫生部副部长马晓伟出席海峡两岸医院管理高级研讨会
台湾贤德惜福文教基金会一行来访
海峡两岸暨港澳地区基层卫生与人感染禽流感防治研讨会在海南召开
内地与香港、澳门签署《关于建立更紧密经贸关系的安排》补充协议四
2名入境大陆的台湾多重耐药性结核病人安全返台
2007华人健康平台会在香港举行
内地、香港和澳门举行人禽流感防控应急“长城演练2007”
非大陆学历的台湾地区居民参加大陆医师资格考试
2007年健康快车项目进展
“亮睛工程”项目进展
卫生部-嘉道理慈善基金会农村社区健康促进项目中期评估
国际交流与合作中心工作情况
第十六届中国国际医用仪器设备展览会暨技术交流会举办
第十二届中国国际口腔设备材料展览会暨技术交流会举办
第十一届全球卫生研究论坛
卫生部国际交流与合作中心-美国强生战略合作伙伴项目
中国糖尿病管理工作项目
日本第一三共奖学金项目
中国器官捐献与移植项目
心脑血管微创技术培训推广项目
“走向健康”中国项目
非洲国家司局长研修班和医院院长研修班
国外贷款办公室工作情况
结核病控制项目进行中期调整获得批准
世界银行禽/人流感信托基金赠款中国高致

病性禽流感及人流感大流行防控能力建设项目启动实施
卫生九项目实施取得成效
世行贷款/国外赠款中国传染性非典型肺炎及其他传染病应对项目完成内、外部终期评估
世行贷款/英国赠款中国农村卫生发展项目完成预评估和评估
世界银行/英国国际发展部/中国政府支持的“中国基本卫生服务项目”于 2007 年 6 月 30 日顺利结束

精神文明建设

全国卫生系统开展以“一切为了人民健康”为主题的群众性文艺宣传活动
获得全国道德模范荣誉称号的卫生系统人员名单(3 位)
获得全国道德模范提名奖荣誉称号的卫生系统人员名单(13 位)
医疗卫生行业中国共产党十七大代表名单(41 位)
全国卫生系统纪检监察暨纠风工作会议召开
驻卫生部纪检组监察局开展调研工作
党风廉政建设责任制规定落实情况
举办全国卫生系统纪检监察干部培训班
研究制定《卫生部党组管理干部选拔任用前部人事司听取驻部纪检组监察局意见的实施办法》
卫生部、国家中医药管理局直属单位党风廉政建设工作会议召开
部分省区市卫生厅局纪检组长座谈会召开
开展医院院务公开工作调研
治理医药购销领域商业贿赂专项工作
2007 年全国卫生系统治理医药购销领域商业贿赂专项工作电视电话会议召开
全国卫生系统继续开展治理医药购销领域商业贿赂专项工作

军队卫生工作

2007 年军队卫生工作
军队医药卫生科技工作
军队卫生教育训练工作
部队卫生工作
全军爱国卫生工作
军队医疗工作
军队药材工作
全军干部保健工作
全军计划生育工作
军队卫生信息化建设
军队卫生对外交往工作

省、自治区、直辖市卫生工作

北京市
天津市
河北省
山西省
内蒙古自治区
辽宁省
吉林省
黑龙江省
上海市
江苏省
浙江省
安徽省
福建省
江西省
山东省
河南省
湖北省
湖南省
广东省
广西壮族自治区
海南省
重庆市
四川省

贵州省
云南省
西藏自治区
陕西省
甘肃省
青海省
宁夏回族自治区
新疆维吾尔自治区
新疆生产建设兵团

学术团体和群众团体

中华医学会

注重制度建设,加强专科分会的管理
积极推进专科会员的制度建设
努力提升期刊质量,加快中华系列精品期刊的建设
积极开展科学普及工作
科技奖励工作
医疗事故技术鉴定工作
继续教育工作
学会19种期刊获中国科协精品期刊工程项目资助
中华医学会—强生西部学术讲座活动
接受政府委托,组织专家制定有关技术标准
中华医学会运动医疗分会成立
中华医学会健康管理学分会成立
中华医学会直接推荐3个项目获2007国家科学技术进步奖
中华医学会2007年学术会议

中华预防医学会

2007年中华预防医学会工作
中华预防医学会科学技术奖进行首次评奖
中华预防医学会成立二十周年庆祝大会和中华预防医学会科学技术奖颁奖大会在北京召开
中国控烟与履约高层研讨会在北京召开
中华预防医学会系列杂志优秀奖评奖工作
全国狂犬病防控策略高层研讨会在北京召开
疫苗上市后再评价高层研讨会在北京召开
成立医疗机构公共卫生管理分会、生物安全与防护装备分会和精神卫生分会
编写公共卫生与预防医学学科发展报告(2007—2008)
开展培养精神卫生(心理治疗)专业技术人员课题
《预防疾病科学生活健康读本》出版发行
“预防疾病　科学生活”健康博览会巡展举行
重大活动公共卫生安全高层论坛在北京召开
中国消毒高层研讨会在北京召开
中华预防医学会组织企业向洪灾地区捐赠消毒物资
赴日内瓦参加世界公共卫生联盟第41届年会
2007年海峡两岸疾病控制学术研讨会召开
中德防治艾滋病在线教育项目培训班继续在西部省份举办
比尔及梅琳达-盖茨基金会艾滋病防治合作项目启动
申请并实施第六轮中国全球基金艾滋病项目
中华预防医学会2007年学术活动情况表

人事与干部

卫生界人物

卫生部系统

卫生部部长、副部长
卫生部正、副司(局)长、主任
卫生部直属单位行政正、副职领导
各省、自治区、直辖市正、副卫生厅(局)长
各计划单列市卫生局长

国家食品药品监督管理局系统

国家食品药品监督管理局机关副司局以上

行政领导
国家食品药品监督管理局直属单位领导
全国爱国卫生运动委员会系统
全国爱国卫生运动委员会主任、副主任、办公室正、副主任
各省、自治区、直辖市爱国卫生运动委员会主任
各计划单列市爱国卫生运动委员会主任
国家中医药管理局系统
国家中医药管理局局长、副局长
国家中医药管理局司长、副司长、主任、副主任
军队卫生系统
总后勤部卫生部领导
总后勤部卫生部机关业务局室领导
总后勤部直属医疗卫生单位业务主要领导
驻京部分医院院长
各大单位卫生部主要领导
学术团体与社会团体
中华医学会会长、副会长、秘书长
中国医院协会会长、副会长、秘书长
中国医师协会会长、副会长、秘书长
中国卫生思想政治工作促进会会长、副会长、秘书长
中国社区卫生协会会长、副会长、秘书长
中国保健协会会长、副会长、秘书长
中国卫生经济学会会长、副会长、秘书长
中华口腔医学会会长、副会长、秘书长
中国农村卫生协会会长、副会长、秘书长
中国输血协会理事长、副理事长、秘书长
中国医学装备协会理事长、副理事长、秘书长
中国卫生信息学会会长、副会长、秘书长
中国性学会理事长、副理事长、秘书长
中国优生科学协会会长、副会长、秘书长
中国卫生摄影协会会长、副会长、秘书长
中德医学协会理事长、副理事长、秘书长
中国健康教育协会会长、副会长、秘书长
中国优生优育协会会长、副会长、秘书长
中国控制吸烟协会会长、副会长、秘书长
中日医学科技交流协会会长、副会长、秘书长
全国卫生产业企业管理协会会长、副会长、秘书长
中国鼠害与卫生虫害防治协会会长、副会长、秘书长
中国性病艾滋病防治协会会长、副会长、秘书长
海峡两岸医药卫生交流协会会长、副会长、秘书长
中国医药生物技术协会理事长、副理事长、秘书长
中国药物滥用防治协会会长、副会长、秘书长
中国地方病协会会长、副会长、秘书长
中国老年保健协会会长、副会长、秘书长
中国女医师协会会长、副会长、秘书长
中国学生营养与健康促进会会长、副会长、秘书长
中国医疗保健国际交流促进会会长、副会长、秘书长
中国医学影像技术研究会会长、副会长、秘书长
中国足部反射区健康法研究会理事长、副理事长、秘书长
中国老年保健医学研究会会长、副会长、秘书长
中国水利电力医学科学技术学会理事长、副理事长、秘书长
中国生命关怀协会理事长、副理事长、秘书长
卫生部业务主管基金会
中华健康快车基金会理事长、副理事长、秘书长
中国医药卫生事业发展基金会理事长、副理事长、秘书长
马海德基金会理事长、副理事长、秘书长
中国预防性病艾滋病基金会会长、副会长、秘书长
中华国际医学交流基金会会长、副会长、秘

书长
中国医学基金会会长、副会长、秘书长
中国癌症基金会理事长、副理事长、秘书长
中国牙病防治基金会理事长、副理事长、秘书长
吴阶平医学基金会理事长、副理事长、秘书长
中国器官移植发展基金会理事长、副理事长、秘书长
中国听力医学发展基金会理事长、副理事长、秘书长
中国初级卫生保健基金会理事长、副理事长、秘书长
中国肝炎防治基金会理事长、副理事长、秘书长
中国健康促进基金会理事长、副理事长、秘书长
卫生部业务主管民办非企业单位
新探健康发展研究中心理事长、副理事长、中心主任
卫生部业务挂靠社会团体
中华医学会会长、副会长、秘书长
中华预防医学会会长、副会长、秘书长
中国解剖学会理事长、副理事长、秘书长
中国生物医学工程学会理事长、副理事长、秘书长
中国营养学会理事长、副理事长、秘书长
中国病理生理学会理事长、副理事长、秘书长
中国免疫学会理事长、副理事长、秘书长
中国康复医学会会长、副会长、秘书长
中华护理学会理事长、副理事长、秘书长
中国生理学会理事长、副理事长、秘书长
中国防痨协会理事长、副理事长、秘书长
中国麻风防治协会理事长、副理事长、秘书长
中国心理卫生协会理事长、副理事长、秘书长
表彰
人事部、卫生部、国家中医药管理局关于表彰全国卫生系统先进集体、先进工作者和“白求恩奖章”获得者的决定
第二期中国卫生发展与改革国际高级研修班成功举办
全国卫生系统共有7人荣获第十届中国青年科技奖
卫生管理干部培训和西部卫生人才培养项目实施
2007年卫生专业技术资格考试完成
卫生系统2007年新当选的中国工程院院士
中国社区卫生协会成立
人事部、卫生部联合印发《关于卫生事业单位岗位设置管理的指导意见》
世界卫生组织人力资源合作中心正式挂牌成立
第二届亚太卫生人力资源行动联盟会议召开
卫生部涉外专业技术人员资格认定中心挂牌成立并正式运行

卫生工作纪事

2007年卫生工作纪事

卫生统计信息工作

2007年卫生统计信息工作

卫 生 统 计

一、医疗服务
医疗机构诊疗人次及入院人数
2007年各类医疗机构诊疗人次及入院人数
综合医院分科门诊人次构成(%)
2007年医院分科门诊人次、出院人数及构成
医院医生人均每日担负诊疗人次和住院床日
2007年各地区医院诊疗人次及入院人数
2007年各地区非营利性医院诊疗人次及入院人数
2007年医疗机构病床使用情况

卫生部门医院和卫生院病床使用率(%)
卫生部门医院和卫生院出院者平均住院日
2007年各地区医院病床使用情况
2007年各地区非营利性医院病床使用情况
2007年东中西部地区医院和乡镇卫生院工作量
2007年三级医院工作量
2007年政府办医院收入和支出
2007年卫生部门综合医院收入与支出
综合医院门诊病人人均医疗费用
综合医院出院病人人均医疗费用
卫生部门城市医院住院病人前十位疾病构成
卫生部门县医院住院病人前十位疾病构成
居民医疗保障方式(%)
居民两周患病率(‰)
2003年疾病别两周患病率
2003年居民慢性病患病率
居民两周就诊情况
居民住院情况

二、农村社区卫生

乡镇卫生院医疗服务及病床使用情况
2007年各地区乡镇卫生院诊疗人次及入院人数
2007年各地区乡镇卫生院病床使用情况
社区卫生服务中心(站)医疗服务及病床使用情况
2007年各地区社区卫生服务中心诊疗人次及住院人数
2007年各地区社区卫生服务中心病床使用情况

三、妇幼保健

新法接生及住院分娩率
监测地区孕产妇死亡率(1/10万)
2007年监测地区孕产妇死亡原因
监测地区5岁以下儿童死亡率(‰)
节育手术情况

四、疾病控制与公共卫生

法定报告传染病发病及死亡率
2007年27种法定报告传染病发病及死亡率
2007年部分市县前十位疾病死亡专率及死因构成(合计)
2007年部分市县前十位疾病死亡专率及死因构成(男)
2007年部分市县前十位疾病死亡专率及死因构成(女)
2004—2005年前十位恶性肿瘤死亡率(1/10万)
一岁儿童免疫报告接种率(%)
2007年血吸虫病防治情况
2007年地方性氟中毒防治情况
2007年克山病、大骨节病、碘缺乏病防治情况
农村改水工作情况
各地区农村改水情况
2007年各地区农村改厕工作情况

五、人民健康水平

人口出生率、死亡率和自然增长率
各地区人口出生率和死亡率
期望寿命(岁)
各地区人口期望寿命(岁)
年龄性别期望寿命(岁)
城市七岁以下儿童身体发育情况
农村七岁以下儿童身体发育情况
青少年、儿童身体发育情况(城市男性)
青少年、儿童身体发育情况(城市女性)
青少年、儿童身体发育情况(农村男性)
青少年、儿童身体发育情况(农村女性)
居民人均每日营养摄取量
2002年居民人均每日营养摄入量

六、卫生监督

2007年被监督单位基本情况
2007年卫生监督和监测情况
2007年建设项目卫生审查情况
2007年卫生行政处罚情况

七、卫生资源

卫生机构数
2007年各地区卫生机构数(1)
2007年各地区卫生机构数(2)
2007年医疗机构数

2007年医院等级
按床位数分组医院数
卫生机构床位数
医院分科床位数及构成
2007年医疗机构床位数
2007年各地区医疗机构床位数
卫生人员数
分市县卫生技术人员数
2007年各地区卫生人员数
中高级卫生技术人员数
2005年卫生技术人员年龄及学历构成
2005年执业(助理)医师年龄及学历构成
分科医师数及构成
妇幼保健机构及床位、人员数
农村乡镇卫生院及床位、人员数
2007年各地区农村乡镇卫生院及床位、人员数
社区卫生服务中心(站)及床位、人员数
村卫生室及人员数
2007年各地区村卫生室及人员数
疾病预防控制中心机构及人员数
医学专业招生及在校学生数
医学专业毕业人数
卫生总费用
卫生事业费和卫生基建投资
八、香港和澳门特别行政区与台湾省卫生状况
香港、澳门特别行政区和台湾省居民健康状况
香港特别行政区医疗卫生条件
澳门特别行政区医疗卫生条件
台湾省医疗卫生条件

附　　录

附录1:主要国家卫生状况
人口状况
妇幼卫生状况
卫生设施
卫生费用
附录2:我国主要人口与社会经济指标
2006年底全国行政区划
人口数
各地区人口数
人口年龄构成(%)
人口文化程度
五次全国人口普查数
2006年按人口分组城市数
国内生产总值和财政收支
居民消费价格与商品零售价格指数(上年=100)

索　　引

索引

2009 卷

目录

特载

抗震救灾医疗卫生工作

卫生部抗震救灾医疗卫生应急救援工作
卫生部抗震救灾医政管理工作
卫生部抗震救灾医疗救治工作
卫生部开展抗震救灾的血液保障工作
卫生部开展地震伤员医疗康复工作
卫生部开展地震灾区护理人员培训工作
卫生部抗震救灾疾病预防控制工作
卫生部开展地震重灾区地方病防治工作需求调查
卫生部开展灾后结核病防治工作
全国爱卫会开展灾后爱国卫生运动
卫生部抗震救灾卫生监督工作
卫生部抗震救灾食品和饮用水卫生保障工作
卫生部抗震救灾医疗机构放射防护工作
卫生部抗震救灾卫生监督人员和物资保障工作
卫生部抗震救灾新闻宣传工作
卫生部抗震救灾妇幼卫生工作
卫生部抗震救灾儿童健康保护工作
卫生部抗震救灾经费保障工作
驻卫生部纪检组监察局抗震救灾资金物资监管检查工作
港澳台地区积极参加抗震救灾
卫生系统抗震救灾灾后恢复重建工作
医疗卫生对口支援地震灾区工作
国家质检总局抗震救灾卫生防疫工作
国家食品药品监督管理局抗震救灾医疗卫生工作
国家食品药品监督管理局采取监管措施确保救灾药械质量安全
国家中医药管理局抗震救灾宣传工作
国家中医药管理局抗震救灾医疗救治工作
抗震救灾期间基本医疗保险和工伤保险工作
军队卫生系统抗震救灾医疗卫生工作
中国疾病预防控制中心抗震救灾医疗卫生工作
中国疾病预防控制中心开发地震灾区手机应急疫情报告系统
中国疾病预防控制中心开展地震灾区居民营养状况评估与干预
中国疾病预防控制中心加强地震灾区结核病防治工作的技术指导
中国疾病预防控制中心开展地震灾区群体性预防接种工作
卫生部/联合国儿童基金会灾后妇幼卫生重建支持项目启动
卫生部卫生监督中心抗震救灾卫生防疫工作
中国医学科学院抗震救灾工作
中华医学会抗震救灾医疗卫生工作
中华预防医学会抗震救灾医疗卫生工作

四川省抗震救灾医疗卫生工作
陕西省抗震救灾医疗卫生工作
甘肃省抗震救灾医疗卫生工作
北京市抗震救灾医疗卫生工作
天津市抗震救灾医疗卫生工作
河北省抗震救灾医疗卫生工作
山西省抗震救灾医疗卫生工作
内蒙古自治区抗震救灾医疗卫生工作
辽宁省抗震救灾医疗卫生工作
吉林省抗震救灾医疗卫生工作
黑龙江省抗震救灾医疗卫生工作
上海市抗震救灾医疗卫生工作
江苏省抗震救灾医疗卫生工作
浙江省抗震救灾医疗卫生工作
安徽省抗震救灾医疗卫生工作
福建省抗震救灾医疗卫生工作
江西省抗震救灾医疗卫生工作
山东省抗震救灾医疗卫生工作
河南省抗震救灾医疗卫生工作
湖北省抗震救灾医疗卫生工作
湖南省抗震救灾医疗卫生工作
广东省抗震救灾医疗卫生工作
广西壮族自治区抗震救灾医疗卫生工作
海南省抗震救灾医疗卫生工作
重庆市抗震救灾医疗卫生工作
贵州省抗震救灾医疗卫生工作
云南省抗震救灾医疗卫生工作
西藏自治区抗震救灾医疗卫生工作
青海省抗震救灾医疗卫生工作
宁夏回族自治区抗震救灾医疗卫生工作
新疆维吾尔自治区抗震救灾医疗卫生工作
新疆生产建设兵团抗震救灾医疗卫生工作

重要会议报告

国务院副总理吴仪在2008年全国卫生工作会议上的讲话
国务院副总理吴仪在2008年全国中医药工作会议上的讲话
深入贯彻落实党的十七大精神　努力开创中国特色卫生事业发展的新局面——卫生部部长陈竺在2008年全国卫生工作会议上的讲话
卫生部部长陈竺在部机关2007年度工作总结大会上的讲话
周密部署　扎实工作　努力把新农合制度建设推向新高度——卫生部部长陈竺2008年全国新型农村合作医疗工作会议总结讲话
深入贯彻落实党的十七大精神　为人民健康培养更多更好的卫生人才——卫生部部长陈竺在全国医学教育工作会议上的讲话
实施“中国妇女健康行动”　努力实现人人享有基本医疗卫生服务的目标——卫生部部长陈竺在中国妇女健康行动研讨会上的讲话
卫生部部长陈竺在第六届卫生部卫生标准委员会成立大会上的书面讲话
深入贯彻落实十七大精神　努力开创卫生监督工作新局面——卫生部部长陈竺在全国卫生监督工作会议上的讲话
卫生部部长陈竺在全国卫生厅局长工作会议上的讲话
准确把握医政工作地位和作用　全面加强医疗质量管理——卫生部部长陈竺在2008年深化医院管理年活动暨全国医政工作会议上的讲话
深入贯彻落实中央精神　努力做好学校卫生工作——卫生部部长陈竺在学校卫生工作电视电话会议上的讲话
卫生部部长陈竺在贯彻落实《乳品质量安全监督管理条例》电视电话会议上的讲话
卫生部部长陈竺在2006—2007年度全国无偿献血表彰大会上的讲话
卫生部党组书记高强在2008年全国卫生工作会议上的总结讲话
深化改革　强化监管　深入推进卫生系统纠风专项治理工作——卫生部党组书记、副部长高强在全国纠风工作会议上的

讲话
卫生部党组书记高强在全国卫生厅局长工作会议上的讲话
全力以赴　做好深化医药卫生体制改革的各项准备工作——卫生部党组书记高强在 2008 年全国医政工作会议上的讲话
卫生部党组书记高强在全国援外医疗队派遣 45 周年纪念暨表彰大会上的讲话
卫生部副部长、国家中医药管理局局长王国强在 2008 年全国中医药工作会议上的总结讲话
全面贯彻党的十七大精神
开创食品药品监管工作新局面——国家食品药品监督管理局局长邵明立在 2008 年全国食品药品监督管理工作会议上的报告

政策法规

护士条例
中华人民共和国国务院令(第 517 号)
乳品质量安全监督管理条例
中华人民共和国国务院令(第 536 号)
国务院办公厅关于进一步做好地震灾区医疗卫生防疫工作的意见　国办发〔2008〕54 号
单采血浆站管理办法
中华人民共和国卫生部令(第 58 号)
护士执业注册管理办法
中华人民共和国卫生部令(第 59 号)
预防接种异常反应鉴定办法
中华人民共和国卫生部令(第 60 号)
《中外合资、合作医疗机构管理暂行办法》的补充规定二
中华人民共和国卫生部、中华人民共和国商务部令(第 61 号)
香港、澳门特别行政区医师在内地短期行医管理规定
中华人民共和国卫生部令(第 62 号)
卫生部主要职责内设机构和人员编制规定
2008 年发布的卫生标准
2008 年卫生法规及规范性文件目录

工作进展

2008 年卫生工作
2008 年全国卫生工作会议
2008 年“两会”提案、建议办理工作
公开征求深化医药卫生体制改革政策意见
开展纪念改革开放 30 周年卫生发展回顾系列研究
卫生政策专题研究
中国卫生政策支持项目(HPSP)启动人人享有基本医疗卫生服务实验研究
循证卫生决策研究网络(EVIPNet)项目工作
卫生部与部分直属单位、高校、科研机构建立卫生政策信息交流工作机制
卫生法制建设
行政复议工作
第六届卫生部卫生标准委员会成立
表彰卫生标准工作先进个人、荣誉工作者
举办《与贸易有关的知识产权协定》与公共健康国际研讨会

疾病预防控制

2008 年疾病预防控制工作
疾病预防控制工作绩效考核
疾病预防控制机构人员培训
传染病控制工作
2008 年全国法定传染病疫情
修订《传染病防治法实施办法》
将手足口病纳入法定传染病管理
完成 2008 年北京奥运会及残奥会传染病防控工作任务
建立传染病疫情管理协作机制
全国疾控系统流感大流行应对能力调查
三峡水库四期库底清理工作完成
修订出版《登革热防治手册》和《布病防治手册》

免疫规划工作
全国维持无脊髓灰质炎工作
扩大国家免疫规划工作在全国范围实施
全国消除麻疹工作
2008年乙肝控制工作
儿童预防接种信息化建设进展
艾滋病防治工作
2008年艾滋病防治工作进展
中国综合性艾滋病研究项目(中国CIPRA)总结会召开
男男性行为人群艾滋病综合防治试点工作方案
艾滋病高危人群丙型肝炎病毒感染血清流行病学调查
新一届国务院防治艾滋病工作委员会组成并召开全体会议
中共中央总书记胡锦涛和国务院副总理李克强赴北京地坛医院考察艾滋病防治工作
国务院总理温家宝赴安徽考察艾滋病防治工作、看望艾滋病致孤儿童和患者
“遏制艾滋,履行承诺——禁毒防艾宣传活动云南行”开展
《中国遏制与防治艾滋病行动计划(2006—2010年)》中期评估
全国艾滋病综合防治示范区终期评估
全国滥用阿片类物质成瘾者社区药物维持治疗工作总结暨现场经验交流举办
卫生部部长陈竺率多部委赴四川省凉山州调研艾滋病防治工作
结核病防治工作
2008年全国结核病防治规划进展
2008年度结核病防治规划联合督导
修订《中国结核病防治规划实施工作指南》
卫生部等部门慰问麻风病患者
血吸虫病与寄生虫病防治工作
卫生部、农业部联合开展血吸虫病疫情达标考核评估工作
对四川省达到血吸虫病传播控制标准评估
省部联动防治湖北省血吸虫病工作
2008年血防春查工作
血防地区有螺地带禁牧情况快速评估
中国全球基金疟疾项目第一轮结束,第五轮、六轮进展顺利
印发《包虫病外科治疗项目管理办法》(试行)和《包虫病外科治疗项目技术方案》(试行)
表彰全国丝虫病防治先进集体和先进个人
重点地区丝虫病专项调查
寄生虫病综合防治示范区工作进展
血吸虫病疫情及防治现状
疟疾疫情及防治现状
包虫病疫情及防治现状
地方病防治工作
2007年度中央转移支付地方病防治项目完成
全国碘缺乏病监测工作
卫生部加强贵州省燃煤污染型氟中毒防制工作
西部大骨节病重点病区调查
印发《燃煤污染型氟中毒防制工作考核验收办法(试行)》
慢性非传染性疾病防治工作
开展健康教育宣传慢性非传染性疾病预防知识
推动全民健康生活方式行动的开展
全国学校卫生工作电视电话会议召开
全国第三次死因回顾抽样调查报告发布
卫生部发布《营养工作规范》
推动基层慢性病防治工作
卫生部等17部门联合印发《全国精神卫生工作体系发展指导纲要(2008年—2015年)》
心理援助热线建设
出版发行《第三次全国口腔健康流行病学调查报告》
全国爱牙日设立20周年
中国疾病预防控制中心工作进展
奥运保障
奥运卫生保障工作
联合开展“健康奥运　健康北京”活动

"健康 2020"专项工作
传染病监测与控制
安徽阜阳手足口病疫情处置
传染病自动预警系统推广
人禽流感监测与应急处置
季节性流感监测与防治
流感大流行应对准备
推进卫生应急技术准备与协调
鼠疫监测与防治
寄生虫病预防控制
纪念毛泽东同志《七律二首・送瘟神》发表50 周年大会举行
第一轮全球基金疟疾项目完成
结核病防治
《中国结核病防治规划实施工作指南》修订工作
结核病管理信息系统的优化工作
推广使用《抗结核药品管理标准操作手册》
全国结核病防治宣传活动
组织开展 2008 年国家结核病防治规划联合督导
艾滋病合并结核病(TB/HIV)防治试点工作
艾滋病防控
DNA—复制型痘苗艾滋病疫苗 I 期临床试验进展
美沙酮维持治疗工作进展
免疫规划
扩大国家免疫规划工作在全国范围实施
"4・25 预防接种日"宣传活动
开展全国扩大国家免疫规划骨干培训
完成脊髓灰质炎野病毒实验室封存第一阶段工作
2008 年全国消除麻疹工作进展
2008 年全国麻疹疫苗强化免疫活动进展
2008 年乙肝控制进展
儿童预防接种信息管理系统国家信息管理平台完成验收
2008 年全国疑似预防接种异常反应监测进展
2008 年全国流脑控制工作进展
2008 年全国乙脑控制工作进展
卫生部与世界卫生组织流脑和乙脑等疾病监测合作项目
慢性非传染性疾病防治与社区卫生服务
组织开展淮河流域癌症综合防治工作
推进全民健康生活方式行动
中央补助地方慢性非传染性疾病综合干预控制项目暨健康体重和血压管理社区慢病综合防治项目进展
控烟工作进展
食品安全与环境卫生
奶粉事件处理的技术支撑
全国疾控机构"营养工作规范"制订与贯彻
奥运交通限行环境与健康影响评价研究
全国城市饮用水卫生监测
全国医院感染监测
化妆品不良反应监测
公共场所传染性疾病监控技术研究
室内空气污染对儿童哮喘影响的评估技术研究
硒水平与中国农村老年人群认知能力研究
劳动卫生与职业病防治
国家职业病防治规划起草顺利进行
国家职业卫生安全概要研讨会召开
职业卫生标准专业委员会与德国科学研究中心 MAK 委员会签署备忘录
职业卫生标准宣贯培训研讨会召开
放射卫生防护
参加 ConvEx—3(2008)国际核应急响应演习
非铀矿山放射性职业危害评价与控制研究取得阶段性成果
放射诊疗中质量控制技术与医用安全评价研究取得阶段性成果
完成全国核和辐射应急医学资源调查
建立国家放射工作人员个人监测与健康监护登记报告管理系统
持续开展核电站周围居民健康调查
农村改水改厕
完成农村饮用水水质卫生监测培训教程编写

完成全国农村饮用水与环境卫生现状调查工作
完成农村饮用水水质监测报告和农村供水工程水质卫生监测报告
水质监测网络直报
妇幼保健
2007 年度全国省级妇幼保健院院长年会召开
全国新生儿窒息复苏项目工作会议召开
科学研究
科研工作进展
组织艾滋病和病毒性肝炎等重大传染病防治专项
国际交流与合作
中美疾控中心合作伙伴关系稳步发展
中国疾控中心积极与澳大利亚开展合作
保持和发展与日本、韩国疾控机构合作交流机制
中国全球基金项目进展
健康促进
开展健康教育与媒体沟通工作
信息报告
传染病疫情网络直报率继续稳定增长

爱国卫生运动

新一届全国爱国卫生运动委员会全体会议召开
全国爱卫会命名 15 市 4 区为国家卫生城市和国家卫生区
全国爱卫会组织对 2004 年命名的国家卫生城市(区)、镇(县城)进行复审
第 20 个爱国卫生月活动
全国爱卫会召开重大事件中的爱国卫生工作研讨会
推动建设健康城市(区、镇)活动
中国首届国际健康城市市长论坛召开
迎奥运病媒生物防制技术交流研讨会召开
全国爱卫会、卫生部组织召开农村环境卫生战略研讨会
2007 年中央补助地方农村改水改厕项目
卫生部、国家发展改革委、水利部印发《关于加强农村饮水安全工程卫生学评价和水质卫生监测工作的通知》
血防省份中央补助地方公共卫生专项资金农村改厕项目效益评价工作
全国爱卫会、联合国儿童基金会合作开展“清洁家园,健康奥运”行动和第一届国际洗手日活动
国家卫生镇创建工作

卫 生 应 急

2008 年卫生应急工作
2008 年全国卫生应急工作会议召开
2008 年全国卫生应急办公室主任会议召开
编写《突发公共事件卫生应急体系建设与发展规划》
国家突发公共卫生事件专家咨询委员会专家座谈会召开
突发公共卫生事件及危险因素的监测预警
实施《突发急性传染病防控战略》
人感染高致病性禽流感防控工作
鼠疫防控应急工作
卫生应急指挥与决策系统项目建设
2008 年突发公共卫生事件分析年报
加强卫生应急军地合作
印发《卫生应急队伍装备参考目录(试行)》
加强卫生应急培训与演练
推动卫生应急学科建设
强化卫生应急物资储备
南方低温雨雪冰冻灾害卫生应急
奥运医疗卫生保障
2008 年全国食物中毒报告情况
实施《国际卫生条例(2005)》
2008 年核和辐射突发事件医学应急
事故灾难医疗卫生救援

卫生监督执法

2008 年食品安全综合协调与卫生监督工作
卫生监督体制改革和卫生监督体系建设
全国卫生监督工作会议召开

完成卫生监督体系三年建设评价工作
加强卫生监督技术支持能力建设
推进卫生监督机构房屋基础设施建设
加强卫生监督政务信息公开工作
加强卫生监督稽查工作
制定印发《卫生监督执法考核评议量化指标体系》
开展《卫生监督人员胜任力模型构建与素质测评研究》
举办全国卫生厅局长行政执法培训班
举办全国市(地)级卫生监督管理干部培训班
实施中西部地区卫生监督员培训项目
食品卫生监督管理
建立健全食品安全综合协调机制
卫生部等10部委贯彻落实《乳品质量安全监督管理条例》
发布乳品中三聚氰胺限量值
启动乳品质量安全标准清理工作
奶粉事件应急处置工作
组织开展全国打击违法添加非食用物质和滥用食品添加剂专项整治工作
吊销2起违法添加药物的保健食品批准证书
开展食品、化妆品、消毒产品、涉及生活饮用水安全产品监督抽检工作
开展对食品、化妆品和消毒产品仿冒药品生产经营行为专项整治工作
组织查处苗岭洁肤霜、苗岭鼻通生态液违规添加西药等违法行为
组织开展全国桶装饮用水卫生专项监督检查
调查处理矿泉水溴酸盐问题
开展化妆品卫生许可检验机构认定工作
开展化妆品不良反应监测点认定工作
第40届国际食品添加剂法典委员会(CCFA)会议举办
发布新资源食品公告
劳动卫生与职业病防治
2008年全国职业病报告情况
进一步加强职业病防治工作
印发《关于进一步加强职业病防治工作的通知》
开展《职业病防治法》实施6周年系列宣传活动
组织开展2008年国家职业卫生监督检查
推进云南省个旧市锡矿工人肺癌防治工作
卫生部督办安徽省无为县小煤窑农民工尘肺病高发和广西自治区2起职业性慢性铅中毒事件
加强职业卫生技术服务机构监督管理工作
组织实施建设项目职业卫生审查工作
推进基本职业卫生服务试点工作
国家职业病诊断与鉴定技术指导委员会第一次全体会议召开
放射卫生监督管理
组织开展2008年国家放射卫生监督检查
组织开展全国放射卫生工作现状调查
组织实施核设施等建设项目卫生审查工作
加强放射工作人员健康管理工作
山西农科院钴-60辐射事件的调查和救治
环境卫生监督管理
组织开展全国公共场所卫生重点监督检查
扩大城市饮用水卫生监测网络试点
国家环境与健康工作领导小组成立
卫生部环境与健康专家委员会成立
卫生部与世界卫生组织联合开展气候变化与健康项目
卫生部与农工民主党等联合举办中国环境与健康宣传周
组织拍摄公共场所卫生规范宣传片
中法健康与可持续发展论坛举办
学校卫生监督管理
卫生部与教育部、财政部联合发布《国家学校体育卫生条件试行基本标准》
编辑出版《学校卫生法律法规标准文件汇编》
传染病防治监督
组织开展全国传染病防治监督重点检查
编辑出版《卫生监督员手册——医疗卫生机构传染病防治监督》分册

医疗服务和血液安全监督
全国打击非法行医专项行动和非法采供血专项整治工作总结电视电话会议召开
督导调研安徽、山西、黑龙江3省打击非法行医和非法采供血长效机制建设工作
编印《血液监督案例评析汇编》、《中国卫生监督医疗服务和血液安全专刊》
全国医疗服务和血液安全监督骨干培训班暨长效机制建设经验交流会举办
通报河南省商水县医疗服务市场混乱查处情况
通报黑龙江省绥化市、兰西县非法行医诊所查处情况
奥运公共卫生保障
组织开展北京奥运会食品、饮用水和公共场所卫生保障工作
组织开展北京奥运会核与辐射事件应急准备相关保障工作
组织北京奥运会化学中毒应急处置技术支持相关工作
职责调整和机构改革工作
卫生部食品安全监管职责进行调整
卫生部化妆品监管职责平稳交接
卫生监督中心工作进展
奥运公共卫生安全保障工作
完成奥运公共卫生安全保障工作任务
做好奥运期间值班工作
奥运宣传工作
电子政务与政务信息公开
卫生监督中心电子政务建设
政务信息公开工作
卫生行政许可工作
新资源食品、食品添加剂新品种卫生行政许可工作
化妆品行政许可工作
消毒剂、消毒器械行政许可工作
涉及饮用水卫生安全产品行政许可工作
建设项目职业卫生审查工作
建设项目职业病危害评价资质(甲级)的受理、资料审查、评审意见汇总上报工作
卫生标准管理工作
卫生标准制修订管理工作
卫生标准宣贯工作
组织卫生标准制修订工作
开展卫生标准体系建设项目
检验技术规范工作
卫生行业国家计量认证工作
开展卫生部健康相关产品检验机构认定工作
卫生监督信息化建设
推进《国家级卫生监督信息系统项目》
开展卫生监督信息标准制定
组织开发卫生监督基础数据库系统
卫生监督信息报告工作
卫生监督体系建设与监督员培训
卫生监督综合执法项目管理
承办第6—8期全国市(地)级卫生监督机构管理干部培训班
举办全国省级卫生监督培训工作管理干部培训班
举办全国省级卫生监督机构卫生法制师资培训班
举办全国省级卫生监督员执法能力培训班
开展卫生监督员培训情况回溯调查工作

国境卫生检验检疫

2008年国境卫生检验检疫工作
口岸疫情和突发事件处置
“国际卫生机场(港口)”创建工作
奥运会(残奥会)口岸卫生保障工作
口岸申报和查验制度
保健中心管理
卫生处理安全质量专项检查
各项工作的协作与配合

农 村 卫 生

2008年农村卫生工作
2008年全国新型农村合作医疗工作会议召开
卫生部、财政部联合印发《关于做好2008年

新型农村合作医疗工作的通知》
全国政协委员赴安徽、宁夏视察新型农村合作医疗制度建设
财政部、卫生部制定完善新型农村合作医疗基金管理制度
卫生部印发《关于规范新型农村合作医疗健康体检工作的意见》
卫生部印发《关于规范新型农村合作医疗二次补偿的指导意见》
卫生部印发《新型农村合作医疗管理信息系统基本规范(2008年修订版)》
卫生部报送《关于近期新型农村合作医疗有关情况的报告》
加强对新型农村合作医疗资金管理使用的监督指导
联合开展新型农村合作医疗经办机构建设专题调研
开展新型农村合作医疗基金监管专项督导检查
开展农业人口较少地区地市级统筹、大病统筹与门诊统筹相结合等新型农村合作医疗试点
卫生部批复实行城乡一体化医疗保障制度有关问题
开展全国新型农村合作医疗专题培训
卫生部组织开展宁夏、四川新型农村合作医疗管理人员培训
加强对新型农村合作医疗工作的研究和指导
召开东、中、西部地区新型农村合作医疗工作研讨会
指导实施2008年中西部新型农村合作医疗管理能力建设项目
开展新型农村合作医疗有关课题研究
编印新型农村合作医疗宣传画册、信息统计手册及相关汇编资料
开展乡镇卫生院收支两条线管理试点
开展农村卫生机构业务合作试点
开展二级以上医疗卫生机构对口支援乡镇卫生院项目
开展中西部地区农村卫生人员培训项目
举办民族地区乡镇卫生院卫生技术人员实用技能培训班
开展乡镇卫生院职工养老、医疗保障相关政策研究
印发《乡村医生考核办法》
开展2008年全国优秀乡村医生评选表彰活动
举办《乡村医生从业管理条例》培训班
开展农村基层卫生人力调查研究
调查湖北乡村卫生服务管理一体化有关情况
制定《农村居民健康档案管理规范(试行)》
推动农村医疗信息化试点项目
开展温暖工程李兆基基金万名乡村医生培训项目
卫生部—嘉道理慈善基金会召开农村社区健康促进项目(一期)总结会和项目二期启动会
卫生部向世界卫生组织提交初级卫生保健发展建议
卫生部举办全国农村初级卫生保健培训班

妇幼保健与社区卫生

妇幼卫生

2008年妇幼卫生工作
召开中国妇女健康行动研讨会
召开全国产前诊断技术专家研讨会
启动实施中西部6省出生缺陷防治项目
组织开展妇女病防治工作现况调研
开展生殖道感染防治项目
推进全国预防艾滋病母婴传播工作
促进全国妇幼卫生信息工作
开展高级产科生命支持(ALSO)培训
实施卫生部/联合国儿童基金会城市流动人口妇幼保健服务试点项目
继续实施卫生部/联合国人口基金生殖健康/计划生育第六周期项目
降低孕产妇死亡率和消除新生儿破伤风项目进展

推进新生儿窒息复苏工作
促进母乳喂养工作
开展社区儿童保健规范试点
中国西部四省儿童微量营养素补充项目启动
开展全国新生儿疾病筛查现状调查
母子系统保健项目工作
调查7省农村留守儿童营养与健康
社区卫生
2008年社区卫生工作
卫生部召开全国社区卫生服务体系建设重点联系城市工作研讨会
卫生部新增7个社区卫生服务体系建设重点联系城市
卫生部召开社区卫生服务机构收支两条线管理研讨会
卫生部组织开展社区卫生行政管理人员培训
研究推广社区卫生服务技术规范
卫生部与拜耳医药保健有限公司合作开展中国社区卫生促进项目

医政管理

2008年医政工作
继续深化医院管理年活动,探索建立医院管理长效机制
2008年深化医院管理年活动暨全国医政工作会议召开
对2005—2007年度全国医院管理年活动先进单位进行表彰
印发《医院管理评价指南(2008年版)》
组织完成2008年医师资格考试工作
开展专科医师准入试点工作
批准首批心血管介入诊疗培训基地
加强合理用药监测工作
“4·28”胶济铁路重特大交通安全事故医疗救援工作
手足口病医疗救治工作
婴幼儿奶粉事件婴幼儿的筛查及医疗救治工作
北京奥运会、残奥会医疗保障工作
印发实施《救护车》行业卫生标准
第二届“挪度杯”全国急救中心急救技能大赛举办
万名医师支援农村卫生工程取得成效
组织召开万名医师支援农村卫生工程项目工作座谈会
万名医师支援农村卫生工程信息沟通工作
部属(管)医院支援西部地区农村卫生工作项目
“走进西部”万名县级医院医师培训项目取得进展
制定医疗机构审批管理若干规定
规范医疗机构命名管理
完善中外合资、合作医疗机构审批管理规定
制定《〈中外合资、合作医疗机构管理暂行办法〉补充规定二》
公布首批全国院务公开示范点/推进全国医院院务公开工作
加强医疗广告管理
无偿献血工作
2006—2007年度全国无偿献血表彰
北京奥运会和残奥会医疗卫生的血液保障工作
深化采供血机构岗位培训和在职继续教育
《单采血浆站管理办法》发布实施
继续开展采供血机构质量管理督导检查活动
贯彻实施《护士条例》
制定颁布《护士执业注册管理办法》
对全国卫生系统护士岗位技能竞赛活动获奖单位进行表彰
开展关于护士队伍分级管理的调研工作
卫生部通报西安交通大学医学院第一附属医院发生严重医院感染事件
开展加强多重耐药菌感染的控制工作
进一步规范医疗机构临床使用便携式血糖检测仪采血笔
宣传贯彻《禁毒法》
全国“爱眼日”宣传活动举行

开展全国“爱耳日”宣传活动
开展中西部地区儿童先天性疾病和贫困白内障患者复明救治项目
推进微笑列车唇腭裂修复慈善项目
启动“畅听未来—中国耳聋防治五年计划”项目
卫生部/非政府组织防盲治盲工作协调会召开
开展公立医院改革专题调研
卫生部医疗服务监管司成立
2008年医师资格考试工作
2008年卫生部医师资格考试工作会议
2008年全国医师资格考试考务工作会议
2008年医师资格考试医学综合笔试督导工作

医学教育

2008年医学教育工作
全国医学教育工作会议召开
颁发《医学教育临床实践管理暂行规定》
乡村医生中专学历教育
乡镇卫生院卫生技术人员培训试点工作评估
《乡镇卫生院卫生技术人员在职培训指导手册》修订再版
乡村医生培训工作评估
中西部社区卫生人员岗位培训工作
全科医师规范化培训基地评审
印发《亚专科医师培训登记手册系列》
专科医师培训工作高峰论坛举行
专科医师培训标准的推广与修订
专科医师培训课题研究
《临床药师培训指导手册》出版
成立农村党员干部现代远程教育专题教材制播工作领导小组
颁发《关于加强继续医学教育工作的若干意见》
全国继续医学教育委员会学科组第十四次工作会议召开
全国继续医学教育委员会人员组成调整
远程医学教育管理能力建设项目课题研究启动
远程医学教育研讨会召开
复旦大学中山医院通过远程医学教育机构评审认可
认可四川大学华西医院为开展远程医学教育试点单位
加强对6个学(协)会Ⅰ类继续教育学分证书和项目的管理
国家级继续医学教育项目执行情况检查
华夏基金会2008/2009社区护理师资/骨干培养项目启动

医学科学技术

2008年医学科技工作
完成“十一五”国家科技支撑计划营养膳食对健康影响的研究等7个项目立项课题评审工作
完成卫生部艾滋病防治应用性研究项目2005年度课题验收工作
浙江、河南及福建省的省部联合卫生科研基金2008年度课题完成立项评审工作
建立国家医学科学研究部际会商机制
颁发《关于加强适宜卫生技术推广工作的指导意见》
卫生部第二轮面向农村和城市社区适宜卫生技术推广十年百项计划第八批项目启动
卫生部第二轮面向农村和城市社区适宜卫生技术推广十年百项计划第五批项目验收
中古生物技术合作项目进展及联合工作组第四次会议召开
2008年卫生科技进社区项目各项活动
2008年度国家科技奖励推荐工作
举办科技列车贵州行活动
参与制订《公共卫生、创新和知识产权全球战略和行动计划》
推动《涉及人的生物医学研究伦理审查办法(试行)》的实施
加强奥运期间实验室生物安全管理工作电

视电话会议召开
加强奥运会期间实验室生物安全管理工作会议召开
举办奥运期间实验室生物安全及生物恐怖防范培训班
卫生部核医学重点实验室、卫生部心血管疾病再生医学重点实验室和卫生部移植医学工程技术研究中心通过验收
卫生系统实验室资质认定国家级评审员管理工作研讨会召开
卫生系统颁布《卫生系统认证认可实施指南》
21 个单位、部门通过国家实验室资质认定、国家实验室认可的监督评审和复查评审
首届中国医学科学院—中国科学院上海巴斯德研究所传染病领域研讨会成功举办
昆明高等级生物安全灵长类动物实验中心举行奠基仪式
承担卫生部手足口病科技支撑任务
濒危药材繁育国家工程实验室启动建设
中国医学科学院北京协和医学院召开奥运志愿者出征动员大会及表彰总结大会
中国医学科学院北京协和医学院 4 个教学项目进入教育部“质量工程”
中国卫生思想政治工作促进会医学科研分会成立大会暨全国医学科研高层论坛召开
举行乡村医生培训班结业典礼
小檗碱治疗高胆固醇血症的基础、临床研究及类似物或前药的开发研究项目获第七届德彪－CCRF 中国奖一等奖
中国医学科学院九项科研成果荣获 2007 年度中华医学科技奖
2008 年中华医学科技奖推荐、评审情况及获奖项目名单

中医药事业管理

2008 年中医药工作
国务院中医药工作部际协调小组第一次全体会议召开
2008 年全国中医药工作会议召开
全国中医药局长会议召开
举办“中华中医药心连心”主题活动
中医药服务北京奥运会
继续开展“中医中药中国行”活动
中医药文化科普项目获得国家财政支持
国家投入中医药行业资金增加
纪念毛泽东“西学中批示”发表 50 周年
城市社区中医药人才培养工作
启动第四批老中医药专家学术经验继承工作
启动“十一五”中医药学科建设工作
中医药立法工作
中医药标准化工作取得新进展
建立中医医疗广告的监测机制
首届中医诊疗设备论坛暨展览会举办
农村中医药工作
社区中医药服务工作
加强中医医院特色管理
民族医药工作
“973”中医专项 2008 年项目立项
“治未病”高峰论坛系列专题讲坛举办
中医临床适宜技术发布第三批公告
“十一五”国家科技支撑计划 2008 年确定 4 个中医药项目
《中华本草》编纂工作全部完成
“十五”国家科技攻关计划“名老中医学术思想、经验传承研究”完成并通过专家验收
中药标准国际合作研究课题通过验收
珍稀濒危常用中药资源五种保护模式的研究等两项中医药成果获得 2008 年度国家科学技术奖
签署整合医学和中医药领域合作的谅解备忘录
中法中医药合作逐步推进
英国 2008 时代中国——中医药周活动
卫生部副部长兼国家中医药管理局局长王国强率代表团访问澳门、香港并与澳门社会文化司签署中医药领域合作协议
世界卫生组织传统医学大会举行
首届世界中医药教育大会召开

食品药品监督管理

2008年食品药品监督管理工作
规范药品零售企业经营行为
加强药品零售企业销售凭证管理
建立兴奋剂监管长效机制
组织对蛋白同化制剂、肽类激素药品生产企业开展飞行检查
卫生部药物政策与基本药物制度司成立
起草建立国家基本药物制度配套文件
制订2009年《国家基本药物目录》
建立国家基本药物制度工作座谈会召开
开展国家基本药物使用情况调研

医药行业管理

2008年医药行业管理工作
印发《医药行业统计制度》
组织申报2008年度中药材扶持项目

医疗保险管理

2008年城镇基本医疗保险工作
2008年城镇居民基本医疗保险试点工作

规划财务管理

2008年卫生规划财务管理工作
制定印发《接受国(境)外资助的卫生国际合作项目财务管理办法》
制定《公共卫生项目支出绩效考评暂行办法》
印发《新型农村合作医疗基金财务制度》和《新型农村合作医疗基金会计制度》
制定印发《卫生行业科研专项经费管理暂行办法》
开展“健康中国2020”战略规划研究和制订工作
开展“十一五”规划中期评估
医疗机构药品集中采购工作
高值医用耗材集中采购工作
开展宁波医疗机构经济运行调研
开展部分地区改革发展规划调研
全国医疗服务价格工作会议召开
开展射波刀治疗参考成本测算
继续完善医疗服务价格项目规范
规范和理顺卫生行政事业性收费
2008年中央财政继续加大卫生投入
参与医药卫生体制改革
重大公共卫生事件经费保障工作
加强新型农村合作医疗基金管理
中央财政加大重大疾病免费救治范围
落实中西部地区农村孕产妇住院分娩补助政策
加强预算管理
开展政府采购执行情况专项检查工作
农村卫生服务体系建设与发展规划中央专项投资全部下达
组织实施扩大内需促进经济增长项目
组织实施汶川地震灾区卫生系统灾后恢复重建规划
举办全国安全医院建设管理培训班
综合医院建设标准修订颁布
乡镇卫生院建设标准正式颁布
《卫生部甲类大型医用设备配置审批工作制度(暂行)》印发执行
《2008年—2010年全国正电子发射型断层扫描仪配置规划》印发执行
开展全国大型医用设备装备清理排查工作
卫生部查处4家医疗机构违规装备射波刀
全国卫生系统基本建设和装备管理工作会议召开
2008年医学装备评估选型工作完成
北京大学第一医院内科病房楼竣工交付使用
开展对外投资、合作项目内部控制审计评价
落实《卫生系统内部审计工作规定》
完成领导干部经济责任等审计任务
西部开发卫生工作
卫生扶贫工作
民族卫生工作
卫生援藏工作
中国卫生经济培训与研究网络活动

健康教育与新闻出版

2008年健康促进与健康教育工作

卫生部发布《中国公民健康素养——基本知识与技能(试行)》
2008年全国健康教育与健康促进工作研讨会暨中央补助地方烟草控制与健康素养项目工作会议召开
全国亿万农民健康促进行动领导小组2008年第一次协调员会议召开
全国亿万农民健康促进行动领导小组2008年第二次协调员会议召开
2008中国健康教育与健康促进大会召开
首期中国公民健康素养促进行动巡讲师资培训班举办
地震灾后健康教育工作研讨会召开
卫生部印发《中国公民健康素养促进行动工作方案(2008—2010年)》
9部委联合举办全国亿万农民健康知识竞赛
卫生部、全国爱卫办联合印发《无烟医疗卫生机构标准(试行)》
卫生部、教育部、国家工商总局和全国爱卫办联合印发《关于开展第二十一个世界无烟日活动的通知》
发布《2008年中国控制吸烟报告》
2008—2009年度中国烟草控制大众传播活动启动
实现“无烟奥运”目标
全国控烟履约研讨会举办
世界卫生组织召开《烟草控制框架公约》第三次缔约方会议
2008年中央补助地方健康教育与烟草控制项目完成
2008年卫生新闻宣传工作
“12320”工作进展
2008年度中医药十大新闻评选
2008年人民卫生出版社图书出版
全国高等学校高职高专药品类专业教学计划教学大纲审定会议暨卫生部“十一五”规划教材主编人会议召开
《大国医》与中医文化高峰论坛举行
北京2008科技·医学·教育国际出版与合作论坛举行
世界中医药学会联合会出版编辑专业委员会成立大会召开
北京2008国际医学院校长高峰论坛暨全国高等医药教材建设研究会·人民卫生出版社专家咨询委员会2008年会召开
配合重大卫生活动

国际交流合作与外资利用

2008年国际合作与对外交流工作
重要出访
卫生部部长陈竺率团访问荷兰并出席国际科学院组织执委会会议
卫生部副部长陈啸宏率团访问利比里亚和纳米比亚
卫生部副部长马晓伟率团访问葡萄牙和希腊
卫生部副部长黄洁夫率团访问马来西亚和越南
卫生部部长陈竺率团出席第61届世界卫生大会
卫生部副部长刘谦率团出席第62届联大艾滋病问题高级别会议
卫生部副部长黄洁夫率团赴澳大利亚出席第22届国际器官移植大会并访问新西兰
卫生部副部长、国家食品药品监督管理局局长邵明立赴美国出席第19届中美商贸联委会
卫生部副部长、国家中医药管理局局长王国强率团出席世界卫生组织西太区委员会第59届会议
卫生部副部长刘谦率团出席第三届东盟与中日韩(10+3)和第二届中国—东盟(10+1)卫生部长会议并顺访菲律宾
卫生部副部长黄洁夫率团出席中俄人文合作委员会卫生合作分委会第八次会议
卫生部部长陈竺出席英国医学科学院年会并获荣誉院士
驻卫生部纪检组组长李熙率团访问德国和奥地利
重要来访
卫生部部长陈竺会见荷兰卫生、福利和体育

部国务秘书布斯梅克
德国卫生部国务秘书卡斯派斯莫克访华
古巴卫生部部长巴拉盖尔访华
卫生部部长陈竺、副部长黄洁夫分别会见老挝卫生部长本梅·达拉洛
卫生部党组书记高强会见冰岛外交部全球卫生事务特使贡纳尔松
卫生部副部长黄洁夫会见瑞典首相夫人赖因费尔特
卫生部副部长黄洁夫会见英国国际发展部常务副部长托马斯
卫生部党组书记高强会见美国农业部副部长道尔
美国卫生部部长莱维特访华
卫生部部长陈竺会见马里卫生部部长杜尔
纳米比亚卫生部副部长海因古拉访华
印尼卫生部部长茜蒂访华
卫生部部长陈竺会见法国卫生青年体育和社团生活部长巴切罗女士
卫生部部长陈竺会见世界卫生组织总干事陈冯富珍
卫生部部长陈竺会见瑞典卫生大臣拉尔松
联合国艾滋病规划署执行主任皮奥特访华
卫生部部长陈竺会见朝鲜保健省保健相崔昌植
卫生部副部长黄洁夫会见欧盟健康与消费者总司长马德林
卫生部副部长陈啸宏会见美国农业部副部长雷蒙德
越南卫生部部长阮国兆访华
英国卫生大臣约翰逊访华
世界卫生组织总干事陈冯富珍访华
卫生部副部长陈啸宏会见世界卫生组织助理总干事艾迪恩博士
驻卫生部纪检组长李熙会见斯洛伐克卫生部部长哈斯
德国联邦政府毒品专员巴特辛访华
卫生部副部长黄洁夫会见马耳他社会政策部部长达理
卫生部部长陈竺、党组书记高强分别会见世界卫生组织(WHO)西太区主任尾身茂
丹麦卫生大臣阿克谢尔访华
卫生部部长陈竺会见世界卫生组织西太区候任主任申英秀

重要国际会议

中英(上海)公共卫生应急研讨会举行
中加卫生联合委员会举行第一次会议
中日疫苗可预防疾病项目联合协调委员会召开
卫生部派员出席东盟—中日韩(10+3)新发传染病疫情及突发公共卫生事件信息交换网络启动会议
上海合作组织成员国首次卫生部门高官会及卫生防疫领导人会议
卫生部副部长马晓伟出席中国—希腊卫生研讨会
世界卫生组织在华合作中心未来发展研讨会召开
大湄公河次区域国家疟疾监测、预测和早期预警培训班举办
亚洲区域边境地区卫生合作项目经验交流会举办
卫生部派员出席中俄印三边卫生高官会
中日韩三方流感大流行联合应对桌面演练举行
东盟与中日韩传统医药的规范化实践研讨会举办
中日韩三国卫生部部长会议举行
世界卫生组织传统医学大会举行
东盟与中日韩口腔国际交流与合作论坛举办
中国派团参加世界卫生组织《烟草控制框架公约》第三次缔约方大会
中美食品安全研讨会召开
卫生部副部长黄洁夫出席世界卫生组织异种移植临床研究规范建立国际研讨会
国务院副总理李克强、全国人大常委会副委员长韩启德出席援外医疗队派遣45周年纪念活动
中法卫生合作混合委员会第一次会议举行

卫生部领导出席第四、第五次中美战略经济对话

国际合作项目情况

中国/世界卫生组织 2008—2009 年度合作项目启动

《国家级卫生国际合作项目管理细则》印发施行

卫生部组织艾滋病国际合作项目第二次联合督导

中国高级卫生行政人员培训项目第三期培训班

中国一默沙东艾滋病合作项目 2008 年进展

卫生部与盖茨基金会中国艾滋病防治项目进展

卫生部与克林顿基金会艾滋病防治项目进展

卫生部与美国微笑列车唇腭裂修复项目进展

卫生部与美国亨氏公司建立中国西部儿童微量营养素补充项目

中美新发和再发传染病项目进展

卫生部与拜耳公司中国社区卫生促进项目进展

卫生部与拜耳公司“走进西部”县级医院医师培训项目进展

卫生部与瑞声达听力公司“畅听未来”儿童耳聋防治合作项目进展

澳援亚洲艾滋病区域项目中国子项目进展

中国综合性艾滋病研究项目顺利结束

中缅边境地区疟疾防控合作项目

中缅、中越、中老边境地区艾滋病防控合作项目

中越边境地区流动人口结核病控制合作项目

中澳卫生与艾滋病项目

全球艾滋病、结核和疟疾基金项目进展

其他重要外事活动

世界卫生组织在华合作中心网站正式启用和 2 个在华合作中心获得批准

全国卫生外事工作会议召开

中印组成联合医疗队纪念印度援华医疗队 70 周年

卫生部副部长黄洁夫会见美国强生公司全球副总裁高瑞博士

卫生部副部长马晓伟会见美国佩罗系统公司董事局主席罗斯·佩罗

第二批俄罗斯别斯兰受伤儿童来华进行康复治疗

卫生部部长陈竺会见出席“中国发展高层论坛 2008”的有关代表

卫生部副部长黄洁夫会见盖茨基金会首席运营官斯科特

卫生部副部长黄洁夫会见礼来公司董事长陶瑞尔

《卫生部业务主管境外基金会代表机构管理规定》印发施行

卫生部部长陈竺会见美国哈佛大学教授肖庆伦

卫生部党组书记高强会见加拿大驻华大使罗岚

卫生部部长陈竺会见法国健康与医学研究院院长西赫达

卫生部与世界卫生组织共同举办世界卫生日纪念及世界卫生组织成立 60 周年纪念活动

卫生部部长陈竺会见瑞典卡罗林斯卡医学院分子医学中心主任特伦纽斯

卫生部副部长黄洁夫会见西门子公司医疗系统全球总裁瑞翰德

泰国精神卫生考察团来华考察

卫生部部长陈竺会见美国纽约科学院主席鲁宾斯坦

卫生部部长陈竺会见世界卫生组织驻华代表韩卓升

世界卫生组织、联合国儿童基金会向中国地震灾区捐赠资金和医疗物资

卫生部部长陈竺致函感谢派遣医疗队参加地震救援工作

卫生部部长陈竺与法国卫生青年体育部长巴切罗通电话

卫生部副部长黄洁夫会见美国西储大学教授艾秀慈
北京市副市长丁向阳获世界无烟日奖
卫生部副部长陈啸宏会见世界卫生组织驻华代表韩卓升
卫生部副部长黄洁夫会见美国联合健康集团代表团
中蒙两国签署《中华人民共和国卫生部与蒙古国健康部2008－2012年卫生合作执行计划》
卫生部副部长黄洁夫会见美国爱尔康眼科产品有限公司首席执行官雷蒙德
卫生部副部长黄洁夫会见日本安斯泰来制药集团董事长竹中登一
联合国秘书长潘基文及其联合国代表团参观北京地坛医院"红丝带之家"并会见艾滋病感染者代表
卫生部部长陈竺会见思科公司董事会主席兼首席执行官钱伯斯
卫生部部长陈竺会见全球卫生研究论坛执行主任麦特林
卫生部副部长黄洁夫会见诺华公司全球副总裁魏友乐
卫生部副部长黄洁夫会见美国帕斯适宜卫生科技组织总裁埃里亚斯
卫生部部长陈竺会见强生公司糖尿病全球集团主席保罗
世界卫生组织等联合国机构考察组赴陕西、甘肃地震灾区考察
卫生部考察组访问哈萨克斯坦、乌兹别克斯坦和吉尔吉斯斯坦共和国
中国与马拉维签署《中华人民共和国政府和马拉维共和国政府关于中国派遣医疗队在马拉维提供医疗服务的议定书》
卫生部部长陈竺会见为北京奥运会提供技术支持专家
卫生部部长陈竺会见美国约翰·霍普金斯大学校长布劳迪
卫生部部长陈竺会见美国迈阿密大学校长莎拉拉
卫生部部长陈竺会见美国德克萨斯心脏研究所所长威勒森
卫生部副部长黄洁夫会见德国默克雪兰诺公司全球总裁凯勒
卫生部颁布《关于印发〈关于加强因公出国(境)管理的规定〉的通知》
卫生部部长陈竺会见法国施维雅制药公司全球首席执行官施达
卫生部部长陈竺与美国卫生与公众服务部部长莱维特举行电话会议
卫生部部长陈竺接受英国《柳叶刀》杂志专访
国务院总理温家宝接受美国《科学》杂志主编艾伯茨专访
卫生部部长陈竺会见英国葛兰素史克公司全球总裁维迪
卫生部部长陈竺会见法国赛诺菲－安万特集团主席戴和柯
卫生部副部长刘谦会见美国制药企业协会代表团
卫生部部长陈竺会见法国梅里埃集团总裁梅里埃
卫生部部长陈竺、副部长黄洁夫出席《柳叶刀》中国专辑首发仪式
卫生部部长陈竺会见法国科学院院士雷恩教授
卫生部副部长尹力会见美国疾控中心主任葛贝丁
卫生部党组书记高强会见瑞士雀巢集团全球总裁薄凯
卫生部组织第三期国际职员后备人才考试
卫生部副部长陈啸宏会见微软全球首席研究与战略官蒙迪
卫生部部长陈竺出席"法国医学日"巡回活动闭幕式
卫生部副部长刘谦出席"中美艾滋病及全球健康论坛"
卫生部部长陈竺会见美国英杰公司主席鲁塞尔
卫生部副部长黄洁夫会见世界经济论坛执

行董事布伦德
卫生部副部长黄洁夫会见英国议会国际发展委员会代表团
中美续签医学及公共卫生科学技术领域合作议定书并授予美国卫生与公众服务部长莱维特“中国卫生奖”
卫生部副部长刘谦会见法国生物梅里埃公司副总裁伯纳德
卫生部办公厅印发《关于规范卫生部业务主管(挂靠)社会团体外事工作的通知》
卫生部部长陈竺会见法国驻华大使苏和

港澳台合作情况

卫生部副部长刘谦赴香港出席华夏基金会成立二十五周年庆典
卫生部部长陈竺、副部长黄洁夫分别会见香港公共医疗医生协会访问团
卫生部副部长陈啸宏考察香港奥运医疗保障及食物安全筹备工作
卫生部颁布台湾医师申请大陆医师资格新政策
卫生部副部长黄洁夫会见澳门中华医学会访京团
香港公立医院、卫生署及大学医生协会访问卫生部
卫生部党组书记高强会见台湾华人医务管理学会
卫生部副部长黄洁夫赴港出席国际肝移植学术会议
卫生部副部长王国强赴港出席2008年第十五届香港医管局年会
卫生部党组书记高强出席厦门长庚医院开业典礼
扶轮港澳地区代表团访问北京与卫生部签署乙肝疫苗接种合作协议
华夏基金会资助社区护理师资/骨干培养项目
第三十届国际输血全球大会在澳门举行
卫生部部长陈竺会见台湾生策会一行
嘉道理慈善基金会农村社区健康促进项目Ⅱ
卫生部部长陈竺、副部长黄洁夫会见香港政务司司长唐英年
香港东华三院董事局访问卫生部
卫生部部长陈竺会见台湾中化制药有限公司一行
第十一届海峡两岸暨香港医学教育研讨会举办
第二届两岸四地烟害防治交流研讨会召开
两岸四地华人健康平台2008举行
首期社区基层卫生建设高层管理班举办
《海峡两岸食品安全协议》签署
卫生部部长陈竺赴香港出席香港医学专科学院成立十五周年庆典
“再创生命—扶轮百万小儿健肝工程”重庆项目
中国医师协会会长殷大奎赴澳门出席家庭医学2008年度毕业典礼
长城演练2008
卫生部副部长黄洁夫会见香港四家大医院病房经理代表团
港澳台专家和食品卫生专家考察了解“三鹿”奶粉事件相关情况
2008年健康快车项目

国际交流与合作中心工作情况

健康快车工作
第十三届中国国际口腔设备材料展览会暨技术交流会举办
医院—社区一体化糖尿病教育项目
集中采购工作
中国甲状腺疾病教育项目
卫生部国际交流与合作中心—碧迪医疗器械(上海)有限公司签署第二期战略合作伙伴项目
卫生部国际紧急救援中心办公室对全国917家网络医院完成第四期认定工作
第十七届中国国际医用仪器设备展览会暨技术交流会举办

卫生部项目资金监督服务中心工作情况

世界银行贷款/英国赠款中国农村卫生发展项目获得批准并启动实施
结核病控制项目开展后期工作

禽流感项目工作
世界银行贷款中国卫生九项目结束

精神文明建设

学习贯彻党的十七大精神
学习实践科学发展观活动
围绕部党组中心工作，推进精神文明建设工作
进一步加强对全行业精神文明建设工作的指导
全国卫生系统纪检监察暨纠风工作会议召开
落实党风廉政建设责任制
举办全国卫生系统纪检监察暨纠风工作干部业务培训班
出台《关于对卫生部党组管理干部进行任职廉政谈话的实施办法》
贯彻落实《建立健全惩治和预防腐败体系2008—2012年工作规划》
督促贯彻执行“三重一大”事项集体讨论决定制度
查办违纪违法案件
开展纠风工作调研

军队卫生工作

2008年军队卫生工作
支援奥运服务工作
医学科技训练工作
军队卫生防疫工作
军队医疗管理工作
军队中医药工作
军队药品器材管理工作
军队干部预防保健工作
全军卫生信息化建设情况
军队卫生对外交往工作

省、自治区、直辖市卫生工作

北京市
天津市
河北省
山西省
内蒙古自治区
辽宁省
吉林省
黑龙江省
上海市
江苏省
浙江省
安徽省
福建省
江西省
山东省
河南省
湖北省
湖南省
广东省
广西壮族自治区
海南省
重庆市
四川省
贵州省
云南省
西藏自治区
陕西省
甘肃省
青海省
宁夏回族自治区
新疆维吾尔自治区
新疆生产建设兵团

学术团体和群众团体

中华医学会

2008年中华医学会工作
中华医学会抗震救灾工作
中华医学会参与处理“三鹿”奶粉事件
中华医学会第五次杂志工作会议召开

中华医学会第十届骨科学术会议暨第三届国际COA学术大会召开
第五届华夏内分泌大会召开
中华医学会16种期刊获中国科协精品期刊资助
中华医学会一强生西部学术活动
中华医学科技奖颁奖与社会推广
2008年中华医学会学术会议

中华预防医学会

2008年中华预防医学会工作
全国男男性行为人群艾滋病防治工作经验交流暨《朋友》项目十年庆典与贝利马丁奖颁奖大会举行
第四届中日维生素国际学术研讨会举行
参加世界公共卫生联盟第42届年会和第61届世界卫生大会
比尔及梅琳达－盖茨基金会艾滋病防治项目启动
组织编写《预防医学学科发展蓝皮书(2008卷)》
中华预防医学会2008年学会活动情况表

人事与干部

卫生界人物

卫生部系统

卫生部部长、副部长
卫生部正、副司(局)长、主任
卫生部直属单位行政正、副职领导
各省、自治区、直辖市正、副卫生厅(局)长
各计划单列市卫生局长

国家食品药品监督管理局系统

国家食品药品监督管理局局长、副局长、驻局纪检组组长
国家食品药品监督管理局正、副司(局)长、主任、巡视员、稽查专员
国家食品药品监督管理局直属单位正副职领导

全国爱国卫生运动委员会系统

全国爱国卫生运动委会主任、副主任、办公室主任
各省、自治区、直辖市爱国卫生运动委员会主任
各计划单列市爱委会主任

国家中医药管理局系统

国家中医药管理局局机关副司级以上行政领导情况
国家中医药管理局直属单位正、副职领导(2008年12月)

军队卫生系统

总后勤部卫生部领导
总后勤部卫生部机关业务局室领导

学术团体与社会团体

中华医学会会长、副会长、秘书长
中国解剖学会理事长、副理事长、秘书长
中国卫生经济学会会长、副会长、秘书长
中国生物医学工程学会理事长、副理事长、秘书长
中国水利电力医学科学技术学会理事长、副理事长、秘书长
中国卫生信息学会会长、副会长、秘书长
中国营养学会理事长、副理事长、秘书长
中国病理生理学会理事长、副理事长、秘书长
中国免疫学会理事长、副理事长、秘书长
中华预防医学会会长、副会长、秘书长
中国康复医学会会长、副会长、秘书长
中华护理学会理事长、副理事长、秘书长
中国保健协会会长、副会长、秘书长
中国生理学会理事长、副理事长、秘书长
中国卫生法学会会长、副会长、秘书长
中国性学会理事长、副理事长、秘书长
中国医院协会会长、副会长、秘书长
中华口腔医学会会长、副会长、秘书长
中国优生科学协会会长、副会长、秘书长
中国卫生摄影协会会长、副会长、秘书长
中国防痨协会理事长、副理事长、秘书长
中德医学协会理事长、副理事长、秘书长

中国麻风防治协会理事长、副理事长、秘书长
中国心理卫生协会理事长、副理事长、秘书长
中国健康教育协会会长、副会长、秘书长
中国农村卫生协会会长、副会长、秘书长
中国输血协会理事长、副理事长、秘书长
中国医学装备协会理事长、副理事长、秘书长
中国优生优育协会会长、副会长、秘书长
中国控制吸烟协会会长、副会长、秘书长
中日医学科技交流协会会长、副会长、秘书长
全国卫生产业企业管理协会会长、副会长、秘书长
中国鼠害与卫生虫害防制协会会长、副会长、秘书长
中国性病艾滋病防治协会会长、副会长、秘书长
海峡两岸医药卫生交流协会会长、副会长、秘书长
中国医药生物技术协会理事长、副理事长、秘书长
中国药物滥用防治协会会长、副会长、秘书长
中国地方病协会会长、副会长、秘书长
中国老年保健协会会长、副会长、秘书长
中国女医师协会会长、副会长、秘书长
中国医师协会会长、副会长、秘书长
马海德基金会理事长、副理事长、秘书长
中国预防性病艾滋病基金会会长、副会长、秘书长
中华国际医学交流基金会会长、副会长、秘书长
中国医学基金会会长、副会长、秘书长
中国癌症基金会理事长、副理事长、秘书长
中国牙病防治基金会理事长、副理事长、秘书长
吴阶平医学基金会理事长、副理事长、秘书长
中国器官移植发展基金会理事长、副理事长、秘书长
中国听力医学发展基金会理事长、副理事长、秘书长
中国初级卫生保健基金会理事长、副理事长、秘书长
中国肝炎防治基金会理事长、副理事长、秘书长
中华健康快车基金会理事长、副理事长、秘书长
中国学生营养与健康促进会会长、副会长、秘书长
中国医疗保健国际交流促进会会长、副会长、秘书长
中国医学影像技术研究会会长、副会长、秘书长
中国足部反射区健康法研究会理事长、副理事长、秘书长
中国老年保健医学研究会会长、副会长、秘书长
中国生命关怀协会理事长、副理事长、秘书长
中国民族卫生协会会长、副会长、秘书长
中国抗癫痫协会会长、副会长、秘书长
中国卫生思想政治工作促进会会长、副会长、秘书长
中国社区卫生协会会长、副会长、秘书长
中国健康促进基金会理事长、副理事长、秘书长
新探健康发展研究中心理事长、副理事长、中心主任

表彰

北京市副市长丁向阳获世界卫生组织2008年烟草或健康纪念奖
卫生部、国家食品药品监督管理局、国家中医药管理局、总后勤部卫生部关于授予北京赴四川抗震救灾医疗队等175个单位“抗震救灾医药卫生先进集体”称号和授予于鲁明等1400名个人“抗震救灾医药卫生先进个人”称号的决定

人力资源社会保障部、卫生部关于表彰第二批卫生系统抗震救灾英雄集体和抗震救灾英雄的决定
开展向冯理达学习活动
卫生部机构编制调整
中国医学救援协会成立
乡镇卫生院招聘执业医师项目顺利启动实施
卫生管理干部培训和西部卫生人才培养项目实施
2008年卫生专业技术资格考试实施
2008年护理初级(士)专业技术资格考试暨护士执业资格考试实施
2007—2008年度卫生部有突出贡献中青年专家名单

卫生工作纪事

2008年卫生工作纪事

卫生统计信息工作

一、医疗服务

医疗机构诊疗人次及入院人数
2008年各类医疗机构诊疗人次及入院人数
2008年医院分科门诊人次、出院人数及构成
综合医院分科门诊人次构成(%)
医院医师日均担负诊疗人次和住院床日
2008年各地区医院诊疗人次及住院人数
2008年各地区非营利性医院诊疗人次及入院人数
2008年医疗机构病床使用情况
卫生部门医院和卫生院病床使用率(%)
卫生部门医院和卫生院出院者平均住院日
2008年各地区医院病床使用情况
2008年各地区非营利性医院病床使用情况
2008年东中西部地区医院工作量
2008年三级医院工作量
2008年政府办医院收入和支出
2008年卫生部门综合医院收入与支出
综合医院门诊病人次均医疗费用
综合医院出院病人人均医疗费用
居民两周患病率
2003年疾病别两周患病率
2008年疾病别两周患病率
居民慢性病患病率
居民两周就诊情况
居民住院情况
卫生部门城市医院住院病人前十位疾病构成
卫生部门县医院住院病人前十位疾病构成

二、农村和社区卫生

乡镇卫生院医疗服务及病床使用情况
2008年各地区乡镇卫生院诊疗人次及住院人数
2008年各地区乡镇卫生院病床使用情况
2008年东中西部地区乡镇卫生院工作量
社区卫生服务中心(站)工作量
2008年各地区社区卫生服务中心诊疗人次及住院人数
2008年各地区社区卫生服务中心病床使用情况

三、妇幼保健

妇幼保健情况
监测地区孕产妇死亡率(1/10万)
2008年监测地区孕产妇死亡原因
监测地区5岁以下儿童死亡率(‰)

四、疾病控制与公共卫生

法定报告传染病发病及死亡率
2008年27种法定报告传染病发病及死亡率
2008年部分市县前十位疾病死亡专率及死因构成(合计)
2008年部分市县前十位疾病死亡专率及死因构成(男)
2008年部分市县前十位疾病死亡专率及死因构成(女)

2004—2005年前十位恶性肿瘤死亡率(1/10万)
一岁儿童计划免疫报告接种率(%)
2008年血吸虫病防治情况
2008年地方性氟中毒防治情况
2008年克山病、大骨节病、碘缺乏病防治情况
农村改水工作情况
各地区农村改水情况
2008年各地区农村改厕工作情况

五、人民健康水平

人口出生率、死亡率和自然增长率
各地区人口出生率和死亡率
期望寿命(岁)
年龄别期望寿命(岁)
各地区人口期望寿命(岁)
城市七岁以下儿童身体发育情况
农村七岁以下儿童身体发育情况
青少年、儿童身体发育情况(城市)
青少年、儿童身体发育情况(农村)
居民人均每日营养摄取量
2002年居民人均每日营养摄入量

六、卫生监督

2008年被监督单位基本情况
2008年卫生监督和检测情况
2008年建设项目卫生审查情况
2008年卫生行政处罚情况

七、医疗保障制度

新型农村合作医疗情况
城镇居民基本医疗保险情况
居民社会医疗保险构成(%)
医疗救助情况

八、卫生资源

卫生机构数
2008年各地区卫生机构数
2008年医疗机构数
2008年医院等级
按床位数分组医院数
卫生机构床位数
医院分科床位数及构成
2008年医疗机构床位数
2008年各地区医疗机构床位数
卫生人员数
分市县卫生技术人员数
2008年各地区卫生人员数
中高级卫生技术人员数
2005年卫生技术人员年龄及学历构成
2005年执业(助理)医师年龄及学历构成
分科医师数及构成
妇幼保健机构及床位、人员数
农村乡镇卫生院及床位、人员数
2008年各地区农村乡镇卫生院及床位、人员数
社区卫生服务中心(站)及床位、人员数
村卫生室及人员数
2008年各地区村卫生室及人员数
疾病预防控制中心及人员数
医学专业招生及在校学生数
医学专业毕业人数
卫生总费用

九、香港和澳门特别行政区与台湾省卫生状况

香港、澳门特别行政区和台湾省居民健康状况
香港特别行政区医疗卫生条件
澳门特别行政区医疗卫生条件
台湾省医疗卫生条件

附录

附录1:主要国家卫生状况

人口状况
妇幼卫生状况
卫生设施
卫生费用

附录2:我国主要人口与社会经济指标
全国行政区划(2008年底)
人口数
各地区人口数
人口年龄构成(%)
人口文化程度
五次全国人口普查数
2007年按人口分组城市数
国内生产总值和财政收支
居民消费价格与商品零售价格指数(上年=100)

索引

索引

单位名称:中国卫生年鉴办公室
联系地址:北京市西城区西直门外南路1号
邮　　编:100044
电　　话:010-68792154
传　　真:010-68792456
邮　　箱:wsnj@moh.gov.cn